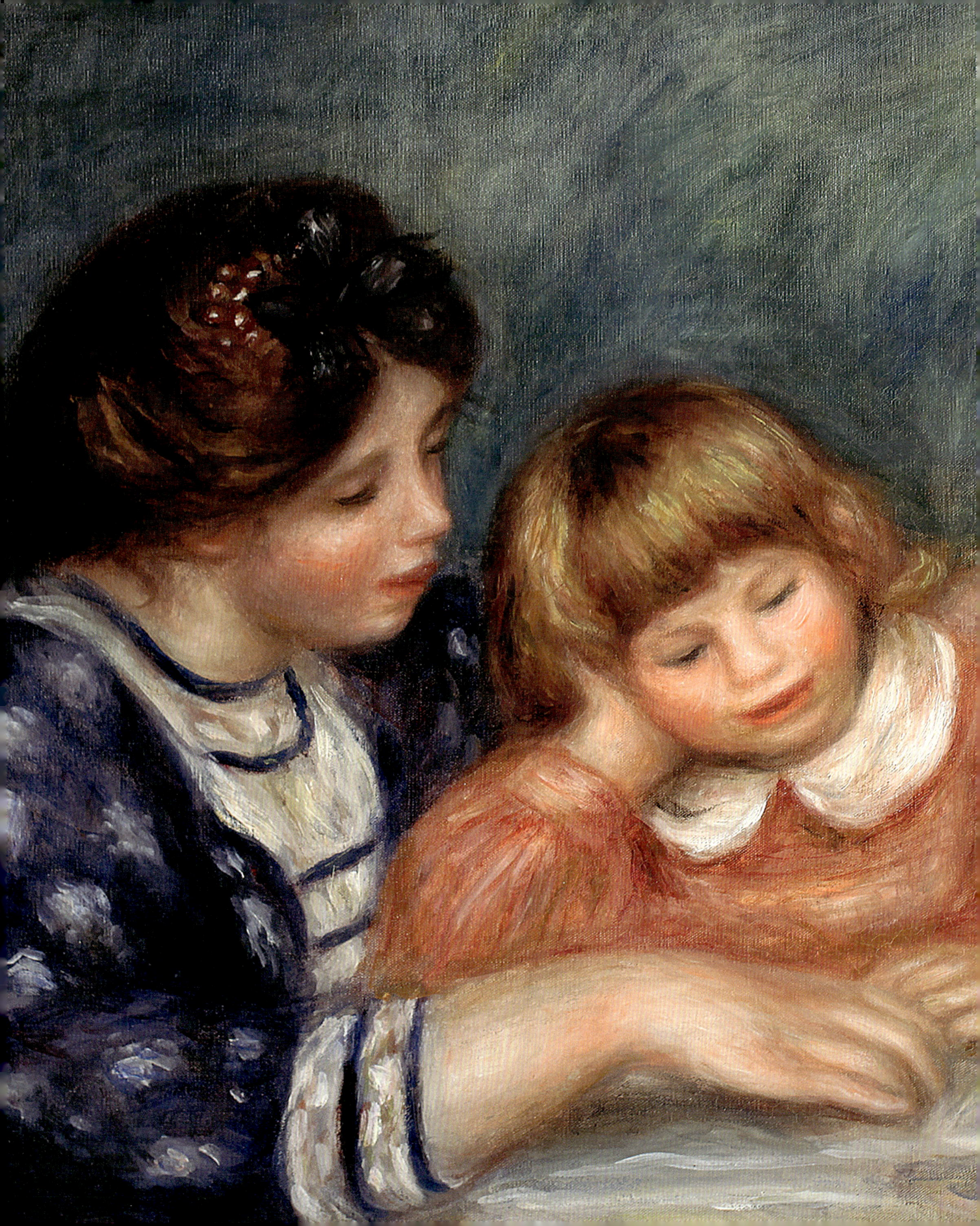

De l'Impressionnisme à Bonnard et Picasso Collection Nahmad

From Impressionism to Bonnard and Picasso The Nahmad Collection

Sous la direction de
Véronique Serrano

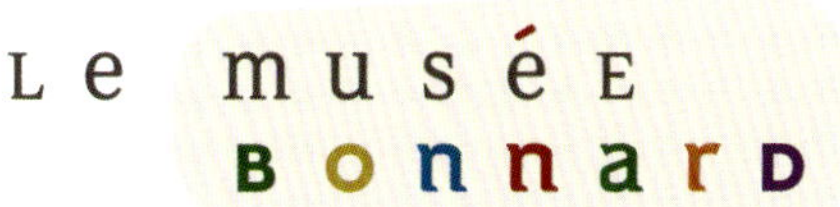

SilvanaEditoriale

Le présent catalogue a été publié à l'occasion de l'exposition *De l'Impressionnisme à Bonnard et Picasso. Collection Nahmad* qui s'est tenue au Musée Bonnard du 6 juillet au 3 novembre 2019
Exposition organisée par le Musée Bonnard
Production Ville du Cannet
Les différents soutiens du musée :

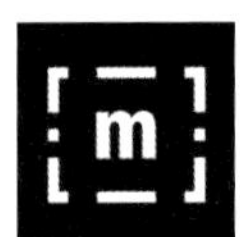

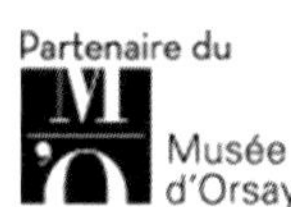

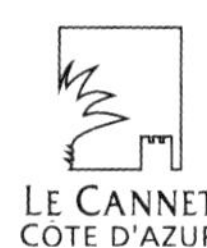

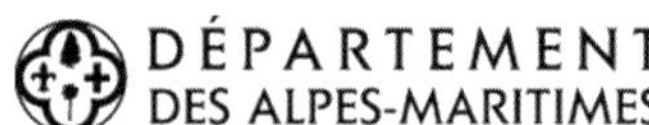

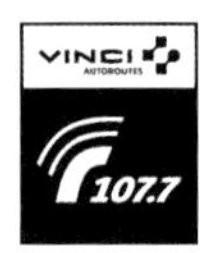

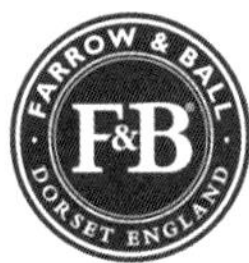

L'exposition a bénéficié du soutien de Farrow & Ball pour la mise en peinture des salles

Commissariat de l'exposition
Véronique Serrano, *conservateur en Chef, directeur du Musée*

Coordination & Régie de l'exposition
Carole Lenglet, *Adjointe*
Flora Vinatier

Médiation culturelle & Service des publics
Fanny Lejay
Anne Wapler

Restaurateur / Constats des œuvres
Suzanna Guéritaud, *restauratrice peintures*

Suivi technique & montage
Services techniques municipaux
Ets Aget, Marseille pour l'accrochage
Jérôme Giulano, Eiffage Nice pour l'éclairage

Catalogue
Direction & Conception
Véronique Serrano
Assistée de Carole Lenglet

L'idée de cette exposition est née au cours de l'année 2017 lors de nos conversations avec David Nahmad dans le cadre de la préparation de l'exposition *Inspirantes inspiratrices* de l'été 2018, pour laquelle il avait accepté de prêter cinq œuvres majeures. Participer aux expositions est l'une de ses missions pour transmettre la connaissance et rendre accessible des œuvres rares.
Aussi, cette exposition n'aurait pu voir le jour sans la volonté de David Nahmad et de sa famille, qui font preuve une nouvelle fois d'une immense générosité et d'une grande confiance. Qu'ils en soient vivement remerciés.

Nous tenons également à remercier pour leur disponibilité les équipes de Rodolphe Haller à Genève, en particulier : Éric Badre, Magali Gaugy, et Virginie Roure.

Ainsi que pour leur aide aux différentes étapes de la préparation de cette exposition : Roland Aget, Aurélie Allais, Raphaëlle Cartier, Gwenaelle Fossard, Howard Shaw, Hammer Galleries, Nathalie Lavarenne, Annie Madec, Nicolas Patiou, Christine Pinault, Agathe Rousseau, Isabelle Toromanof.

Ainsi que l'équipe de Silvana Editoriale à Milan qui a su encore une fois faire preuve d'une grande réactivité dans la réalisation du présent catalogue.

Nous remercions également pour leur engagement à nos côtés depuis 2016 Farrow & Ball France, Annie Duchesne et l'équipe Colors du Cannet, Jean Claude Houttemane et Cassandra Kowalski.

Cette exposition a reçu l'aide financière publique de la Région Sud et du département des Alpes-Maritimes.

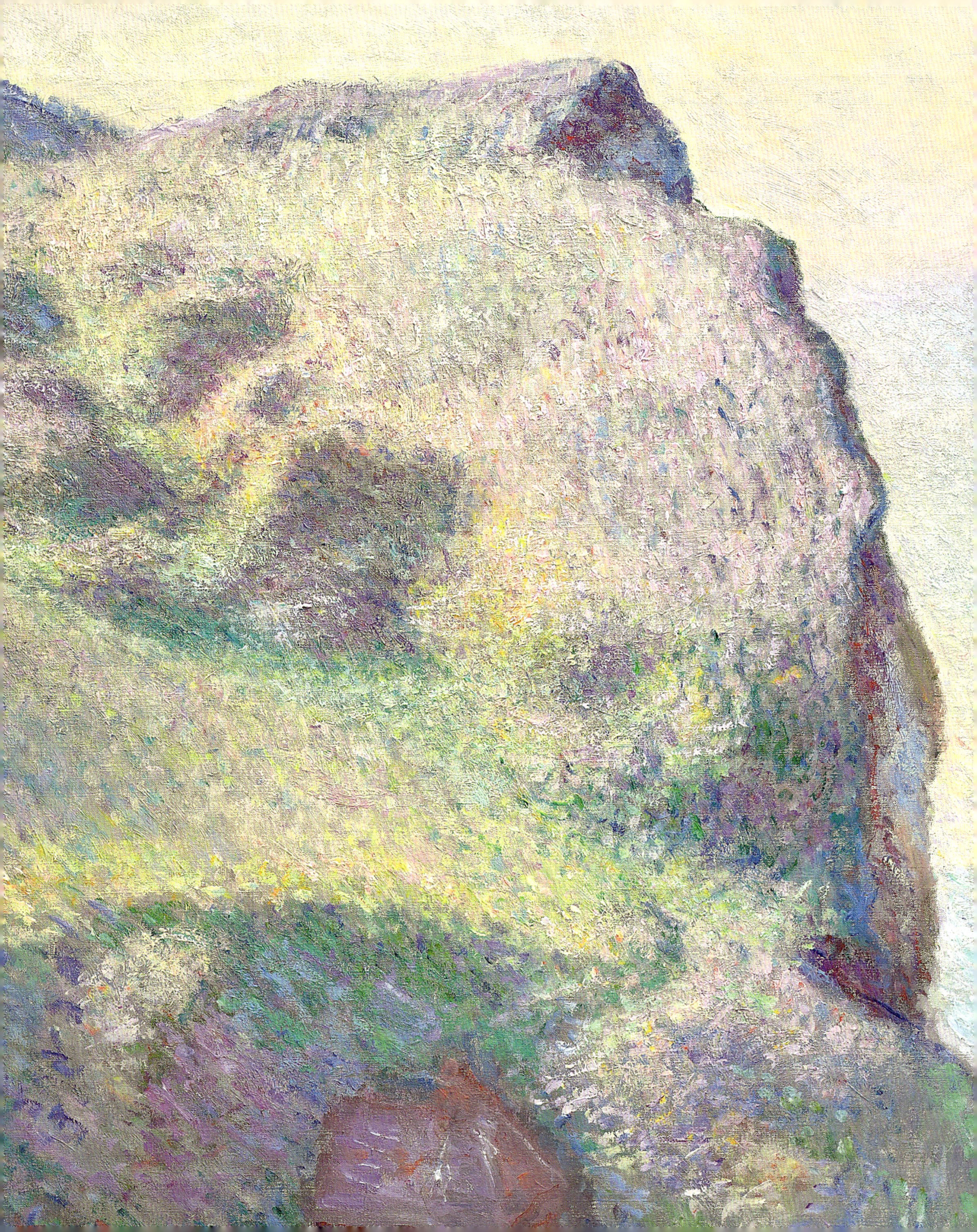

Après la présentation remarquable de « Bonnard en noir et en couleur », *dévoilant des œuvres de la collection municipale ainsi que les précieux agendas de Bonnard en partenariat avec la Bibliothèque Nationale de France, le Musée Bonnard vous invite à découvrir l'exposition* « De l'Impressionnisme à Bonnard et Picasso – Collection Nahmad ».
Monet, Renoir, Degas, Picasso, Toulouse-Lautrec, Modigliani... les œuvres des plus grands noms de l'art moderne seront ainsi exposées aux côtés de celles de Pierre Bonnard.
Ces tableaux, rarement présentés, rejoignent Le Cannet pour un temps et nous sommes fiers de pouvoir les faire admirer aux nombreux visiteurs qui, cet été encore, viendront découvrir le Musée Bonnard.
Si l'éternel amoureux du Cannet qu'était Pierre Bonnard est au centre de notre attention, nous proposons régulièrement de le mettre en perspective avec l'œuvre de ses pairs.
Nous devons la qualité exceptionnelle de cette exposition à Monsieur David Nahmad qui, une seconde fois après sa participation à l'exposition « Inspirantes, Inspiratrices », *a tenu à nous prêter des œuvres de sa magnifique collection.*
Nous en sommes honorés et nous tenons à le remercier chaleureusement pour sa générosité et pour ce qu'il apporte à la préservation et à la valorisation de l'art dont il est un si grand passionné et un si remarquable connaisseur.
Depuis l'origine, notre étroite collaboration avec de grands musées et des collectionneurs de renom, nous permet de proposer une très belle programmation. Le mécénat et le soutien populaire sont aussi importants.
Nous saluons d'ailleurs ceux qui, grâce au financement participatif, nous ont aidés à finaliser l'acquisition du Nu Orange, *œuvre majeure de Pierre Bonnard, qui sera bientôt de retour en France.*
Avec la Collection Nahmad, le Musée Bonnard créé encore l'événement, en associant aux peintures de Pierre Bonnard celles des autres génies de son temps. C'est une chance dont nous sommes redevables à celui qui, bien des années après avoir choisi de s'installer au Cannet, a tellement marqué notre commune qu'il participe, aujourd'hui encore, à son succès.

Yves Pigrenet
Maire du Cannet

Michèle Tabarot
Député des Alpes-Maritimes
Présidente de la majorité municipale

Sommaire

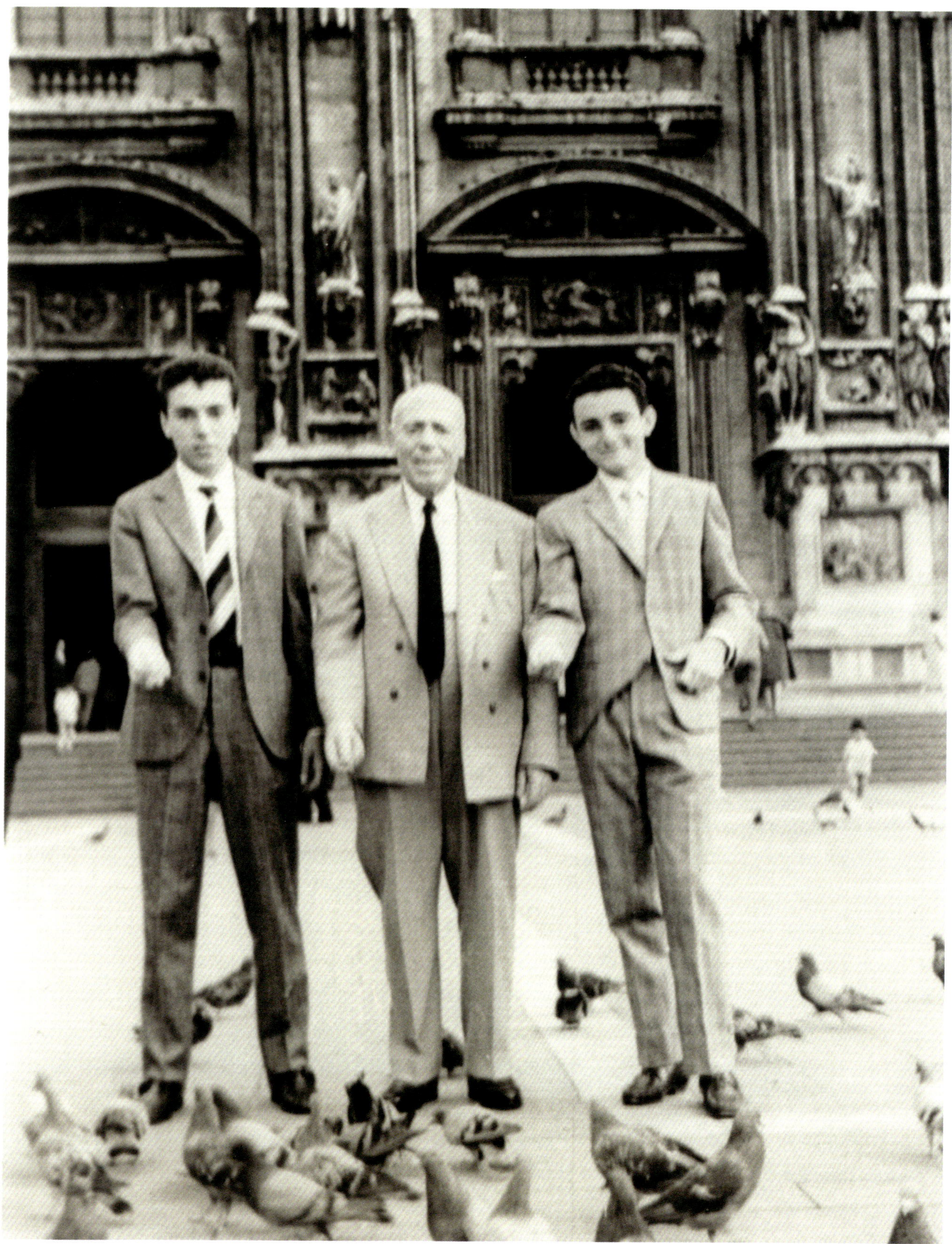

Avant-propos

Véronique Serrano

Conservateur en Chef du Musée Bonnard

Avec cette quatorzième exposition temporaire depuis l'ouverture du musée en juin 2011, le Musée Bonnard apporte la preuve de sa formidable progression. Le musée a en effet le grand privilège de pouvoir faire dialoguer cet été une quarantaine de chefs-d'œuvre de la fin du XIXe siècle à la première moitié du XXe siècle issue de l'une des collections privées les plus prestigieuses au monde, la Collection Nahmad.

C'est une chance à plus d'un titre, puisqu'un tel ensemble exceptionnellement réuni, met aussi en avant les liens privilégiés qu'entretiennent les musées et les collectionneurs. Ces relations sont inscrites dans l'ADN de nos institutions, dont l'origine démarre *inévitablement* avec le soutien d'un ou plusieurs collectionneurs, lesquels contribuent à en assurer les développements futurs, dans un équilibre entre sphère privée et publique. Le Musée Bonnard n'échappe pas à cette filiation, sa propre histoire étant liée à une passion partagée pour le peintre entre collectionneur-mécène, conservateur et élu.

Ainsi, le collectionneur, comme l'historien et le conservateur participent au développement de la connaissance chacun à sa façon. *« Les collectionneurs doivent considérer comme mission de participer aux expositions. Collaborer à une exposition c'est mettre à disposition du public des œuvres qu'il n'a jamais ou peu vues. C'est remplir un rôle qui me paraît incontournable dans la transmission du savoir. »* Ces propos nobles et généreux sont ceux du passeur de patrimoine, qu'est David Nahmad dont la famille contribue largement depuis le début des années 1960, à protéger la grande histoire de la peinture et celle des artistes en la partageant avec le plus grand nombre. David Nahmad est animé du désir de l'enrichir et de la faire vivre, année après année, en participant largement aux grandes comme aux petites expositions auxquels lui et sa famille sont très attachés.

Les plus grands noms de l'art moderne sont ici rassemblés, depuis les maîtres du Pré-impressionnisme et de l'Impressionnisme (Boudin, Monet, Renoir, Sisley, Degas, Zandomeneghi), jusqu'à Picasso et Matisse, en passant par le Bonnard nabis, Toulouse-Lautrec, les Fauves (Marquet, Dufy), les Cubistes (Braque, Gris), et l'École de Paris (Modigliani, Kisling, Pascin). Ces œuvres spécialement sélectionnées pour le Musée Bonnard, soulignent de manière passionnante les liens de filiation entre les courants artistiques des différentes époques, tout en illustrant l'apport de chacun de ces hommes à l'histoire de l'art, dont on retrouve retracée l'aventure dans ce catalogue richement illustré et documenté.

Cette exposition, par les dialogues qu'elle établit entre les artistes et les œuvres, permet de lier entre eux des chemins artistiques variés, jalonnés de doutes, de choix et de d'ouvertures dans une lecture sensible de l'Histoire de l'art dans un rapport direct ou indirect à Bonnard. Ces œuvres reflètent aussi les choix et l'esprit qui animent cette famille de collectionneurs dans ce qu'elle perçoit de la conquête de la modernité. Ce projet rare n'aurait évidemment pas pu voir le jour sans la confiance et la générosité de David Nahmad et de sa famille que je remercie très amicalement.

Ill. 01 – David et Ezra Nahmad avec leur père à Milan, place du Duomo, début des années 60.

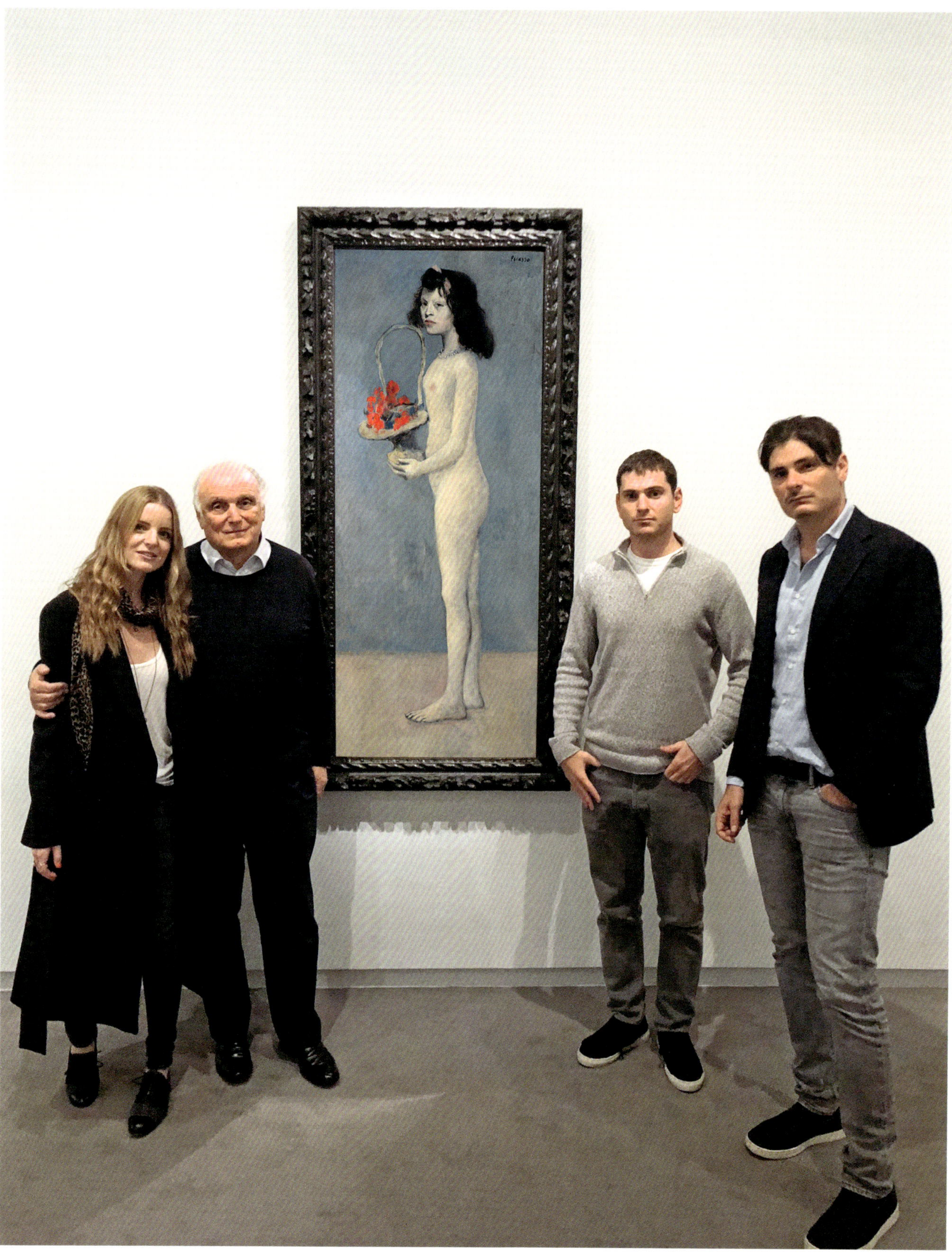

Collectionner, protéger, partager

La Passion de David Nahmad

Véronique Serrano

« Je ne vois pas l'intérêt d'acheter une œuvre si c'est pour la conserver chez soi[1]. »

Voilà bien une phrase qui révèle d'emblée la philosophie de David Nahmad et à travers lui celle de sa famille qui prête chaque année de très nombreuses œuvres dans les plus grands musées du monde mais aussi dans de plus petits. Chacun a sa chance, la condition est d'avoir des normes de sécurité adaptées et surtout d'avoir un beau projet qui met en valeur un ou plusieurs artistes. David Nahmad met tous les jours en application ce désir simple de vouloir partager, que ce soit pour prêter l'exceptionnel Picasso de la période rose dont il rêvait depuis près d'un demi-siècle pour le mettre en vedette au Musée d'Orsay[2] ou pour proposer ce magnifique Matisse (cat. 23) qu'il venait tout juste d'acheter pour le voir accrocher dans notre exposition au Musée Bonnard. L'homme de cœur qu'est David Nahmad aime d'ailleurs rappeler « [...] Je suis fier de rendre une exposition plus intéressante grâce à une peinture que j'ai prêtée[3]. »C'est un fait. L'exposition ainsi enrichie par tel ou tel chef d'œuvre, permet des dialogues plus ténus entre les œuvres.

Comment devient-on une des collections les plus importantes du monde ? C'est pour tenter de répondre à cette question qu'il est intéressant de remonter le fil de l'histoire de cette famille exceptionnelle, originaire de Syrie, dont l'unité l'a renforcée et lui a permis d'affronter les épreuves personnelles et professionnelles de la vie.

Son histoire est une vraie aventure au sens romanesque, racontée avec beaucoup de simplicité et de passion, tantôt par David lui-même[4], tantôt par son neveu Helly, notamment à l'occasion du très bel entretien que ce dernier a accordé à Jean-Louis Andral lors de l'organisation de l'exposition *Picasso* au Grimaldi forum[5]. Ses paroles sont prononcées avec beaucoup de fierté et d'humilité envers ses prédécesseurs et notamment envers son père et son oncle, Ezra et David les deux plus jeunes frères de Joseph Nahmad, dit Joe, installé à Milan à partir des années 1950 alors que ses parents restent à Beyrouth où naissent Ezra et David dans l'immédiate après-guerre. Le père poursuit au Liban une activité de banquier qui met la famille à l'abri du besoin. Le destin veut qu'en 1958, toute la famille se trouve réunie à Milan à la suite de la mort tragique du fils aîné, Albert, à l'âge de 28 ans. Joe prend les rênes de la famille en main et les affaires bancaires fleurissent en même temps que sa passion pour la collection de meubles anciens et d'antiquités qu'il achète en quantité. Très impliqué dans les milieux artistiques italiens, il se lie avec de nombreux artistes, tels que Giacometti, De Chirico, Dali, Ernst, Marini, Fontana, Pomodoro.

Pour qui connaît bien David Nahmad, sait qu'il voue une grande tendresse à son frère Joe à travers lequel tout a commencé. Ce dernier a une place centrale dans la perception de l'art des deux frères. David aime raconter comment son grand frère acheta par hasard un Magritte en 1959, *La Légende des siècles*, qui impressionna le jeune garçon de 12 ans qu'il était, ou, comment plus tard, devant le représenter dans une salle des ventes il s'est retrouvé par erreur avec un tableau de Fernand Léger qui lui a été adjugé et que par honte, il n'avait pas osé refuser. « Mon frère Joe était un homme exceptionnel, doté de beaucoup de sensibilité, d'une grande intelligence. Grâce à lui, je me suis trouvé très jeune dans un environnement fertile qui me permettait de réfléchir. Les livres d'art étaient très nombreux chez lui, je passais mon temps à les regarder, à les lire. J'ai très tôt rencontré grâce à lui des collectionneurs et des marchands de

Ill. 01 – David Nahmad et ses enfants, dans l'exposition *Picasso bleu et rose*, Musée d'Orsay, Paris 2019.

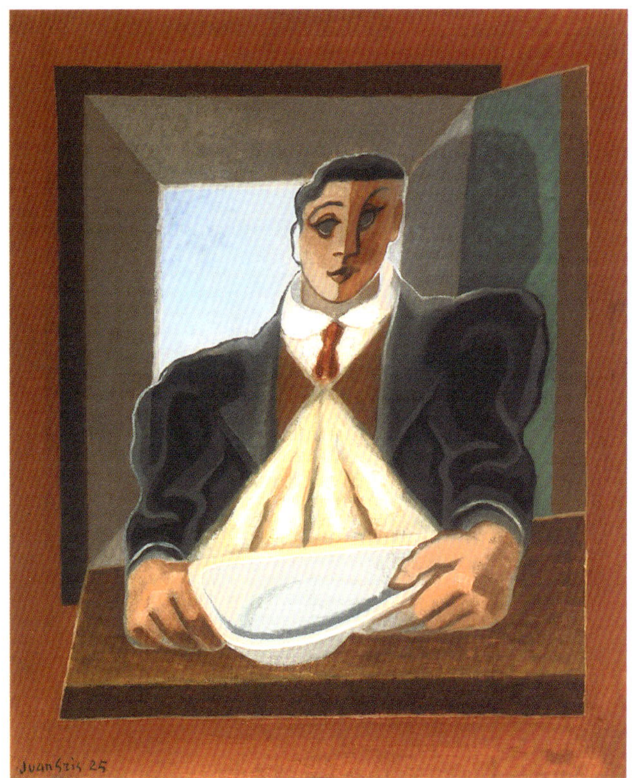

Ill. 02 – Juan Gris, *L'homme attablé,* 1925, huile sur toile, Collection Nahmad.

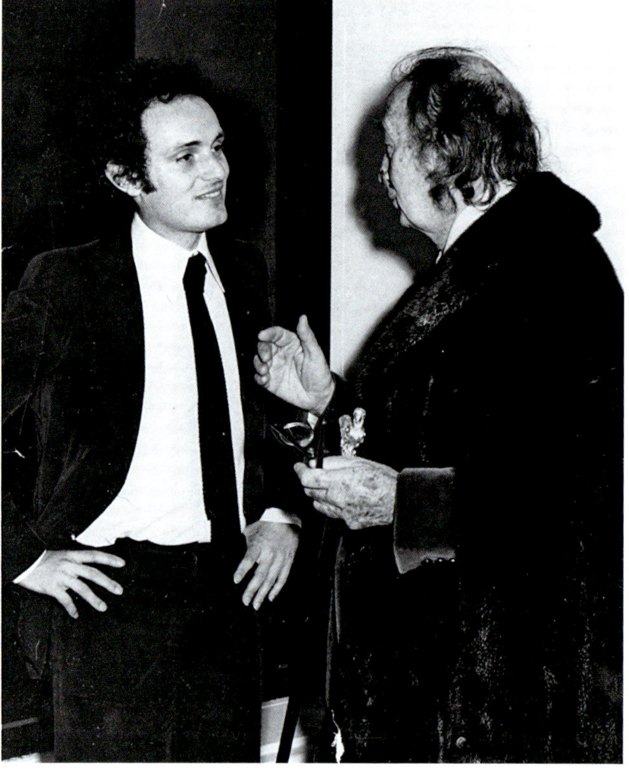

Ill. 03 – David Nahmad et Salvador Dalí, New York 1974.

nombreux pays[6]. »Il aime répéter aujourd'hui suite à cette éducation qu'un bon collectionneur doit avoir une bonne bibliothèque, se renseigner, s'instruire non pas seulement pour comprendre mais pour savoir, ajoutant : « pour aimer, il faut comprendre[7]. »David s'est plongé dans cette bibliothèque avec passion et continue aujourd'hui à lire et écouter ceux qui savent, à s'interroger : « l'art ne m'intéresse que parce qu'il est une forme de science, parce qu'il est sous-tendu par une connaissance. Que serait l'art, et comment pourrait-on être attaché à lui, s'il n'avait [pas] une dimension spirituelle ?[8] »

Cette époque bénie des années 1950-1960 en Italie s'effondre brusquement suite au krach boursier qui est particulièrement dévastateur en Italie ; la fortune des Nahmad bâtie par le père Hillel puis le fils Joe est réduite à néant. David et son frère Ezra qui ont toujours suivi leur frère aîné dans toutes ses activités font preuve l'un et l'autre d'une lucidité et d'une grande intelligence pour relever ensemble un défi, celui d'éviter la ruine totale et reconstruire. Parmi les activités de Joe, c'est par l'art qu'ils se sentent le plus attirés ; ensemble, ils se lancent en 1965-1966, dans le commerce de l'art à une époque où il n'y avait pas vraiment de marché structuré tel que nous le connaissons aujourd'hui. Le pari est osé et risqué pour des jeunes hommes de 20 et 18 ans. Ils partent quasiment de zéro en vendant à perte les antiquités amoncelées par leur frère Joe et se tournent vers l'acquisition de certains artistes modernes, tels que Juan Gris qui sont quasiment inconnus (ill. 02), peintre défendu par le célèbre marchand des cubistes Daniel-Henry Kahnweiler. La jeunesse et l'audace des deux frères séduit Kahnweiler ; ce dernier leur confie des œuvres de Picasso et Braque en tête, en même temps qu'ils rencontrent Aimé Maeght qui leur vend des œuvres de Kandinsky, Chagall, et Miró pour lequel ils ont un vrai coup de cœur[9]. Les achats et les ventes se multiplient pour finalement décider de construire une collection de pièces rares, à partir de ce qui n'est pas ou peu recherché, des œuvres sur

lesquelles il y aura peu de concurrents en salle des ventes. Les derniers Picasso, font partie de ces choix clairvoyants. Déjà naît l'idée d'un musée imaginaire qui aujourd'hui est devenu une réalité.
« J'ai toujours acheté parce que j'aime, parce que ça raconte quelque chose de l'époque, parce que ça me rend plus intelligent. La cote ne m'intéresse pas » répète à l'envi David Nahmad[10], qui se désespère aujourd'hui de l'évolution du marché de l'art, qui n'est plus seulement une histoire de regard et de passion, mais de paris financiers et les œuvres devenues des produits, les collectionneurs, des investisseurs.

En 2004, l'historien d'art Pierre Cabanne, publie un livre intitulé *Être collectionneur au XXe siècle*[11], oubliant tout bonnement de parler de la collection Nahmad dont l'aventure se développe sur près de 70 ans. Pourtant, ce spécialiste de Picasso[12] ne peut pas ne pas connaître l'immense collection Picasso de la famille Nahmad, la plus importante en main privée en dehors de la famille du peintre. La définition qu'il donne du collectionneur s'applique certes en partie à la famille Nahmad, sauf que pour David ce ne sont pas les enchères qui dictent ses choix personnels. Ainsi peut-on lire dans cet ouvrage : « les collectionneurs, au XIXe et XXe siècles, sont des grands bourgeois ou de petits rentiers, des rois de l'acier ou du chemin de fer, des industriels, des banquiers, des médecins, des couturiers, des héritiers prestigieux ou des nouveaux milliardaires, des marchands d'art, des écrivains, des artistes parfois. [...] Un phénomène nouveau, le marché, a transformé le jeu en compétition, les grandes ventes publiques rythmant l'évolution du goût[13]. »
Le collectionneur est un des rouages clefs du marché de l'art. Les Nahmad sont à la fois collectionneurs et marchands, cette dernière activité permettant de façonner leur collection historique. Dans les années 1970-1980, le duo est très actif en salle des ventes, ils sont souvent seuls à enchérir sur un Braque cubiste peu recherché ou les Kandinsky de la collection Guggenheim dont ils remportent la moitié des lots ! Ils resteront les principaux acteurs des salles des ventes jusqu'à la fin des années 90[14].

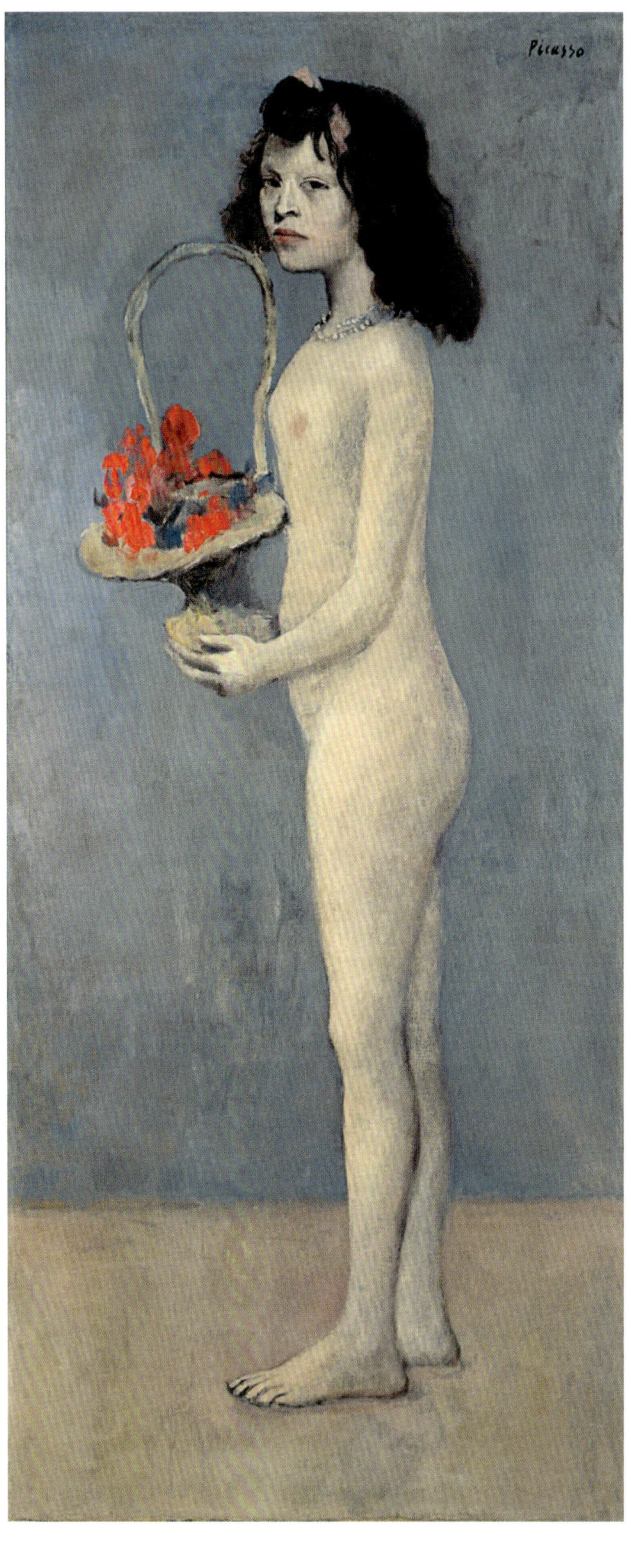

Ill. 04 – Pablo Picasso, *Fillette au panier de fleurs*, Paris 1905, huile sur toile, 154,8 x 66,1 cm, Collection Nahmad.

David Nahmad ne vend pas pour vendre – il le fait toujours avec regret - mais pour pouvoir réunir les plus belles pièces d'un artiste qu'il aime et auquel il croit et qu'il veut conserver en Europe. Son activité lui permet d'être le collectionneur qu'il est devenu. De ce fait, s'il devait spéculer comme beaucoup aujourd'hui, il se lancerait dans l'art contemporain, ce qu'il refuse totalement. Il ne peut acheter ce qu'il ne comprend pas et n'aime pas. Beaucoup de ses achats et de ceux de sa famille se trouvent aujourd'hui dans des musées, dans de prestigieuses collections aussi. La dimension commerciale n'est pas ce qui plaît le plus à David Nahmad tant il entretient une proximité avec les œuvres qu'il achète. Souvent obligé de vendre, il lui est arrivé de les racheter plusieurs fois[15]. On reste d'ailleurs ébahi par son extraordinaire mémoire des dates de ces événements à la fois heureux et douloureux. Pionniers dès la fin des années 60 pour l'intérêt des derniers Picasso, de l'œuvre de Miró ou de Léger, les Nahmad ont pu capitaliser sur un stock gigantesque qui constitue le socle de la collection d'aujourd'hui qui compte des milliers d'œuvres et suscite les commentaires les plus loufoques et en même temps les plus vrais[16].

David Nahmad est nostalgique de son époque, celle de ses débuts, clamant que « le marché de l'art n'échappe pas à la mauvaise évolution du monde[17]. » Il sait que le monde a changé, que la jeune génération est en piste et assurera après Ezra et lui, la pérennité de l'engagement familial, à travers leurs galeries de Londres et de New York. Il faut toutefois espérer qu'existe toujours un David Nahmad si près des œuvres et des artistes, pour que ceux-ci ne deviennent pas le fruit de spéculations mais celle d'un engagement. « Il faut beaucoup de temps pour acheter des chefs-d'œuvre » nous rappelle sagement David Nahmad[18]. Cette question du temps rime *heureusement* très mal avec la spéculation.

Notes

[1] David Nahmad, in *Journal des arts*, 7 octobre 2018.

[2] Il s'agit en effet de la *Fillette au panier de fleurs* de Picasso (ill. 04) de l'ancienne collection Rockefeller dont la presse s'est fait largement l'écho au moment de son acquisition retentissante le 9 mai 2018 et devienne par sa rareté le clou de l'exposition que Laurent Le Bon et le Musée d'Orsay organisaient de concert la même année - *Picasso bleu et rose* - laquelle restera sans nul doute, l'une de celles dont on se souviendra toujours. David Nahmad rêvait de cette œuvre qui avait appartenu à Gertrude Stein et son frère Leo, depuis sa jeunesse et cette vente inespérée a permis un miracle.

[3] « David Nahmad, l'homme aux milliers de tableaux », Entretien avec Elise Karlin, *L'Express*, 12 août 2016.

[4] Maïthé Vallès-Bled, « Entretien avec David Nahmad », *Collection David et Ezra Nahmad. Impressionnisme et audaces du XIXe siècle*, Musée Paul Valéry, Sète, 2013 et diverses interviews de la presse nationale et internationale.

[5] Helly Nahmad, « Les Miroirs d'une passion », propos recueillis par Jean-Louis Andral, cat. *Picasso dans la collection Nahmad*, Grimaldi Forum, Monaco, 2013.

[6] Entretien avec Maïthé Vallès-Bled, *op. cit.*, p. 20.

[7] *Op. cit.*, p. 26.

[8] *Op. cit.*, p. 20.

[9] Lors de la récente rétrospective *Miró* au Grand Palais, organisée par Jean Louis Prat, la collection Nahmad est le prêteur le plus important avec près de 20 œuvres, toutes essentielles.

[10] *L'Express*, *op. cit.*

[11] Pierre Cabanne, *Les Grands collectionneurs. Être collectionneur au XXe siècle*, tome II, Les éditions de l'amateur, Paris, 2004.

[12] Pierre Cabanne, *Le Siècle de Picasso*, vol. 1 & 2, éd. Denoël, Paris, 1975.

[13] Pierre Cabanne, 2004, *op. cit.*, 4e de couverture.

[14] L'entrée dans le jeu des pays émergents, tels que la Chine, les pays du Golfe ou l'Inde change considérablement la donne et l'avenir des œuvres qui ne circuleront plus avec la même aisance.

[15] Il a d'ailleurs racheter jusqu'à cinq fois un tableau de Fernand Léger.

[16] *L'Express*, *op. cit.*

[17] Entretien avec Maïthé Vallès-Bled, *op. cit.*, p. 24.

[18] Entretien avec l'auteur, 2018.

« Les collectionneurs doivent considérer comme mission de participer aux expositions. Collaborer à une exposition c'est mettre à disposition du public des œuvres qu'il n'a jamais ou peu vues. C'est remplir un rôle qui me paraît incontournable dans la transmission du savoir. »

David Nahmad, 2013

« Les collectionneurs doivent considérer comme mission de participer aux expositions. Collaborer à une exposition c'est mettre à disposition du public des œuvres qu'il n'a jamais ou peu vues. C'est remplir un rôle qui me paraît incontournable dans la transmission du savoir. »

David Nahmad, 2013

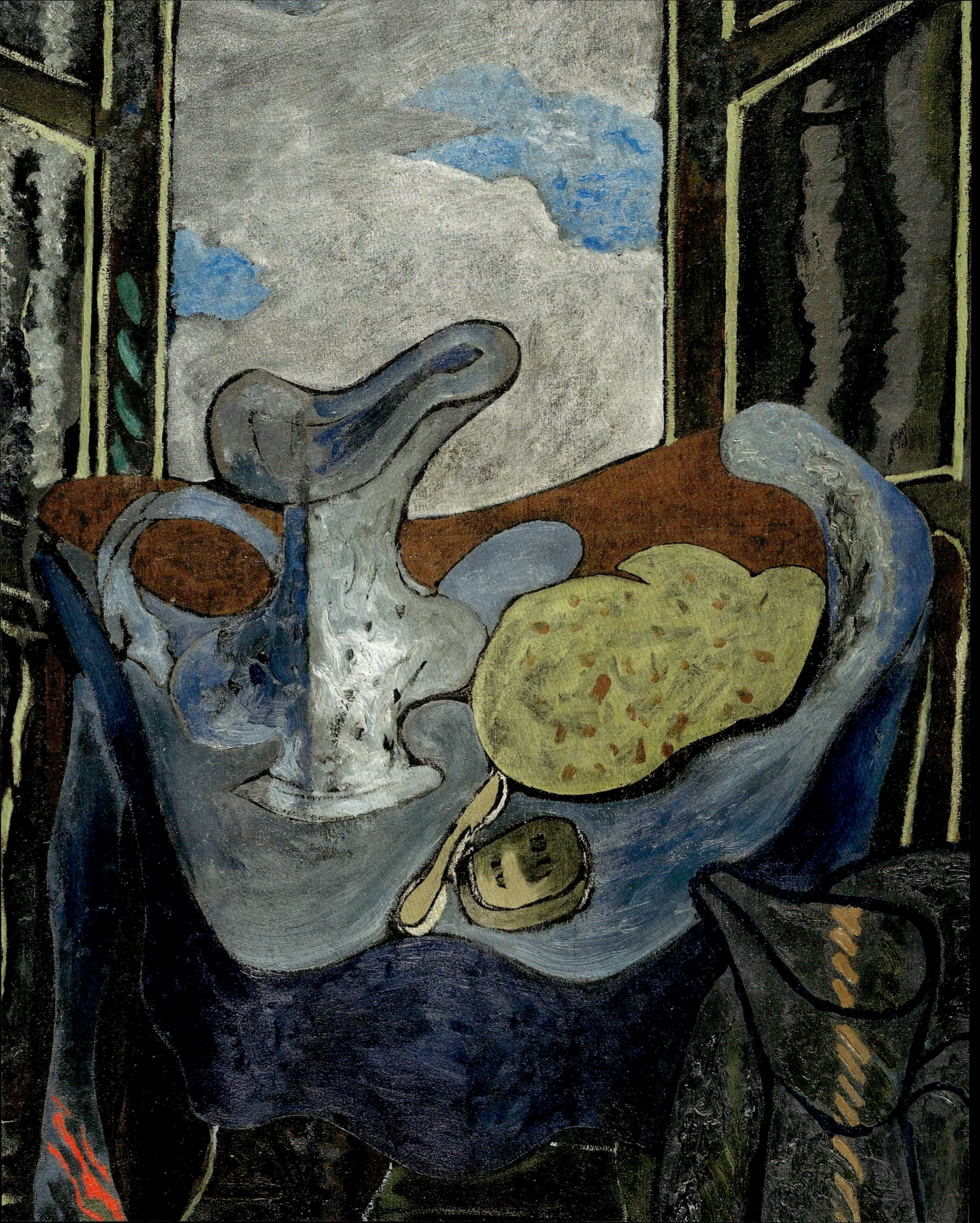

Catalogue des œuvres

Notices de Véronique Serrano

Toutes les œuvres exposées (cat. 1 à 41) appartiennent à la Collection Nahmad

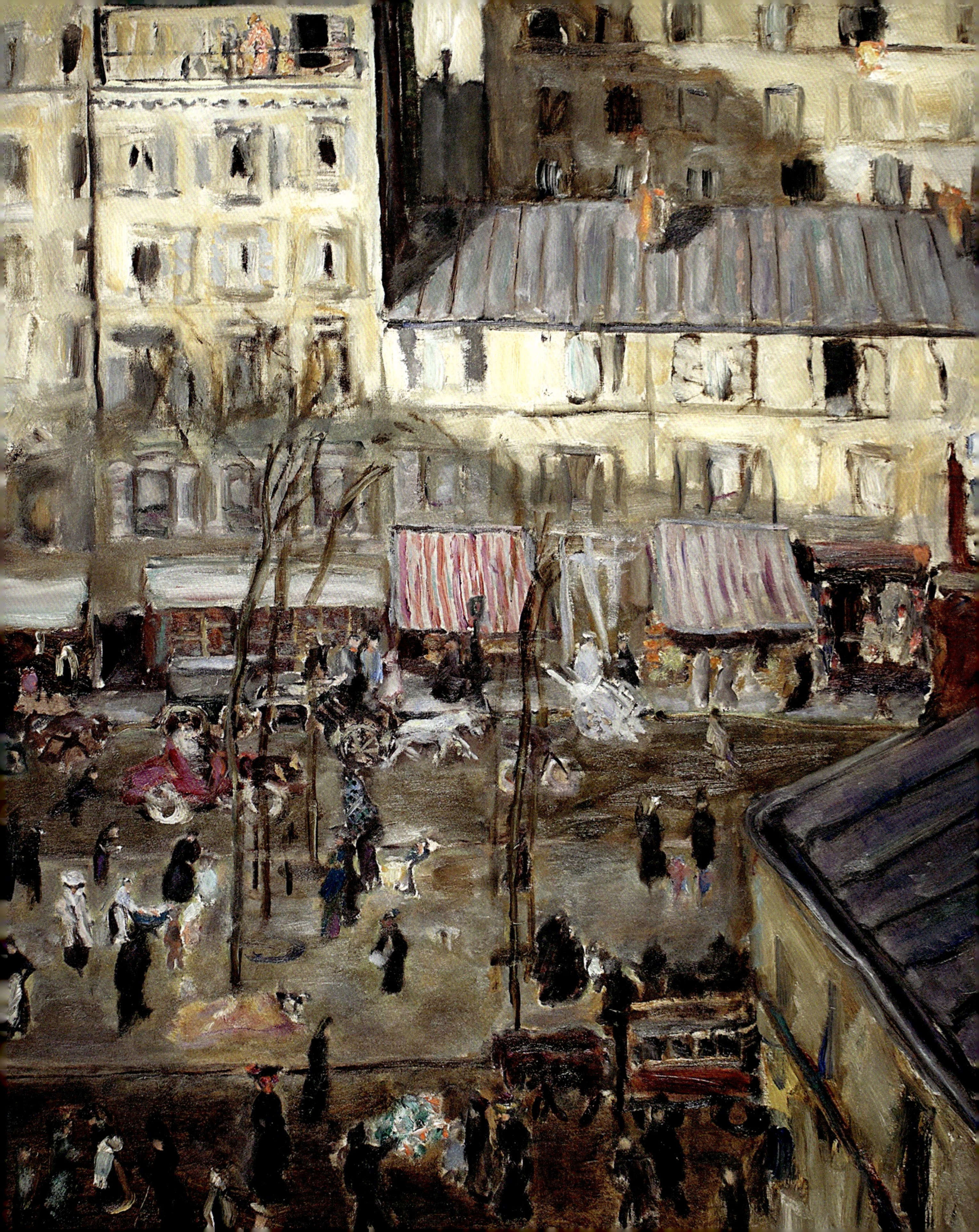

Pierre Bonnard

(Fontenay-aux-Roses, 1867 – Le Cannet, 1947)

Cat. 1
Femmes à la fenêtre (Chez la brodeuse), vers 1895
Huile sur toile contrecollée sur panneau
34,60 x 40,70 cm
Signé en haut à droite : *Bonnard*

Cat. 2
Le Boulevard extérieur. Boulevard de Clichy et angle de la rue de Douai, 1904
Huile sur toile
98 x 76 cm
Signé en bas à gauche : *Bonnard*

Cat. 3
Paysage parisien (Boulevard de Clichy), 1904
Huile sur toile
58 x 47 cm
Signé en bas à droite : *Bonnard*

Cat. 4
Les Quais de Paris, vers 1906
Huile sur carton contrecollé sur panneau
44,2 x 67,3 cm
Signé en bas à gauche : *Bonnard*

Cat. 5
Portrait de jeune fille, vers 1921
Huile sur toile
46 x 31 cm
Cachet en haut à gauche : *Bonnard*

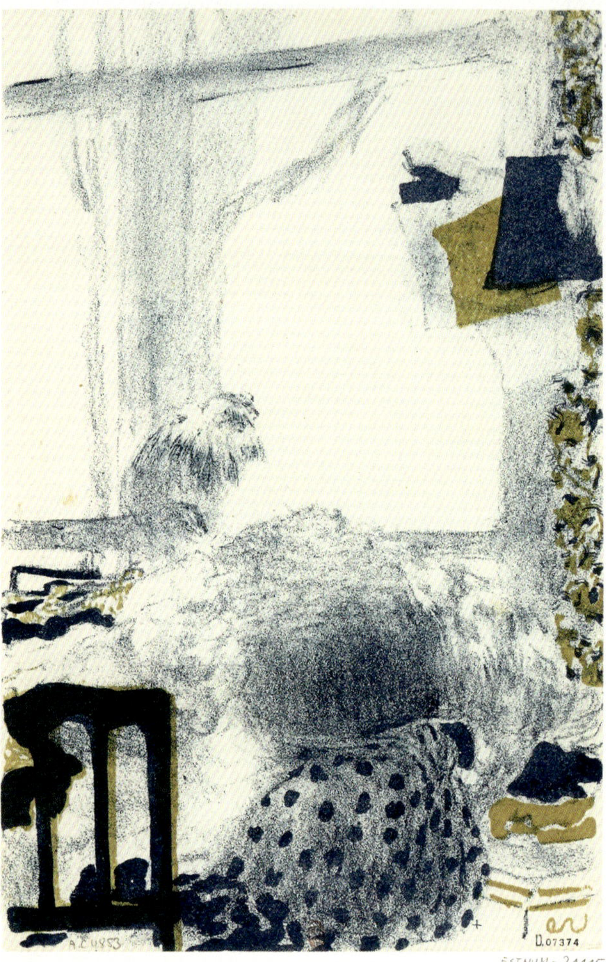

Ill. 01 – Édouard Vuillard, *La Couturière*, 1895, lithographie en couleurs, 26 x 16 cm, Bibliothèque nationale de France.

Souvent qualifié trop hâtivement de dernier des impressionnistes[1], Pierre Bonnard reste un artiste inclassable, qui appartint un temps – celui de sa jeunesse – au groupe nabis[2] lequel demeure pour lui un formidable apprentissage et une source de joyeuse camaraderie. Convaincu très vite par le mystérieux pouvoir de la Nature au sens le plus large, incluant les êtres et les choses, Bonnard a toujours cherché à communier avec elle par les moyens qui sont les siens : le dessin, la couleur et les tons. C'est à travers ce dialogue profond que le peintre entretient avec elle, que Bonnard peut néanmoins être considéré comme un héritier de Monet et de Renoir, comme de Degas. Sa différence essentielle est qu'il recompose de mémoire dans son atelier sa première idée évacuant toute notion de temporalité, cherchant seulement à transcrire sa sensation sans le "danger" pour lui de l'observation directe[3]. Il cultive ainsi avec passion le terrain de la sensation devant la nature qu'il soumet à son raisonnement se prévalant dans une certaine mesure d'une certaine tradition. N'écrit-il pas à son

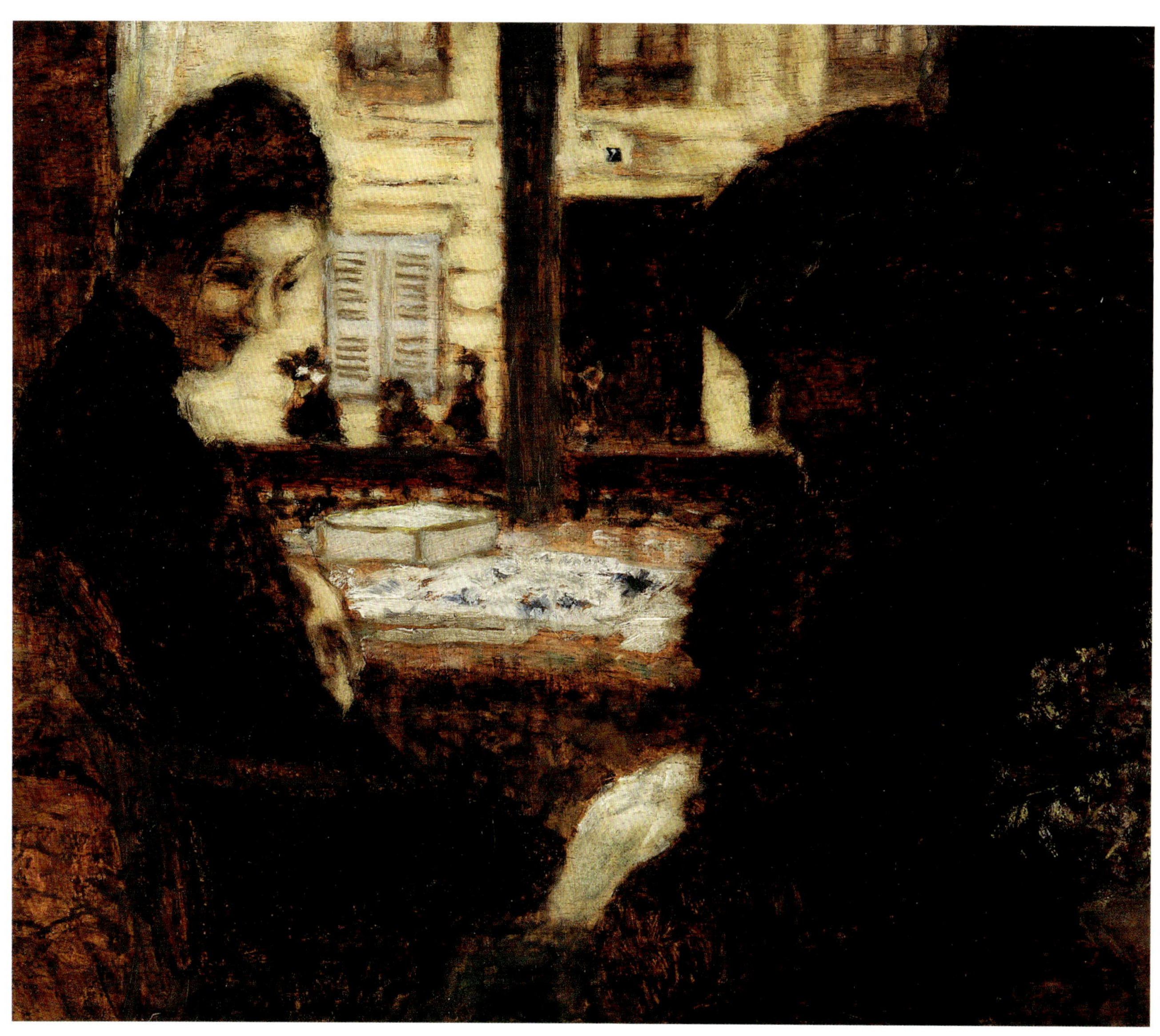

Cat. 1
Femmes à la fenêtre (Chez la brodeuse), vers 1895

neveu Charles en février 1933 : « Je travaille beaucoup de plus en plus enfoncé dans cette passion périmée de la peinture. Peut-être en suis-je avec quelques-uns un des derniers survivants ?[4] » C'est justement cette « vision sentimentale[5] »qu'il a mise en avant, qui a été mal comprise et agacé d'autres[6]. Bonnard sans se soucier de cela trace sa voie, différente de celle que l'on a appelé alors l'avant-garde. Toute sa vie il a cherché à conserver intacte sa vision première : « Si vous voulez, en peinture, rendre la vie où elle est déjà parfaite, vous ne réussirez jamais. Il ne s'agit pas de peindre la vie, il s'agit de rendre vivante la peinture » devait-il déclarer vers la fin de sa vie[7].

C'est en 1891 après avoir suivi les cours libres de l'Académie Julian que Bonnard entre de plain pied dans la peau de l'artiste après avoir su convaincre son père, fonctionnaire au ministère de la guerre, grâce au succès de son affiche *France Champagne*, de le laisser choisir sa voie et abandonner progressivement la carrière notariale que ce dernier envisageait pour lui. Soutenu par sa mère avec laquelle il échange une importante correspondance[8], Bonnard s'émancipe progressivement de sa famille tout en conservant un lien très fort avec elle, continuant à passer ses étés en famille dans la maison du Grand-Lemps dans le Dauphiné et séjourner à Arcachon chez sa sœur Andrée et son beau-frère le compositeur Claude Terrasse avec lequel il est très proche et il a de nombreux projets (*Petit solfège illustré*, *Petites scènes familières* ainsi que des décors pour le théâtre). Ses amis sont d'abord Paul Sérusier, Maurice Denis, Paul Ranson Henri-Gabriel Ibels avant de rencontrer à l'École des Beaux-Arts, Ker-Xavier Roussel et Édouard Vuillard en 1888. Bonnard est attaché à Vuillard plus qu'à tout autre du groupe des nabis et cette amitié est réciproque; les derniers mots de Vuillard à son ami en témoignent avec force : « Si je vous écrivais chaque fois que je pense à vous, à notre passé, à la peinture, etc., vous auriez une bibliothèque à compulser[9]. » Bonnard lui avait répondu « Pour moi Paris c'est beaucoup vous[10] ... ». En effet le Paris dont Bonnard se remémore avec émotion le souvenir est très visible dans cette série d'œuvres de la collection Nahmad.

Bonnard est un habitué de chez Vuillard[11] comme le rappelle une observatrice précieuse, Annette Vaillant, fille de Marthe Mellot et d'Alfred Natanson : « Une fois par semaine, Madame Vuillard, qui est corsetière rue Saint-Honoré, pousse la machine à coudre et fait de la place pour recevoir à dîner les amis de son fils. [...] Bonnard qu'elle aime tout naturellement, mais qu'elle taquine [...][12]. » Ce sujet a été particulièrement illustré par Vuillard dans sa peinture comme dans ses lithographies (ill. 01). Ainsi, sans doute inspiré par l'univers intime de son ami qui vit avec sa mère et sa sœur entourées de très jeunes apprenties, *Femmes à la fenêtre (Chez la brodeuse)* (cat. 1) évoque l'attachement de Bonnard pour les tonalités grises et sombres ou les contre-jours hérités des compositions japonaises, de manière à renforcer l'aspect intime de sa composition. Ces deux femmes travaillant devant leur fenêtre permettent au peintre d'attirer notre attention sur le trottoir d'en face dont la façade de l'immeuble est éclairée et permet de distinguer les silhouettes des passants. L'œuvre des deux peintres est très proche l'une de l'autre à cette époque comme en témoigne Gustave Geffroy qui écrit dans son compte rendu sur la première exposition personnelle de Bonnard chez Durand-Ruel : « Son ami, son compagnon, son frère d'existence [...]. Il y a évidemment une ressemblance entre les deux artistes [...] et je vois de grandes différences : ainsi Vuillard est un coloriste plus franc, plus hardi à faire éclater les floraisons bleues, rouges, jaune d'or, et en même temps on le sent d'esprit mélancolique, de pensée grave. Bonnard, au contraire, est un peintre gris, se plaît aux nuancements du violacé, du roux, du sombre ; et pourtant dans chacune de ses notations la malice d'observation, la gaîté gamine, se révèlent d'une distinction charmante [...][13]. » Ils aiment peindre tous deux la vie autour de la lampe, la douceur de l'intimité » écrit plus récemment Antoine Terrasse[14].

Durant toutes les années qu'il passe à Paris, avant de s'en éloigner[15], Bonnard reste fidèle quasiment toute sa vie à Montmartre[16]. Il aime l'atmosphère de ce quartier bohême où se croise une population contrastée durant le jour et la nuit. Les impressionnistes avant lui avaient aimé ce quartier vivant qui regorge de

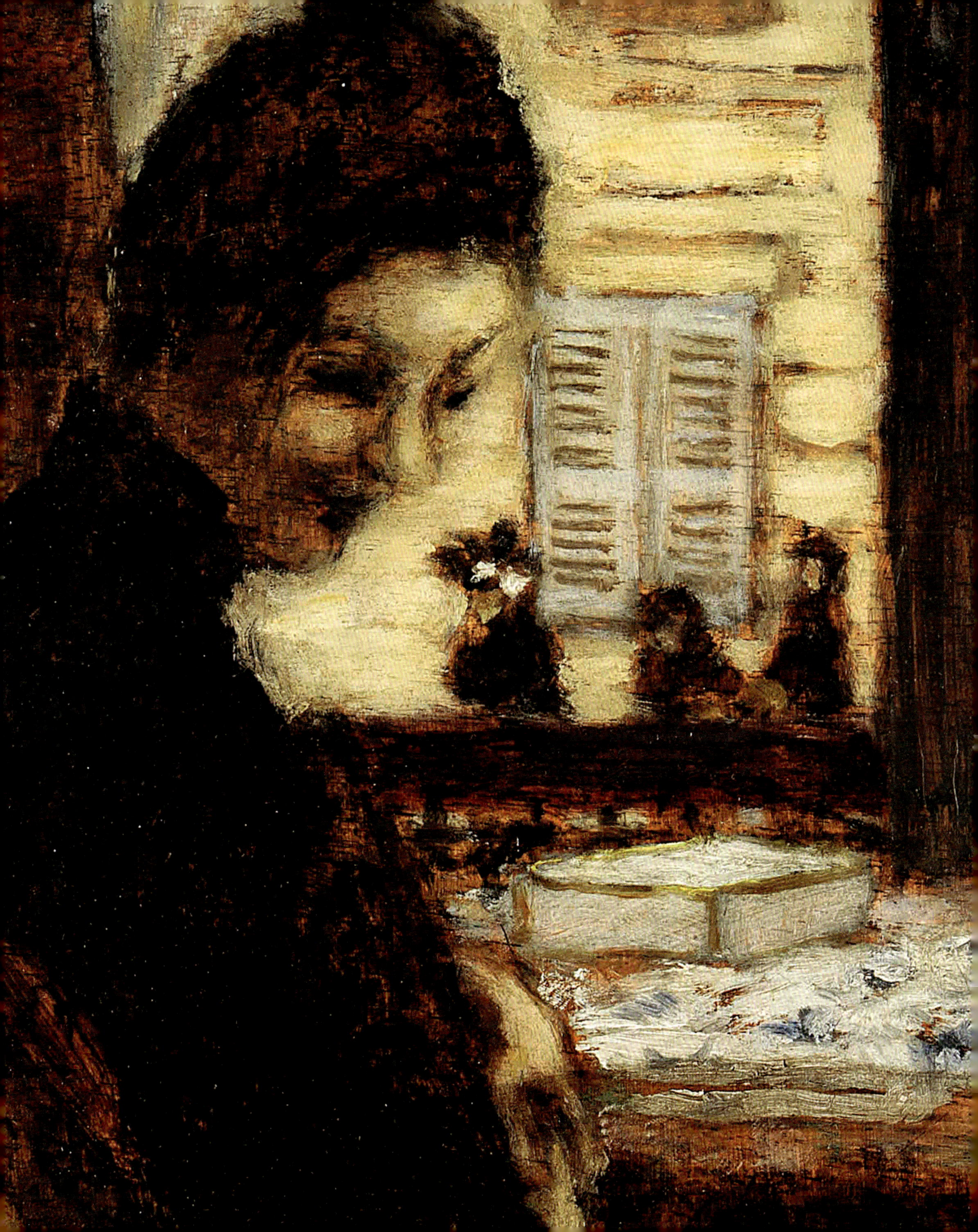

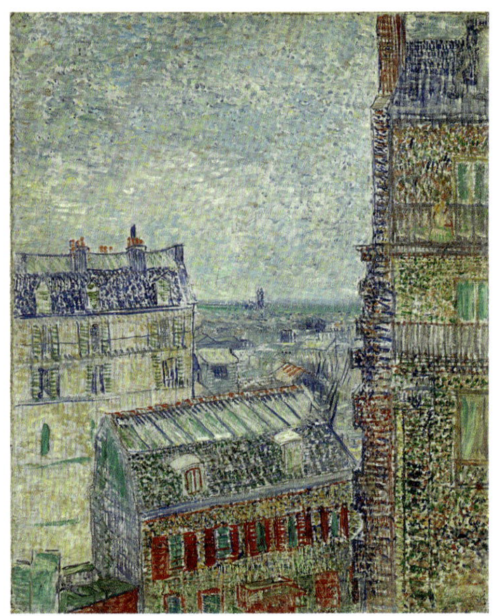

Ill. 02 – Vincent Van Gogh, *Vue depuis l'appartement de Théo*, 1887, huile sur toile, 45,9 x 38,1 cm, Van Gogh Museum, Amsterdam.

théâtres, café-concerts, cirques ou cafés alors que dans la journée une vie populaire colorée se met en place centrée autour des marchands de quatre saisons, les artisans de la rue ou de crieurs en tous genres. Ainsi les deux peintures représentant le boulevard de Clichy durant deux moments de la journée sont-elles audacieuses et intéressantes à plus d'un titre (cat. 2, 3).

Paris est autour de 1900 et jusqu'en 1906, un sujet central dans l'œuvre de Bonnard et dans une autre mesure dans celle de ses amis nabis. La ville est l'un des principaux pôles d'attraction pour les artistes venus de toute l'Europe. Pour Bonnard, qui a choisi Montmartre comme quartier d'élection, la ville est un spectacle fascinant qui nourrit son imaginaire insatiable. Il se révèle être un observateur attentif et amusé de la vie moderne. Ses fiacres, ses tramways, les foules qui se pressent dans les rues ou dans les salles de spectacle d'un nouveau genre, les mères et leurs enfants, les loisirs, les petits métiers, tout est prétexte pour le jeune peintre à croquer avec un charme et une ironie incomparables le monde des boulevards où se croisent le chapeau haut-de-forme du mondain comme le chapeau à aigrette de l'élégante. « Nul ne note plus finement l'aspect de la rue, les silhouettes passantes, la tache colorée vue à travers la fine brume parisienne » note encore Gustave Geffroy[17]. La même année, André Mellerio fait le même constat : « Ce qui fait le fond de M. Bonnard, c'est le charme. [...]. C'est le fouillis compliqué d'une civilisation sans cesse en mouvement, où tout a sa note de couleur et en joue. L'inattendu d'un coin de rue, le geste relevé d'une parisienne traversant, les mille détails menus et frivoles de sa toilette [...] ». Les petits chiens – si reconnaissables chez Bonnard - participent par leurs poses cocasses à cette observation amusée de la ville : « Il [Bonnard] comprend leur être intime manifesté par des poses baroques, des échines souples, tendues, des museaux en l'air, des courses folles dégingandées... [18]»

Ces deux peintures sont le reflet du dialogue important qui existe chez Bonnard entre travail de la lithographie et celui de la peinture. La série

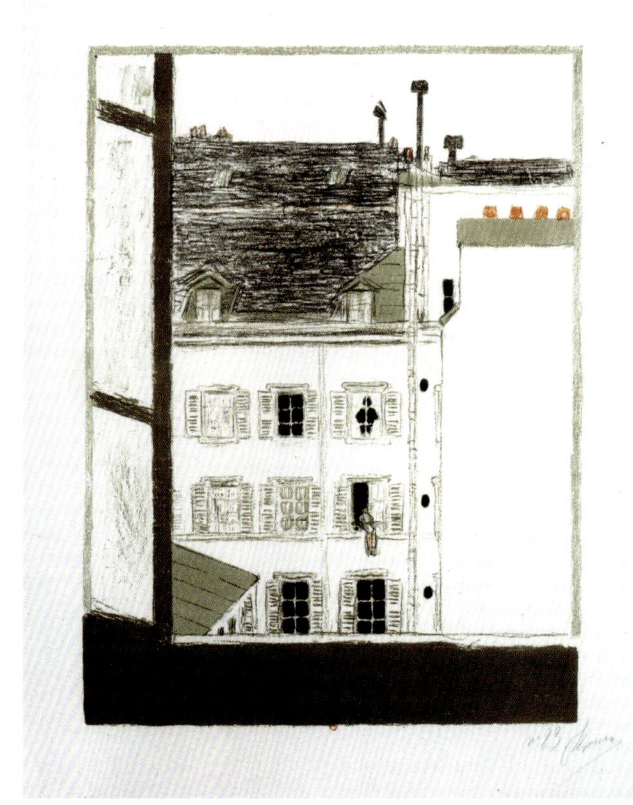

Ill. 03 – Pierre Bonnard, *Maison dans la cour*, 1895-1896, lithographie en cinq couleurs, 34,5 x 25,7 cm, Bibliothèque nationale de France, Paris.

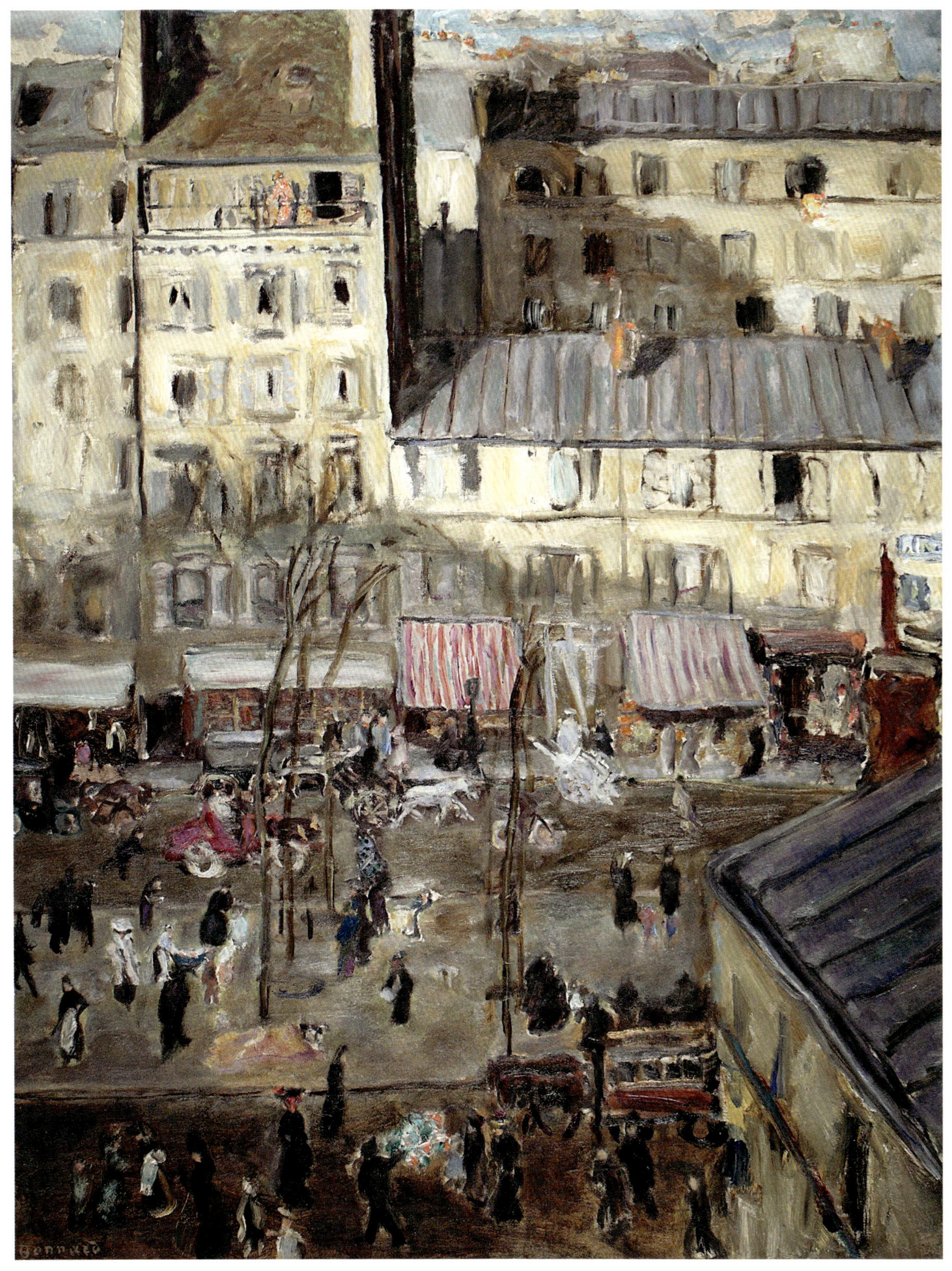

Cat. 2
Le Boulevard extérieur. Boulevard de Clichy et angle de la rue de Douai, 1904

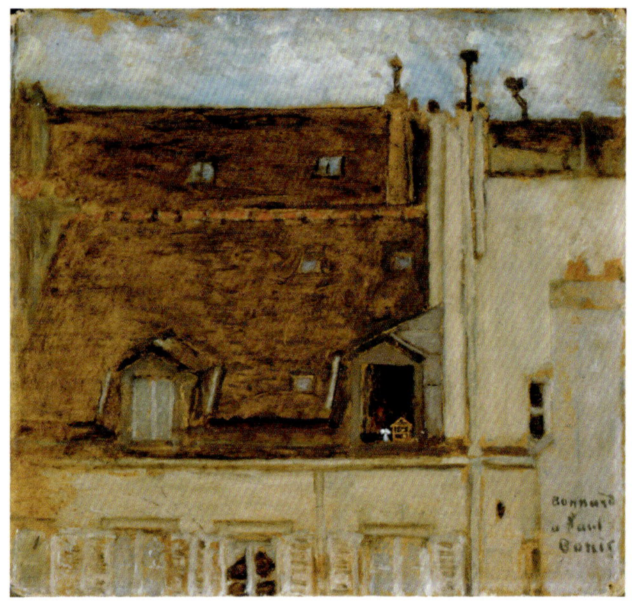

Ill. 04 – Pierre Bonnard, *Toits*, vers 1897, huile sur bois, 34,30 x 36,83 cm, Smith College Museum of Art, Northampton, Ms, don d'Adele R. Levy Fund.

d'œuvres à laquelle appartiennent les deux tableaux de la collection Nahmad (cat. 2, 3) a été précédée par le grand chantier de lithographies entrepris par Bonnard en 1898 des *Quelques Aspects de la vie de Paris* (ill. 03) qui demeure son album phare, imprimé par Eugène Clot[19]. Les 12 lithographies et la couverture qui composent l'album révèlent un regard tendre et parfois ironique de ce Paris qui l'attire : « dans cette succession d'estampes [...] on admirera [...] la diversité de la mise en page, des « points de vue », des éclairages, des saisons, des heures, des milieux, des personnages, et [...] le dynamisme des rythmes et celui des couleurs coïncident [20] » écrit Claude Roger-Marx. L'observation aiguë de la bourgeoisie comme les petits métiers donnent à cette série une dimension humaine que jamais Bonnard n'effacera de son œuvre future. À cette époque la ville brille de toute part. Le progrès envahit les rues qui s'élargissent, s'illuminent de becs de gaz permettant de prolonger les journées et de profiter de nombreux loisirs nocturnes. Omnibus, bus à l'impérial, chevaux, se croisent dans un joyeux fatras. Partout, théâtres, cafés, restaurants attirent une foule pressée d'en profiter. Les promeneurs – hommes, femmes et enfants arborent des tenues élégantes ; pourtant Bonnard capte également le Paris des petits métiers de la blanchisseuse au vitrier ou encore la marchande de quatre-saisons. Ces planches illustrent ainsi les recherches de Bonnard au même moment dans sa peinture, dont on ne compte plus les sujets urbains au tournant du XXe siècle ; elles sont les témoins des fréquents allers-retours entre peinture et lithographie que Bonnard effectue, attestant du rôle important qu'il arroge à l'estampe[21]. Avec *Maison dans la cour* (ill. 03), de la série des *Quelques aspects de la vie de Paris*, le peintre s'intéresse au cadrage, dont la composition

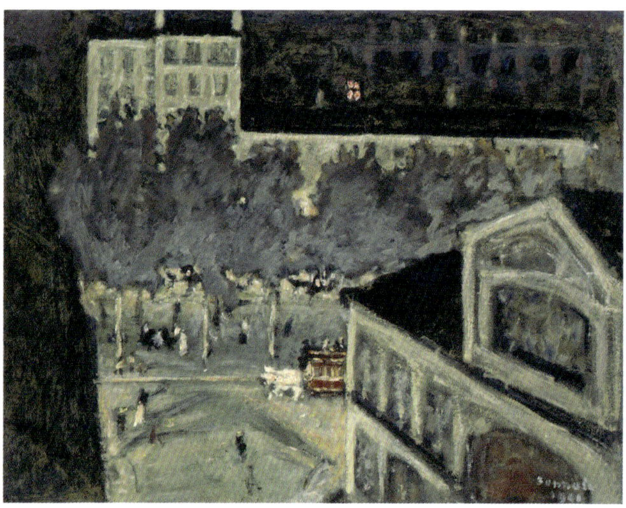

Ill. 05 – Pierre Bonnard, *Vue de Paris la nuit* (angle du boulevard de Clichy et de la rue de Douai), 1900, huile sur papier contrecollé sur panneau, 45,1 x 58,1 cm, The Museum of Fine Arts, Boston, don de John T. Spaulding.

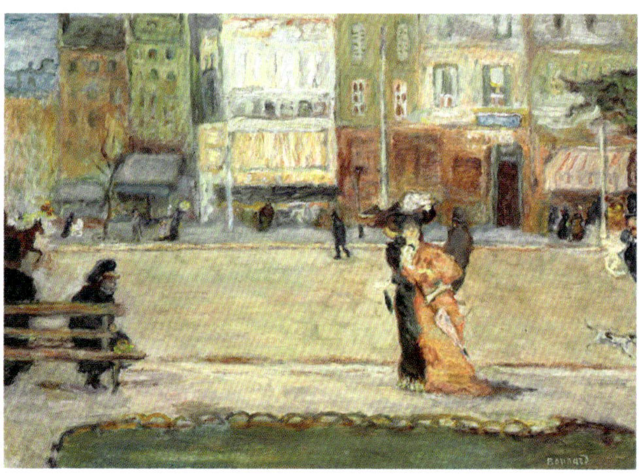

Ill. 06 – Pierre Bonnard, *Boulevard de Clichy ou Scène de rue à Paris*, 1900, huile sur toile, 65,1 x 92 cm, Collection particulière.

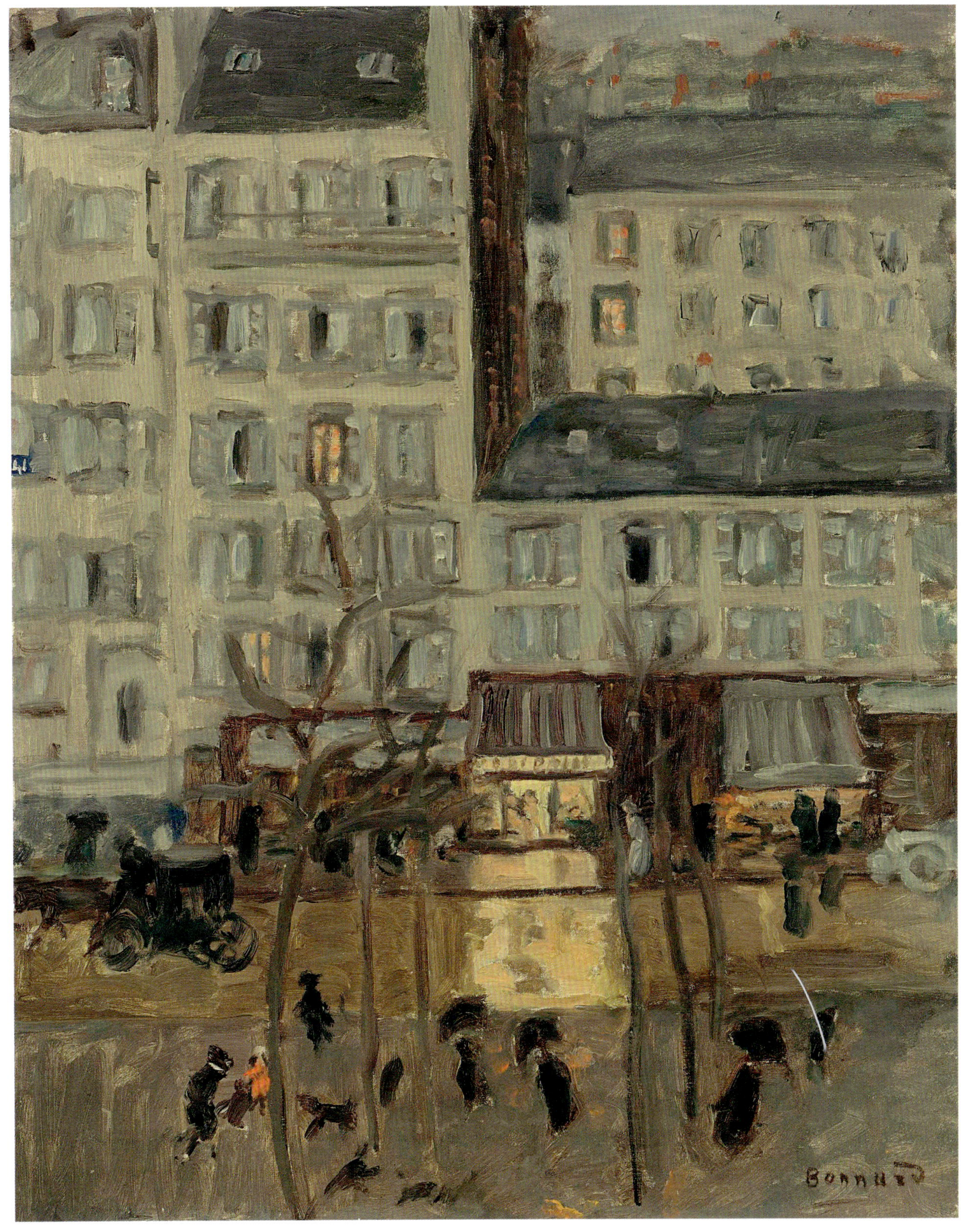

Cat. 3
Paysage parisien (Boulevard de Clichy), 1904

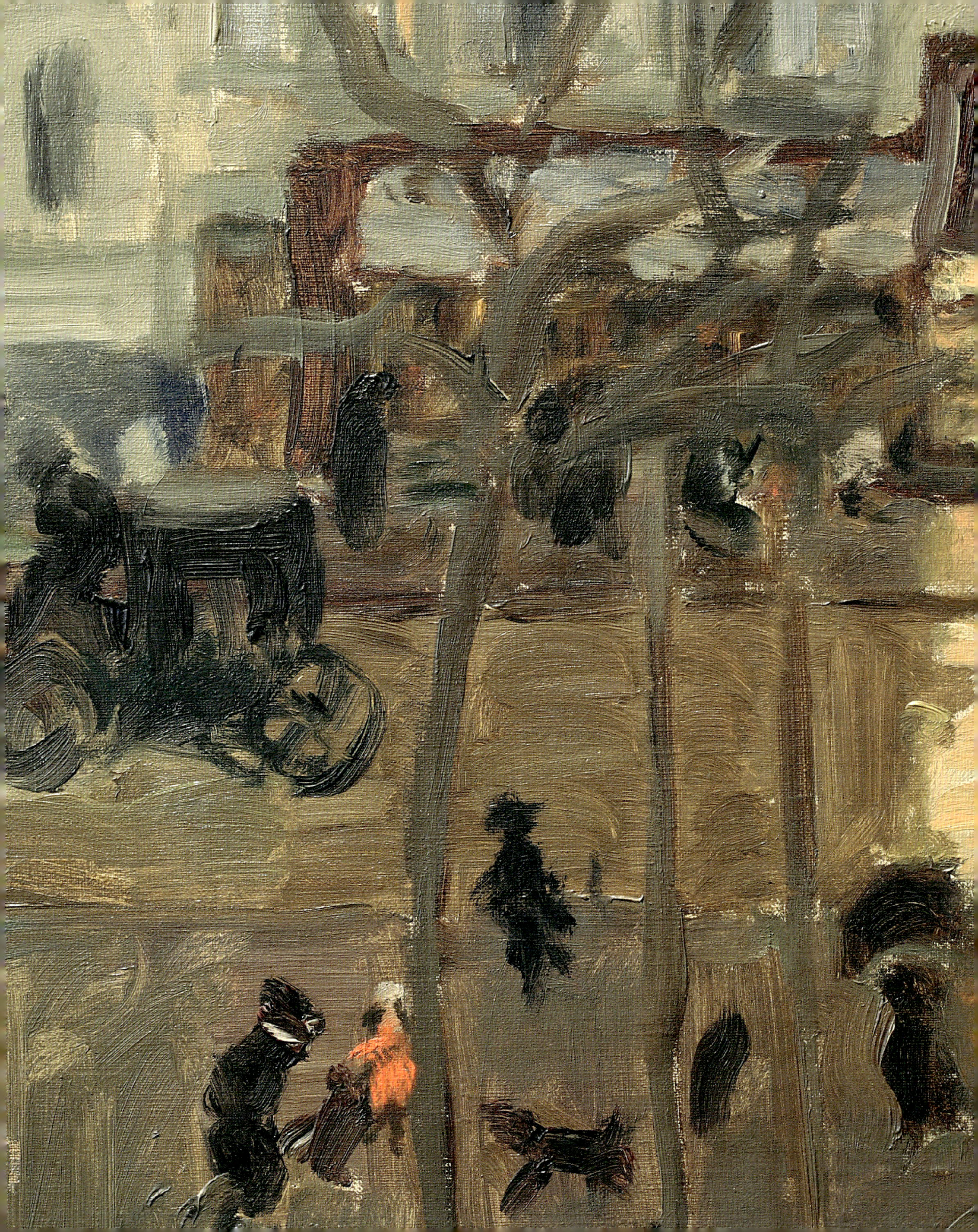

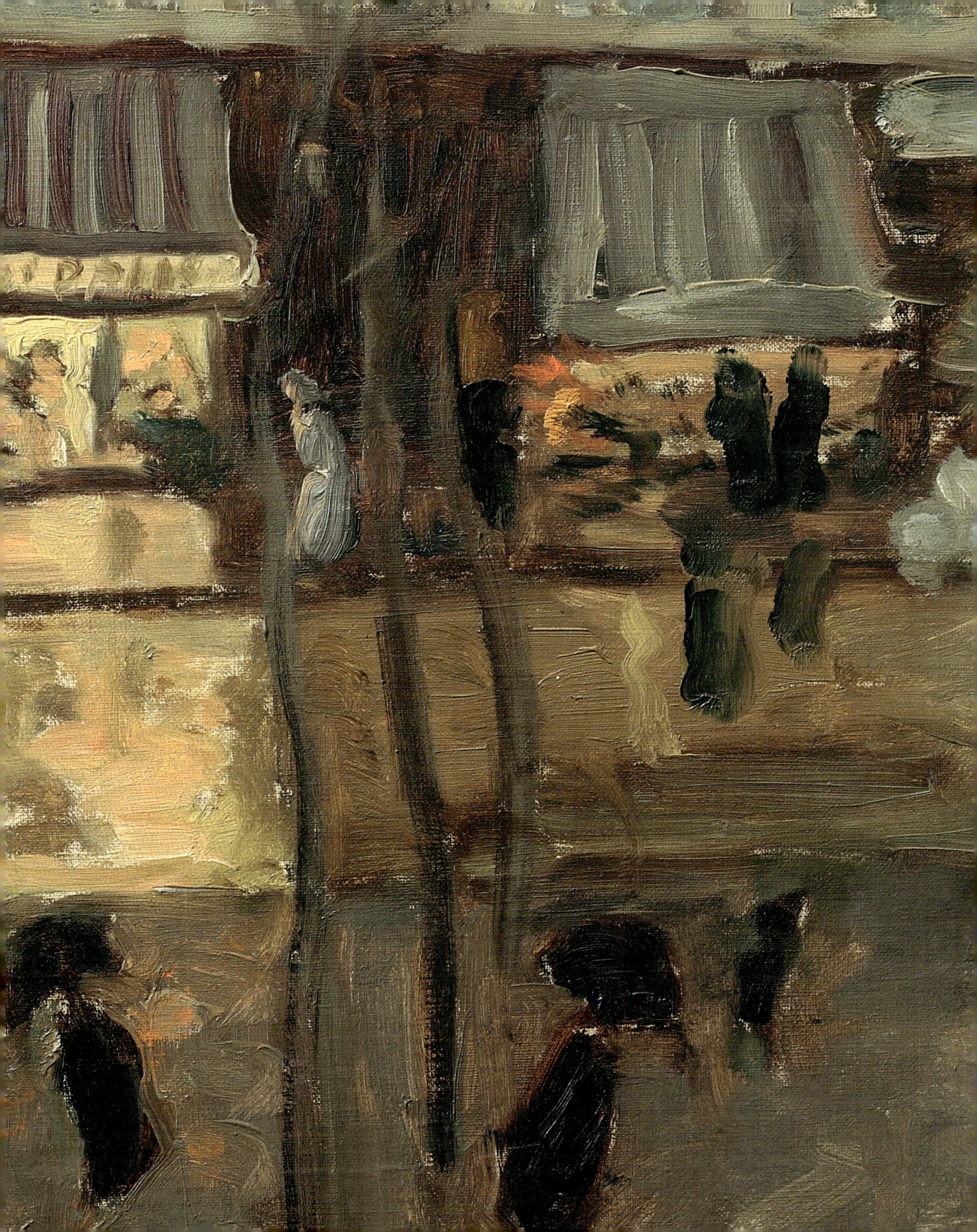

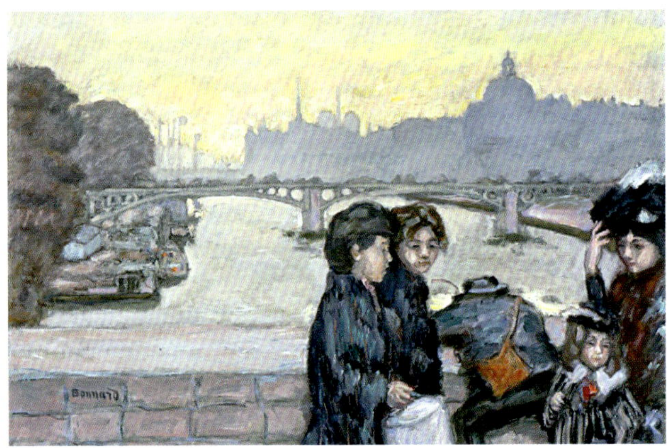

Ill. 07 – Pierre Bonnard, *Le Pont des arts*, vers 1903, huile sur toile, 72,39 x 99,38 cm, County Museum of Arts, Los Angeles, don de Mr et Mrs Sidney F. Brody D. 289.

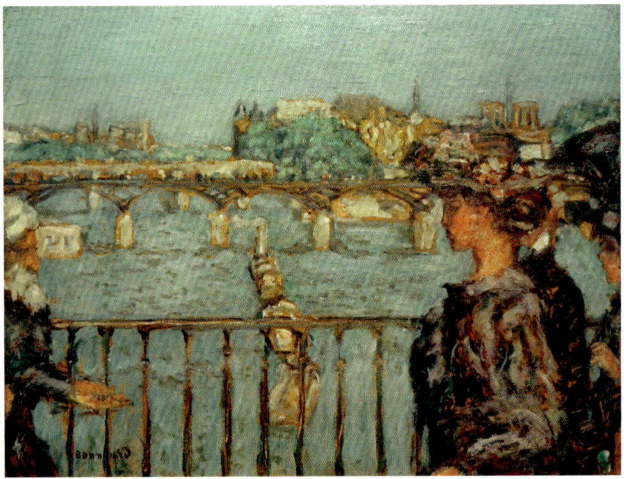

Ill. 08 – Pierre Bonnard, *Le Pont des arts*, vers 1905, huile sur carton parqueté, 55 x 70 cm, Collection particulière D. 324.

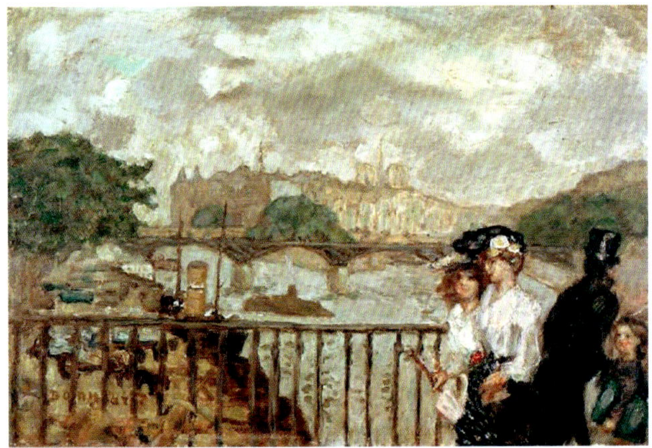

Ill. 09 – Pierre Bonnard, *Le Pont des arts*, vers 1905, huile sur toile, 34 x 52 cm, Collection particulière D 321.

axiale et la vue en plan rapproché seront utilisées pour les deux peintures qui nous intéressent ici (cat. 2, 3) ; il s'agit probablement de la vue des toits que l'artiste a depuis son atelier de la rue de Douai qui lui permet de voir au-dessus des toits le croisement formé par le boulevard de Clichy et la rue de Douai.

S'il est possible que Bonnard ait remarqué les vues de Van Gogh réalisées depuis son appartement de la rue Lepic quelques années plus tôt (ill. 02) [22], il s'intéresse moins au côté architectural de la composition qu'à la vie présente dans chacune de ses œuvres ; notre œil est attiré par une profusion de détails qui anime par quelques taches de couleurs le trottoir humide dans la version de nuit ou l'agitation des voitures et des tramways à chevaux dans celle de jour. En témoin attentif de la vie moderne, Bonnard « observe les reflets, toutes les irisations sur les murs, mais aussi tous les gestes des passants. Il surprend toutes les attitudes des femmes, qu'elles remettent en place un chapeau, chuchotent sous leur ombrelle, traversent la rue d'un pas fragile [...][23] » Ailleurs, le peintre joue sur les gros plans (ill. 04) ou sur les plans rapprochés concentrant son attention sur la modification de sa perception la nuit par les effets de la lumière électrique qui théâtralise la scène (ill. 05) ; directement sur le trottoir, (ill. 06) il prend à témoins des passants, un petit chien pris dans une course effrénée, un homme sur un banc, sont traités comme des silhouettes héritées du théâtre d'ombre chinois dont le célèbre cabaret *Le Chat noir* diffuse les spectacles et influence toute une génération d'artistes. Le tout favorisé par un premier plan dans l'ombre et le second plan en pleine lumière. On est troublé comme dans ses lithographies au même moment, par la mobilité des figures.

S'il apprécie Montmartre, Bonnard parcourt la ville de part en part allant vers les Champs-Élysées, poussant jusqu'au bois de Boulogne ou flânant sur les bords de la Seine, à proximité du Louvre, se postant sur la passerelle des arts ou sur un autre pont. C'est en effet, vers 1905, que Bonnard peint une série de quatre tableaux (cat. 4, ill. 07-09) en introduisant des variantes tout en conservant le même décor de la vue de Notre-Dame au loin dans la brume.

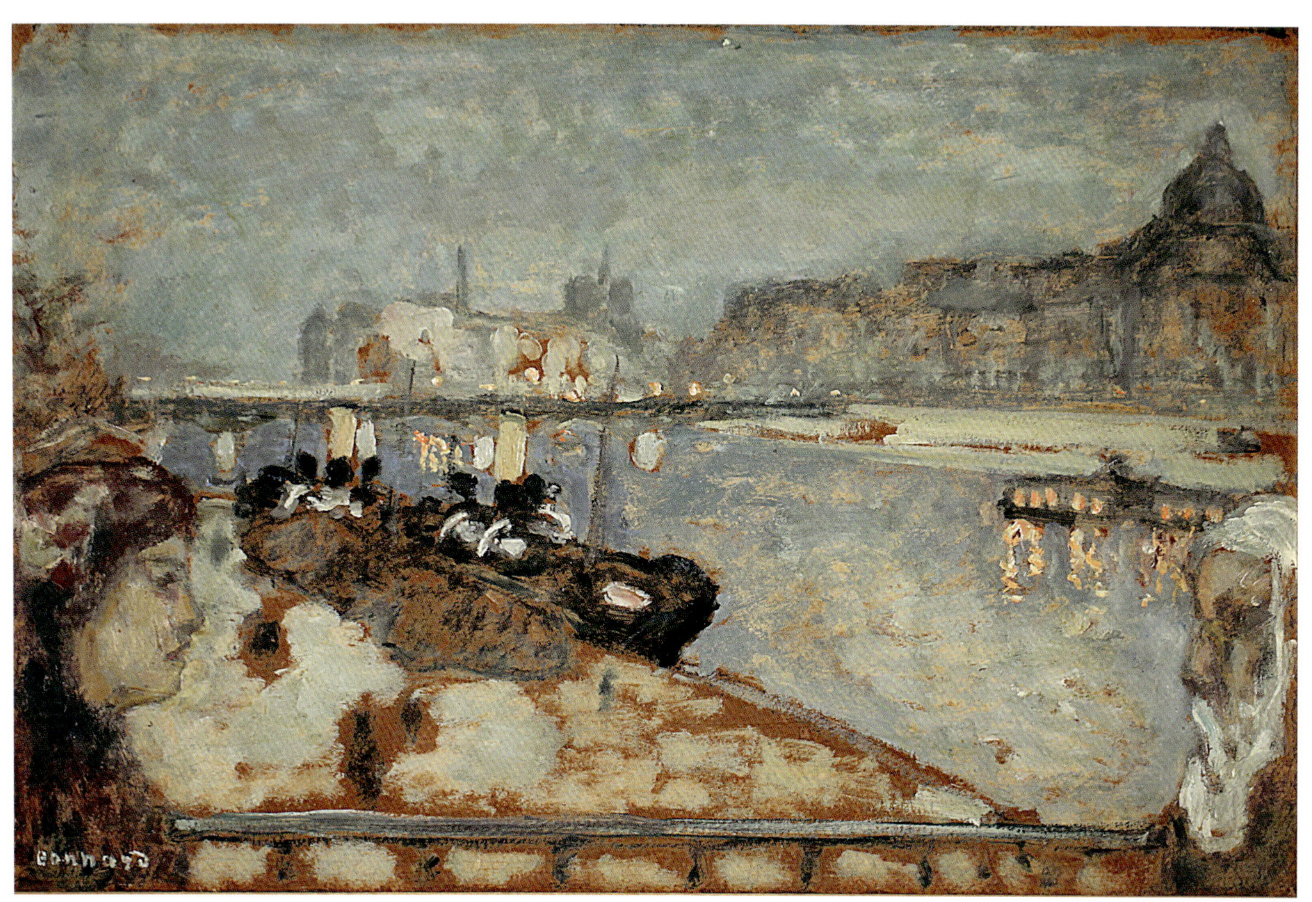

Cat. 4
Les Quais de Paris, vers 1906

Bonnard introduit dans ces scènes des éléments de cadrage qui font penser à un story-board, les passants sortant ou entrant dans le champ. Ainsi la version de la collection Nahmad (cat. 4), représentée dans sa version nocturne reprend l'image du vieil homme barbu qui s'apprête à croiser une jeune femme alors que dans celle de l'ancienne collection Pétridès (ill. 08), celui-ci est à gauche la main tendue comme s'il mendiait une pièce. Dans ces années 1905-1906, alors que le fauvisme fait scandale au salon d'automne, Bonnard n'est pas encore sur la voie de la lumière et de la couleur. Il continue à utiliser des fonds bleutés et des atmosphères grises, rehaussant parfois ses compositions de taches de couleurs plus vives provoquant un rythme volontairement nuancé.

Bonnard travaille davantage ses compositions mais sa découverte de la lumière méditerranéenne à Saint-Tropez autour de ces années-là et son intérêt grandissant pour le corps féminin comme pour les paysages de campagne lui font abandonner les paysages urbains. Sa touche devient plus légère et son style plus heureux ; c'est l'époque des grandes compositions décoratives réalisées dans sa maison de Vernon et des premiers nus enchantés. Pourtant Bonnard autour de 1912-1913, subit une grave crise intérieure qui lui fait remettre en question son art : « la couleur m'avait entraîné. Je lui sacrifiais presque inconsciemment la forme. Mais il est bien vrai que la forme existe, qu'on ne peut arbitrairement la réduire ou la transposer, c'était donc le dessin qu'il me fallait étudier et après le dessin la composition[24]. » Cette crise qui dure jusque vers 1916 semble diminuer au moment où le peintre fait la rencontre de deux jeunes femmes à quelques mois de distance : Lucienne Dupuy de Frenelle et Renée Monchaty. De ces deux passions amoureuses qui ne gomment pas la présence indétrônable de Marthe[25], Bonnard réalisera un certain nombre de nus et de portraits. Ce *Portrait de jeune fille* de la collection Nahmad (cat. 5) appartient à une série de quatre autres (Dauberville 1092-1095) où la jeune femme apparaît avec le même sourire résigné et le regard triste. Il n'est pas impossible que cette jeune femme soit Lucienne avec laquelle il a conservé des liens d'amitié. Il est d'ailleurs le parrain de son second fils né en 1920. Bonnard joue ici sur l'harmonie de couleurs chaudes et froides entre le fond couleur feu, la teinte des cheveux rehaussée de jaune et les modulations vertes et ocre de son col de fourrure. La touche rapide et l'effet presque esquissé donnent à ce portrait une intense expression dans l'échange de regard avec le peintre.

À partir de cette époque partageant son temps entre la Normandie et la Côte d'Azur, Bonnard va mettre au point une stratégie picturale qui ne déviera plus et le conduira vers un emploi de plus en plus raisonné de la couleur dont il devient un des maîtres incontesté. Son œuvre au-delà de cette apparente facilité du *faire* et du *voir* contient en elle toutes les révolutions passées et à venir, tenant compte des possibilités de la peinture pour donner l'impression de planéité à la profondeur ou de gaité à la mélancolie, illustrant l'un de ses derniers propos : « Il y a une formule qui convient parfaitement à la peinture : beaucoup de petits mensonges pour une grande vérité[26]. »

« Ce qu'ils [Ezra et David Nahmad] ont fait est vraiment héroïque et par miracle ils ont réussi. »

Helly Nahmad, 28 février 2013

« Ce qu'ils [Ezra et David Nahmad] ont fait est vraiment héroïque et par miracle ils ont réussi. »

Helly Nahmad, 28 février 2013

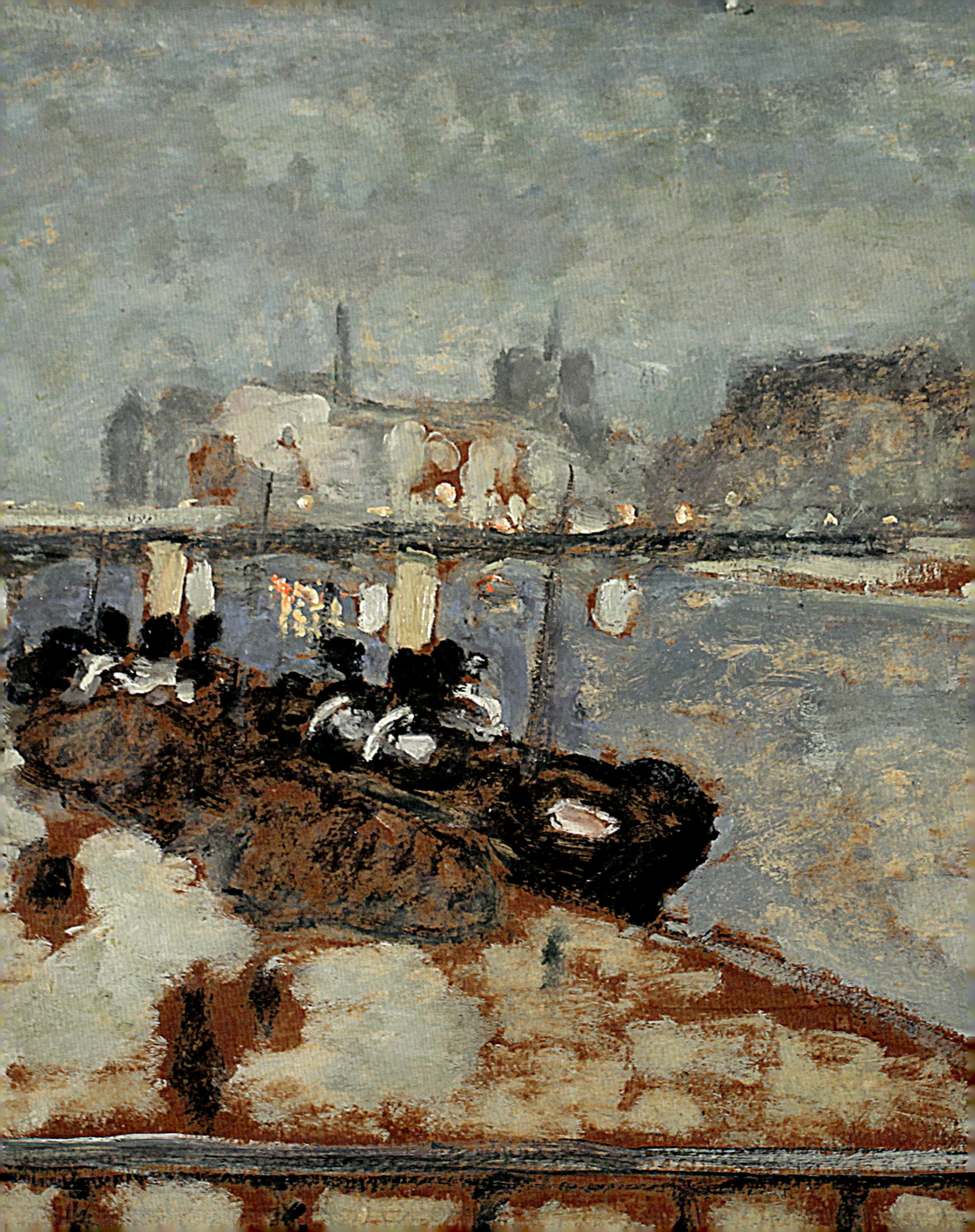

Notes

[1] Voir le chapitre consacré à ce sujet in Georges Roque, *La Stratégie de Bonnard. Couleur, lumière, regard*, éd. Gallimard, Paris, 2006, p. 27.

[2] Bonnard s'il fait partie de ce groupe d'amis dès 1888, il arrive par sa personnalité à s'en écarter aux alentours de 1895, comme on le comprend à demi-mots dans cette réponse qu'il fait à Raymond Cogniat en 1933 : « C'était pendant les vacances [...] aux environs de l'année 1895 : un jour, les mots et les théories qui étaient le fonds de nos conversations : couleurs, harmonies, rapports de lignes et de tons, équilibre, ont perdu leur signification abstraite pour devenir quelque chose de très concret. Brusquement j'avais compris ce que je cherchais et comment je pourrais tenter de l'obtenir. » Cité in Georges Roque, *op. cit.*, p. 89.

[3] Bonnard dira à plusieurs reprises la perte qu'il y a à peindre devant le motif ; en 1943, par exemple, il confie à Angèle Lamotte dans un entretien désormais célèbre que sa perte de contrôle devant le motif l'entraîne dans les détails qui l'empêchent de retrouver son « idée initiale », entretien publié dans *Verve*, V, n° 17-18, 1947.

[4] Cat. *Bonnard*, sous la direction de Gérard Régnier, Musée National d'Art Moderne, Centre Pompidou, 1984, p. 266.

[5] Pierre Bonnard 4 janvier 1934, « une vision sentimentale qui tient le mur », cité in Véronique Serrano, « 1934 », Pierre Bonnard, Au fil des jours, agendas 1927-1946, éd. L'Atelier contemporain, et Bibliothèque nationale de France, 2019, p. 116.

[6] De son côté Picasso a déclaré à Françoise Gilot que son œuvre est un « pot-pourri d'indécision ».

[7] Pierre Bonnard cité par Antoine Terrasse, in *Bonnard « la couleur agit »*, Découvertes Gallimard, Paris 1999, p. 106.

[8] Il lui exprime d'ailleurs très tôt sa vocation, le 5 juin 1886 : « Ce qui est gênant c'est que de temps en temps il me prend des fureurs de peinture quand j'ai été au salon par exemple », cité in Gilles Genty et Pierrette Vernon, *Bonnard inédits*, éd. Cercle d'Art, Paris, 2003, p. 215

[9] Lettre de Vuillard à Bonnard, 4 mai 1940, cité in *Bonnard/Vuillard Correspondance*, édition d'Antoine Terrasse, éd. Gallimard, Paris, 2001, p. 103.

[10] Lettre de Bonnard à Vuillard, Le Cannet [fin mai, début juin 1940], *op. cit*, p. 105.

[11] Vuillard avait partagé quelques mois seulement l'atelier du 28 rue Pigalle préférant en prendre un voisin au numéro 24. Il habite à cette époque au 346 rue Saint Honoré et en 1896 change pour l'immeuble voisin au n° 342.

[12] Annette Vaillant, *Bonnard ou le bonheur de voir*, éd. Ides et Calendes, Neuchâtel, 1965, p. 56.

[13] Gustave Geffroy, *La Vie artistique*, 8 janvier 1896, p. 297.

[14] Antoine Terrasse, *Bonnard*, éd. Skira, Genève, 1964, p. 35.

[15] Bonnard conservera toujours un atelier parisien. Néanmoins, au début des années 1910, sa vie avec Marthe devient complexe et sa misanthropie l'éloigne de ses amis. En même temps, cette concentration forcée au début de Bonnard sur son travail l'aide à formuler plus précisément sa pensée. Ses revenus lui permettent d'acquérir en 1912 une petite maison non loin de Giverny et de Monet au bord de la Seine puis séjourne régulièrement dans des hôtels au bord de la mer en Normandie avant de découvrir la Méditerranée où il achète au Cannet en 1926, une maison sur les hauteurs qu'il conservera toute sa vie. Il continue à voir et recevoir ses amis.

[16] Ses adresses successives à Montmartre seront 8 rue de Parme (où il partage l'appartement de sa grand mère)/ 14 rue Lechapelais, 28 rue Pigalle, 65 puis 60 rue de Douai (à partir de décembre 1905)/49 rue Lepic ; Ce n'est qu'en 1910, qu'il prend un atelier 21 quai Voltaire dans le même immeuble que son ami Misia mais revient très vite à Montmartre où il conservera son atelier 22 rue Tourlaque toute sa vie. Parallèlement, en 1916 il prend un vaste appartement dans le quartier d'Auteuil, 56 rue Molitor puis revient en avril 1924 à Montmartre 48 bd des Batignolles, en 1931, déménage au 16 bis rue Caulaincourt et en 1939 à la veille de la guerre déménage 2 place de la Porte des Ternes dans un appartement qu'il achète sur plan, et qu'il conservera désormais jusqu'à la fin de sa vie.

[17] Gustave Geffroy, compte rendu *La Vie artistique*, 8 janvier 1896, cité in Terrasse, 1988, p. 247.

[18] André Mellerio, *Le Mouvement idéaliste en peinture*, 1896.

[19] D'après certains auteurs, la commande daterait de 1895 ce qui expliquerait la diversité de style de certaines planches lesquelles étaient destinées à être éditées séparément. Cf. cat. *Nabis, op. cit.*, p. 438. Leur vente est annoncée dans *L'Almanach du père Ubu* et dans *L'Estampe et l'affiche* alors que la série est exposée en mars 1899 chez Vollard.

[20] Claude Roger-Marx, *Bonnard lithographe*, éd. André Sauret, Monte Carlo, 1952, p. 13.

[21] On lira avec profit l'important catalogue de l'exposition *Pierre Bonnard. The Graphic Art*, The Metropolitan Museum of Art, 1989. Par ailleurs, le peintre, des années plus tard confiera à André Sauret : « J'ai beaucoup appris au point de vue peinture en faisant de la lithographie en couleurs. Quand on doit étudier les rapports des tons en jouant de quatre ou cinq couleurs seulement qu'on superpose ou qu'on rapproche, on découvre beaucoup de choses », Cité in Claude Roger-Marx, *op. cit.*, in Antoine Terrasse, *Pierre Bonnard*, éd. Gallimard, Paris, 1988, p. 48.

[22] L'une des deux versions aujourd'hui dans une collection privée a appartenu à Toulouse Lautrec, très proche des nabis dès la création de *La Revue blanche* en 1891. Van Gogh y expérimente alors la peinture pure diluée à l'essence permettant un rendu très fluide et mat.

[23] Antoine Terrasse, *Pierre Bonnard*, éd. Gallimard, 1967, p. 37, 40.

[24] Pierre Bonnard, cité in Antoine Terrasse, *La Couleur agit, op. cit*; p. 65.

[25] Bonnard a rencontré Marthe sur les grands boulevards à Paris vers 1893 à deux pas de la maison Trousselier où la jeune femme travaille à la confection de fleurs artificielle. Inspiratrice de Bonnard jusqu'en 1942, Marthe n'a néanmoins jamais pu écarter le peintre de son pouvoir de séduction auprès des femmes entraînant des conséquences parfois tragiques. Lire pour cet aspect biographique Olivier Renault, *Bonnard, jardins secrets*, éd. de la Table ronde, Paris, 2015 et Françoise Cloarec, *L'Indolente. Le Mystère Marthe Bonnard*, éd. Stock, Paris 2016.

[26] Pierre Bonnard, entretien avec Gaston Diehl, in *Les Vertus cardinales de la peinture*, 1945, p. 201 et suivantes.

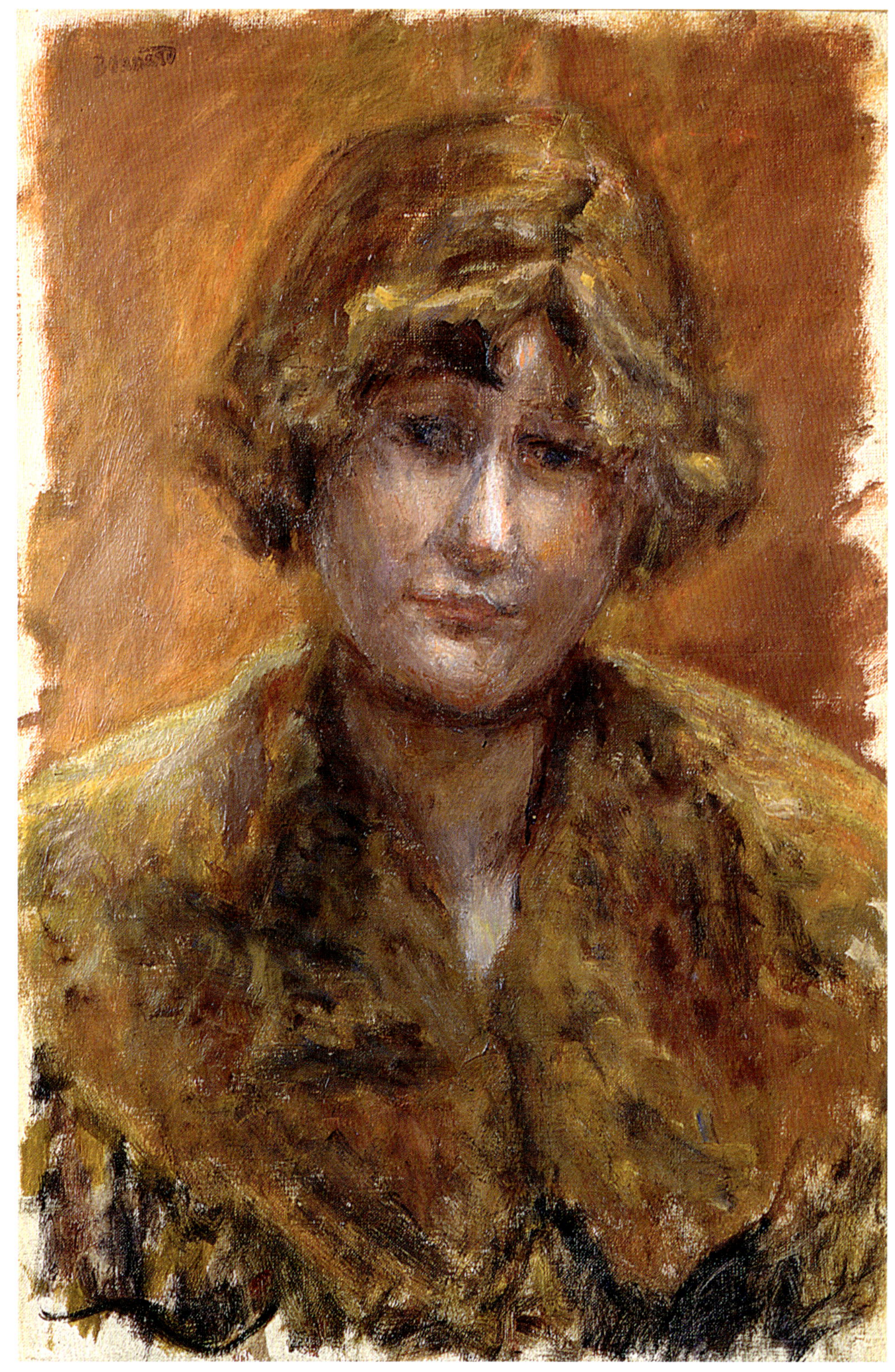

Cat. 5
Portrait de jeune fille, vers 1921

Eugène-Louis Boudin

(Honfleur, 1824 – Deauville, 1898)

Cat. 6
Les Environs de Honfleur, 1854-1857
Huile sur panneau
20 x 31,5 cm
Signé

Cat. 7
Deauville, Scène de plage, 1890
Huile sur carton
18 x 27 cm
Signé en bas à gauche, mention Deauville en bas à droite

Considéré avec Jongkind comme l'un des précurseurs de l'impressionnisme, Eugène Boudin a marqué son époque par la beauté de ses ciels. Son intérêt permanent pour la peinture en plein air a tracé la voie du jeune Monet qui reconnaîtra bien plus tard que « si je suis devenu peintre, [...] c'est à Eugène Boudin que je le dois. » De son côté, Boudin est conscient de cet apport et confesse dans son autobiographie sa « très petite part d'influence dans le mouvement qui porte la peinture vers l'étude de la grande lumière, du plein air et de la sincérité de la reproduction des effets du ciel[1]. »
Son milieu familial ne le prédestinait pas à la carrière de peintre si ce n'est celui de son père – marin qu'il accompagne comme mousse – et qui lui donne sans doute le goût de la nature, de la mer et des grands espaces. C'est à terre que son avenir se dessine, devenant tour à tour commis chez un imprimeur du Havre où la famille s'est établit puis chez un papetier, pour finir par travailler en tant qu'associé à l'âge de 20 ans dans une boutique de papetier encadreur où il expose des artistes de passage tels que Constant Troyon et Eugène Isabey, qui sont les principaux représentants de l'École de Barbizon. Sa vocation s'éveille au contact des nombreux peintres qui fréquentent la côte normande. La rencontre avec Charles Baudelaire, puis celle de Jean-François Millet et de Thomas Couture l'incite à se lancer dans une carrière artistique. Paris est un passage obligé et sur les conseils du peintre réaliste Théodule Ribot, il part étudier à Paris durant un an et plus tard c'est sur l'insistance de Monet qu'il y retourne. Ce n'est qu'après l'obtention d'une bourse de trois ans de la ville du Havre en 1851, qu'il approfondit sa formation au contact des maîtres qu'il copie au Louvre mais aussi dans l'atelier d'Isabey. Cet épisode parisien est entrecoupé de plusieurs séjours en Normandie pour finir par adopter un rythme de vie partagé entre les hivers passés dans la capitale et les étés sur les rivages normands ou bretons. C'est à cette période qu'appartient le tableau de la collection Nahmad, *Les Environs de Honfleur* (cat. 6). Le ciel occupe les trois-quarts de la composition, permettant par le traitement de la lumière une percée qui met en valeur le premier plan et les plans intermédiaires tout en les unifiant avec une même gamme chromatique de gris déclinée dans les infinies nuances de bleu. L'impression poétique qui se dégage de l'atmosphère et dont le peintre se fera le chantre entre ciel et mer, n'échappe pas à Charles Baudelaire qui dans son compte rendu du Salon de 1859 parlera à son sujet de « prodigieuses magies de l'air et de l'eau[2] », ni même à Corot qui le couronnera comme le « roi des ciels », alors que lui même est reconnu, tel que le rappelle Sylvie Patin comme « un maître pour le rendu des brumes vaporeuses et des effets atmosphériques[3]. » Dans ce tableau, le ciel n'est pas la seule composante ; même si bien souvent Boudin a peint une nature dénuée de toute présence humaine, bâtissant ainsi sa notoriété autour de l'azur[4], il aime aussi réunir les deux. Ici les marins du premier plan et les nombreux bateaux qui croisent à l'horizon permettent de voir un autre aspect de l'œuvre de cet artiste qui connaît si bien la mer et les marins, les effets du temps et ses variations qu'il enregistre directement sur la toile, le travail en atelier lui donnant moins de réussite. « Tout ce qui est peint directement et sur place a toujours une force, une puissance, une vivacité de touche qu'on ne retrouve plus dans l'atelier » écrit-il[5]. Il veut pousser sa peinture sur nature le plus loin possible de manière à ne travailler que très peu dans l'atelier. Il aime croquer les gens de mer et les bateaux, apportant la finesse de son

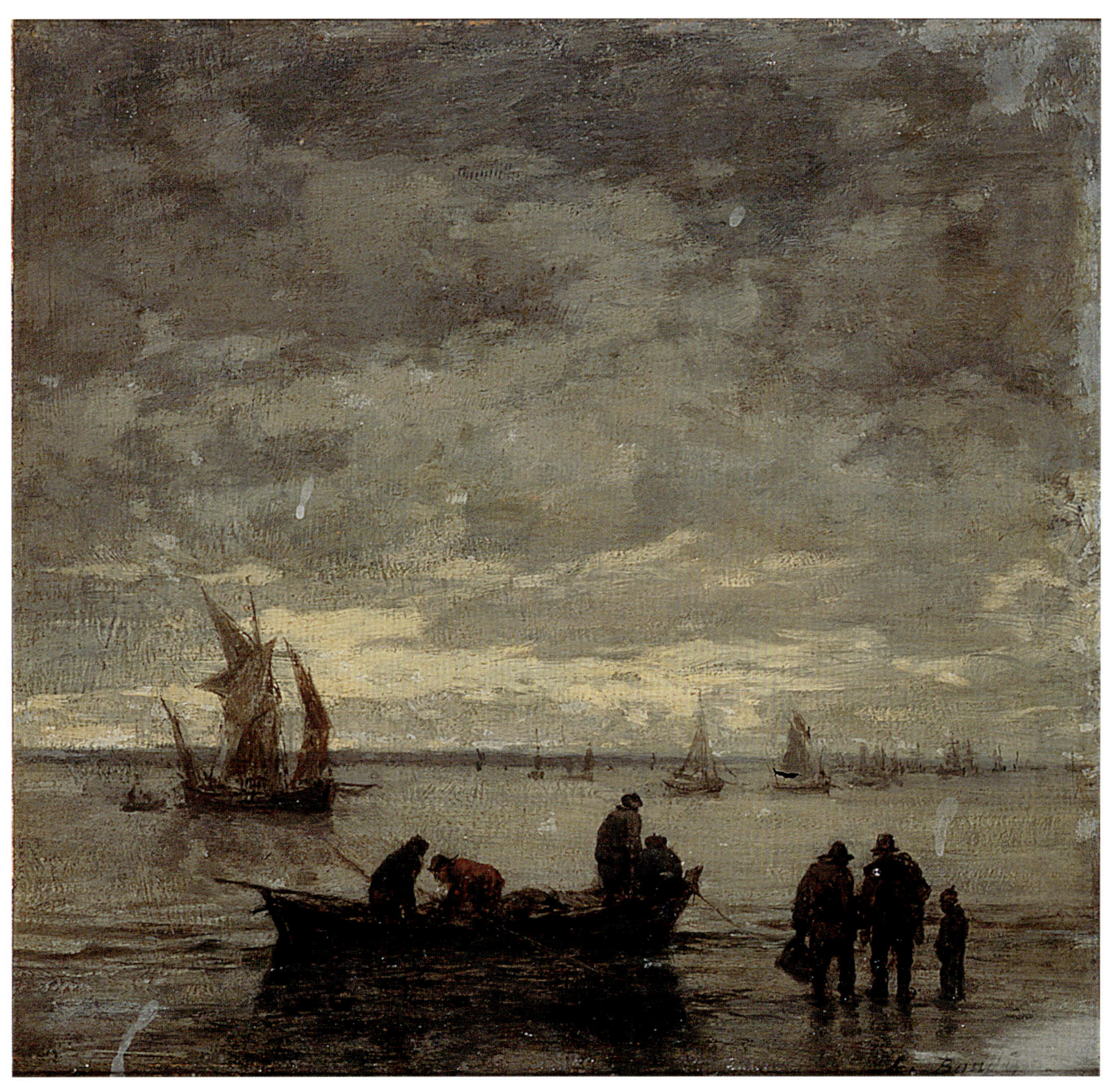

Cat. 6
Les Environs de Honfleur, 1854-1857

observation dans chacune de ses œuvres. Il capte aussi bien les coups de vent, la danse immuable des nuages, le miroir coloré de l'eau, le calme après la tempête, que le grouillement des baigneurs sur le sable humide.

Dans le même temps, Boudin parfait sa formation par l'étude de l'œuvre de Courbet, ses paysages de mer notamment, mais aussi, les grands paysagistes de l'école anglaise (Constable et Turner en tête) et hollandaise (Snyders, Van Ruisdael, Potter).

Au fil du temps, il développe sa technique et ses scènes de plage sont remarquées par la critique avant de remporter un succès tardif auprès d'une riche clientèle. Zola qui écrit lors du Salon de 1868 : « Un peintre qui a le sens des horizons humides, de l'eau et des taches vibrantes que fait une toilette de femme sur un ciel gris[6]. » Ce sont la plupart du temps, de petits tableaux que l'on peut emmener partout.

Assistant à la naissance de la mode des bains de mer et à la création des stations balnéaires facilitée par le développement du chemin de fer[7], Boudin est captivé par le ballet mondain des élégantes qui flânent sur le sable et dont le paysage est transformé par les cabines de plage. Il aime représenter ce nouveau public en villégiature à Trouville ou Deauville, comme ici en 1890 (cat. 7) dont les figures sont autant de taches de couleurs qui tranchent avec le camaïeu sable de la composition. Et si c'est d'abord la recherche de la lumière qui l'intéresse il n'est pas mécontent de l'effet que ces petits tableaux produisent sur le public comme sur la critique : « On aime beaucoup mes petites dames sur la plage » écrit-il à son ami Ferdinand Martin, tout en poursuivant « d'aucuns prétendent qu'il y a là un filon d'or à exploiter[8]. » Il est vrai que ces tableaux séduisants participeront à sa renommée autant que ses ciels.

Sa participation à la première exposition impressionniste en 1874 est un tournant et lui permet d'asseoir sa réputation bien qu'il faille attendre son contrat avec le marchand Paul Durand-Ruel en 1881. Ce dernier défend ses intérêts et organise sa première exposition personnelle en 1883 dans sa galerie parisienne ; le peintre participe également grâce à lui en 1886 à la grande exposition impressionniste organisée par le marchand à New York qui l'ouvre au marché international. Parallèlement, Boudin multiplie les voyages à la recherche d'horizons nouveaux (Anvers, Bordeaux, Rotterdam, Berck, Dordrecht, Venise) ainsi que la Bretagne depuis son mariage en 1863 avec Marie-Anne Guédès qui est originaire de cette région.

En 1889, affaibli par la mort de celle-ci, Boudin alors âgé de 65 ans, est attiré par la douceur du climat du Midi et par sa lumière comme tant d'autres avant lui, décidant d'y séjourner chaque hiver (Antibes, Juan-les-Pins, Villefranche, Beaulieu), ce qui lui permet de peindre quotidiennement en plein air. Il partage désormais son temps avec Deauville où depuis 1884 il s'est fait bâtir une vaste maison – *la Villa Breloque* – face à la mer. Son succès public est grandissant et en 1892, le peintre Puvis de Chavannes lui remet les insignes de la Légion d'honneur.

Si l'œuvre de Boudin est déterminante dans le développement de Monet qui ne s'en est jamais caché[9], son héritage est également important pour Bonnard qui à l'occasion d'un entretien en 1937, alors qu'il séjourne à Deauville, confesse : « C'est Boudin qui a attiré mon attention sur Deauville. Il assurait qu'il n'y avait aucun autre endroit en France où le ciel était aussi beau et changeant... et j'avoue qu'il a raison. Ce n'est qu'à la longue qu'on arrive à comprendre tout à fait un paysage[10]. »

Notes

[1] Cité in *Eugène Boudin - L'Atelier de la lumière*, Musée d'Art Moderne André Malraux Le Havre, fiche pédagogique, 2016.

[2] Charles Baudelaire, *Salon de 1859, Le Paysage*, cité in Sylvie Patin, *Eugène Boudin, les ciels*, éditions des Falaises, Rouen 2013, p. 6.

[3] Sylvie Patin, *op.cit*, p. 8.

[4] Alexandre Dumas fils dans une lettre à Boudin lui déclare : « Vous, qui êtes l'homme des ciels par excellence... ».

[5] Eugène Boudin, Carnets, cité in Sylvie Patin, *op. cit*, p. 22.

[6] Propos d'Émile Zola cités, in Isolde Pludermacher, Eugène *Boudin*, Lettres à Ferdinand Martin, éd. Sté des Amis du Musée Eugène Boudin, Honfleur, 2011, p. 139.

[7] Honfleur et Deauville sont desservies par le chemin de fer successivement depuis 1862 et 1863.

[8] Eugène Boudin, Lettre à Ferdinand Martin, février 1863, in Isolde Pludermacher, *op. cit*, p. 27.

[9] « Je n'ai pas oublié que c'est vous qui, le premier, m'avez appris à voir et à comprendre. », Claude Monet à Eugène Boudin, 22 août 1892.

[10] Pierre Bonnard, 1937 propos rapportés par Ingrid Rydbeck, *Chez Bonnard à Deauville*, éd. L'Echoppe, 1992, n.p.

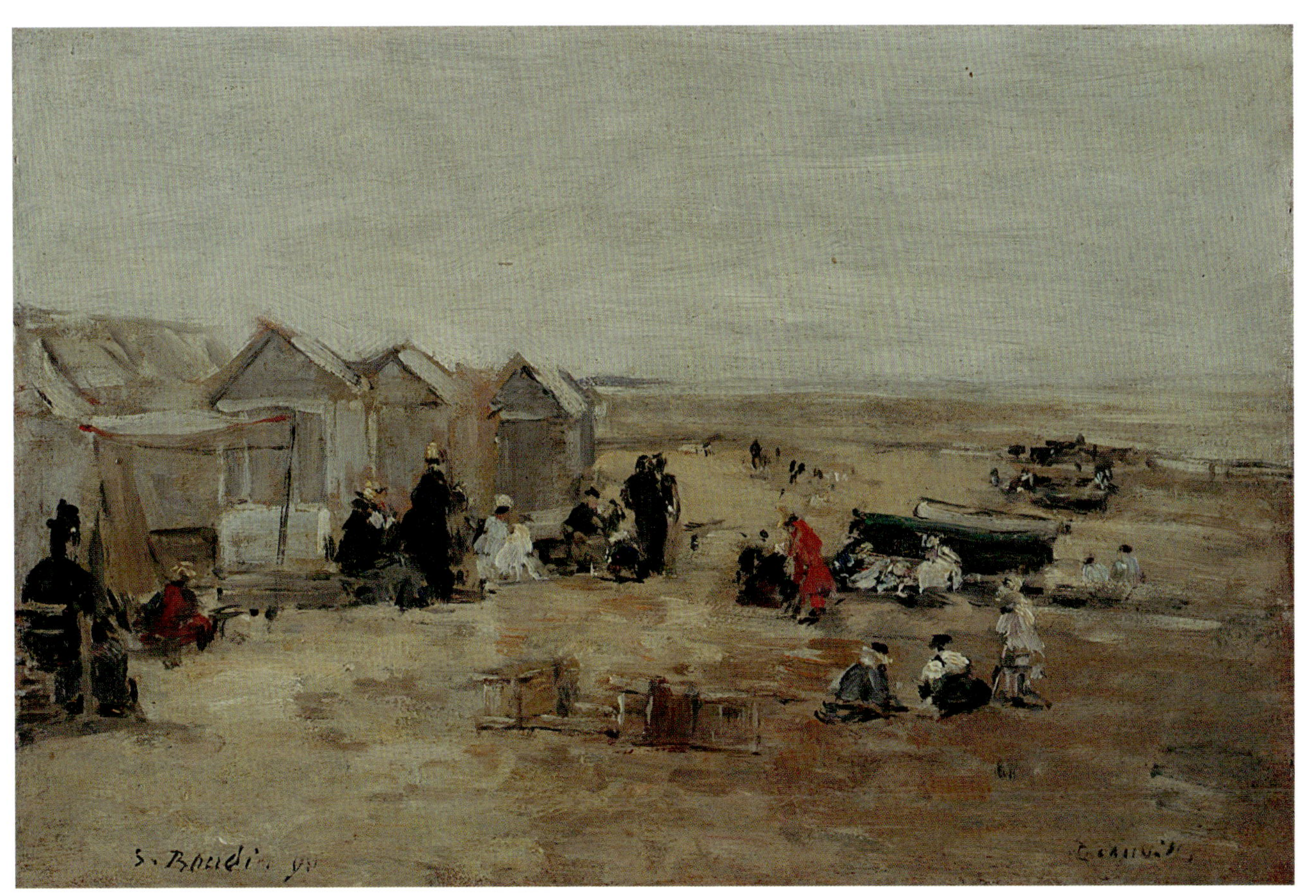

Cat. 7

Deauville, Scène de plage, 1890

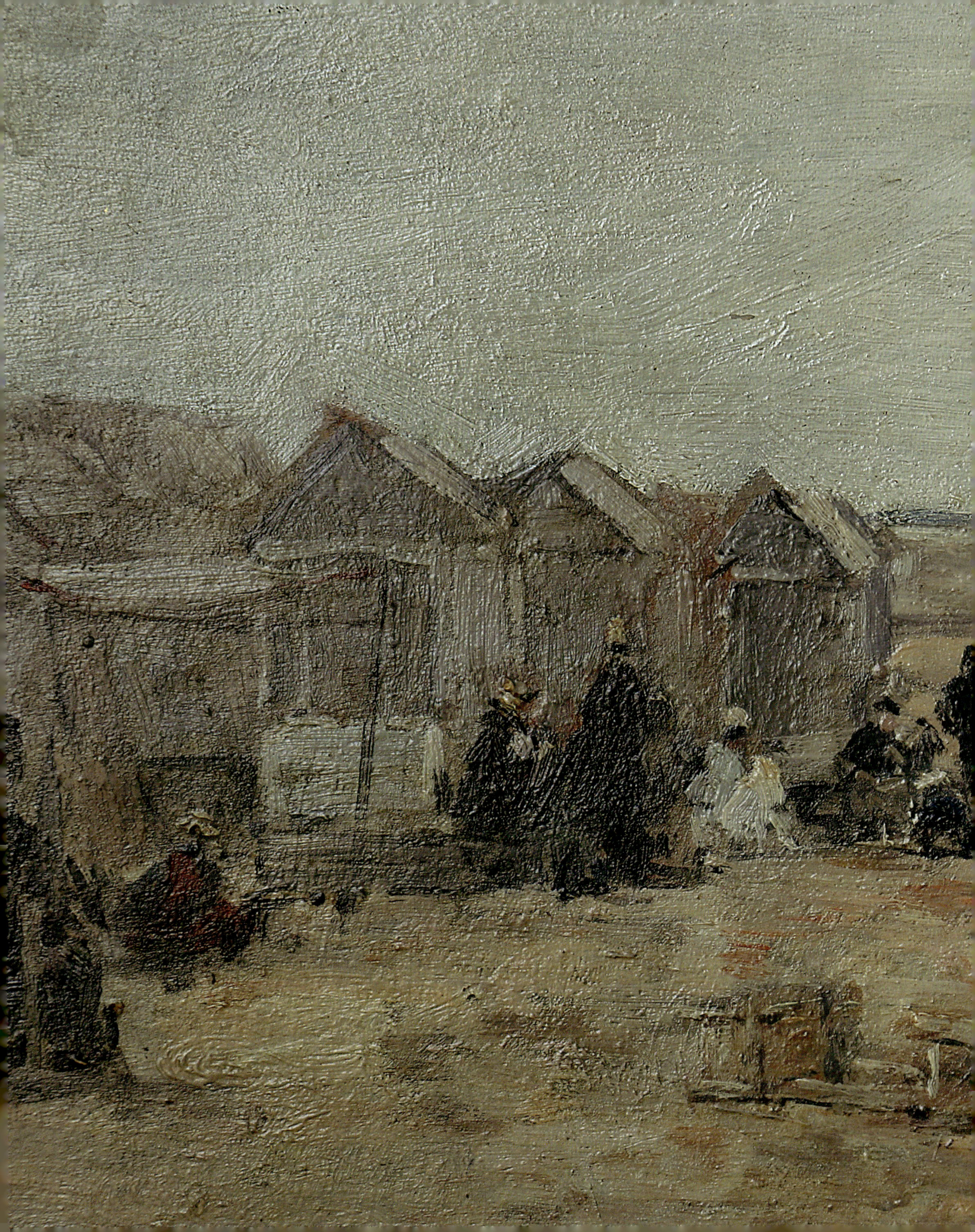

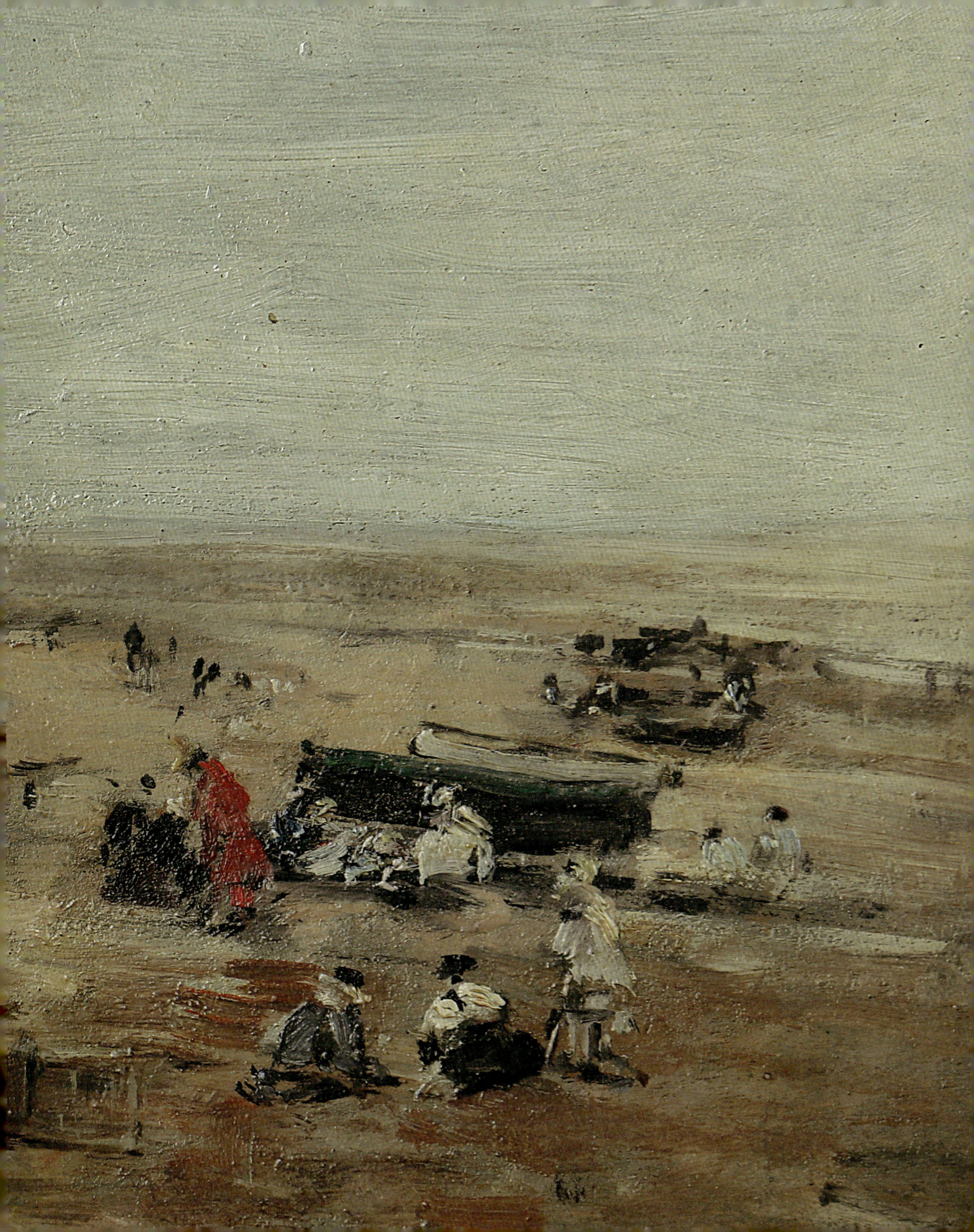

Georges Braque

(Argenteuil, 1882 – Paris, 1963)

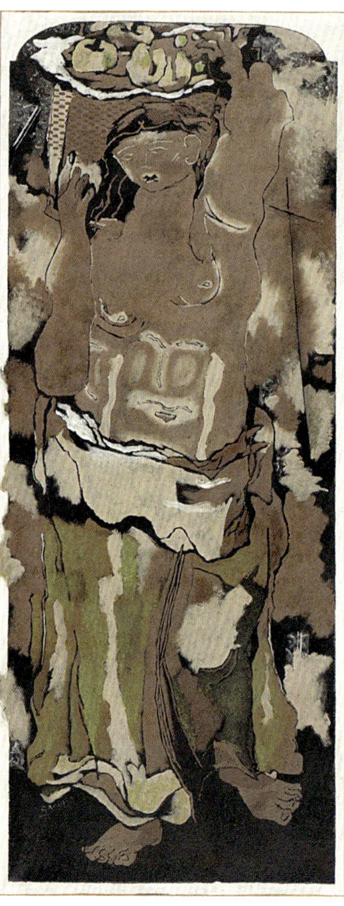

Ill. 01 – Georges Braque, *Canéphore*, 1922, huile sur toile, 180,5 x 73,5 cm, Musée National d'Art Moderne, Centre Pompidou, Paris.

Cat. 8
Femme assise, 1924
Huile et sable sur toile
100 x 81 cm
Signé en bas à droite : *G. Braque*

Cat. 9
Nu couché, 1926
Huile sur panneau
26,4 x 68,3 cm

Cat. 10
Baigneuse aux trois fruits, 1926
Huile sur panneau
100 x 81,2 cm
Signé, daté en bas à gauche : *G. Braque 26*

Cat. 11
La Toilette bleue, 1942
Huile et sable sur toile
146,5 x 95 cm
Signé, daté en bas à droite : *G. Braque 42*

Cat. 12
La Caisse d'emballage, 1947
Huile sur toile
92 x 92 cm
Signé en bas à gauche : *G. Braque*

Georges Braque est avec Pablo Picasso le père fondateur incontesté du cubisme. Ensemble, les deux peintres découvrent les éléments d'un nouveau langage plastique qui vont impacter durablement la peinture moderne. Leur complicité est au zénith entre 1907 et 1914. « Nous habitions Montmartre, nous nous voyions tous les jours, nous parlions. On s'est dit avec Picasso, pendant ces années-là, des choses que personne ne se dira plus, que personne ne saurait plus se dire, que personne ne saurait plus comprendre... des choses qui seraient incompréhensibles et qui nous ont donné tant de joies ... et cela sera fini avec nous. [...] C'était un peu comme la cordée en montagne[1]. » Sept ans durant lesquels, l'un et l'autre vont faire des expériences qui vont s'alimenter mutuellement, animés par la fièvre de la découverte d'une voie inconnue. Cette ferveur est brutalement brisée par la guerre, rupture réelle, imagée par ces propos de Picasso : « Le 2 août 1914 j'ai conduit Braque et Derain à la gare d'Avignon. Je ne les ai jamais revus[2]. » Plus rien ne serait désormais plus comme avant, ni leur relation, ni la peinture. Leur marchand Daniel-Henry Kahnweiler a pris son essor en même temps qu'eux, ayant quasiment le même âge, « ce sont les grands peintres qui font les grands marchands » se plaît-il à rappeler[3].

Né dans une famille d'artisans décorateurs de père en fils, Georges Braque, était destiné à perpétuer cette tradition. Installée au Havre depuis son enfance, l'entreprise familiale est réputée pour sa technique

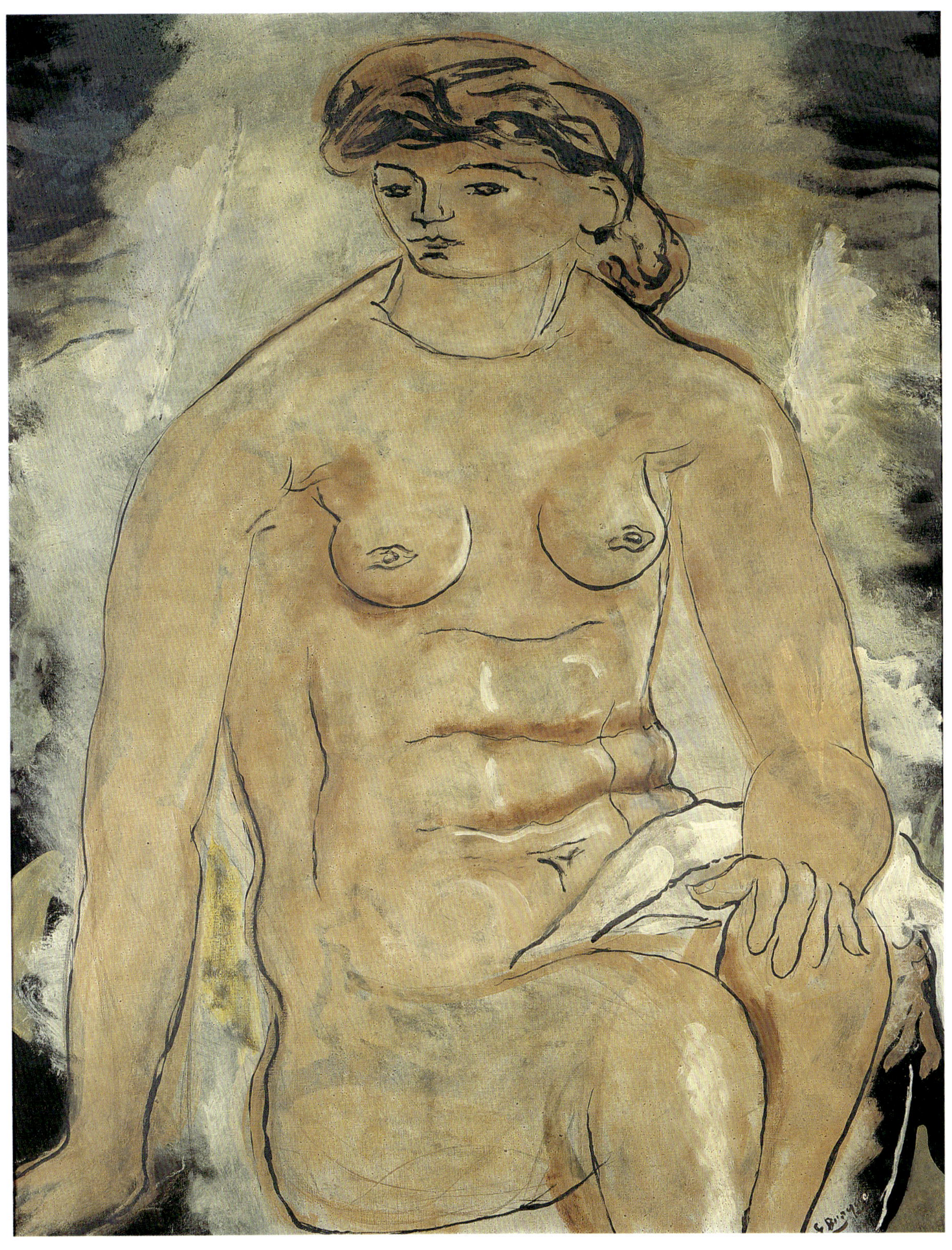

Cat. 8
Femme assise, 1924

du faux-bois qui aura l'impact que l'on sait sur sa sensibilité créatrice. Le jeune Georges est passionné par les images de Steinlen ou de Toulouse-Lautrec qu'il découvre dans le *Gil blas illustré*, journal auquel son père est abonné ; peu assidu à l'école, son père l'envoie dès 1900 se former à Paris à la technique du faux-bois et du faux-marbre. Toutefois, Braque s'oriente parallèlement vers une formation d'artiste peintre avec le consentement paternel. Il suit d'abord les cours municipaux des Batignolles avant de rentrer en 1903 à l'Académie Humbert où il rencontre Marie Laurencin et Francis Picabia pour s'inscrire en 1905 dans l'atelier de Léon Bonnat à l'École des Beaux-Arts où il fait un passage éclair. Il y retrouve Raoul Dufy et Othon Friesz, havrais comme lui, avec lesquels il s'engage sur la voie du fauvisme ouverte par Matisse et Derain. Très vite, Braque s'épuise dans les excès de la couleur visibles par son expérience du paysage à Anvers, puis dans le Midi, à l'Estaque, La Ciotat et Cassis. « La première année, c'était le pur enthousiasme, la surprise du Parisien qui découvre le Midi. L'année suivante ç'avait déjà changé. Il m'aurait fallu pousser jusqu'au Sénégal. On ne peut pas compter plus de dix mois sur l'enthousiasme » confie-t-il à Jean Paulhan[4].

Sa relecture de l'œuvre de Cézanne qui vient de s'éteindre à Aix est un tournant ; il retourne sur les traces du maître à l'Estaque en 1907: sa conception a changé et revient avec des toiles où la couleur a progressivement disparu et les plans élargis, se simplifient pour rompre avec l'espace traditionnel.

Cette année 1907 est une année charnière : il fait des rencontres capitales, Matisse en premier lieu[5] puis son futur marchand Daniel-Henry Kahnweiler, enfin Picasso qui vient de peindre *Les Demoiselles d'Avignon* dans son atelier misérable du Bateau-Lavoir, qui le laissent sous le choc. C'est le début de leur aventure commune avec les premières œuvres qualifiées de « cubisme cézannien » pour aller vers une radicalisation plus importante de la forme et du plan du tableau ; cette recherche analytique de l'espace se traduit par l'éclatement de la forme homogène, la géométrisation des plans en facettes imbriquées et la réduction de la palette à quelques tons (gris, bruns). Le « cubisme analytique » rend de

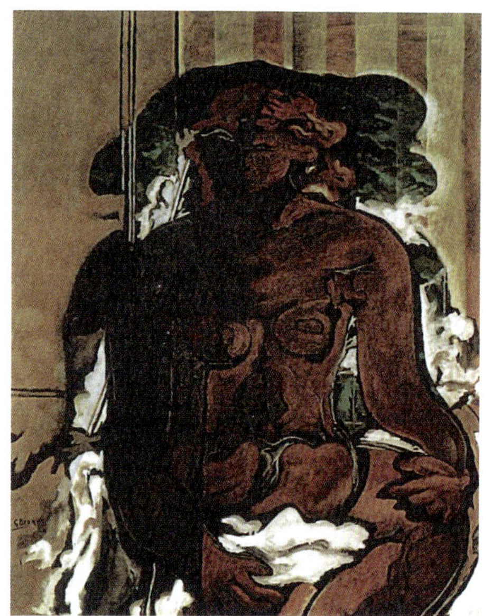

Ill. 02 – Georges Braque, *Nu assis*, 1925, huile sur toile, 92 x 73,1 cm, Ohara Museum of Art, Kurashiki.

plus en plus hermétique la lecture de l'œuvre, devenue par ce traitement presque abstraite. Le voyage à Céret des deux compères à l'été 1911, leurs discussions et leurs expériences incessantes, les conduisent vers une reconquête du réel ; Braque, de par la richesse de son expérience de l'artisanat, introduit le premier des lettres et chiffres au pochoir dans une œuvre (*Le Portugais*), utilise un peigne à faux-bois (*Hommage à J.S. Bach*), techniques qu'il fait découvrir à Picasso ; l'emploi du sable enfin ajoute de la texture. Picasso n'est pas en reste et invente en mai 1912 le premier collage en introduisant dans une peinture un morceau de toile cirée imitant un cannage – *Nature morte à la chaise cannée* (Musée Picasso, Paris), dont il réalise l'encadrement à l'aide d'une grosse corde afin de lui donner le caractère d'un objet artisanal d'autant que sa forme ovale n'a rien d'habituel. Le match amical qui se joue entre les deux hommes n'est pas vain puisque quelques semaines plus tard, Braque a l'idée du premier papier collé de l'histoire en voyant un rouleau de papier de faux-bois dans une boutique d'Avignon. De cette nouvelle découverte, les deux artistes vont l'élargir à d'autres éléments fabriqués, tels que le papier journal, étiquettes, cartes à jouer, paquet de tabac, inscriptions, etc. qui animent la surface, créant

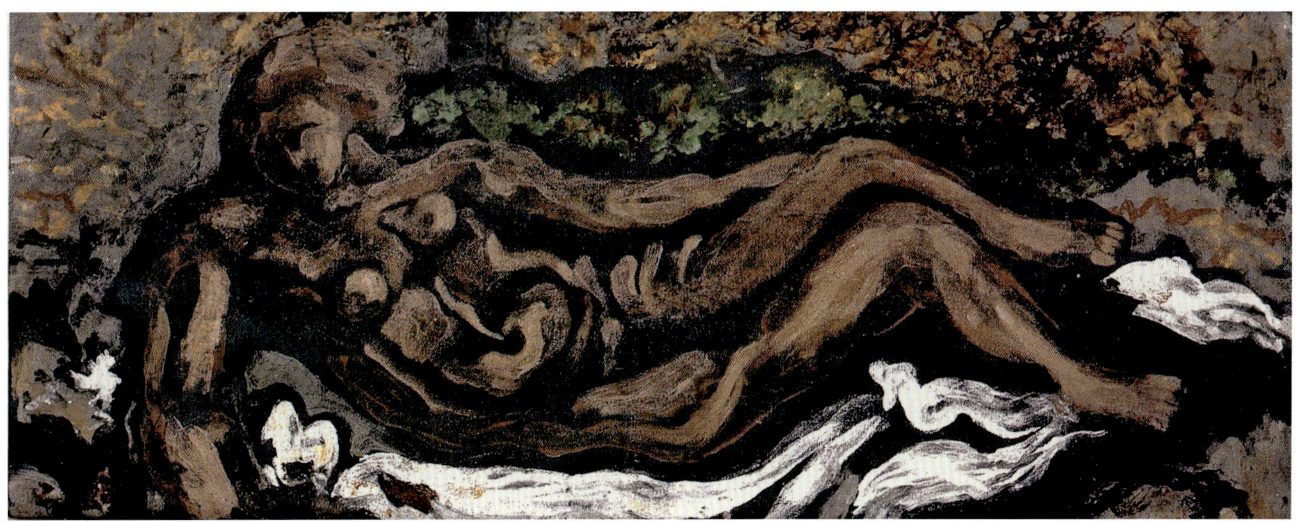

Cat. 9
Nu couché, 1926

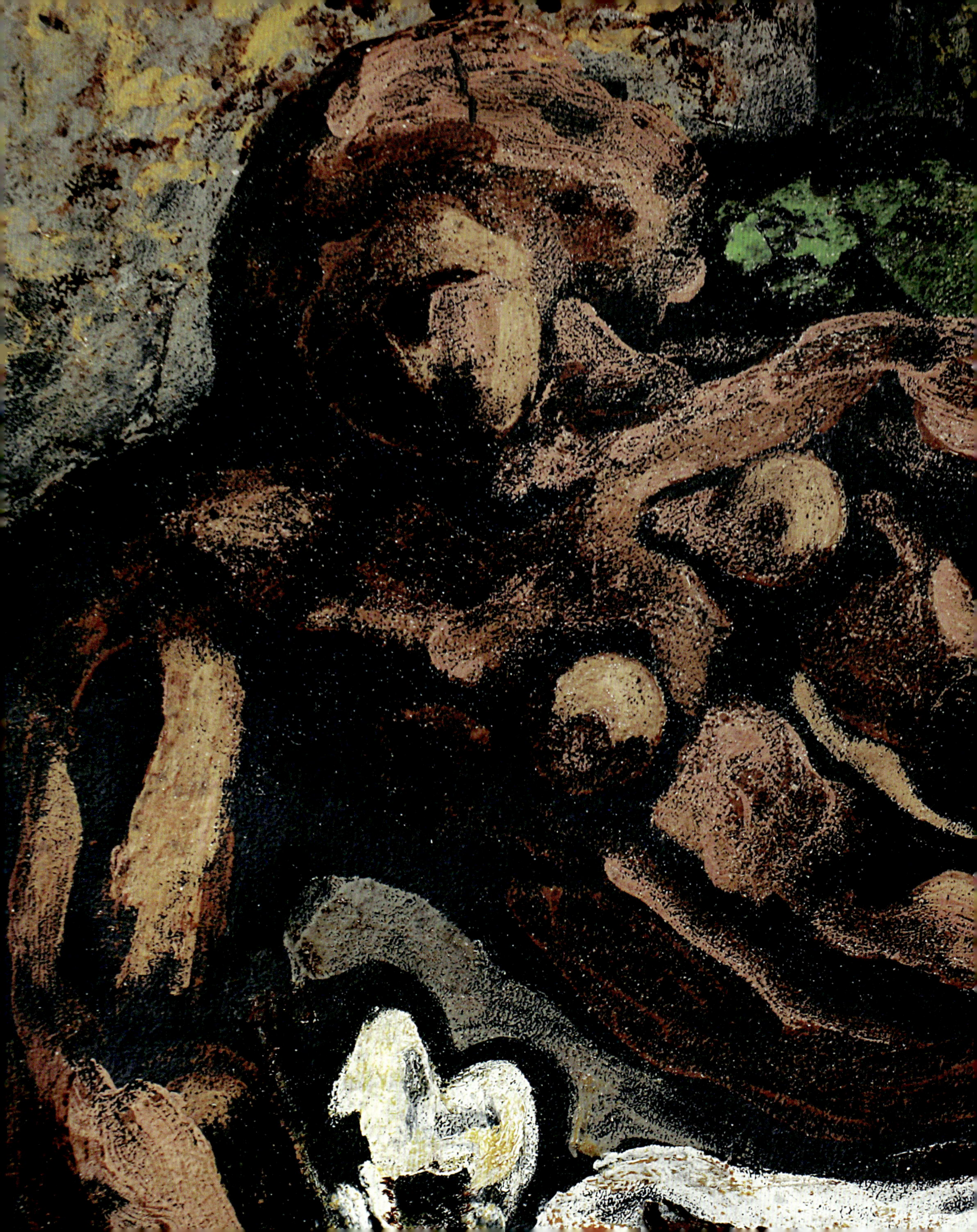

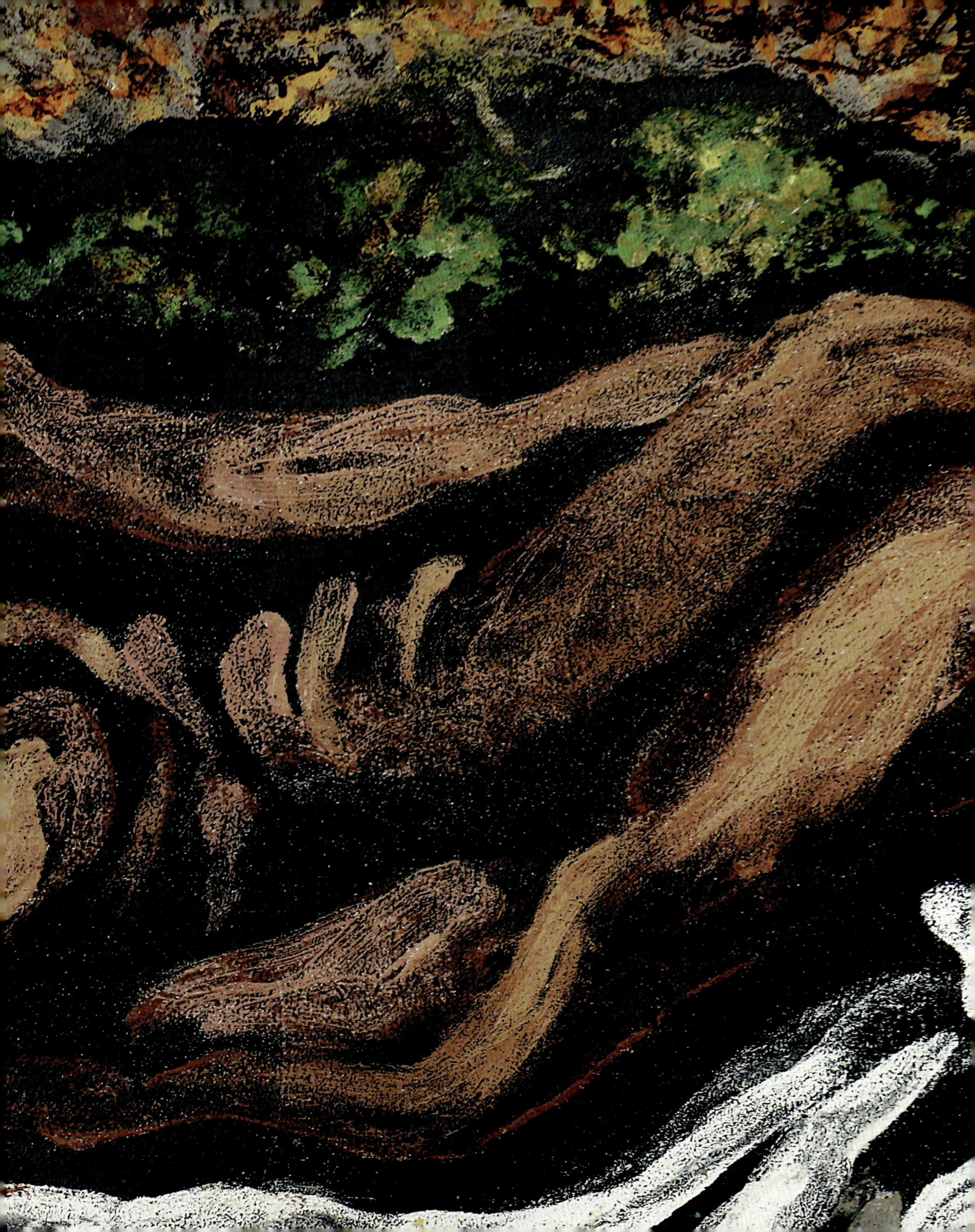

du rythme, de la matière, de la couleur, donnant même du sens. Désormais la porte est ouverte vers des options matiéristes et décoratives que prend tout naturellement Braque en 1913 dans ses natures mortes et ses figures synthétiques, introduisant sur ses plans élargis, des effets veinés, marbrés, mouchetés, sablés. Ces peintures-objets conduisent nos deux artistes à formuler leurs découvertes sous forme d'assemblages et de constructions qui sont comme des prolongements des papiers collés.

Mobilisé en 1914, gravement blessé en 1915, une longue convalescence interdit à Braque la moindre activité sérieuse ; il ne reprend les pinceaux qu'en 1917, quasiment là où il avait laissé sa peinture en plein cubisme synthétique tout en y apportant un nouveau souffle. L'ensemble des œuvres réunies ici appartient à cette période alors que le peintre prend un nouveau départ avec ses monumentales *Canéphores* (ill. 01), entreprenant à la suite une importante série de nus assis, couchés ou de porteuses de fruits qu'il poursuit jusqu'en 1926 (cat. 8, 9, 10).
En 1925, il quitte définitivement Montmartre pour Montparnasse où le couple Braque[6] s'installe dans une maison-atelier près du Parc Montsouris[7]. C'est dans ce nouvel atelier, qu'il peint ces nus aux tonalités ocres, presque terreuses, figures puissantes qui s'étalent sur la quasi totalité de la toile, et s'inscrivent sur un fond rythmé par des bandes de couleurs plus ou moins larges, tout en apportant un élément sinueux et aérien – que l'on pourrait identifier comme une draperie blanche ainsi que l'étoffe jaune qui sert à discipliner la chevelure de la vestale. Braque peint plusieurs variations de cette figure assise ajoutant ou non des fruits (cat. 8, ill. 02).
La peinture de Braque est alors dans un mouvement perpétuel qui atteste de ces « conversations » ininterrompues entre les peintres, entre les époques passées ou présentes ; ainsi après la première guerre, Braque ne rompt pas avec le cubisme mais son œuvre se présente comme le continuum de ce qu'il a entrepris depuis 1905, tel que la exploré l'historien Carl Einstein au début des années 20[8]. Ses figures sont héritées de l'histoire qu'il s'est bâti et dont il s'est imprégné devant les œuvres d'une certaine tradition française, de Jean Goujon à Camille Corot. Si ces grandes figures ont pu choquer pour leur classicisme, certains – tels que Carl Einstein - y ont vu au contraire l'émergence d'une peinture nouvelle qui s'engage dans la reconquête du sujet. Ces *nouvelles figures* expriment une synthèse du cubisme, ouvrant la voie à d'autres métamorphoses. « Sa syntaxe des formes inventées devient si souple que dans ses travaux d'après-guerre, parfaits sur le plan pictural, on a vraiment l'impression que les choses ressuscitent sans être pour autant reproduites[9]. » Ces figures sont finalement non pas classiques mais anticlassiques comme l'a démontré Christopher Green, car elles échappent en quelque sorte à toute forme d'idéalisme pour se référer au contraire à une « expérience vécue » dont a parlé Francis Ponge.

Entre ses étés passés à Varengeville depuis 1928 à contempler la nature et à composer, et son travail solitaire dans son atelier parisien, Braque se forge l'image d'un peintre attentif à son métier, fort d'une tradition à laquelle il veut apporter sa marque, se confiant régulièrement sur sa création[10].
Sa notoriété de cesse de croître, entre les expositions personnelles en France comme à l'étranger (1ère rétrospective à Bâle en 1933) et les publications d'ouvrages le concernant (Carl Einstein, Jean Paulhan qu'il rencontre en 1935, l'appelle le Patron[11] ou plus tard Francis Ponge, René Char).
Il reçoit en 1937 le Prix Carnegie à Pittsburgh, ses grandes natures mortes et ses intérieurs décoratifs présentés à la galerie de Paul Rosenberg attirent l'attention d'un grand nombre d'amateurs. Il commence une série de vanités en 1938 (ill. 06) dont l'esprit de la composition se retrouvera dans un tableau comme *La Caisse d'emballage* (cat. 12) ; en avril 1939, alors qu'est inaugurée sa dernière exposition à la galerie de Paul Rosenberg, la guerre éclate peu après. S'ouvre une période d'errance entre Varengeville, le Limousin, le sud de la France, et Paris, qui ralentit son travail mais ne l'empêche pas d'explorer de nouvelles séries de natures mortes aux poissons noirs ou rouges, des ateliers, des cabinets de toilette, tel que *La Toilette bleue* de la collection Nahmad (cat. 11). Le tableau de grande dimension

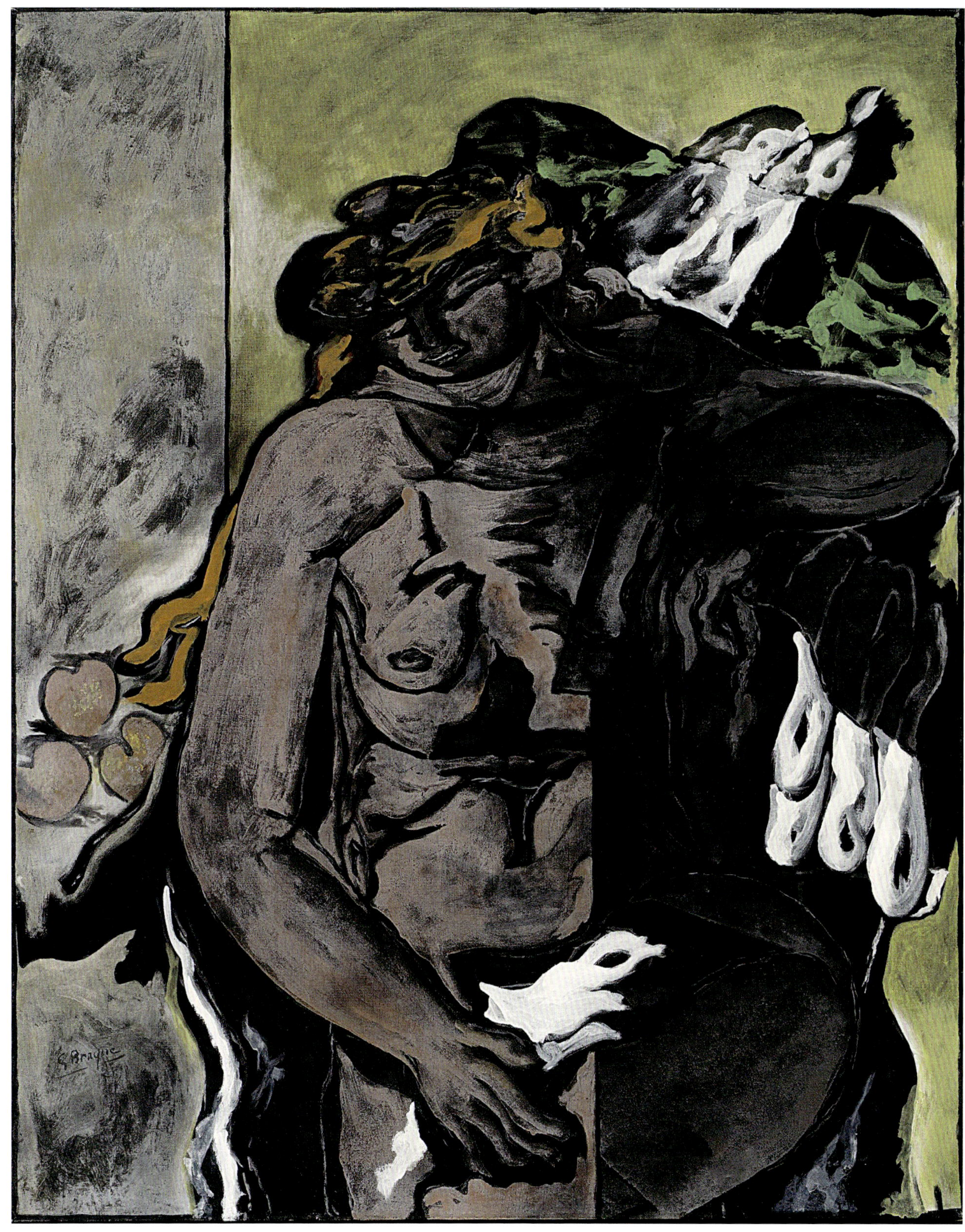

Cat. 10
Baigneuse aux trois fruits, 1926

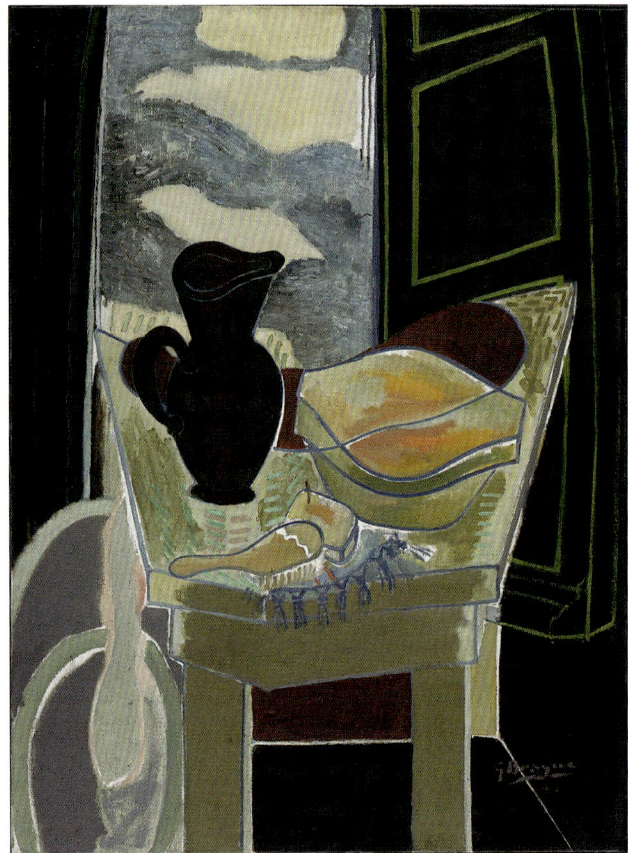

Ill. 03 – Georges Braque, *La Toilette devant la fenêtre*, 1942, huile sur toile, 130 x 97 cm, Musée National d'Art Moderne, Centre Pompidou, Paris.

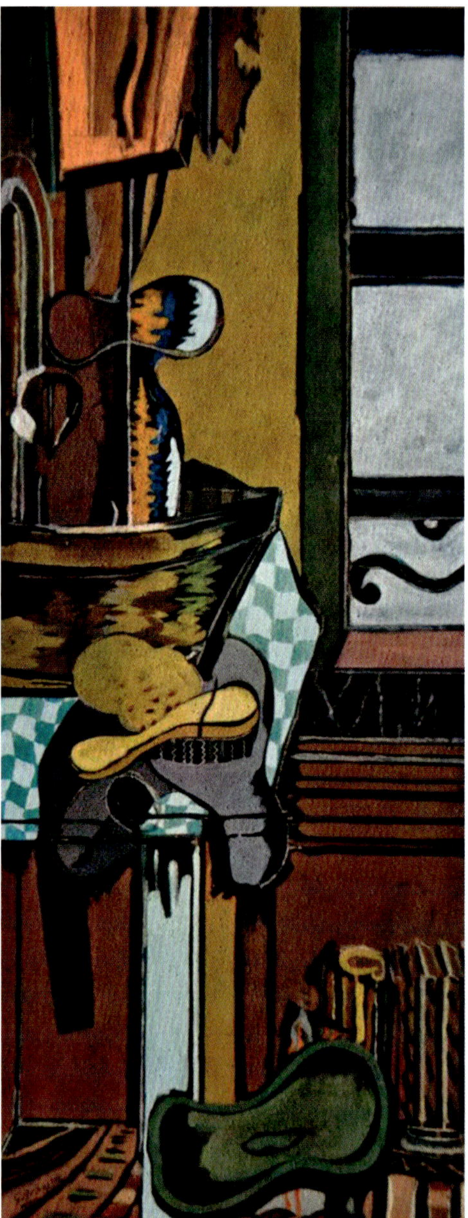

Ill. 04 – Georges Braque, *La Toilette aux carreaux verts*, 1942-1944, huile sur toile, 162 x 64 cm, The Phillips Collection, Washington DC.

pour l'époque où le matériel manque, revisite le vocabulaire cubiste. Braque revient à un thème qu'avait particulièrement développé son ami Juan Gris dans les années 20. Une table dressée face à une fenêtre ouverte, des harmonies colorées réduites à quelques tonalités. Au format paysage, Braque lui préfère le format étroit et vertical, mettant en valeur les objets les plus anodins comme le paysage extérieur. Cette fenêtre ouverte sur un ciel chargé de nuages menaçants, est clairement une évocation indirecte de la guerre. « Je suis très sensible à l'atmosphère environnante », a pu déclarer le peintre[12]. L'impression d'austérité est renforcée ici par les teintes sourdes, un ciel bouché et tourmenté, les formes nettement dessinées et le graphisme sinueux opposé à la rigueur géométrique des vantaux de la fenêtre. Il apparaît qu'au départ, Braque avait prévu d'inclure une figure de femme assise (ill. 05), idée qu'il a finalement évacué dans les peintures de la série qui compte environ six versions différentes. Dans le tableau de la collection Phillips (ill. 04) l'artiste resserre encore davantage son cadrage, laissant une infime échappée possible vers l'extérieur alors que dans celle du Centre Pompidou (ill. 03) très proche de celle de la collection Nahmad, le ciel bleu concurrence l'existence de nuages qui n'a

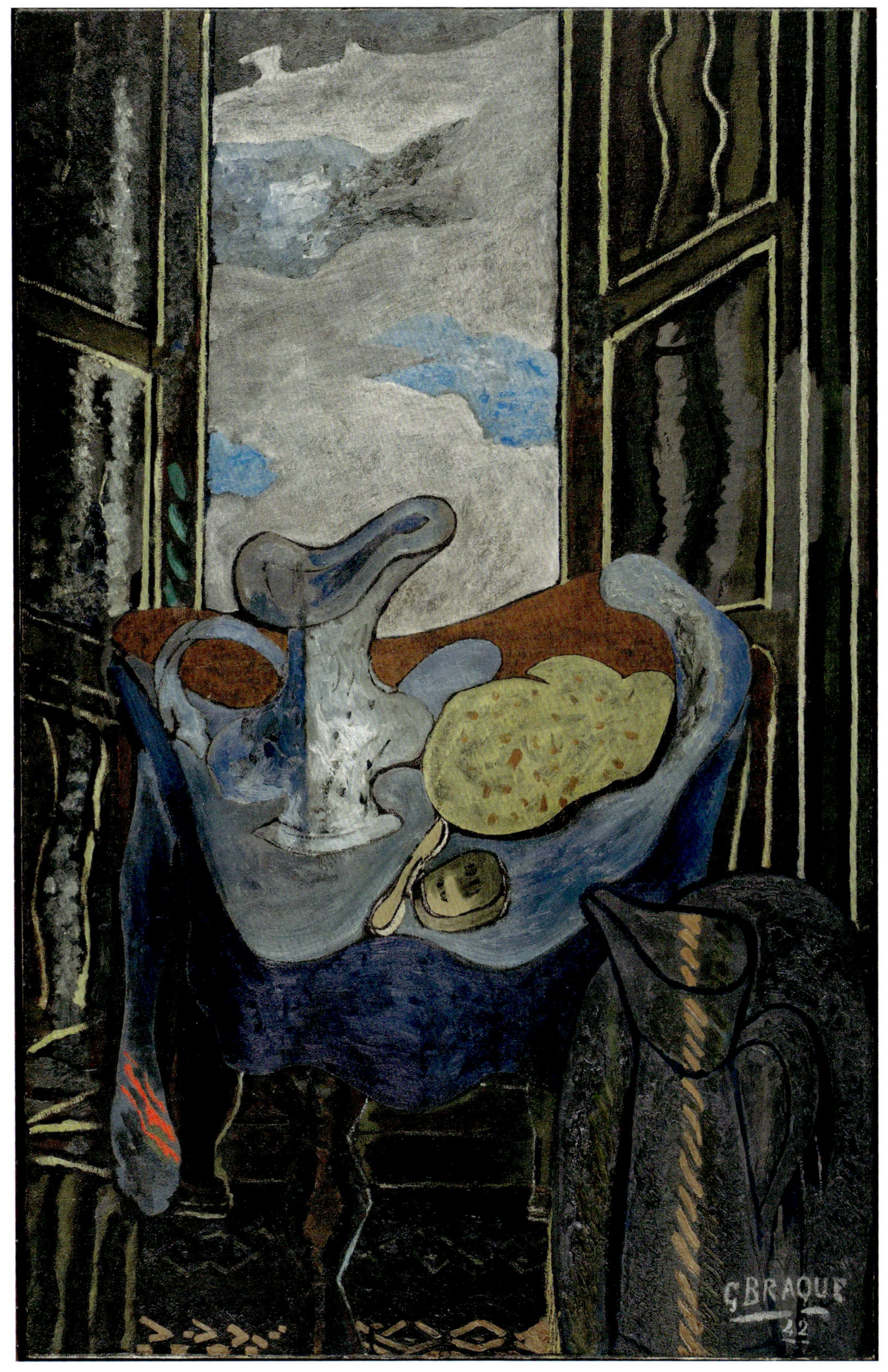

Cat. 11
La Toilette bleue, 1942

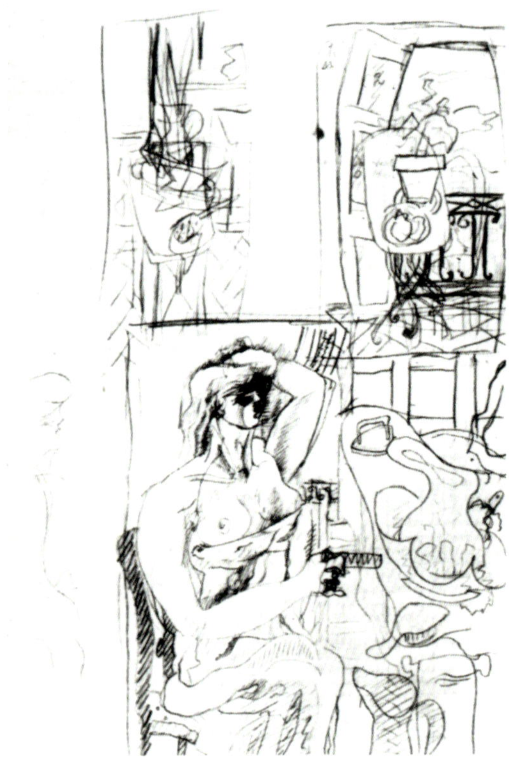

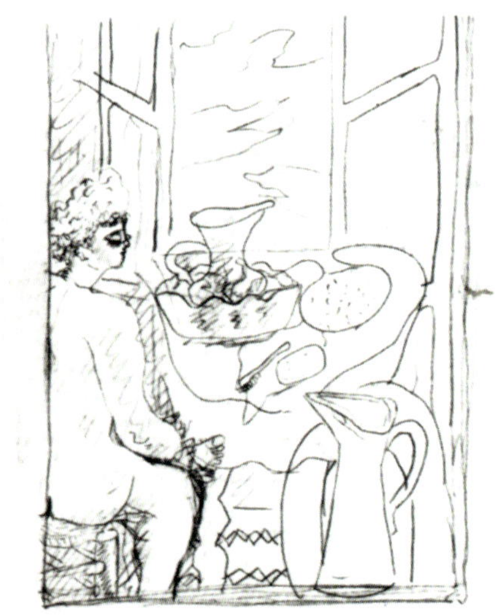

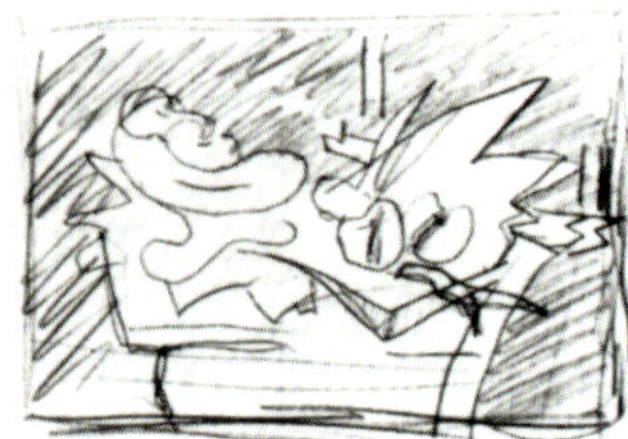

Ill. 05 – Pages de carnet de dessin de 1942.

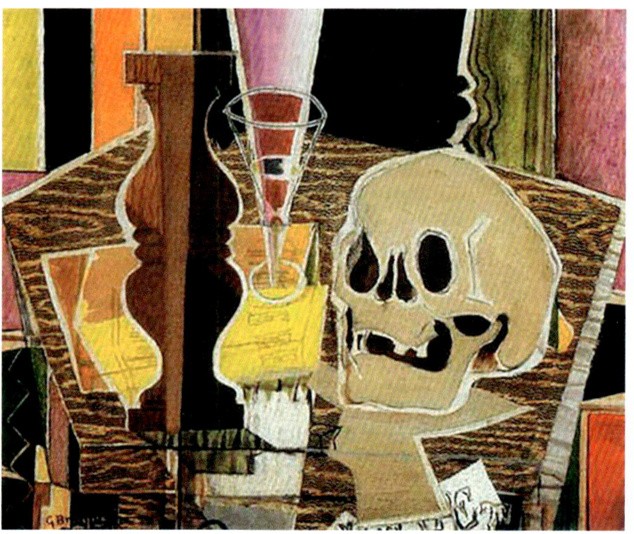

Ill. 06 – Georges Braque, *Balustre et crâne*, 1938, huile sur toile, 45 x 55 cm, Collection particulière.

pas la même présence dramatique. La *présence* des objets nécessaires à la toilette sont posés sur la table dont la masse bleue est redressée, permet au peintre d'ajouter de la couleur, alors que le broc gris au sol stabilise le premier plan et l'arrière-plan. « Si je ne peins pas d'après nature, c'est pour être plus direct » confiait déjà Braque en 1928 à Tériade[13]. La force de ce tableau vient de son harmonie entre la sérénité qui règne à l'intérieur et le drame qui se joue à l'extérieur, réunis par le langage poétique de l'artiste.

De retour à Varengeville après le débarquement allié en 1944, il s'attelle à de nouveaux cycles, tels que celui des *Billards* (jusqu'en 1949), puis des intérieurs où la figure parfois intervient comme un élément parmi d'autres. Avec la magnifique *Caisse d'emballage* (cat. 12), Braque fait revivre le faux-bois et la technique du pochoir ; il voisine avec un grand sens poétique la composition florale et un bocal de poissons aux multiples accords lumineux, avec l'aspect brut de la caisse. Il alterne des bandes de couleurs inhabituelles (roses, violet, jaune citron) délimitées par des cernes blancs avec les ocres du faux-bois traitées de diverses manières, et des effets de matière. Braque donne ici toute la mesure de son métier entre peintre et artisan. Parlant volontiers de son travail, il confiait à Anatole Jakovski en 1946 :

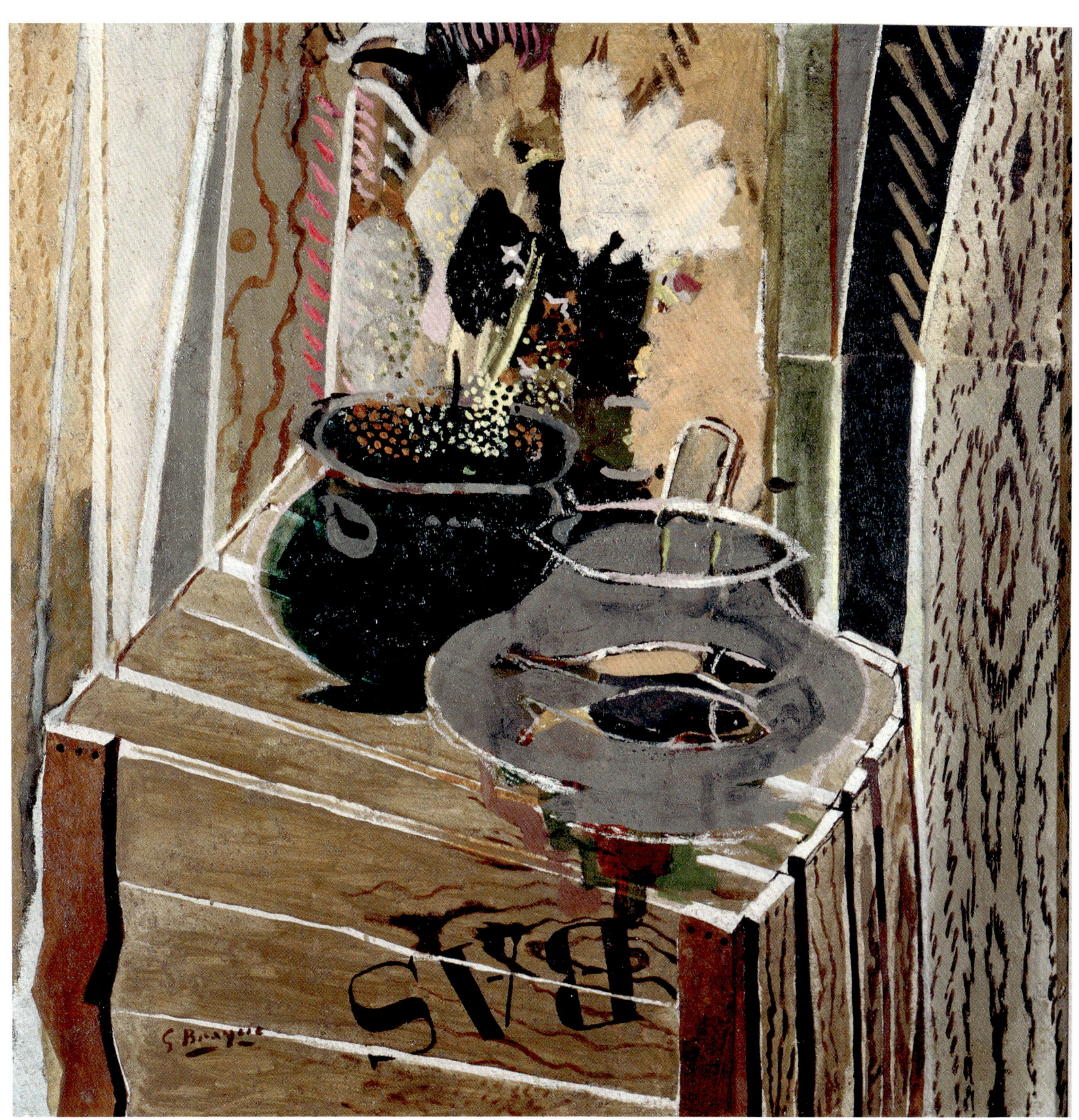

Cat. 12
La Caisse d'emballage, 1947

« Pour moi la couleur, cela n'existe pas. L'objet non plus d'ailleurs. C'est sa chaleur, c'est sa lumière à telle heure du jour, c'est la rencontre de sa lumière avec d'autres lumières, ce sont ces rapports avec d'autres objets qui finissent par lui donner sa vie. [...] L'objet ne m'intéresse que lorsqu'il devient autre chose[14]. »
Alors qu'il fait le choix en 1947 de donner une suite à ses *Pensées* (publiées en 1916-1917), de confronter son travail passé au présent, il écrit : « [...] je me suis retrouvé en moi-même, j'ai retrouvé cette sorte de constance qui s'est maintenue à travers toutes les transformations de mon art[15]. » À cette date aussi, il se lie avec Aimé Maeght qui désormais le représente.

Quand Bonnard meurt en janvier 1947, Braque fera partie de ceux qui honorent l'artiste. Mais il faut bien le constater, autour des années 50, deux clans semblent se créer – picassiens et anti-picassiens, comme si le premier était à l'avant-garde de l'histoire et l'autre tourné vers le passé. Georges Braque – par discrétion – n'a jamais vraiment pris position mais son intervention après la polémique entre Zervos et Matisse précisément sur le cas de Bonnard[16] en dit long sur le schisme profond qui s'installe : « Mais chacun sait que c'était un pur, un vrai, non un artiste qui jouait à la pureté. Il nous a touchés, c'est ce qui compte, et il a compté jusqu'au bout. Bonnard ne fut pas une lueur passagère, et sa *constance* au cours d'une longue vie de peintre est l'indice d'un caractère qui s'impose[17]. » Braque appartient à cette lignée de peintres qui travaille dans le sillon qu'ils ont tracé, développant ses idées, avançant et opérant des métamorphoses qui donnent à leur œuvre l'image d'être en perpétuel mouvement. « La grande force de Georges Braque, son secret, – écrit Dora Vallier – c'est certes, après avoir dominé et ses recherches et ses réflexions et ses réussites, de pouvoir les refouler au fond de lui-même pour les laisser rejaillir sur la toile tremper d'inconscient... D'où cette évocation de la réalité en profondeur que la peinture de Braque nous communique[18]. »

En 1953, à la demande de Georges Salles, directeur des musées de France, Braque peint le plafond de la salle Henri II au Louvre, dont le thème des oiseaux en vol (déjà présent dans les *Ateliers*), donnera naissance à l'une des dernières grandes séries de l'artiste. Il est alors le premier peintre à entrer de son vivant au Louvre. En 1963, André Malraux prononce un éloge funèbre vibrant lors de ses funérailles nationales dans la Cour Carrée du Louvre. Il repose dans le cimetière marin de Varengeville aux côtés de sa femme.

Notes

[1] Dora Vallier, « Braque, la peinture et nous » propos de l'artiste recueillis par Dora Vallier, *Cahiers d'art*, n° I, 1954, p. 24.
[2] Cité in Daniel-Henry Kahnweiler, *Ma galerie et mes peintres*. Entretiens avec Francis Crémieux, coll. Idées, éd.. Gallimard, Paris, 1982, p. 68.
[3] Kahnweiler, *op. cit*, p. 93.
[4] Jean Paulhan, *Braque le Patron*, Gallimard, coll. L'imaginaire, Paris, nouvelle éd. 1980, p. 37.
[5] C'est à Matisse que l'on doit l'appellation cubisme en parlant de « petits cubes » à propos des paysages de L'Estaque de Braque de 1908.
[6] Le peintre a rencontré Marcelle Lapré en 1910 par l'intermédiaire de Picasso ; la jeune femme posait pour Van Dongen et Modigliani ; bien que très liés ils ne se marieront qu'en 1926.
[7] Proche de l'avant-garde de l'architecture française, Braque se fait édifier par Auguste Perret une maison avec une large verrière au sud, sise au 6 rue Nansouty qui devient alors la rue du Douanier pour être rebaptisée depuis rue Georges Braque.
[8] Voir l'analyse passionnante de Christopher Green, « L'Anticlassique dans le 'classique'. Les peintures de figures de Braque des années 20 », cat. *Georges Braque 1882-1963*, Galeries nationales du Grand Palais, éd. RMN, 2013, Paris, pp. 108-113.
[9] Carl Einstein, cité in Christopher Green, *op. cit*, p. 113.
[10] Les propos de Braque seront publiés en premier lieu en 1928 dans *L'Intransigeant* puis en 1933 dans *Minotaure*, suivis de plusieurs entretiens dans les années 50 avec Tériade, Dora Vallier Jean Paulhan, etc.
[11] Leur amitié s'intensifie en 1942 alors que l'écrivain publie dans *Comoedia* un texte sur Braque qui prélude à celui qu'il publiera l'année suivante sous le titre *Braque le Patron*, dans la revue *Poésie 43* avant de l'être aux, éd. Mourlot, en 1945.
[12] Cité in Nadine Pouillon, *op. cit.*, p. 78.
[13] Cité in Nadine Pouillon, *op. cit.*, p. 124.
[14] Cité in Pouillon, *op. cit.*, p. 132.
[15] Georges Braque, cité in Nadine Pouillon et Isabelle Monod-Fontaine, *Braque, collections du Musée national d'art moderne*, éd. du Centre Pompidou, Paris, 1982, p. 138.
[16] Cette polémique fait suite à l'article publié par Zervos, « Bonnard est-il un grand peintre ? » dans les *Cahiers d'art* ; Matisse avait eu plusieurs échanges violents avec le critique et pris fermement la défense de Bonnard.
[17] Georges Braque, 1er février 1947.
[18] Cité in Pouillon, *op. cit.*, p. 124.

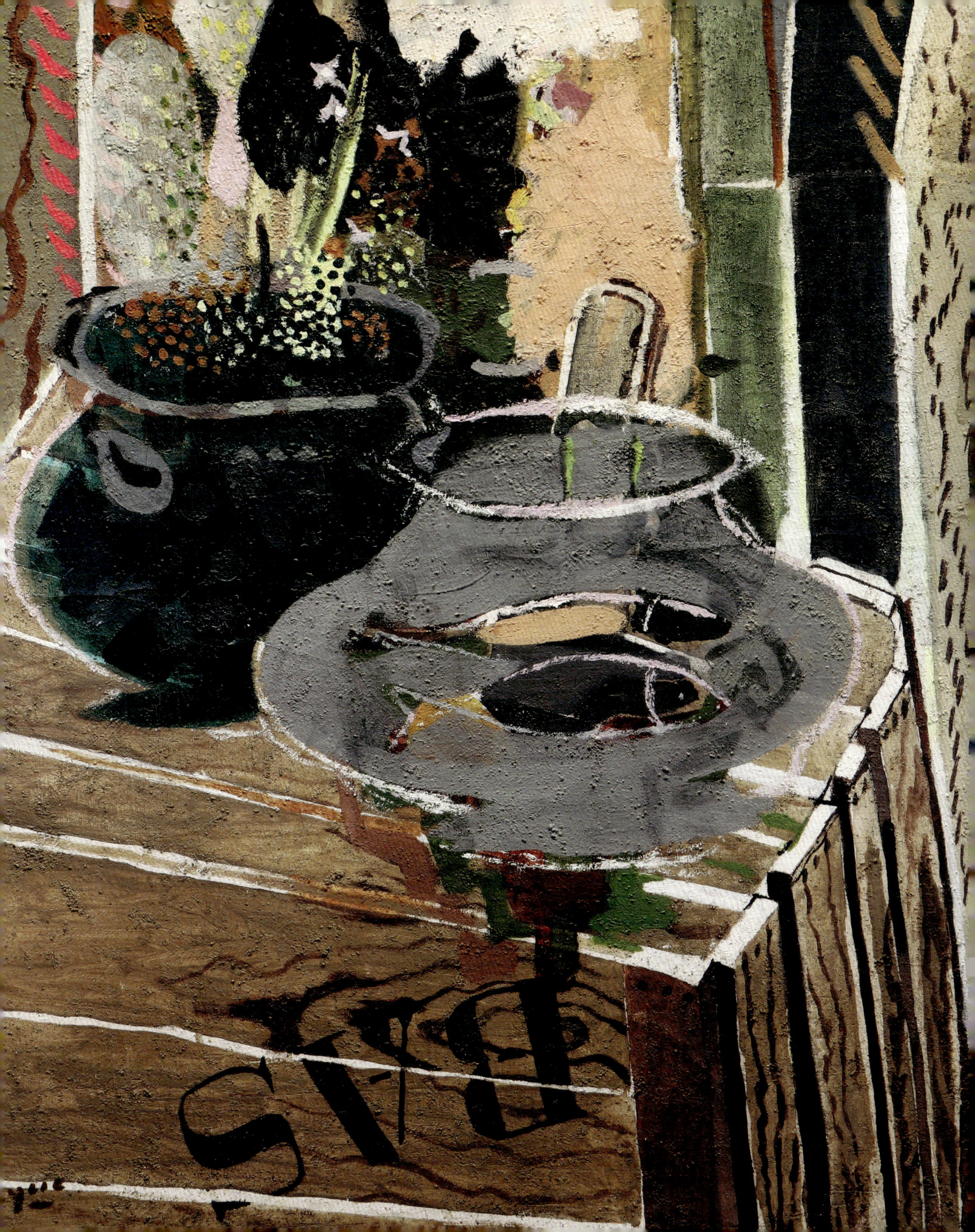

Edgar Degas

(Paris, 1834 – Paris, 1917)

Cat. 13
Après le bain (femme nue couchée), vers 1895
(1885-1890)
Pastel sur papier montée sur carton
48,3 x 82,3 cm
Tampon en bas à gauche: *Degas*

Cat. 14
Après le bain, femme s'essuyant[1], vers 1903
Fusain rehaussé de pastel bistre sur papier
71 x 71 cm
Tampon avec la signature (en bas à gauche)

Degas est à l'instar de Cézanne une personnalité à part dans le mouvement impressionniste qu'il marque indiscutablement par sa différence, insatiable et éternel insatisfait, refusant les compromis de tout ordre. Son caractère excessif à bien des égards ne l'éloigne que vers la fin de sa vie de ses nombreux amis avec lesquels il entretient parfois des relations houleuses comme avec Manet et Gauguin[2]. La fragilité de sa vue[3] qui se révélera au fil du temps un douloureux frein à sa créativité, l'empêche dès 1870 de peindre en plein air comme ses amis Monet et Renoir, approche qui est à la source de l'impressionnisme. Il tire magistralement parti de cet inconvénient et conjugue ses recherches contemporaines sur la couleur et la lumière dans l'isolement de son atelier. Très influent au sein de la Société anonyme des artistes qui organise les différentes expositions impressionnistes[4], il défend le naturalisme contre l'académisme et son évolution vers une vision instantanée le distingue davantage encore. Ses multiples contradictions lui font déclarer « je voudrais être illustre et inconnu.[5] » Son œuvre particulièrement dense, est nourrie par l'étude approfondie et passionnée des maîtres du passé comme de celles plus contemporaines d'Ingres, Delacroix ou Gustave Moreau ; sa technique picturale fait autant de place au dessin qu'à la touche expressive prônée par ses amis[6]. Intransigeant avec lui-même et avec les autres, doutant parfois même de lui, il cultive une notoriété faite d'admiration et de rejet. « J'étais ou je semblais dur avec tout le monde, par une sorte d'entraînement à la brutalité qui me venait de mon doute et de ma mauvaise humeur », dira-t-il vers la fin de sa vie où sa misanthropie n'a cessé de croître et de l'isoler autant que sa cécité[7].

D'origine hispano italienne par son père et créole de Louisiane par sa mère, il naît dans une famille nombreuse dont les ramifications internationales l'ouvrent à de riches horizons culturels qui faciliteront à Paris ses relations avec plusieurs communautés artistiques (américaine, italienne, danoise, anglaise, etc.). Il n'a pas eu à défendre son orientation comme nombre de ses amis, grâce à l'esprit d'ouverture de son grand-père Hilaire René de Gas fondateur d'une banque à Naples puis de son père Auguste de Gas, banquier à Paris, qui a toujours ouvert largement les portes de sa maison, aux collectionneurs, musiciens, écrivains et artistes de son temps. C'est lors de ses études au lycée Louis-Le-Grand qu'Edgar se lie durablement avec Paul de Valpinçon dont le père était l'ami d'Ingres, Les Rouart, Louise Bréguet future épouse de Ludovic Halévy.

C'est donc tout naturellement dans l'atelier d'un ancien élève d'Ingres, Louis Lamothe, que Degas commence son apprentissage par la pratique du dessin classique et particulièrement le nu académique. « Ce que je fais est le résultat de la réflexion et de l'étude des grands

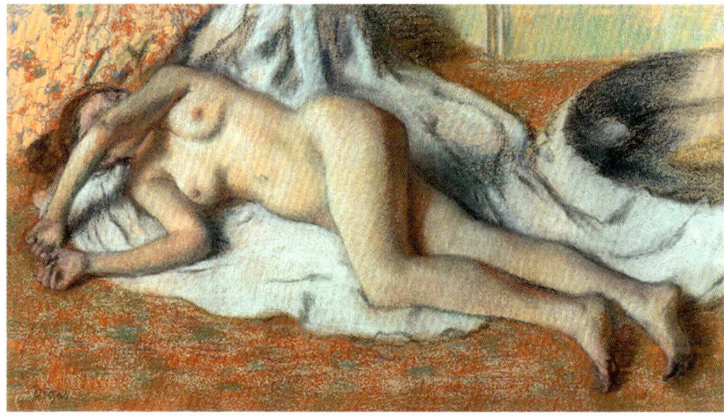

Ill. 01 – Edgar Degas, *Baigneuse allongée sur le sol*, 1886-1888, pastel sur papier beige, 48 x 87 cm, Musée d'Orsay, Paris, legs du Comte Isaac de Camondo, 1911.

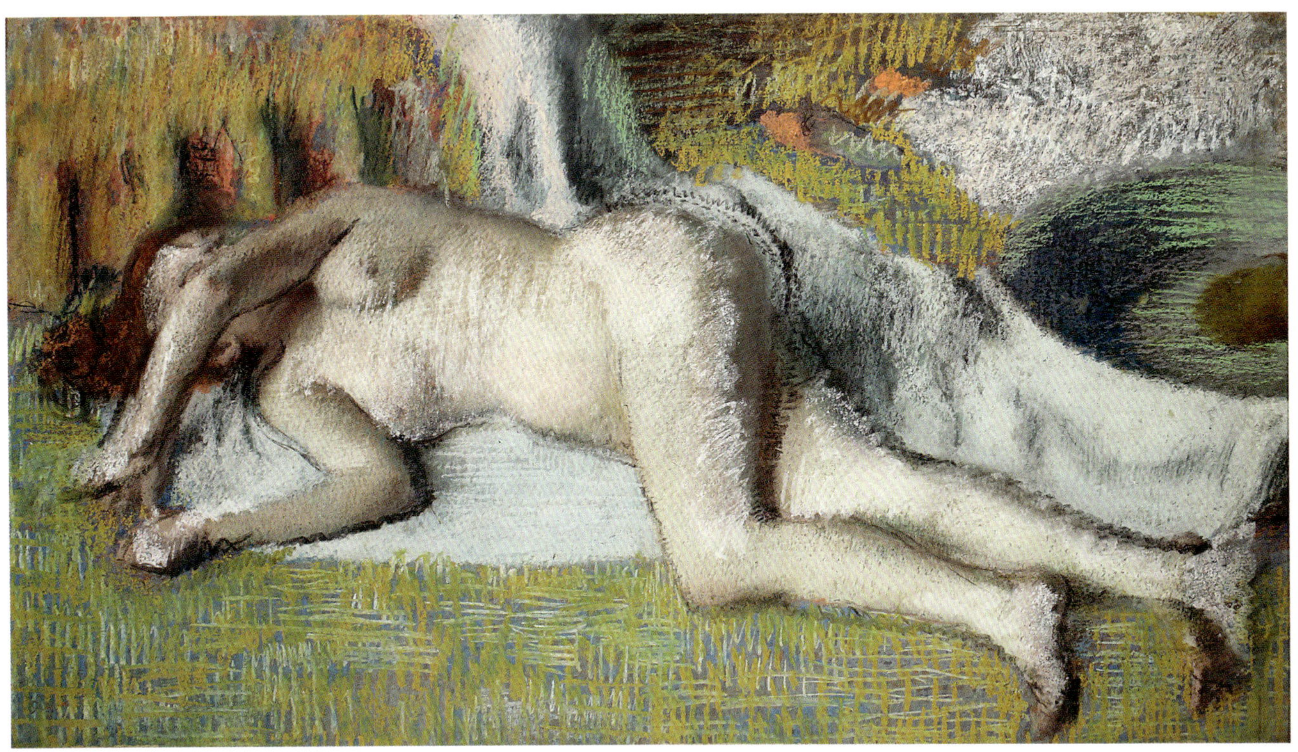

Cat. 13
Après le bain (femme nue couchée), vers 1895
(1885-1890)

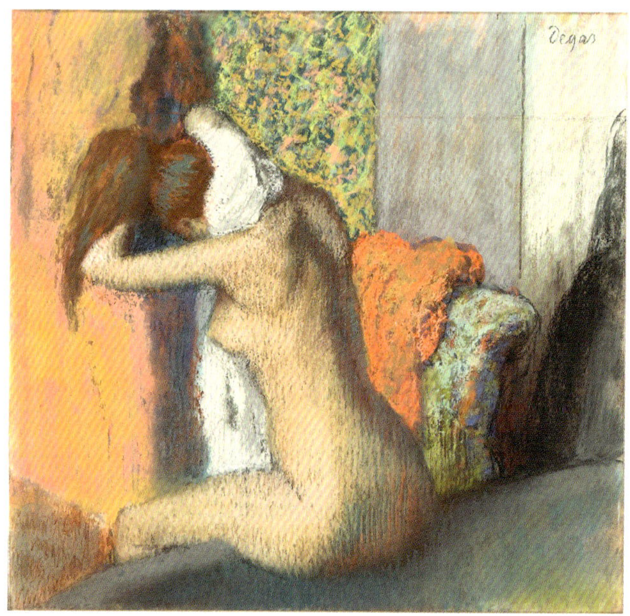

Ill. 02 – Edgar Degas, *Après le bain, femme s'essuyant la nuque*, vers 1895, pastel sur papier vélin collé sur carton, 62 x 65 cm, Musée d'Orsay, Paris.

maîtres[8]. » Ces propos de Degas lui-même en disent long sur le pouvoir de son héritage qu'il met au cœur de son développement futur. Il complète cette formation par un bref passage aux Beaux-Arts mais c'est surtout son travail assidu au Musée du Louvre – où il rencontre Manet - devant les maîtres qu'il se forge une technique sûre[9]. Ses nombreux voyages en Italie notamment à Naples, Rome ou Florence, jouent un rôle clef dans la construction de sa personnalité et de son « style » ; c'est encore en Italie qu'il rencontre les principaux protagonistes des « Macchiaioli[10] » lors d'un long séjour à Florence entre juillet 1858 et avril 1859 ; il n'est pas sans s'intéresser à leur théorie tachiste qu'il adoptera à sa manière. C'est au cours de ce séjour, qu'il a tout loisir d'exécuter le portrait de *La Famille Bellelli* (Musée d'Orsay) qu'il termine à son retour à Paris et qui est une nouvelle étape dans son évolution.

Degas jouit déjà d'une certaine aura et sa présence dans les cénacles florentins, au café Michelangelo ne sont pas sans annoncer les réunions des cafés Guerbois et de la Nouvelle Athènes à Paris dont il sera avec Manet[11] l'un des plus actifs animateurs. Son rôle déterminant dans l'organisation des expositions impressionnistes, incitant de nombreux artistes à y participer (Gauguin), en soutenant d'autres (Mary Cassatt, Raffaëlli, Forain...), Degas apparaît comme le porte drapeau du courant réaliste dont l'impressionnisme sera un avatar. Pourtant il s'abstient de participer à celle de 1882 et tous ses soutiens avec lui. Il ne court pas toutes les expositions collectives auxquelles participent ses amis (celle du Cercle des XX d'Octave Maus en Belgique, l'exposition universelle, le Salon par exemple) et reste fidèle jusqu'au bout à Paul Durand-Ruel, s'isolant un peu plus du groupe ; néanmoins sa présence assidue à certains dîners, tels que ceux organisés par Berthe Morisot[12] le jeudi ou les Mardis de Mallarmé lui permettent de retrouver ses vieux compagnons de lutte, Monet, Renoir, etc.

C'est par la fréquentation des romanciers Duranty et Zola que l'artiste regarde au-delà de son périmètre social, apprenant à apprécier une réalité populaire qu'il adapte à sa vision. Par son éducation, il est lié à des compositeurs et des musiciens de l'Opéra qu'il représente dans ses œuvres. Sa passion de l'opéra lui inspire ses premières danseuses avec *Le Foyer de la danse de l'Opéra* (1872) qui ouvre la voie à une longue série d'œuvres et le conduit au succès.

Sa vie sociale principalement nocturne est assez mouvementée : théâtre, opéra, maisons closes, café, champs de course, etc. Cet entrechoquement culturel n'est sans doute pas pour lui déplaire. Il peint tout le jour à l'atelier, travaillant, retouchant sans cesse. Ce rythme soutenu, ne l'empêche pas de continuer à beaucoup voyager. La richesse de sa personnalité vient d'ailleurs en partie de ce qu'il tire de tous ses héritages de Ingres aux Macchiaioli, y ajoutant son sens de la mise en page et du cadrage (sa pratique de la photographie est à ce titre un atout maître), d'une technique éprouvée de plus en plus souple, portant une grande attention à la psychologie de ses modèles quels qu'ils soient.

Après les scènes de danse, de courses de chevaux, les scènes de la vie quotidienne (repasseuses, modistes, femmes à leur toilette) tiennent de plus en plus d'importance dans son œuvre et sa façon de les aborder rencontre l'incompréhension de la critique, celle même d'un fidèle soutien comme Huysmans. Malgré son tempérament, Degas traverse quelques

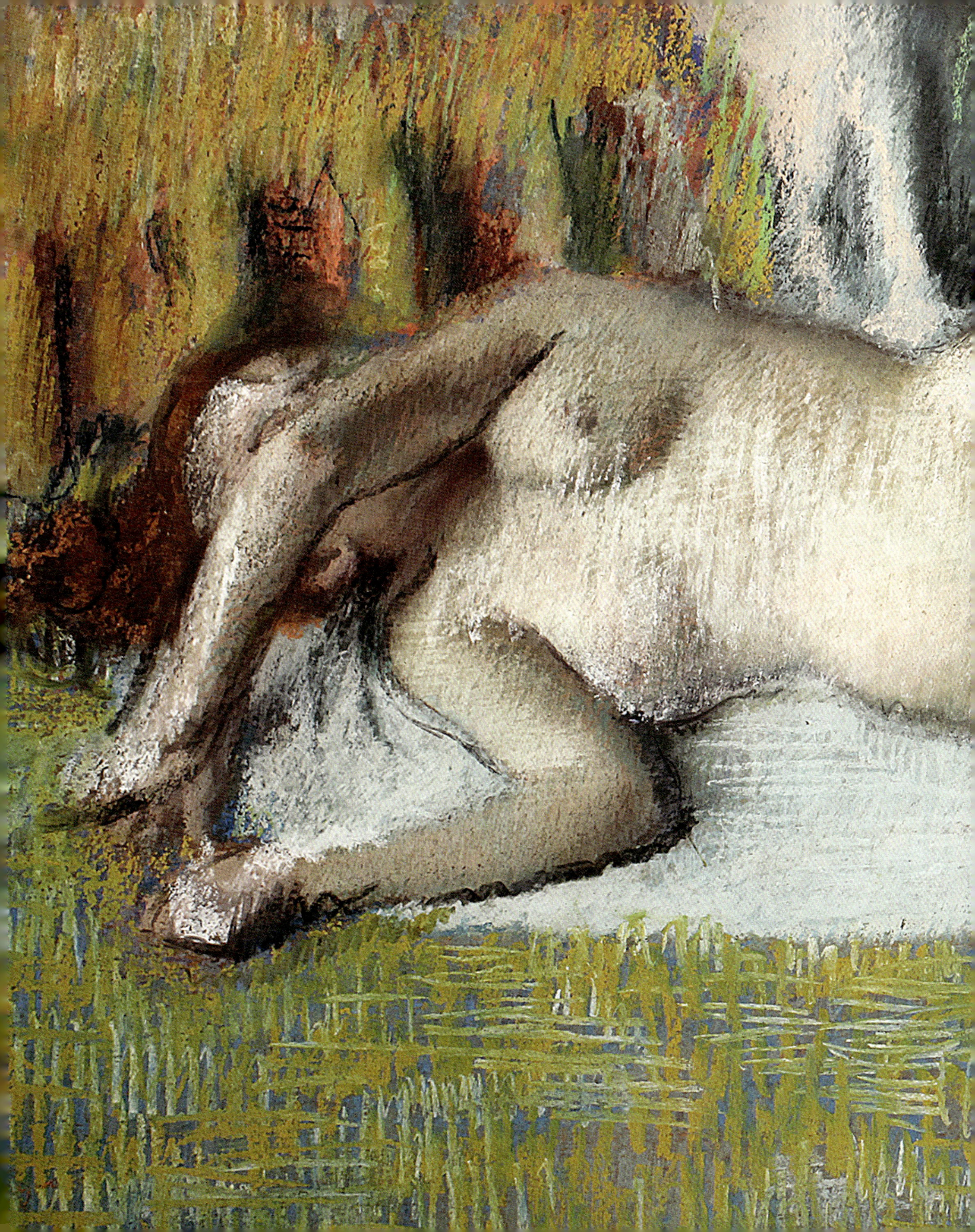

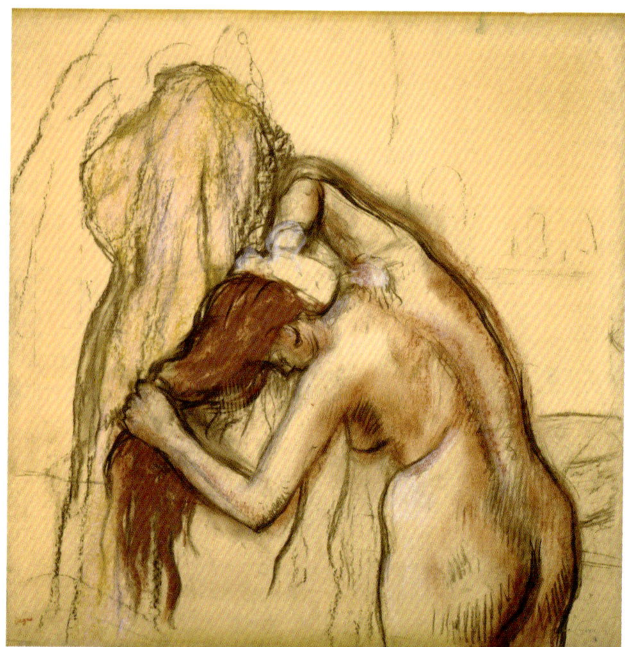

Ill. 03 – Edgar Degas, *Femme nue s'essuyant*, vers 1905, fusain et pastel sur papier calque monté sur vélin, 78,7 x 78,7 cm, The Museum of Fine Arts, Houston, coll. Robert Lee Blaffer, don de Sarah Campbell Blaffer.

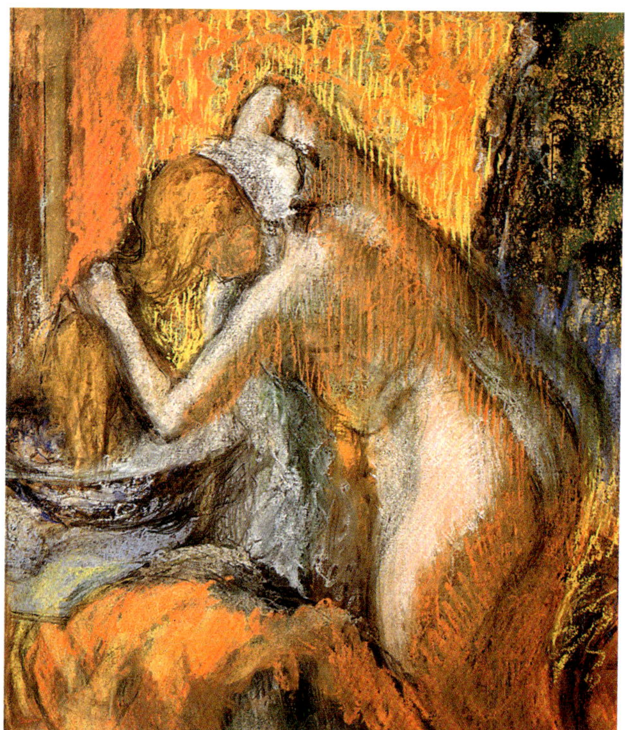

Ill. 04 – Edgar Degas, *Après le bain (femme s'essuyant les cheveux)*, vers 1905, pastel sur trois morceaux de papier-calque collés en plein, 85,8 x 73,9 cm, Collection particulière.

moments d'abattement : « Si vous étiez célibataire et âgé de cinquante ans (depuis un mois) vous auriez de ces moments-là, où on se ferme comme une porte, et non pas seulement sur ses amis : on supprime tout autour de soi, et une fois tout seul, on s'annihile, on se tue enfin, par dégoût. [...] Je pensais avoir toujours le temps [...][13]. »

Il fait le choix en 1886 de ne montrer que des pastels[14] lors de la dernière exposition impressionniste qu'il intitule « Suite de nus de femmes se baignant, se lavant, se séchant, s'essuyant, se peignant ou se faisant peigner ». En 1888, lors de son exposition personnelle à la galerie Boussod et Valadon[15], Degas ne présente encore que des nus qui divisent la critique. À cette époque, le peintre emploie presque exclusivement le pastel et multiplie la gravure, tout en donnant à la couleur le rôle majeur dans l'expression de son sujet. L'éclat du pastel dont il utilise largement les orangés et les bleus électriques a en effet sa préférence.

Ses œuvres à partir de 1894 témoignent de son acharnement à gommer la diminution progressive de sa vue en se concentrant sur des compositions à une figure unique et multipliant les séries dont il a depuis longtemps le goût, reprenant même des poses ou des sujets à des années d'intervalle.

Ainsi le magnifique pastel *Après le bain (femme nue couchée)* (cat. 13) reprend presque exactement la posture de celui conservé au Musée d'Orsay (ill. 01) réalisé presque dix ans plus tôt.

Degas traite ce sujet de la toilette d'une façon très nouvelle, intégrant par le cadrage un degré d'intimité maximale. « Il y a deux siècles, j'aurais peint des « Suzanne au bain » et je ne peins que des femmes au tub [...], mes femmes sont des femmes simples, franches, qui ne s'occupent de rien d'autre que de leur existence physique. [...]. C'est comme si vous regardiez par le trou de la serrure[16]. » Ces propos semblent être un écho à ceux du critique Gustave Geffroy en 1886 : « il a voulu peindre la femme qui ne sait pas (être ?) regardée, telle qu'on la verrait, cachée par un rideau, ou par le trou de la serrure[17]. » Degas se réfère-t-il encore à Geffroy quand il déclare : « J'ai peut-être trop considéré la femme comme un animal[18] » alors que le critique poursuit son analyse : « mais la femme

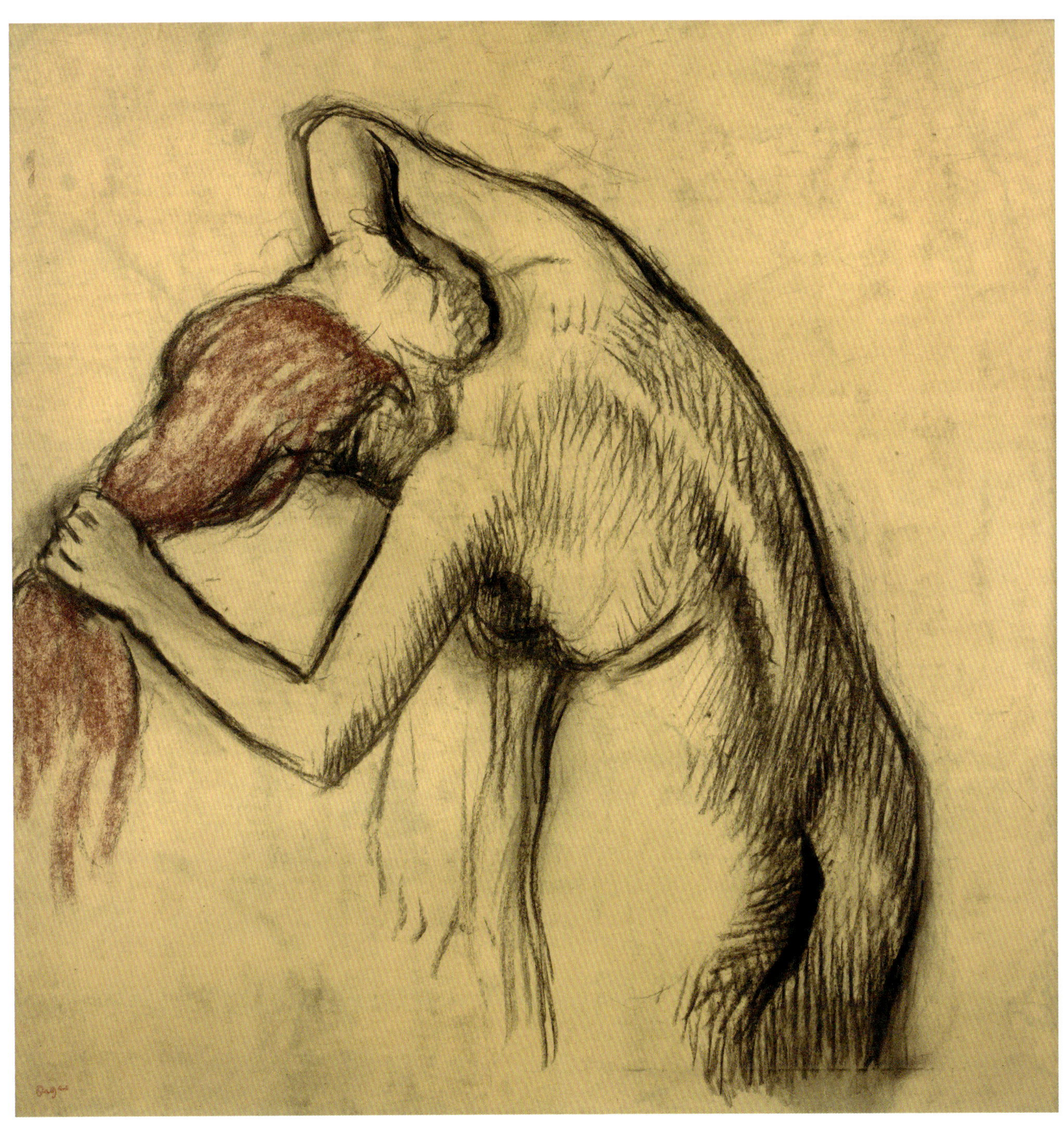

Cat. 14
Après le bain, femme s'essuyant, vers 1903

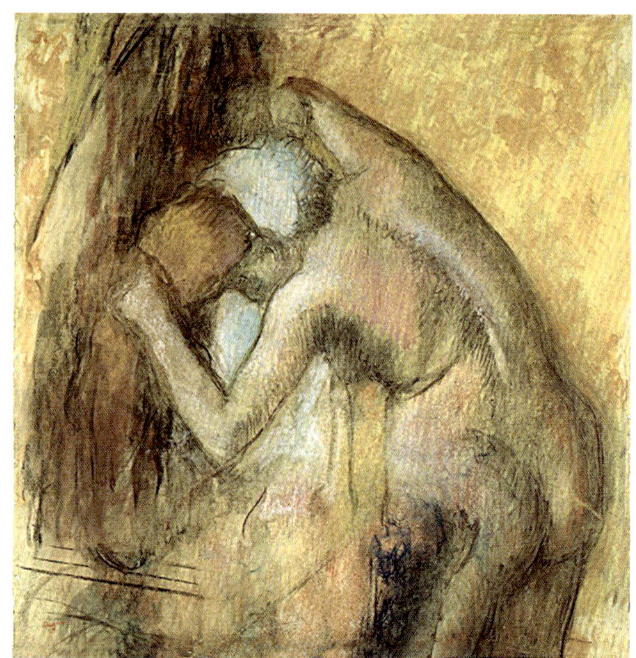

Ill. 05 - Edgar Degas, *Femme s'essuyant la nuque*, 1900-1905, pastel et traits de fusain sur papier calque, 77 x 75 cm, Musée Cantonal des Beaux-Arts, Lausanne.

sans l'expression du visage, sans le jeu de l'œil, sans le décor trompe-l'œil de la toilette, la femme réduite à la gesticulation de ses membres, à l'aspect de son corps, la femme considérée en femelle, exprimée dans sa seule animalité, comme s'il s'était agi d'un traité de zoologie [...][19]. » C'est justement cette animalité, l'aspect brut ou cru de cette femme en mouvement qui se coiffe, se contorsionne, se baisse, etc., sans aucune retenue car elle ne regarde pas le spectateur, elle ne s'offre pas à lui, qui a pu choquer ses contemporains. La grande modernité et la singularité des nus de Degas viennent du fait que le peintre donne au modèle l'impression d'être complètement seul, ignorant le monde extérieur ; cette femme qui nous est livrée ne sait pas qu'elle est regardée ; le rendu brut de cette intimité partagée est jugée par certains trop excessive, voire provocante.

Brice Ameille dans un article inédit[20], étudie justement cette perception de la femme nouvelle par Degas qui ne serait plus « idéalisée, fantasmée, la femme-objet » ; « [...] La vision iconoclaste de Degas poursuit-il, élude l'érotisme attendu dans la peinture de nu. » Mais que devient alors cette référence au trou de la serrure dont parle Degas ? Cette notion même n'appelle-t-elle pas un certain érotisme conduit par du voyeurisme ? Mais si on connaît mal le rapport que Degas entretenait avec les femmes, on perçoit à travers ses œuvres qu'il ne voulait pas représenter la femme déshabillée mais nue, la plus vraie possible, loin de « toute arrière pensée frivole[21]. » dans le même ordre d'idée, Huysmans écrit : « Ce qu'il faut voir [...] c'est l'inoubliable véracité de ces corps enlevés avec un dessin ample et foncier [...] c'est la suprême beauté des chairs bleuies ou rosées par l'eau [...] ce n'est plus la chair plane et glissante, toujours nue des déesses [...] mais c'est la chair déshabillée, réelle, vive[22]. »

Considéré comme l'un des nus les plus énigmatiques de Degas, ce pastel (cat. 13) aux dimensions exceptionnelles, est pour certains exégètes un contrepoint de *La Naissance de Vénus* de Cabanel et pour d'autres d'un antique de la Grèce hellénistique. Il est certain que Degas se sert de sa grande culture pour *inventer* ses figures dans l'espace, tout comme il est probable qu'il repense à l'image d'une femme projetée au sol dans un tableau de jeunesse, *Scène de guerre au Moyen Age* (Musée d'Orsay). La pose du modèle incite à imaginer un sens caché plus que dans tout autre pastel de l'artiste ; celui d'une femme qui aurait été jetée à terre, abusée, malmenée, peut-être violée. Son bras gauche replié sur son visage évoque en effet un geste de protection. Degas va bien au-delà de tous les nus couchés de l'histoire de la peinture, de Titien, Goya, Cabanel ou même Manet, comme le suggère Gary Tinterow[23]. L'artiste donne un sens nouveau à cette pose ; bien qu'il mette bien en évidence les deux seins de son modèle, ce à quoi il ne nous a pas habitué, « la baigneuse semble trop vulnérable pour être voluptueuse, et, parce qu'elle s'efforce de cacher son visage, elle contraint l'observateur à un voyeurisme furtif. Non elle ne s'exhibe pas, mais c'est involontairement qu'elle s'offre au regard, de sorte que le spectateur éprouve le sentiment gênant d'être un intrus[24]. » Au-delà du sens, Degas oppose entre ses deux versions (cat. 13, ill. 01) l'incessant travail de la couleur, le cadrage ayant fort peu changé et leurs dimensions quasiment identiques. La version d'Orsay encore dans son encadrement d'origine, oppose le velouté du grain du pastel à celui de la collection Nahmad, où l'on perçoit une présence beaucoup plus appuyée du geste et un éclat plus éblouissant de la couleur.

Le second grand papier de cette collection (cat. 14) appartient à une série d'œuvres (ill. 03, 04, 05) qui emprunte la pose à un même modèle aux courbes sculpturales, partant du fusain et aboutissant au pastel et selon un motif que Degas affectionne particulièrement dans ses dernières années : une femme vue de dos, s'essuyant énergiquement la nuque en déplaçant le poids de sa chevelure vers l'avant en un seul geste. Ce dessin, comme ses variantes, est l'aboutissement de ses multiples recherches sur la gravure dont il n'a cessé d'enrichir et de développer sa technique dans les années 1890, utilisant le corps en mouvement comme un laboratoire de recherche sur la lumière. Ce dessin de la collection Nahmad est à l'instar de celui conservé à Houston (ill. 03), probablement le motif initial. Le fusain lui permet de dresser le volume du corps qui sera dissout progressivement par le travail du pastel et une gestuelle de plus en plus expressive dans ses dernières œuvres. Le geste énergique du modèle, la sensation de lourdeur de l'épaisse chevelure rousse renforcée par l'emploi du pastel, tout comme la fluidité des lignes, donnent à cette œuvre un ancrage particulier pour laquelle l'artiste a répété le format carré dans toutes ses variantes.

Ainsi ce thème de la toilette et de l'intimité qu'il représente, a ouvert la voie à d'autres peintres de l'intime, tels que Toulouse-Lautrec, Bonnard ou Balthus, chacun recevant cet héritage précieux à sa façon[25].

Si la personnalité de Degas a largement divisé ses amis, il n'en demeure pas moins que son œuvre a su conquérir des artistes très différents : Camille Pissarro dans une lettre à son fils Lucien déclare sans détour : « Degas est sans aucun doute le plus grand artiste de notre époque[26]. » De son côté Odilon Redon n'hésitera pas quelques années plus tard à écrire dans son journal : « Mais Degas est un artiste. Il l'est, très exultant et libre. Venu de Delacroix [...], quelle science des tons juxtaposés, exaltés, voulus, prémédités, pour des fins saisissantes ! C'est un réaliste. [...] C'est le naturalisme, l'impressionnisme, première étape du nouveau mode. Mais il restera pour ce hautain vouloir tenu toute sa vie vers la liberté. [...] Son nom, plus que son œuvre, est synonyme de caractère ; c'est sur lui que se discutera toujours le principe de l'indépendance ; et, si jamais l'incommensurable et épaisse légion qui oppresse l'art, l'art des hommes, reconnaissait enfin la nécessité de bâtir, dans la démocratique engeance de la moyenne, une annexe pour les entiers, les indéfectibles, Degas aurait droit à son nom inscrit au haut du temple. Respect ici, respect absolu[27]. »

En 1912, il vit comme un bouleversement le fait de devoir quitter son appartement de la rue Victor-Massé où il habite depuis 1890 pour un nouveau logement au 6 boulevard de Clichy dans lequel il ne s'installera pas vraiment, laissant son immense collection entassée dans un coin[28]. Sa notoriété est immense mais il se désintéresse totalement des prix astronomiques qu'atteignent ses œuvres. Sa misanthropie s'accentue en même temps que sa cécité et il ne peut plus guère travailler, résumant sa vie à traverser Paris en omnibus, à simplifier de plus en plus son geste, mais en conservant intact son désir de création.

Notes

[1] N° 294 de la 3e vente Degas chez Georges Petit en 1918 ; vente à l'Hôtel Drouot, Paris du 22 octobre 1943, lot n° 3 ; exposé à la galerie Charpentier le 8 juin 1956.
[2] Bien qu'ayant une personnalité totalement opposée à la sienne Gauguin louera cet ami qui est aussi excessif que lui : « Il a l'instinct du cœur et de l'intelligence [...] Degas est comme talent et comme conduite un exemple rare de ce que l'artiste doit être : lui qui a eu pour collègues et pour admirateurs tous ceux qui sont au pouvoir : Bonnat, Puvis, etc. Antonin Proust [...] et qui n'a jamais rien voulu avoir. De lui on n'a jamais entendu, vu une saleté, une indélicatesse, quoi que ce sot de vilain. Art et dignité. », cité in Sophie Monneret, *op. cit*, t. I, p. 183-184. Néanmoins ses prises de position anti-dreyffusardes le brouillent durablement avec ses amis les plus proches (Ludovic Halévy, Pissarro).
[3] Il semble que ce soit durant son engagement volontaire lors de la guerre de 1870 et particulièrement pendant le siège de Paris que Degas ressent les premiers troubles ophtalmiques.
[4] Degas participera à toutes les expositions impressionnistes sauf à celle de 1882 pour protester contre Monet qui participe aussi au Salon alors que ce dernier s'était prononcé contre une double participation. Degas ne pouvait admettre que l'on soit indépendant et en même temps dans l'officialité.
[5] Il a réussi le tour de force à être connu au-delà des frontières sans participer autant que ses contemporains aux multiples expositions collectives qui étaient organisées en se concentrant sur celles des Impressionnistes et ses expositions personnelles. Il fuit l'excès en cette matière mais sait par contre tirer parti de l'excellente tribune que constitueront les huit expositions impressionnistes pour mettre en avant son rôle et son travail.
[6] Doté d'une culture immense, il cherchera toute sa vie à concilier le dessin et la couleur.
[7] Cité in Ambroise Vollard, *En écoutant Cézanne, Degas, Renoir*, coll. Les Cahiers rouges, éd. Grasset, Paris, 1938, p. 158.
[8] Edgar Degas à George Moore, propos rapportés in George Moore, « Memories of Degas », *The Burlington Magazine for Connoisseurs*, vol. 32, janvier 1918.
[9] Theodore Reff a référencé plus de 600 copies d'après les maîtres. Vollard rapporte à ce sujet les propos de Degas à la fin de sa vie : « [...] ce n'est qu'après avoir donné toutes les preuves d'un bon copiste qu'il pourra raisonnablement vous être permis de faire un radis d'après nature. », in Ambroise Vollard, *op.cit.*, p. 169.
[10] Voir la notice consacrée à Zandomeneghi dans ce catalogue.
[11] Très lié à Édouard Manet dès leurs années de formation, les deux peintres entretinrent des relations compliquées faites d'admiration et de dédain. Leurs familles respectives se reçoivent pour des soirées musicales. C'est aussi par son ami de lycée, Henri Rouart, introduit par Degas auprès des Manet, que Julie Manet fille de Berthe Morisot et d'Eugène Manet se mariera avec Ernest Rouart, fils d'une dynastie d'industriels et collectionneurs, meilleur ami de Paul Valéry.
[12] La mort de Berthe Morisot affectera particulièrement Degas pour laquelle il organise en 1896, avec Rouart et Monet, une rétrospective chez Durand-Ruel.
[13] Degas à Henry Lerolle, 21 août 1884, in *Degas Lettres*, recueillies et annotées par Marcel Guérin, éd. Grasset, Paris, 1945, p. 80.
[14] Degas exécute de très nombreux pastels entre 1886 et 1898 ; ces années seront les plus magistrales de son œuvre.
[15] À cette date, la galerie est dirigée depuis dix ans par Théo Van Gogh qui tente, pour limiter la présence des peintres académiques, d'exposer les impressionnistes.
[16] Edgar Degas à George Moore, propos rapportés in George Moore, « Memories of Degas », *The Burlington Magazine for Connoisseurs*, vol. 32, janvier 1918, p. 64-65 – une autre version de ces propos est donnée par Georges Jeanniot dans ses *Souvenirs sur Degas* : « Jusqu'à présent, le nu avait toujours été représenté dans des poses qui supposent un public. Mais mes femmes sont des gens simples [...]. Je les montre sans coquetterie, à l'état de bêtes qui se nettoient. »
[17] Gustave Geffroy, « Salon de 1886. VIII. Hors du Salon : Les Impressionnistes », *La Justice*, 26 mai 1886.
[18] Propos rapportés par Walter Sickert, « Degas », *The Burlington Magazine*, vol. 31, novembre 1917, p. 185.
[19] *Op. cit.*
[20] Brice Ameille, « La Scène de toilette impressionniste : l'intimité (re) trouvée », Paris-Sorbonne.
[21] Paul Jamot 1924, p. 107, cité par Gary Tinterow, cat. *Degas*, Galeries nationales du Grand Palais, éd. RMN, Paris, 1988, p. 454.
[22] J.-K Huysmans, compte rendu de l'exposition de 1886.
[23] Lire Gary Tinterow, in cat. *Degas, op. cit.*, p. 453-455.
[24] *Op. cit.*, p. 453-454.
[25] Voir cat. *Degas et le nu*, sous la direction de George T.M. Shackelford et Xavier Rey, Musée d'Orsay, éd. Hazan, Paris, 2012.
[26] Lettre du 9 mai 1882, Cité in *Degas Lettres*, recueillies et annotées par Marcel Guérin, éd. Grasset, coll. Les Cahiers rouges, Paris, 1945, p.52, note 2.
[27] Odilon Redon, 10 mars 1889, *À soi-même*, éd. José Corti, 4e éd., Paris 1961, p. 96.
[28] Sa collection immense qui comportait de nombreux trésors de Greco, Tiepolo, Gauguin, Cézanne, Pissarro, Monet, Renoir, etc. des dessins, des milliers d'estampes, nécessitera, en 1918, 4 ventes organisées sur plusieurs jours pour la disperser.

« Je ne vois pas l'intérêt d'acheter une œuvre si c'est pour la conserver chez soi. »

David Nahmad, 7 octobre 2018

« Je ne vois pas l'intérêt d'acheter une œuvre si c'est pour la conserver chez soi. »

David Nahmad, 7 octobre 2018

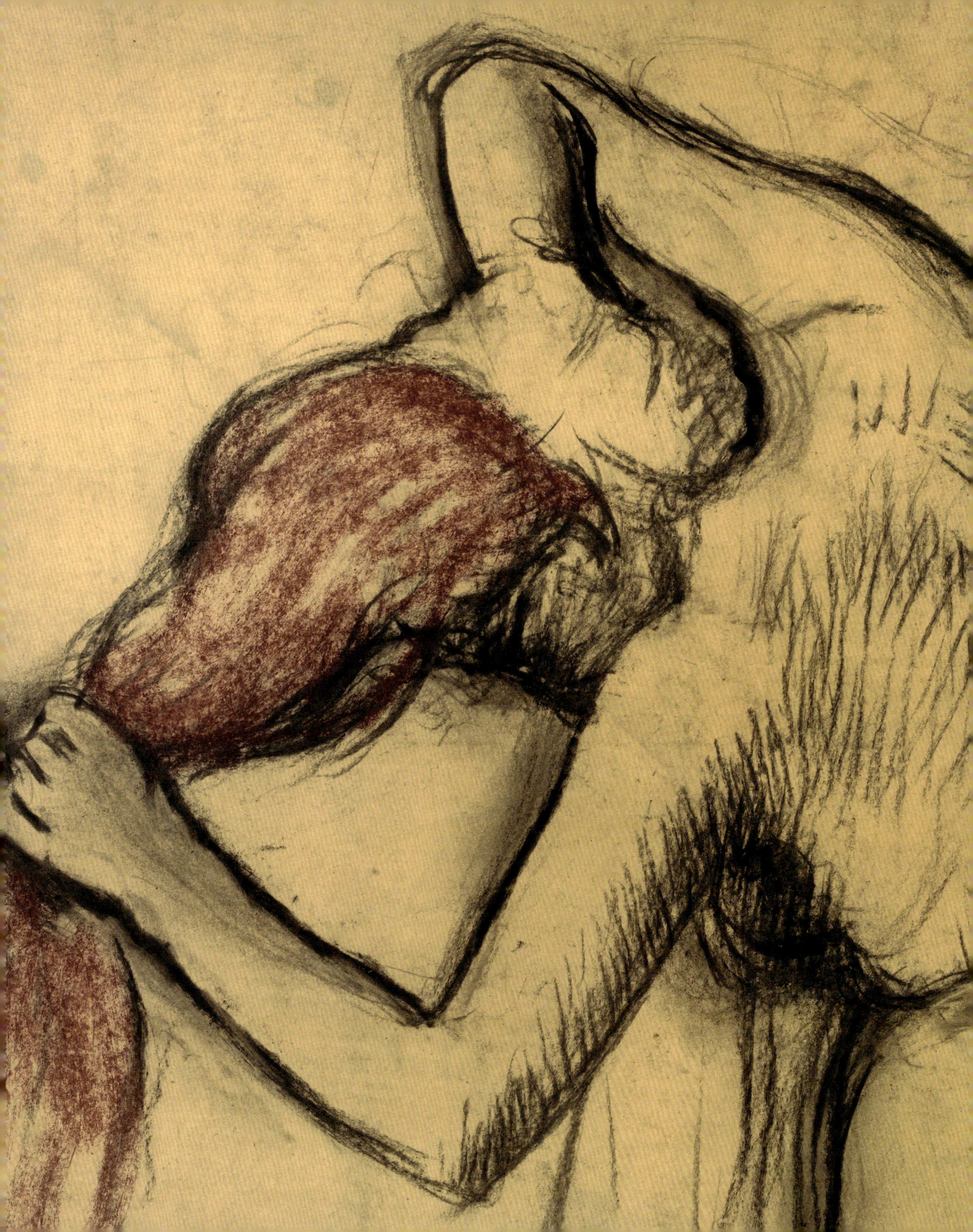

Raoul Dufy

(Le Havre, 1877 – Forcalquier, 1953)

CAT. 15
Les Pêcheurs à la ligne, 1907
Huile sur toile
60,6 x 73 cm

Cat. 16
L'Hindoue, 1928
Huile sur toile
65 x 81 cm
Signé

La peinture de Raoul Dufy, ce « grand artiste méconnu » pour reprendre les mots d'Apollinaire[1], d'abord imprégnée de l'œuvre de Boudin[2] et des impressionnistes dans ses premiers paysages du Havre, s'oriente vers la couleur pure prônée par Matisse dont il admire *Luxe, calme et volupté* (Musée d'Orsay, Paris) présenté au Salon des Indépendants de 1905 : « Devant ce tableau [...], j'ai compris toutes les nouvelles raisons de peindre et le réalisme impressionniste perdit pour moi son charme à la contemplation du miracle de l'imagination introduite dans le dessin et la couleur. J'ai compris tout de suite la nouvelle mécanique picturale[3]. »
Ces deux œuvres de la collection Nahmad (cat. 15, 16) appartiennent à deux périodes distinctes dans le parcours de l'artiste. La première est très caractéristique de la fin de sa séquence fauve, alors que la seconde a été réalisée durant la période très prolifique des années 1920-1930 ; l'attention du peintre se fixe d'avantage sur la figure, le nu particulièrement, qui apparaît comme une autre vision de l'odalisque, dont le sujet est largement traité par Matisse, un autre homme du Nord.

Second enfant d'une famille de quatre fils, Raoul Dufy naît dans un environnement favorable à l'art et principalement à la musique. Il suit les cours de l'École municipale des Beaux-Arts du Havre et des cours du soir de dessin.

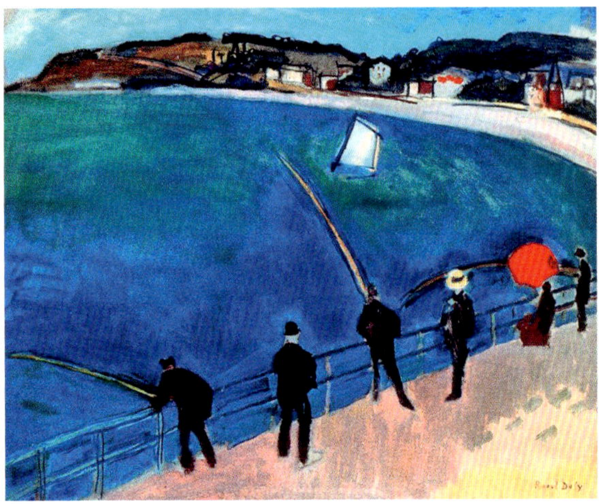

Ill. 01 – Raoul Dufy, *Pêcheurs à la ligne devant Sainte-Adresse*, 1907, 54 x 65 cm, Collection particulière.

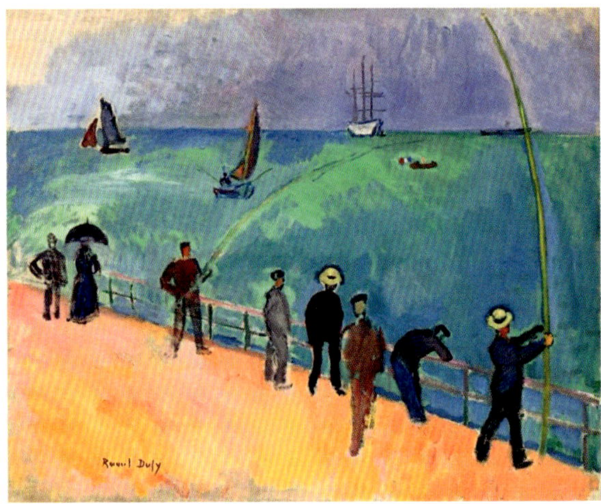

Ill. 02 – Raoul Dufy, *Les Pêcheurs*, 1907, huile sur toile, 65,5 x 81 cm, Collection particulière.

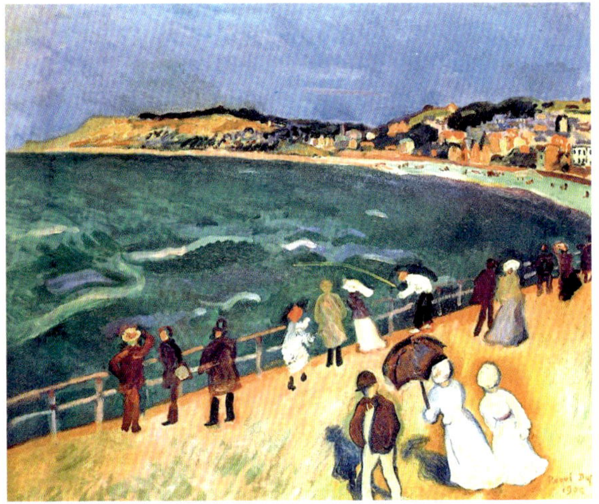

Ill. 03 – Raoul Dufy, *La Baie de Sainte-Adresse*, 1906, huile sur toile, 65 x 81 cm, Collection particulière.

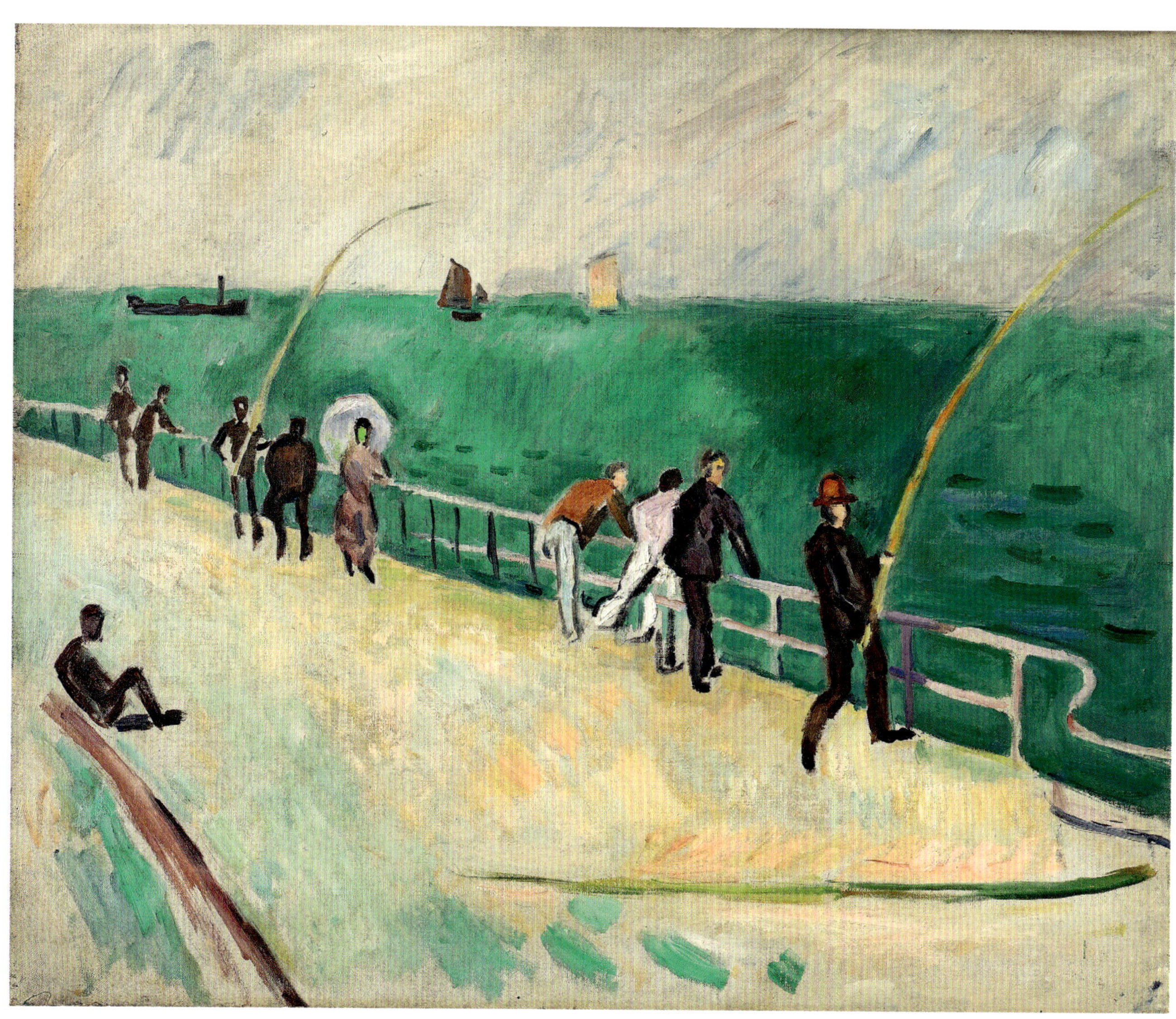

Cat. 15

Les Pêcheurs à la ligne, 1907

Arrivé à Paris en 1900 grâce à une bourse de la ville du Havre, Raoul Dufy retrouve son compatriote Othon Friesz dans l'atelier de Léon Bonnat à l'École des Beaux-Arts ainsi que Georges Braque arrivé plus tard[4]. Sa période fauve va durer jusqu'en 1907, moment durant lequel dominent des sujets qui sont autant de supports à ses recherches sur l'exaltation colorée et la simplification des formes qu'il partage avec Friesz et Marquet : rues pavoisées, fêtes campagnardes et nautiques, terrasses de café et bals populaires, scènes de plage. Ces duos de peintres qui travaillent sur le motif sont dans la tradition impressionniste, portée par la complicité du travail en plein air. Le peintre a beaucoup de difficultés à faire apprécier le travail de ces années d'expérimentations ce qui rend sa situation matérielle très difficile. Berthe Weill qui organise sa première exposition personnelle en octobre 1906 dans sa petite galerie de la rue Victor-Massé, se souvient : « La très belle exposition particulière de Raoul Dufy a donc lieu. Sa personnalité très marquée rend le succès problématique… il l'attend, cependant, toujours avec le sourire… et une grande assurance en soi…[5] »

Progressivement, Dufy se détache du fauvisme, comme beaucoup de ses camarades en 1907 (Braque, Matisse, Friesz, Derain notamment) et s'il en conserve les sujets, sa peinture évolue vers une plus grande simplification formelle comparée aux effets de la touche colorée dans ses compositions de 1906 alors qu'il peignait en compagnie de Marquet des tableaux très proches. Le motif de pêcheurs à la ligne est récurrent dans la production fauve et cézannienne de Raoul Dufy (cat. 15, ill. 01, 02). Ici le peintre a installé son chevalet sur la nouvelle digue au Havre et tourne le dos à la ville de Sainte-Adresse visible dans d'autres versions (ill. 01, 03). La composition est traversée par une diagonale qui divise la scène en deux tonalités contrastées avec une ligne de fuite qui dynamise l'ensemble. D'un côté, la couleur claire de la digue et de l'autre le bleu-vert profond de la mer et la ligne d'horizon sur laquelle s'inscrivent des bateaux. Les silhouettes des deux pêcheurs et celles des badauds, animent par leurs couleurs, ce bord de mer peint avec une grande rapidité. Peu de détails, un langage épuré suffit à exprimer le changement de cap de Dufy. L'effet est encore plus radical dans une autre version de la même année (ill. 02). Suit une courte période assimilée au premier cubisme, alors que Dufy rejoint Braque à l'Estaque, quartier de pêcheurs et d'ouvriers au nord de Marseille où Cézanne était venu confronter sa vision synthétique du paysage, entre mer et cirques rocheux, avec la lumière aveuglante du Midi[6]. Les deux compères plantent leur chevalet côte à côte et réalisent un ensemble d'œuvres aux cadrages resserrés sur des éléments architecturaux du paysage, ou des groupes d'arbres, avec une palette identique où dominent les ocres et toute une gamme de verts et de gris.
En 1909, Dufy, prend un atelier rue Séguier à proximité de la place Saint-Michel à Paris qui lui inspire un ensemble d'intérieurs où prévaut encore une vision d'un espace éclaté dans lequel il commence à réintroduire des éléments décoratifs (bouquet, palette, etc..) et s'intéresse au nu qui va l'occuper à plusieurs reprises au cours des années suivantes. Dans le même temps, il rencontre le couturier Paul Poiret dont la réputation n'est pas encore établie mais scelle néanmoins son destin[7].

Parallèlement à son travail de peintre, contraint pour des questions financières, Dufy, se tourne vers des travaux d'illustrations qui lui permettent d'expérimenter la gravure sur bois dès 1907. Ses gravures pour *Le Bestiaire ou Cortège d'Orphée* d'Apollinaire (1911) qui demeure son chef-d'œuvre en la matière, le consacrent comme un excellent technicien. Ce puissant travail en noir et blanc annonce ses futurs projets décoratifs, notamment pour les tissus de la maison Bianchini-Férier. Sa vie sentimentale se stabilise, il se marie en 1911 avec une jeune niçoise, Eugénie-Emilienne Brisson qu'il fréquente depuis 1909. Le couple s'installe 5 impasse de Guelma à Montmartre, dans un atelier que le peintre conserve toute sa vie.
Peu à peu sa palette s'éclaircit et se diversifie tout en donnant au noir une grande puissance lumineuse qu'il expérimentera et systématisera jusqu'à la série ultime des *Cargos noirs* à partir de 1945 ; le dessin est très présent dans ses peintures par l'adoption d'un tracé noir de plus en plus récurrent qui organise les

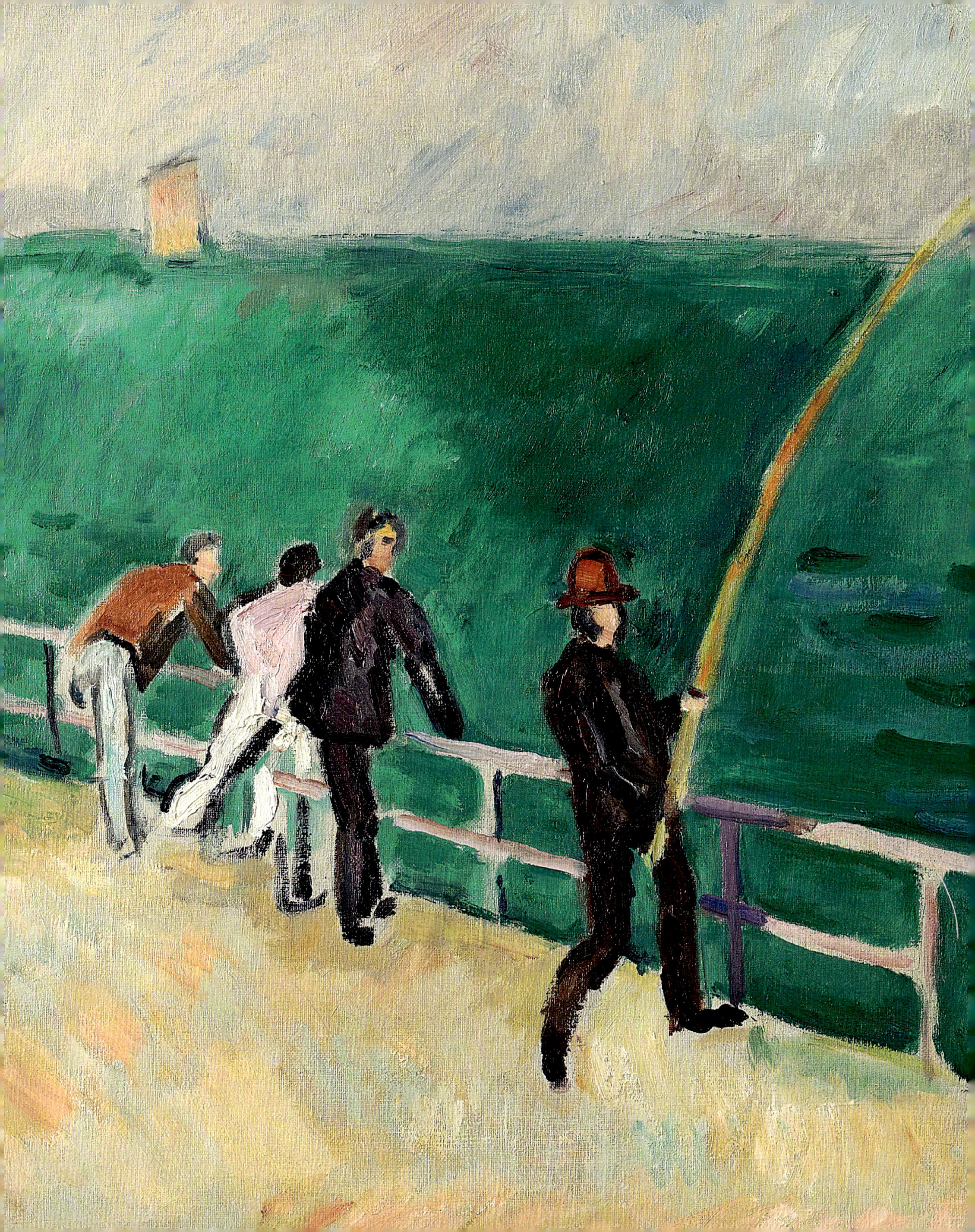

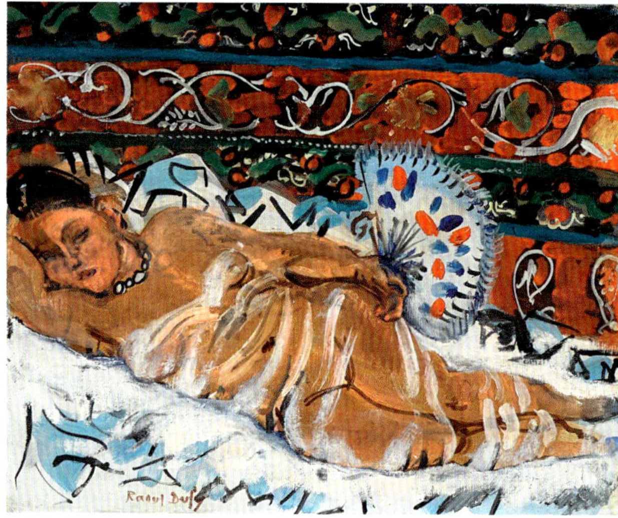

Ill. 04 – Raoul Dufy, *L'Hindoue à l'éventail*, 1928, huile sur toile, 38 x 46 cm, Collection particulière.

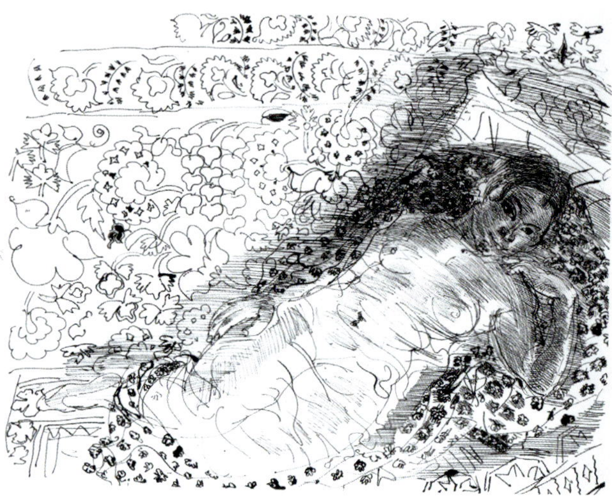

Ill. 06 – Raoul Dufy, *Hindoue*, 1930, encre de Chine sur papier, 50 x 65 cm, Collection particulière.

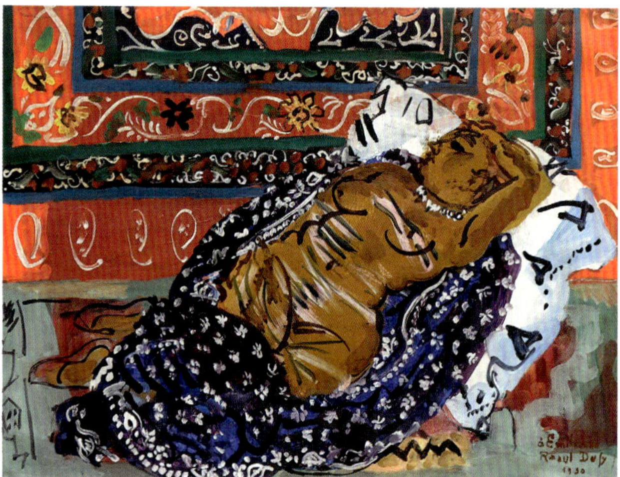

Ill. 05 – Raoul Dufy, *L'Hindoue*, 1930, huile sur toile, 42,2 x 56,8 cm, Collection particulière.

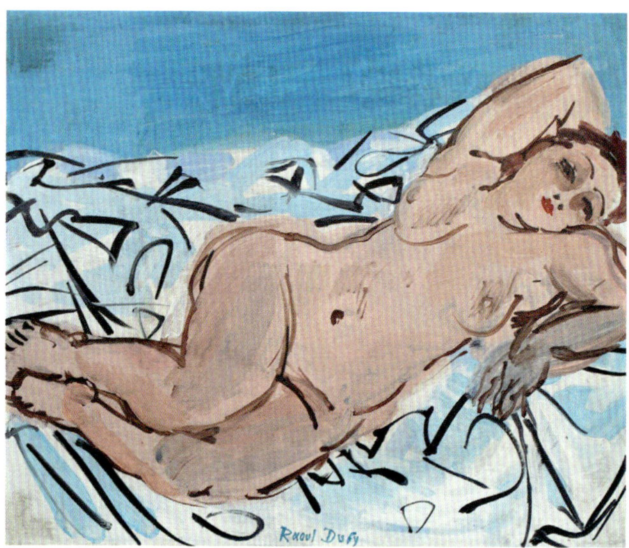

Ill. 07 – Raoul Dufy, *Nu couché*, 1929, huile sur toile, 38 x 46 cm, Collection particulière.

rythmes colorés (*Le Jardin abandonné*, 1913). Ses séjours prolongés dans la lumière de la Méditerranée, à Hyères puis à Vence en 1919[8], le fait évoluer vers une palette encore plus éclatante, abandonnant définitivement sa manière cézannienne. Il introduit davantage encore un vocabulaire graphique de plus en plus personnel où courbes et contrecourbes, arabesques, voisinent avec des aplats de couleurs franches. La galerie Bernheim-Jeune lui propose un contrat en 1920 et l'artiste y expose à plusieurs reprises jusqu'en 1932. Ces différents contrats sont le signe d'une plus grande aisance financière d'autant qu'il se lie en 1922 avec le Dr Alexandre Roudinesco, qui allait devenir son principal amateur.

Toutes ces rencontres sont capitales et désormais Dufy évolue dans un monde raffiné où la découverte des champs de courses[9] et de l'univers qui l'environne, sera une véritable révélation. Son écriture déliée se mêle de plus en plus à la couleur dans un rapport certain entre peinture et art décoratif. L'aquarelle devient un de ses moyens d'expression favori, cette

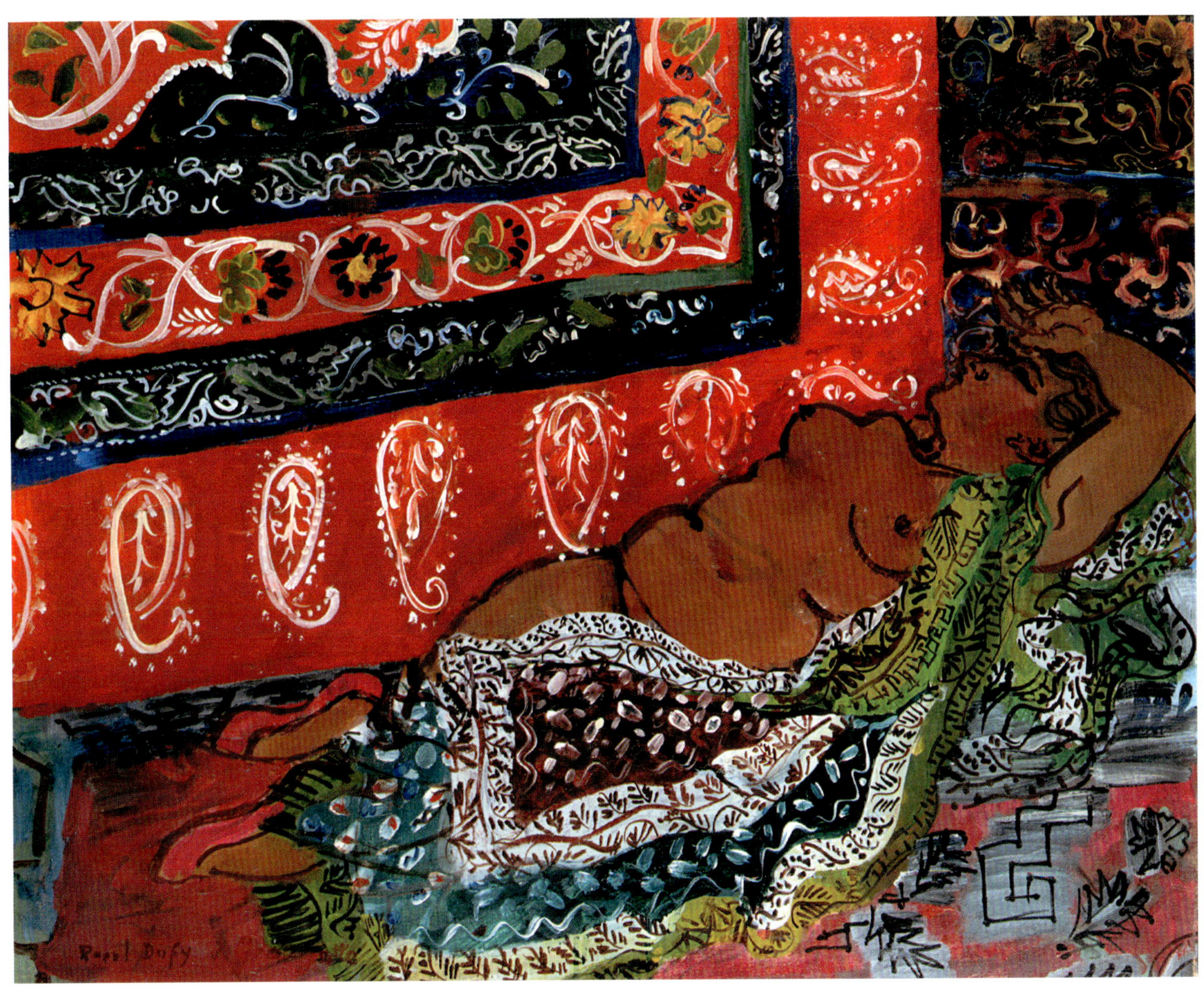

Cat. 16
L'Hindoue, 1928

technique imposant une rapidité dont sa pratique des arts décoratifs lui a appris les rudiments. Il ne cesse de diversifier les approches plastiques et voit dans la céramique qu'il pratique avec le catalan Artigas dès 1923, le moyen de travailler le volume en même temps qu'il y associe son travail pictural, ses sujets suivant ceux de ses peintures. Dufy à cette époque est très sollicité pour participer à des expositions et des travaux d'arts décoratifs. Ses nombreux voyages en France (Cannes 1926, Nice 1927, Deauville et Trouville 1929, Langres, 1934) et à l'étranger (Maroc, Espagne, 1925-26, Belgique 1928, Angleterre 1934, 1936, Venise 1938) attestent de son nouveau train de vie. Il trouve partout des sujets d'inspiration, et à l'instar de Matisse, il pare ses modèles de costumes exotiques. Ainsi entre 1928 et 1930, il peint plusieurs versions d'une jeune femme nue en hindoue le plus souvent Anmaviti Pontry elle-même (cat. 16, ill. 04, 05) qu'il représente allongée sur un fond de tissus à dominante rouge et aux arabesques orientales qui contrastent avec la nudité du modèle. Dufy joue tantôt avec la transparence de sa combinaison ou au contraire se sert de la couleur sombre du corps qu'il harmonise avec la diversité des étoffes, tout en s'attachant à quelques détails qui détonnent avec le sujet (les escarpins). Dans une œuvre comme celle de la collection Nahmad (cat. 16), Dufy exploite au maximum son sens du décoratif qu'il expérimente depuis plusieurs années et qu'il met au service de sa peinture. Aucune perspective et très peu de profondeur ici, chaque élément décoratif s'imbriquant les uns dans les autres, le corps faisant partie de l'ensemble. Comme à son habitude, l'artiste pense à son sujet en dessinant abondamment, particulièrement à l'encre de Chine de manière à définir la posture la plus harmonieuse[10] (ill. 06). À contrario de ce style très dense, il peint des nus couchés à la composition beaucoup plus épurée sur un fond uni bleu[11], rehaussé de quelques accents noirs (ill. 07).

Sa notoriété s'accélère, des monographies lui sont consacrées[12], une de ses œuvres entrent dans les collections du Luxembourg en 1932 ; il réalise une importante décoration pour le Dr Viard (1927-1933), des cartons de tapisserie, des illustrations et des décors pour la scène. Son talent de décorateur trouve son apogée dans la commande pour le Pavillon de l'Électricité à l'Exposition internationale de 1937, d'une décoration de 60 mètres sur 10 – la plus grande qui existe au monde – sur l'histoire de la découverte de l'électricité. Son frère Jean participera à cette aventure démesurée qui nécessite d'abondantes recherches documentaires et de très nombreux croquis préparatoires. Pendant la guerre, il se réfugie à Nice puis à Céret et Perpignan où il rencontre régulièrement Maillol. Alors qu'il réalise des décors et des costumes pour la Comédie française, son goût prononcé pour la musique ressurgit avec la série des *Orchestres*. Sa peinture s'oriente de plus en plus vers un ton unique, parti qui trouve son point d'acmé dans la série des *Cargos noirs*. Souffrant de polyarthrite depuis 1937, il profite de diverses commandes et des expositions de son marchand Louis Carré à New York pour séjourner aux États-Unis entre 1950 et 1952 et se faire administrer un traitement jugé révolutionnaire à base de cortisone pour apaiser ses souffrances. Il remporte en 1952 le Prix de la Biennale de Venise[13] et la même année, une importante exposition lui est consacrée au Musée d'Art et d'Histoire de Genève, un an avant celle de la Ny Carlsberg Glyptothèque de Copenhague, inaugurée peu avant sa mort.

Notes

[1] Cette expression d'Apollinaire a servi de titre à l'essai passionnant de Brigitte Léal quant à la réception de Dufy au sein du cubisme, in cat. *Raoul Dufy, le Plaisir*, Musée d'Art Moderne de la Ville de Paris, 2008, p. 59.
[2] Voir notice p. 36-39 dans ce catalogue.
[3] Propos de Raoul Dufy rapportés par Marcelle Berr de Turique en 1930, cités in Christian Briend, « Biographie documentaire », cat. *Raoul Dufy, le Plaisir*, op.cit., p. 290.
[4] Voir notice p. 22-35 dans ce catalogue.
[5] Berthe Weill, *Pan !.. dans l'œil ou trente ans dans les coulisses de la peinture contemporaine 1900-1930*, éd. L'Echelle de Jacob, Paris, 2009, p. 72 (1ère édition, février 1933).
[6] Voir cat. *L'Estaque Naissance du paysage moderne 1870-1910*, sous la direction de Nicolas Cendo et Véronique Serrano, Musée Cantini, Marseille, éd. RMN, 1994.
[7] Entre 1911 et 1914, le peintre crée avec lui une petite entreprise de décorations de tissus – La Petite usine – sise 141 bd de Clichy. Ses dessins attirent l'attention du public sur le couturier ; Dufy va prendre à cette occasion, la mesure de son talent dans ce domaine. Dans le même temps d'ailleurs, il signe un contrat de 3 ans avec la maison Bianchini-Férier à qui il donne l'exclusivité de ses projets textiles. Cette collaboration interrompue par la guerre reprendra ensuite jusqu'en 1928 avec le succès que l'on sait.
[8] Il y retournera en 1920 et 1921.
[9] C'est Bianchini-Férié qui le conduit pour la première fois à Longchamp en 1922 pour voir l'effet de ses tissus réalisés d'après ses modèles portés par d'élégantes parisiennes.
[10] Pusieurs dessins sont référencés dans le catalogue raisonné n° 765 à 774 (Fanny Guillon-Laffaille - catalogue raisonné des dessins, vol. I, éd. Marval, 1991).
[11] Au milieu des années 20, Dufy peint les murs de son atelier avec ce bleu que l'on retrouvera dans plusieurs de ses tableaux.
[12] Christian Zervos en 1928, Pierre Courthion en 1929, Marcelle Berr de Turique en 1930, Fernand Fleuret en 1931, pour les premiers.
[13] Il renonce au montant du Prix en faveur de deux artistes. L'un italien, Emilio Vedova pour qu'il puisse séjourner à Paris, l'autre français, Charles Lapicque pour qu'il puisse de son côté travailler à Venise.

Juan Gris[1]

(Madrid, 1887 – Boulogne-Billancourt, 1927)

CAT. 17
Broc et poires, 1924
Huile sur toile
33 x 40,6 cm
Signé et daté en bas à droite : *Juan Gris 24*

Figure indissociable du cubisme essentiel, Juan Gris reste « un pur classique ». En seulement 17 ans il développera par des moyens synthétiques et déductifs une vision poétique de la peinture. Le peintre a cherché sans cesse à construire une œuvre mûrie de culture artistique, philosophique et scientifique dans laquelle sa quête de pureté, d'ordre et d'émotion sera subordonnée à l'idée de peinture. Le cubisme sera son projet intellectuel, celui de toute sa vie.

Bien que son œuvre se soit développée à la suite de celles de ses aînés Braque et Picasso, son regard novateur et en profondeur sur le premier cubisme, a permis au mouvement de se réinventer. Entré directement sans les préliminaires du cubisme cézanien et du cubisme analytique, il a su saisir rapidement ce qu'il pouvait faire du cubisme au moment où celui - ci reconsidérait l'objet – le tableau. Sa réflexion pourrait être résumée par ce vers de Pierre Reverdy écrit pour lui en 1919 : « la réalité ne motive pas l'œuvre d'art. On part de la vie pour atteindre une autre réalité. »

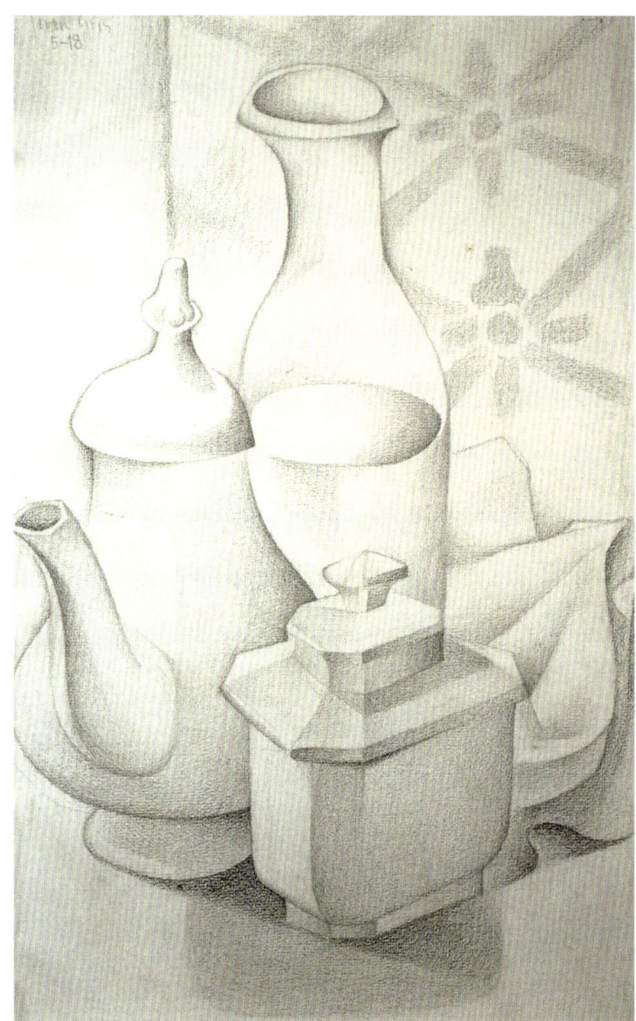

Ill. 01 –Juan Gris, *Nature Morte*, 1918, crayon sur papier, 46 x 29,5 cm, Musée Kröller Müller, Otterlo.

Son rôle dans le développement du cubisme ne sera reconnu que de manière posthume ; en 1946, l'essai fondateur de Daniel-Henry Kahnweiler[2] rédigé dans des conditions difficiles à partir d'un premier texte publié en Allemagne en 1929, est le premier à rendre hommage à l'artiste et à l'homme, mettant en valeur sa pugnacité, sa pureté, sa passion pour la peinture comme vecteur de vie ; dix ans plus tard, Douglas Cooper publie avec la complicité de Kahnweiler, une importante correspondance, qui malgré une traduction imparfaite demeure un document majeur. Le catalogue raisonné qu'il publiera des années plus tard permettra d'avoir un panorama complet du corpus étonnant de cet artiste disparu trop jeune, à 40 ans des suites d'une crise d'urémie.

Juan Gris a à peine 20 ans quand il arrive ainsi à Paris à la fin de septembre 1906, captivé par la puissante attraction qu'exerce la ville. Il ne retournera quasiment plus en Espagne, voulant même obtenir vers la fin de sa vie, la nationalité française.

Immergé dans la colonie espagnole, il rencontre Picasso, dont la notoriété était arrivée dans les milieux intellectuels espagnols. Dès lors, Gris s'installe dans un modeste atelier au sous-sol de cette future citadelle du cubisme que deviendra le Bateau-Lavoir et qui lui permit de faire des rencontres capitales, celles principalement de Georges Braque, Guillaume

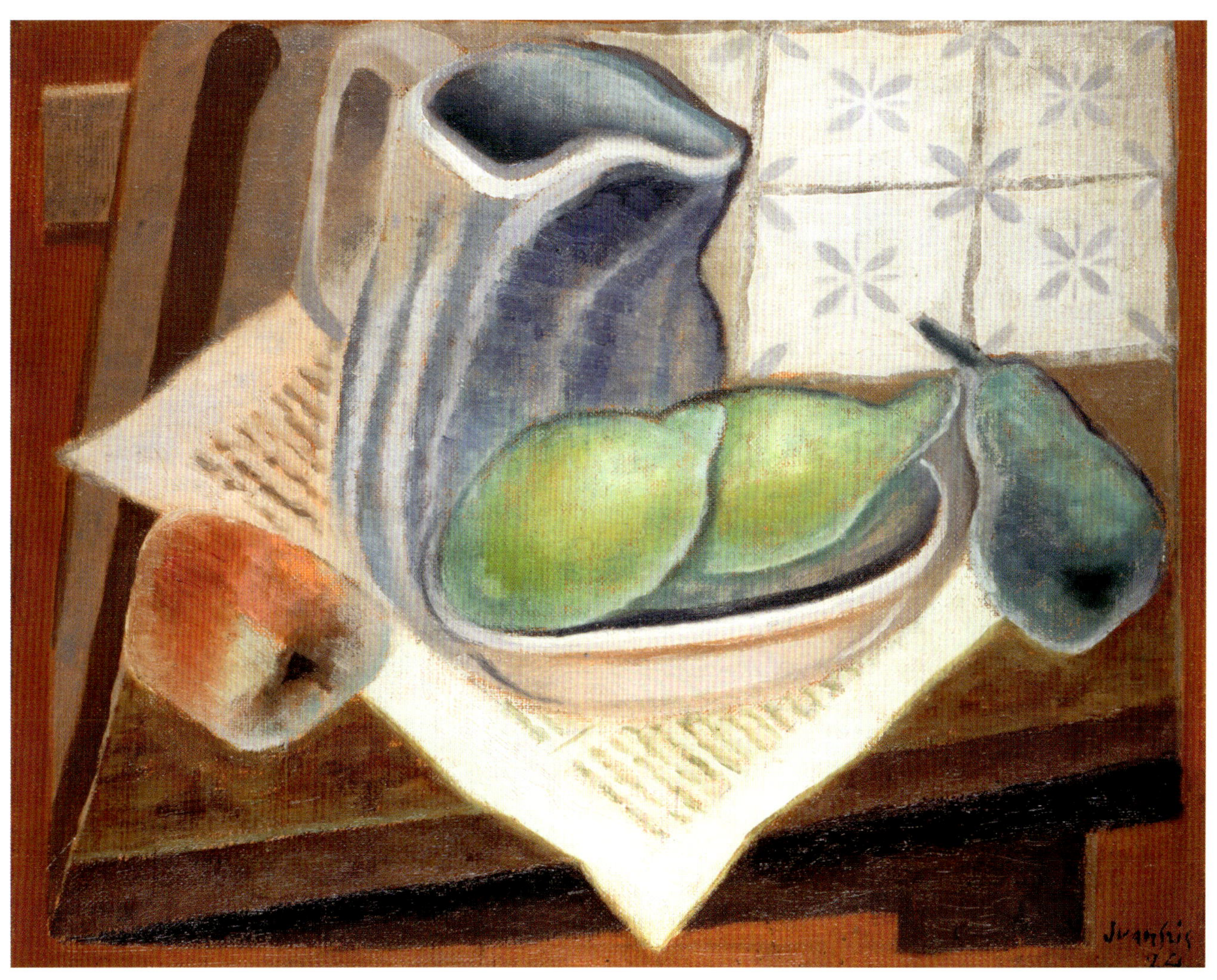

Cat. 17

Broc et poires, 1924

Apollinaire, André Salmon et de Kahnweiler et plus tard de Pierre Reverdy.

Déterminé à s'adonner à ce qui le passionne, après des années d'observation et de réflexion, Juan Gris abandonne en 1911 son activité d'illustrateur qui pour lui, n'est qu'alimentaire pour ne plus se consacrer qu'à la peinture. Passionné de philosophie et de mathématiques, il a l'intuition qu'il donnera un nouvel élan au cubisme. Toutefois, il faut attendre 1912 pour qu'un réel tournant advienne tant dans sa vie affective qu'artistique. Il rencontre Josette Herpin[3] avec laquelle il partage désormais sa vie et de Pierre Reverdy qui s'installe dans un atelier proche du sien. Il entre de plain-pied dans l'univers cubiste en participant au cours de l'année 1912 au Salon des Indépendants et celui de la Section d'or, désertés par Braque et Picasso qui sont concentrés sur leurs recherches communes. Sa puissante personnalité s'affirme avec une œuvre comme son *Hommage à Picasso* dont la structure et la tonalité analytiques ne passent pas inaperçues. Son assimilation rapide des découvertes de Braque et de Picasso (papiers collés, collage, lettres au pochoir, faux bois, faux marbre, etc.) et son interprétation personnelle de ces signes de la réalité, attirent l'intérêt de leur marchand qui lui parle rapidement d'un contrat qui sera signé finalement le 20 février 1913. Ses espoirs d'exposition personnelle chez Kahnweiler s'évanouissent avec la déclaration de guerre le 2 août 1914. Espagnol, il n'est pas mobilisé et voit ses amis Braque, Apollinaire, Léger, Raynal, Salmon partir au front. Ce sont des moments douloureux pour lui mais il continue à produire un travail important grâce au soutien moral et financier de quelques amis parmi lesquels Henri Matisse rencontré depuis peu à Collioure. Quant à Kahnweiler, exilé par la guerre en Suisse, en tant que sujet allemand, il est contraint de cesser son activité et sa galerie est mise sous séquestre.

Recherchant l'homogénéité de ses compositions, Gris introduit la couleur (*Nature morte et paysage, Place Ravignan*, 1915) et incorpore jusqu'en 1914 des papiers collés. Ses compositions sont de plus en plus bi-dimensionnelles ; le tableau tend vers ce

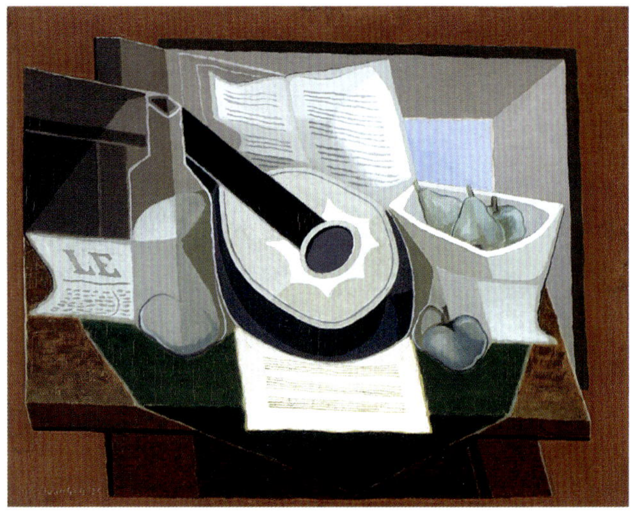

Ill. 02 – Juan Gris, *Mandoline et compotier*, juin-août 1925, huile sur toile, 73 x 94,6 cm, Museum of Fine Arts, Boston, don de Joseph Pulitzer.

qu'il formulera plus tard « une architecture plate colorée », ce traitement particulier des surfaces que Kahnweiler a défini comme l'élément polyphonique du tableau.

Dans ce contexte, Gris rencontre Léonce Rosenberg avec lequel il collabore de 1915 à 1919/20 sans que jamais l'artiste n'oublie Kahnweiler, continuant à lui confier ses découvertes, comme ses doutes.

Son extraordinaire dynamisme a donné au cubisme une dimension poétique peu visible jusqu'alors. Le peintre a su porter le cubisme sur une voie nouvelle, moins mécanique, moins minimaliste, se basant sur sa sincérité et sa sensibilité. Ce concept de peinture « poétique » va prendre de plus en plus d'importance au cœur de sa réflexion et le conduire vers une certaine perfection classique (modelé, matière claire et ombrée, rendu des volumes, etc.) grâce à sa pratique du dessin, tel que celui conservé à Otterlo (ill. 01) dont on reconnaît le motif de faïence utilisé quelques années plus tard pour *Broc et poires* (cat. 17).

Ainsi au lendemain de la guerre, Gris confirme son indépendance intellectuelle en publiant pour la première fois ses réflexions sur l'esthétique cubiste dans la revue italienne *Valori Plastici* (février-mars 1919) : « les artistes ont cru, avec de beaux modèles ou de beaux motifs, arriver au poétique. Nous croyons l'atteindre plutôt avec de beaux éléments, car ceux de

l'esprit sont certainement les plus beaux » ; toutefois c'est surtout en 1923 avec *Notes sur ma peinture* où il formule sa méthode « déductive » et la conférence qu'il prononce à la Sorbonne en 1924 – *Des possibilités de la peinture* – devant le groupe d'études philosophiques et scientifiques, qui consacrent sa réputation de grand penseur et praticien du cubisme.
Au cours des toutes dernières années de sa vie, Gris renouvelle le thème de la nature morte en l'associant parfois à celui de la fenêtre, faisant combiner des problématiques spatiales et poétiques qui ne cessent de l'occuper. Ses tableaux gagnent en fluidité et en sérénité. Les objets qu'il peint, hérités du vocabulaire cubiste, acquièrent selon ses termes « une personnalité picturale » : ainsi, instruments de musique, partitions, journaux, broc, compotiers, fruits, etc. se retrouvent dans la plupart de ses compositions de ces années, sur des fonds neutres, le plus souvent bruns (ill. 01, cat. 17). Dans *Broc et poires*, l'ouverture vers l'extérieur est remplacée par une composition de carreaux de faïences ; le rendu formel et coloré du broc et des fruits sur la table basculée vers le premier plan est une réelle relecture du cubisme cézannien.

Après la guerre, Gris rejoint Kahnweiler dans sa nouvelle galerie devenue galerie Simon. Son travail intéresse de plus en plus d'amateurs et le peintre travaille avec acharnement pour les Ballets russes de Diaghilev en 1922 et 1923. Le peintre, dont la santé ne cesse de se détériorer (crises régulières d'asthme, pleurésie), accepte de quitter en 1922 – sous la pression de ses amis et de Josette - son atelier misérable du Bateau-Lavoir pour un appartement plus confortable à Boulogne proche du couple Kahnweiler. Désormais sa vie est rythmée par d'importantes séances de travail et une vie sociale très riche ; notamment par l'instauration des « Dimanches de Boulogne », qui réunissaient chez les Kahnweiler peintres et écrivains : Masson, Raynal, Salacrou, Suzanne Roger et André Beaudin, Georges Limbour, Michel Leiris, Robert Desnos, etc.

Ainsi, Juan Gris a offert au cubisme une dimension intellectuelle et constructive qui donne à ses tableaux une identité tout à fait personnelle. Ses œuvres ont la particularité et l'immense avantage d'être à la fois des objets esthétiques tant ils ont ce caractère « fini » si particulier et des tableaux extrêmement poétiques. Gris a dépassé la froideur apparente du cubisme, sans désincarner le tableau en objet mais a ajouté un substrat, un socle sur lequel il a composé ses « poèmes picturaux ». Dans un sursaut nationaliste, Dali déclara dans un entretien avec Pierre Restany en 1964 que « le cubisme doit tout à Picasso et à Juan Gris. » Sans être aussi définitif que Dalí, qui oublie le rôle tout aussi majeur de Braque dans cette aventure, il est certain que Gris permit au cubisme d'*existe*r par-delà ses objectifs initiaux en enrichissant son discours, permettant au cubisme de s'inscrire dans la lignée d'une histoire *finalement* classique de la peinture.

Cette notice, parue initialement dans Dictionnaire du Cubisme, éd. Laffont, coll. Bouquins, Paris 2018, a été remaniée pour le présent ouvrage.

Notes

[1] Doté d'une puissante personnalité, Gris décide d'abandonner un patronyme qu'il juge trop ordinaire en Espagne et prend dès 1905, le pseudonyme de Juan Gris, comme signe de son individualité.
[2] Ce n'est qu'en 1908 qu'il rencontre le marchand Daniel-Henry Kahnweiler, alors que ce dernier rendait visite à Picasso. Le jeune banquier devenu marchand avait ouvert quelques mois plus tôt sa galerie après avoir visité le Salon des Indépendants où dominaient les envois de Matisse (*Nu bleu souvenir de Biskra*) et de Derain (*Les Baigneuses*) déjà éloignés du fauvisme. Très impressionné par sa beauté méditerranéenne et par son acharnement au travail, les deux hommes noueront dès lors des liens d'amitié durables.
[3] Marié très jeune à Lucie Belin, leur fils Georges naît au Bateau Lavoir la même année1908. Le couple se sépare en 1910 et l'enfant est envoyé à Madrid dans la famille de Gris.

Kisling

(Cracovie, 1891 – Sanary-sur-Mer, 1953)

Cat. 18

Portrait de femme au corsage blanc, 1924
Huile sur toile
92,5 x 65 cm
Signé en bas à gauche : *Kisling*

Arrivé à moins de vingt ans à Paris de sa Pologne natale, Moïse Kisling s'impose rapidement comme l'une des figures majeures de l'École de Paris. Dès cette époque, il rencontre des personnalités essentielles : Modigliani qui deviendra son meilleur ami avec le critique André Salmon[1], Braque, Picasso, Max Jacob, Pascin, notamment. Il a su dégager une certaine originalité dans la représentation à une époque où les influences sont multiples, tel que le décrit le critique Florent Fels : « Lorsque Kisling arriva à Paris, c'était en pleine bataille d'idées. Fauves et cubistes se libéraient, dans un immense effort, des influences pesantes de l'impressionnisme et de Paul Cézanne. Un monde prismatique, clinquant, vivant en pleine illusion, quittant terre à chaque proposition de Matisse ou de Picasso, énervé de théories, fut le milieu dans lequel chût Kisling. Il en vit de toutes les couleurs, se frotta les yeux et réalisa qu'il est nécessaire surtout de rester soi-même[2]. » Kisling en effet, éperdu de liberté, n'aura de cesse de déclarer : « Je ne suis attentif qu'à l'expression de ma sensibilité. Je sais qu'on ne peut rien apporter de nouveau dans la peinture parce que la matière est toujours la même, que les moyens sont stables, qu'un peintre n'a qu'une ressource, celle d'exalter les mêmes objets avec sa propre sensibilité picturale...[3] »
Il doit sa notoriété essentiellement à ses nus et à ses portraits qu'il a peint en abondance, de Modigliani à ceux de Kiki de Montparnasse ou de Madeleine Sologne et d'inconnus.

Le jeune Kisling s'intéresse très tôt à la sculpture et selon les vœux de son père fait des études scientifiques à l'École supérieure de Cracovie, tout en préparant l'entrée à l'École des Beaux-Arts, section sculpture.

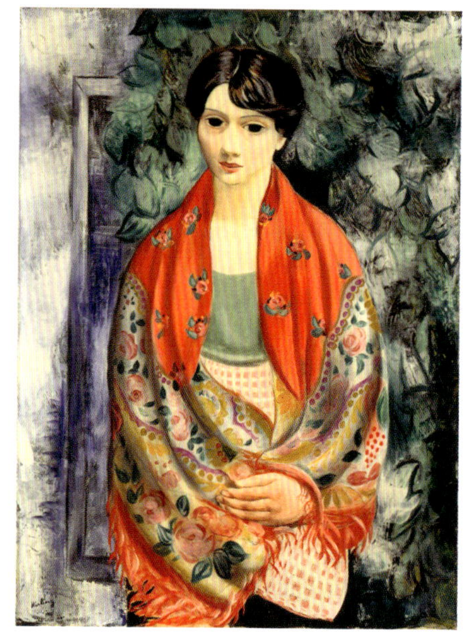

Ill. 01 – Kisling, *Femme au châle polonais*, [1928), huile sur toile,
100 x 72.5 cm, Musée National d'Art Moderne, Centre Pompidou, Paris, dépôt au Musée d'Art et d'Histoire du judaïsme, Paris.

Mais comme le rappellera plus tard l'artiste, il « devint peintre au lieu de sculpteur » dans l'atelier de Joseph Pankiewicz car l'atelier sculpture était complet.
Ami de Bonnard, Renoir et Maillol, Pankiewicz[4] l'encourage à se rendre à Paris alors que ses camarades partent étudier à Vienne, Dresde ou Munich. « Tout ce qu'on fait ailleurs est la négation de l'art, c'est dans le pays de Cézanne et de Renoir qu'il faut aller » lui conseille son maître. Bientôt son atelier parisien comme celui de Pascin, devient le lieu de rassemblement de la bohême parisienne de Montparnasse et d'ailleurs. Très généreux il invite souvent ses amis pour des fêtes dont il est le boutentrain. Il fréquente ainsi Soutine, Derain, Max Jacob. Très lié à Modigliani, il aidera souvent le peintre dans les moments les plus difficiles et paiera ses funérailles alors que celui-ci venait de disparaître tragiquement en 1920. Engagé volontaire dans la Légion étrangère lors du déclenchement de la guerre, il y rencontre Blaise Cendrars, mais blessé en 1915 il est réformé.
C'est à cette époque qu'il fait la connaissance de Renée Gros, fille d'un commandant de la Garde Républicaine, qu'il épouse deux ans plus tard[5]. Après la guerre, il passe beaucoup de temps dans le Midi,

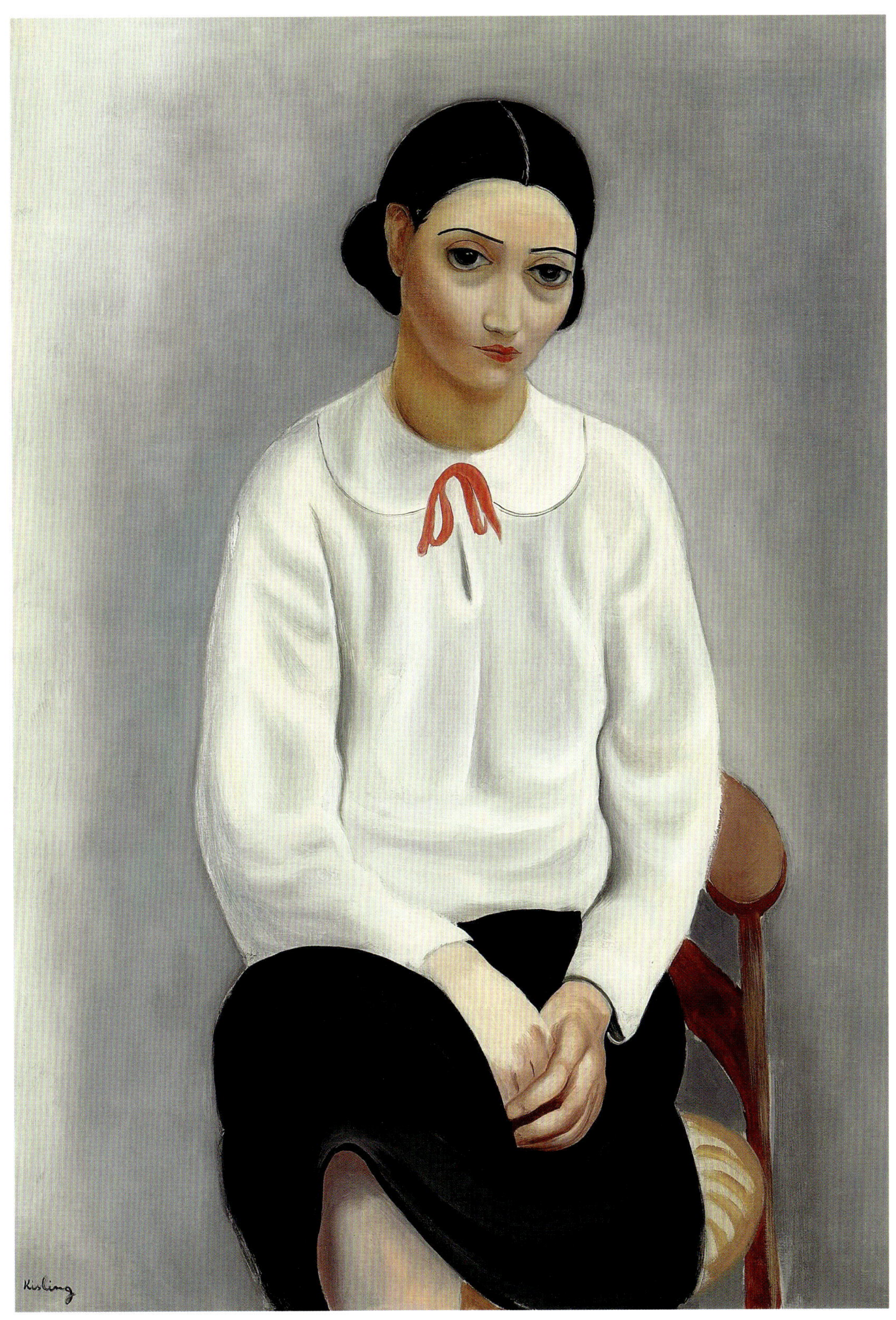

Cat. 18
Portrait de femme au corsage blanc, 1924

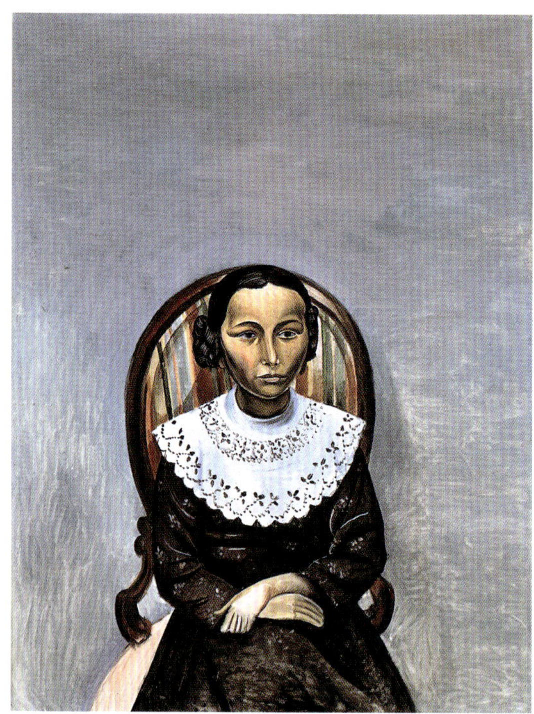

Ill. 02 – André Derain, *Portrait de jeune fille en habit noir*, 1913-1914, huile sur toile, 114 x 80 cm, Musée de l'Hermitage, Saint-Petersbourg.

dans les environs de Saint-Tropez et à Sanary où il finira par vivre complètement entrecoupant de séjours à l'étranger et trouve refuge durant la seconde guerre au Portugal et aux Etats-Unis où son œuvre est très appréciée.

Il devra patienter jusqu'en 1919 pour que la galerie Druet organise sa première exposition particulière et la seconde en 1924 par la galerie Paul Guillaume, date de ce tableau conservé dans la collection Nahmad (cat. 18). C'est également l'année de sa naturalisation française.

Réputé pour sa palette aux couleurs souvent vives et chatoyantes (ill. 01), Kisling sait aussi admirablement s'adapter à l'identité de son modèle et réduire sa palette à des tons neutres et transparents comme ici. « Une couleur aussi belle, aussi dense que l'émail, un dessin d'enlumineur persan qui aurait connu Ingres, une étrange intelligence des êtres, tels sont les signes distinctifs de Kisling[6] » reconnaît le critique Waldemar George.

Pour le peintre, le portrait est un exercice qui le conduit à pénétrer dans la vie même de son modèle : « Je ne fais pas des portraits psychologiques, mais j'essaie, par l'ambiance, le costume, l'aspect extérieur du corps, la vie intense du regard ou des mains, de situer mes personnages dans leur existence courante », aime-t-il rappeler[7]. Aussi, ce portrait de jeune femme se distingue par sa simplicité, la puissance du blanc mettant en valeur l'extrême mélancolie de son visage accentué par ses grands yeux et sa carnation opaline[8]. La figure s'inscrit sur un fond aux nuances subtiles de gris. La jeune femme assise fait inévitablement penser aux puissantes figures de Derain qui opère depuis quelques années déjà un retour au classicisme (ill. 02) ; le souvenir de son ami Modigliani est également sensible dans l'expression d'une certaine mélancolie : « figures où une rêverie pudique ajoute au charme d'un visage de bouquetière [...] » pouvait-on encore lire dans les colonnes de *Libération* en 1951[9].

C'est peut-être André Warnod, historien de l'Ecole de Paris, à qui l'on doit la meilleure synthèse de l'œuvre de ce peintre méconnu qui meurt à Sanary d'une crise d'urémie en 1953 laissant une œuvre d'une grande sensibilité : « L'art de Kisling est dépouillé, simplifié. Le peintre sait ne rien laisser de superflu, d'inutile. Tout dans ses toiles, est clair, aigu, net, animé par le goût de l'imagerie qu'il doit peut-être à sa Pologne natale joint à un sens des contours merveilleux[10]. »

Notes

[1] André Salmon, ami de Picasso et des peintres du Bateau Lavoir, est avec Florent Fels l'auteur d'une monographie sur lui et sera la parrain de son fils en 1922.

[2] Florent Fels, *Kisling*, coll. Artistes juifs, éd. Le Triangle, Paris, 1928, p. 8

[3] Moïse Kisling, interview de Jacques Guenne, *L'Art Vivant*, 15 juin 1925, cité in Kessel, *op. cit*, p. 37.

[4] Joseph Pankiewicz a connu à Paris le groupe des Nabis par l'intermédiaire de Maillol. Il restera très lié à Bonnard avec lequel il continue d'entretenir une correspondance après son retour en Pologne.

[5] Ses témoins sont André Salmon et Max Jacob ; le couple aura deux fils, Jean et Guy - nés en 1922 et 1923.

[6] Waldemar George, *Fraternité*, Paris, 1945, cité in Kessel, *op. cit.*, p. 40.

[7] « Kisling défini par Kisling », in Joseph Kessel, *Kisling 1891-1953*, éd par Jean Kisling, Paris, 1971, p. 36.

[8] « jolies femmes aux carnations opalines », Jean-Marie Tasset, « Kisling : la vie passionnément », *Centenaire Kisling 1891-1953*, Galerie Daniel Malingue, Paris, 1991.

[9] Guy Dornand *Libération*, 6 novembre, 1951.

[10] André Warnod, *Le Figaro*, 6 novembre 1951, cité in Kessel, *op.cit.*, p. 43.

« J'ai toujours acheté parce que j'aime, parce que ça raconte quelque chose de l'époque, parce que ça me rend plus intelligent. La cote ne m'intéresse pas. »

David Nahmad, 2016

« J'ai toujours acheté parce que j'aime, parce que ça raconte quelque chose de l'époque, parce que ça me rend plus intelligent. La cote ne m'intéresse pas. »

David Nahmad, 2016

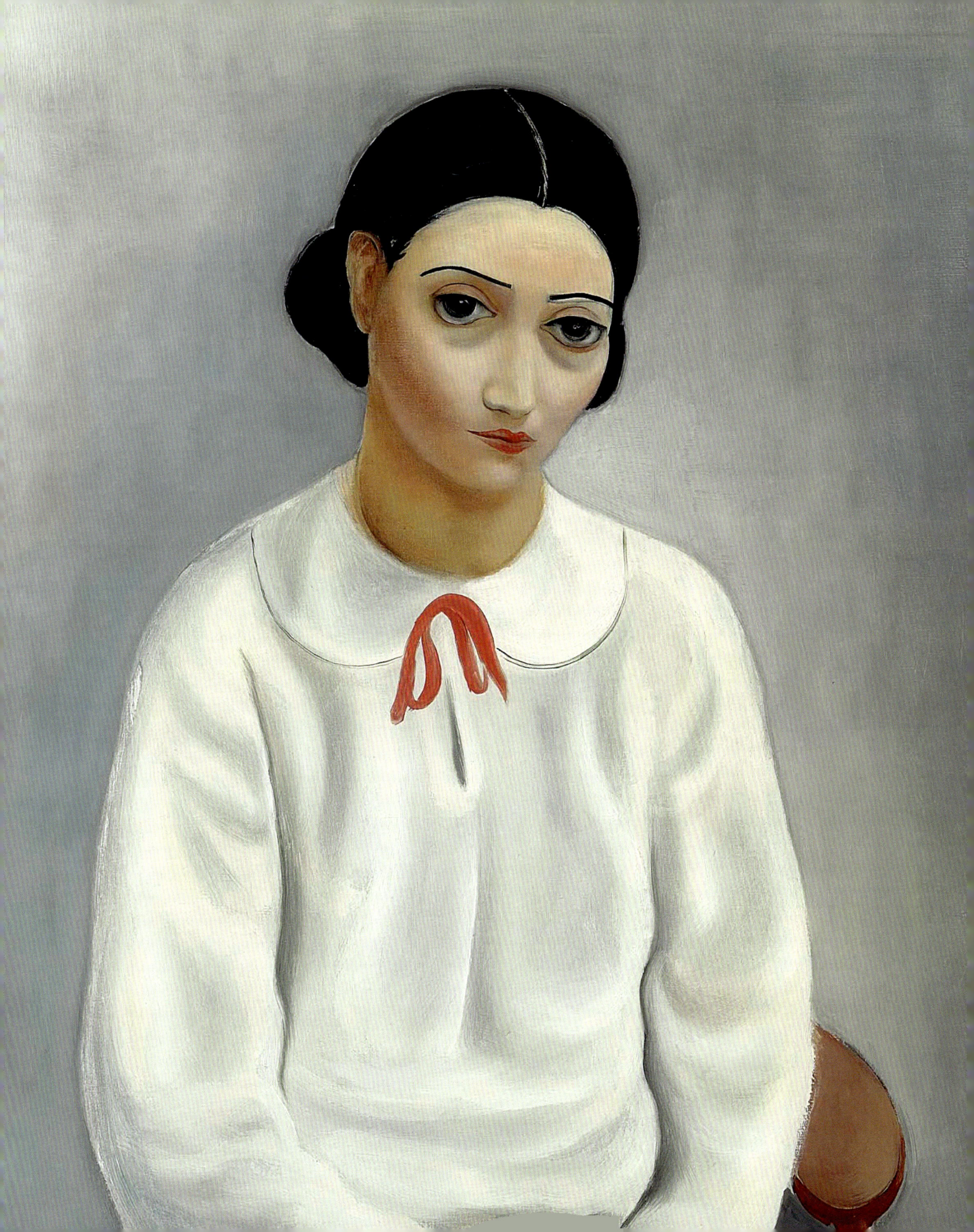

Marie Laurencin

(Paris, 1883 – Paris, 1956)

Cat. 19
Portrait de femme aux perles (autoportrait), 1930
Huile sur toile
35 x 27 cm
Signé, daté en haut à droite : *Marie Laurencin 1930*

Cat. 20
Jeune femme aux perles, s.d.
Huile sur toile
46 x 38 cm
Signé en haut à droite : *Marie Laurencin*

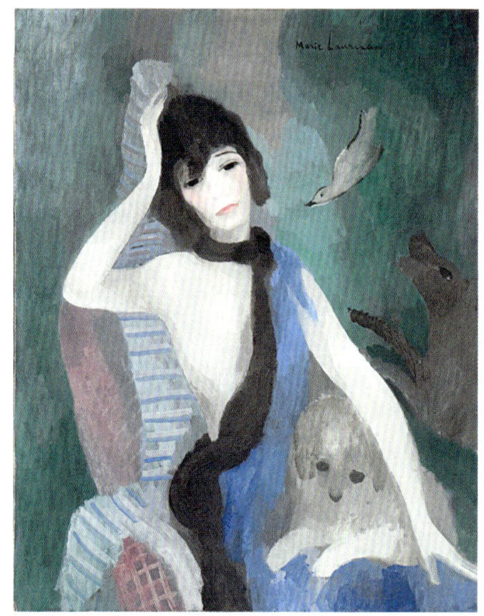

Ill. 01 – Marie Laurencin, *Portrait de Mademoiselle Chanel*, 1923, huile sur toile, 92 x 73 cm, Musée de l'Orangerie, Paris.

Fille naturelle de Pauline Laurencin, le nom de Marie Laurencin est lié à celui de Guillaume Apollinaire avec lequel, elle entretient, entre 1907 et 1912, une liaison amoureuse orageuse comme le sont les passions. Le poète lui dédiera parmi ses plus beaux vers. Ces années sont essentielles dans le développement de sa personnalité car elle sera très liée au cercle cubiste réuni autour de Picasso et Braque puis le second cubisme autour des artistes de la Section d'or avec lesquels elle expose à partir de 1912 en France comme à l'étranger[1] au point qu'elle est surnommée « Notre-Dame du cubisme » par un critique[2]. L'œuvre peint de Marie Laurencin se caractérise par une majorité de portraits et d'autoportraits dont elle a fait sa spécialité ; ses talents de conteuse et d'écrivain-poète, lui ouvrent les portes de cénacles littéraires en dehors de celui d'Apollinaire qui l'impose. Appréciée de son vivant pour sa personnalité fantaisiste, spontanée et spirituelle, Marie Laurencin a bâti sa carrière sur des rencontres déterminantes comme celle d'Henri-Pierre Roché qui joue le rôle d'intermédiaire dans bien des situations.

De sa jeunesse passée avec une mère célibataire, ce qui pour l'époque était un fardeau, Marie Laurencin se forge des idées bien arrêtées sur les hommes, la conduisant sans doute à diversifier ses passions amoureuses. D'abord étudiante à Sèvres dans la section dessin et peinture sur porcelaine, elle entre en 1904 à l'Académie Humbert fréquentée par Georges Braque qui la conduit le premier au Bateau-Lavoir où habitent Pablo Picasso et Fernande Olivier. Dans le même temps, elle fait la connaissance d'Henri-Pierre Roché[3].

Picasso, à son tour, lui présente devant la boutique du Père Sagot Guillaume Apollinaire avec lequel le coup de foudre est immédiat. Nous sommes en 1907. Elle a déjà peint ses premiers autoportraits (1905) et ses visites au Louvre lui donnent la passion des vases grecs, de l'art italien et des miniatures persanes dont l'onirisme influencera durablement son œuvre. Cette influence combinée à celles du Douanier Rousseau et de Picasso forgeront son premier style légèrement cubisant (*Portrait de Picasso*, Musée Marie Laurencin, Japon).

Sa dimension poétique se perçoit dans la réalisation de peintures nimbées de pudeur retenue, d'harmonies colorées sans exagération, préférant les gammes de gris. Libérée de la neutralité de l'esthétique cubiste, vers 1912-1914, elle introduit une gamme plus étendue. Son profil d'adolescente ingénue ne doit pas faire oublier que malgré son manque patent

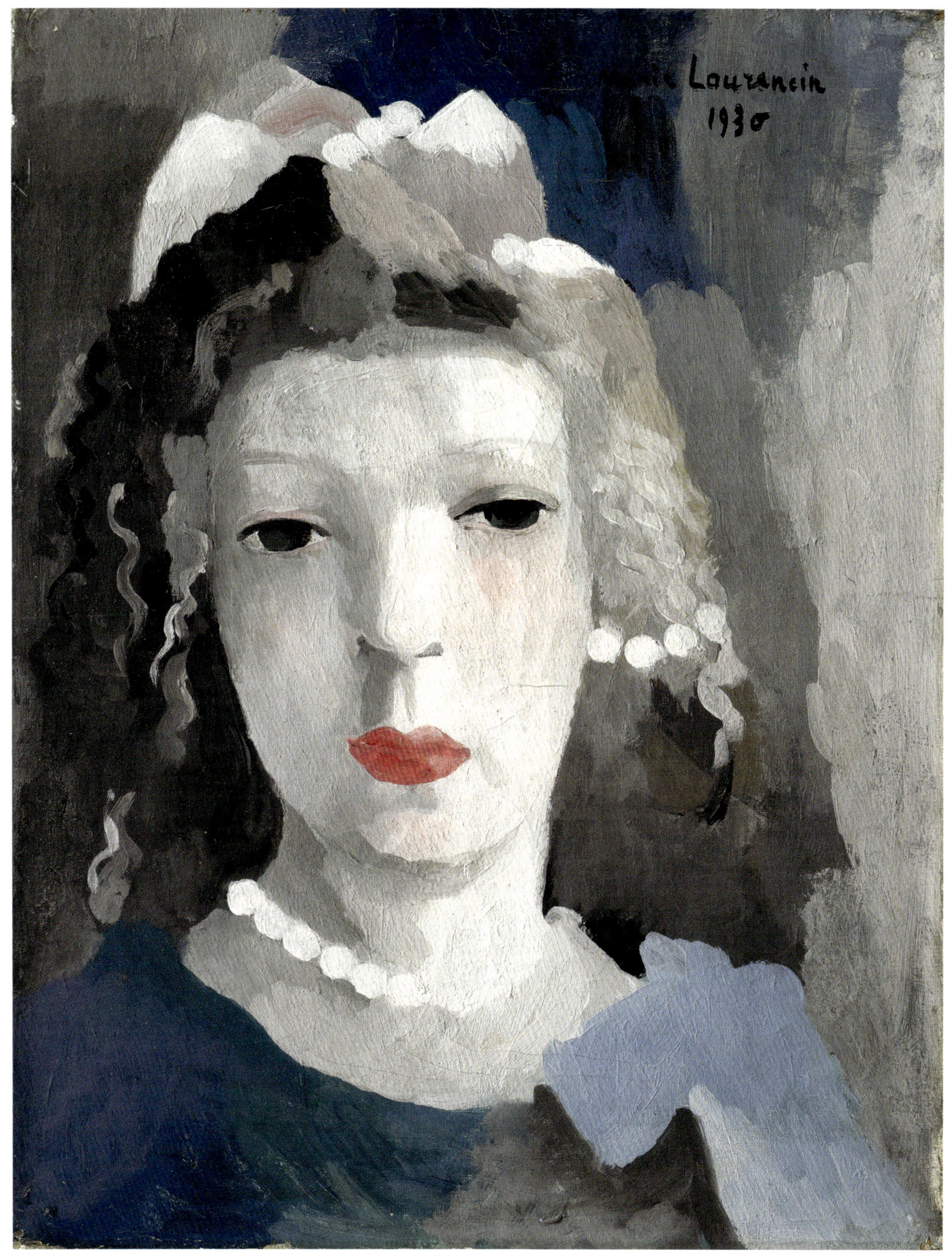

Cat. 19
Portrait de femme aux perles (autoportrait), 1930

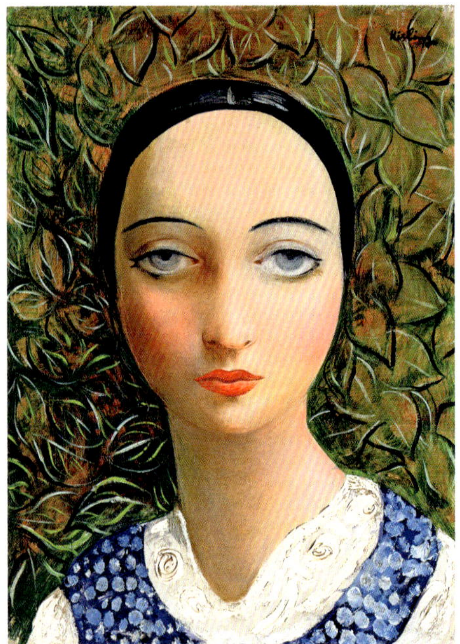

Ill. 02 – Kisling, *Portrait de Marie Laurencin*, 1925, huile sur toile, 55 x 38 cm, Musée du Petit Palais, Genève.

d'assurance, elle aime séduire hommes et femmes d'Henri-Pierre Roché à Nicole Groult[4] ou Gertrude Stein, sans oublier Apollinaire et le baron Otto von Wätjen avec lequel elle se marie quelques semaines avant les hostilités de 1914.

La guerre oblige le couple à s'exiler en Espagne où il reste jusqu'en 1919. Bien que sa réputation l'ait précédé à Barcelone puis Madrid, Laurencin s'intègre peu au milieu artistique local et visite les musées dont le Prado qui agit comme un réconfort ; elle rencontre les artistes français en exil comme elle : Francis Picabia[5] et sa femme Gabrielle Buffet, Albert Gleizes et sa femme Juliette Roche, Robert et Sonia Delaunay[6], Arthur Cravan, Valentine de Saint Point, principalement.

Revenant définitivement à Paris en 1921 après quelques mois passés dans sa belle-famille en Allemagne[7], le marchand Paul Rosenberg qui lui avait été présenté avant la guerre par Roché lui propose de faire sa première exposition d'après-guerre et assure sa notoriété à Paris, Londres et New York jusqu'à la fin de sa vie[8]. Elle devient « la femme peintre par excellence, l'égale d'une Colette en littérature, d'une Gabrielle Chanel en couture [...][9] ». Ses succès amoureux s'enchaînent en même temps que ses succès commerciaux ; Diaghilev lui commande des décors pour *Les Biches* (1923) qui reçoit un accueil triomphal l'année suivante au Théâtre des Champs-Elysées, période à laquelle appartient une série de portraits de personnalités, tel que le célèbre *Portrait de Mademoiselle Chanel* (ill. 01). Bientôt Suzanne Moreau entre très jeune à son service. Elle deviendra successivement sa maîtresse puis sa fille adoptive (en 1954).

Le *Portrait de Marie Laurencin* par Kisling (ill. 02) témoigne de ses contacts avec les peintres de l'Ecole de Paris qui apprécient sa personnalité unique et son histoire au cœur de l'avant-garde artistique et littéraire du début du siècle. Lors de la crise économique de 1929, le marché de l'art résiste grâce à la puissance de certaines galeries comme celle de Paul Rosenberg qui l'expose avec les artistes de sa galerie, Braque, Matisse et Picasso.

Les deux œuvres de la collection Nahmad (cat. 19, 20) appartiennent à cette période de la fin des années 20 où le peintre peaufine son style très personnel dans l'art du portrait : « Pour ce qui me concerne, je préfère les portraits et c'est bien naturel, puisque je suis moi-même un Clouet[10]. » Son visage fin et au teint de porcelaine fait en effet penser à une femme d'une autre époque. « Son étrange beauté, sa personnalité, l'acuité de son regard reflètent son narcissisme anxieux dans les autoportraits successifs qu'elle réalise durant plus de trente ans [...][11] » précise Daniel Marchesseau.

Dans son *Autoportrait* (cat. 19), Marie ressemble à une jeune fille alors qu'elle a près de 50 ans. Les tons pastels de sa palette, de bleu, gris et rose accentuent l'effet juvénile qui tranche avec le rouge de ses lèvres. Des accents de blanc et de noir renforcent l'aspect ondulé de sa chevelure presque crêpue[12]. Elle aime les fonds de couleurs surannées qui donnent à ses œuvres une saveur inimitable des romances du XVIe siècle.

La dimension onirique est plus flagrante dans le second portrait *de jeune femme aux perles* (cat. 20). Présentée de trois-quarts, le modèle porte un accessoire fréquent dans l'univers enchanté de Marie Laurencin, celui d'une parure de perles comme celle que portent les princesses. Son costume coloré presque arlequin, semble être celui du personnage d'une fable. Ses mains jointes ajoutent une dimension symbolique presque

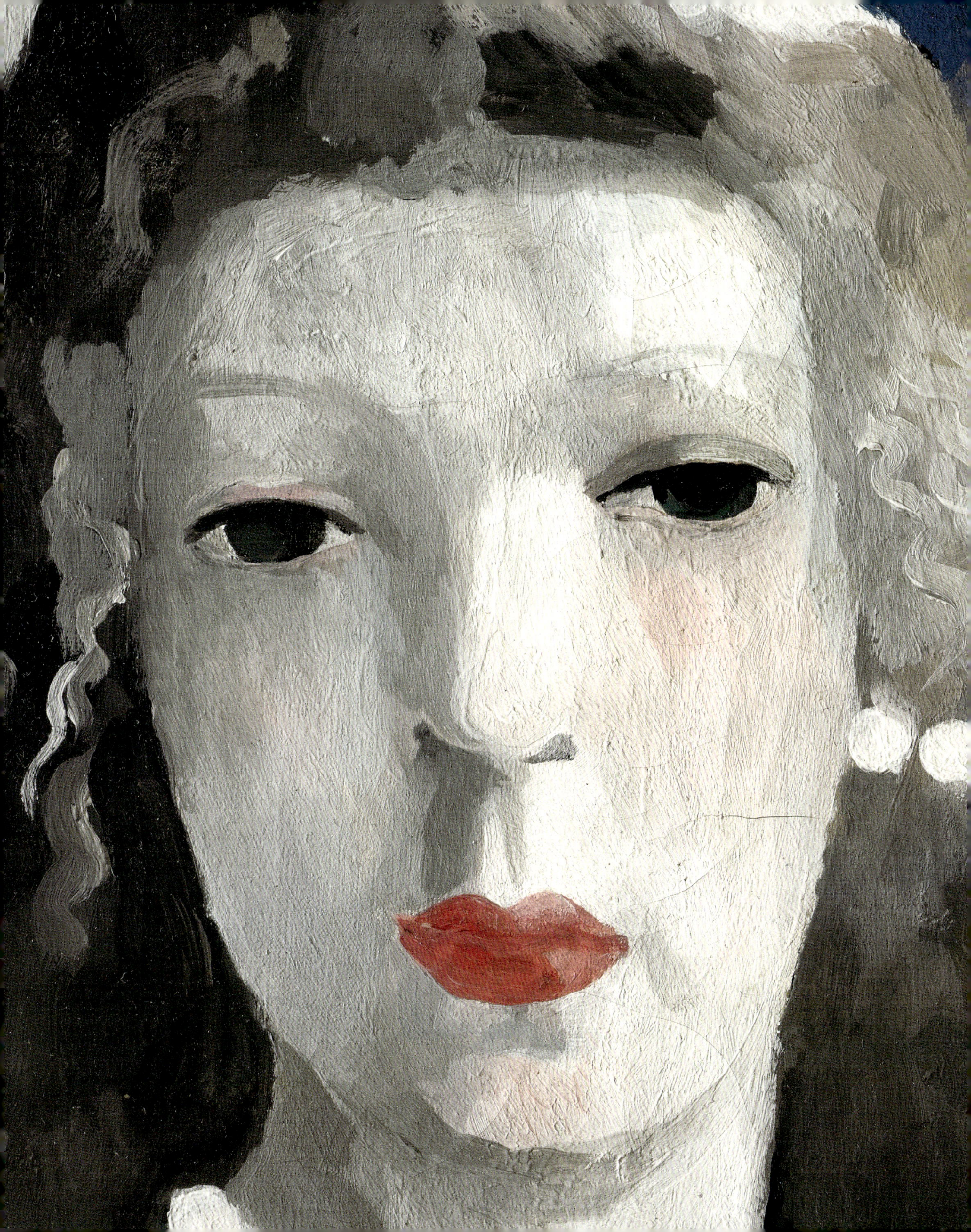

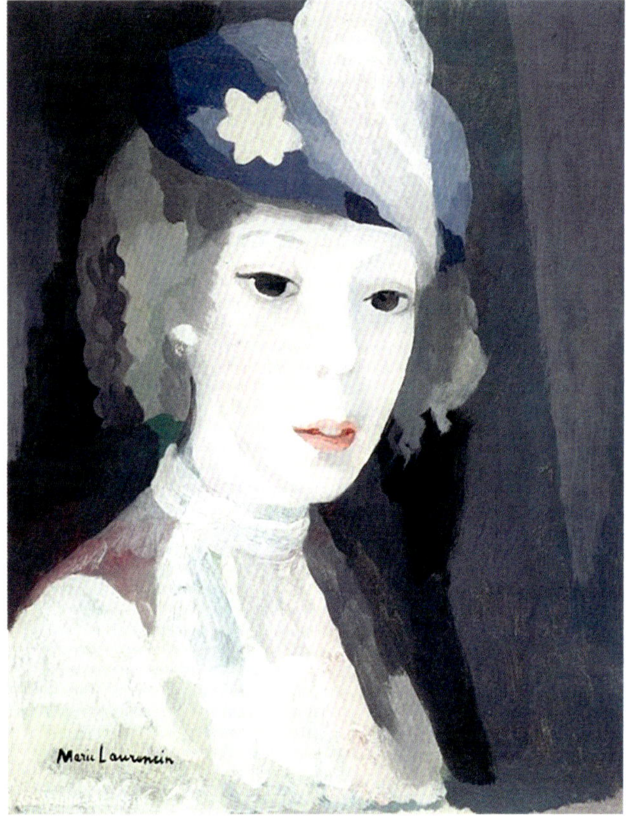

Ill. 03 – Marie Laurencin, *Autoportrait au chapeau*, 1927, huile sur toile, Collection particulière.

sacrée. Contrairement à certaines compositions de la même époque, la figure est calée à gauche de la composition, mettant en valeur comme par opposition, la surface nue de dégradés gris. Des tableaux semblables sont présentés à l'exposition que la galerie Rosenberg consacre à ses œuvres de 1929 à 1936 (ill. 04)

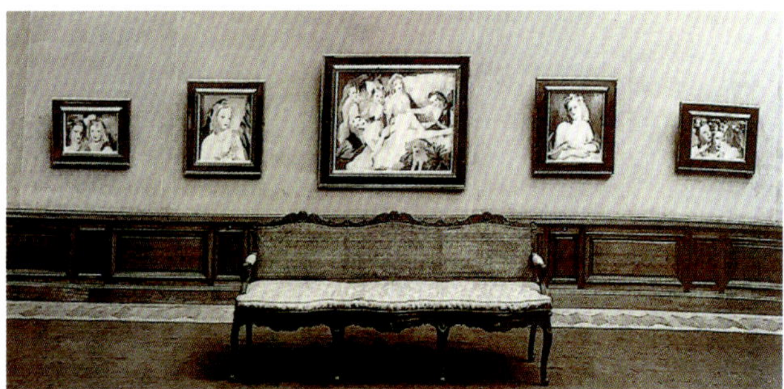

Ill. 04 – Exposition *Marie Laurencin- Œuvres 1929-1936*, Galerie Paul Rosenberg, Paris, 1936.

Son ascension ne cesse de croître en France, comme en Angleterre et aux États-Unis où officie son marchand. Son vieil ami Henri-Pierre Roché, défend son œuvre auprès du collectionneur John Quinn qui l'apprécie au même titre que l'œuvre de Picasso. « Ce que j'aime chez Marie Laurencin, c'est qu'elle peint comme une femme, tandis que la plupart des femmes peintres semblent toujours vouloir peindre comme des hommes, et le résultat est désastreux[13]. »

Elle est inhumée à Paris, au Cimetière du Père Lachaise, selon son vœu vêtue d'une robe blanche, une rose à la main, ses plus belles lettres d'amour sur le cœur[14].

Notes

[1] En 1912, Galerie Dalmau à Barcelone, la Maison cubiste du Salon d'Automne, Salon de la Section d'or, le Valet de carreau à Moscou, ou la galerie Der Sturm à Berlin puis en 1913 à l'Armory show à New York.

[2] Cité par Camille Morando, in « Laurencin », *Dictionnaire du cubisme*, sous la direction de Brigitte Léal, coll. Bouquins, éd. Laffont, Paris, 2018, p. 410.

[3] Henri-Pierre Roché n'est pas encore l'auteur de *Jules et Jim* (1953) ; il devient un court moment son amant puis restera lié avec elle très longtemps, notamment jusqu' à son installation aux Etats-Unis où il devient l'assistant de l'avocat et collectionneur John Quinn.

[4] Son amitié amoureuse avec Nicole Groult, sœur du couturier Paul Poiret la sauve de la déprime profonde durant cette période difficile qui voit son couple se détériorer à cause du climat délétère de la guerre ; lui en tant qu'allemand est soupçonné d'espionnage et elle en tant que française pour les mêmes raisons.

[5] Bien qu'il publie quelques poèmes de Marie Laurencin dans sa revue *391* à Barcelone, il ne cessera de la critiquer dès le début des années 20.

[6] En 1912, pour sa première exposition personnelle, elle partage l'espace de la Galerie Barbazanges (financée par Paul Poiret) avec Robert Delaunay.

[7] Elle se sépare de son mari la même année.

[8] En 1913, elle a signé un contrat avec Paul Rosenberg et son associé le marchand allemand Alfred Fleichtheim qui a des galeries à Berlin et Düsseldorf.

[9] Marchesseau, *op. cit.*, p. 23.

[10] Marie Laurencin, cité in Marchesseau, *op. cit.*, p. 18.

[11] Daniel Marchesseau, *op. cit.*, p. 16.

[12] Daniel Marchesseau se référant à André Salmon dans *Souvenirs sans fin* : « Marie « aux cheveux d'africaine » dus à une lointaine et mystérieuse ascendance créole. », *op. cit.*, p. 15.

[13] Propos de John Quinn rapportés par Daniel Marchesseau, in cat. *Marie Laurencin. Cent œuvres des collections du Musée Marie Laurencin au Japon*, Fondation P. Gianadda, Martigny, 1993, p. 22.

[14] Les versions diffèrent sur ce point mais elle relatent toutes des épisodes emplis de poésie : « Des lettres d'amour, j'en conserve de beaucoup plus belles que celles de Guillaume [...]. Quand je mourrai, je veux qu'au cercueil, ma tête repose sur un coussin bourré de mes lettres d'amour », Marie Laurencin à André Salmon, propos cités in Marchesseau, *op.cit.*, p. 17.

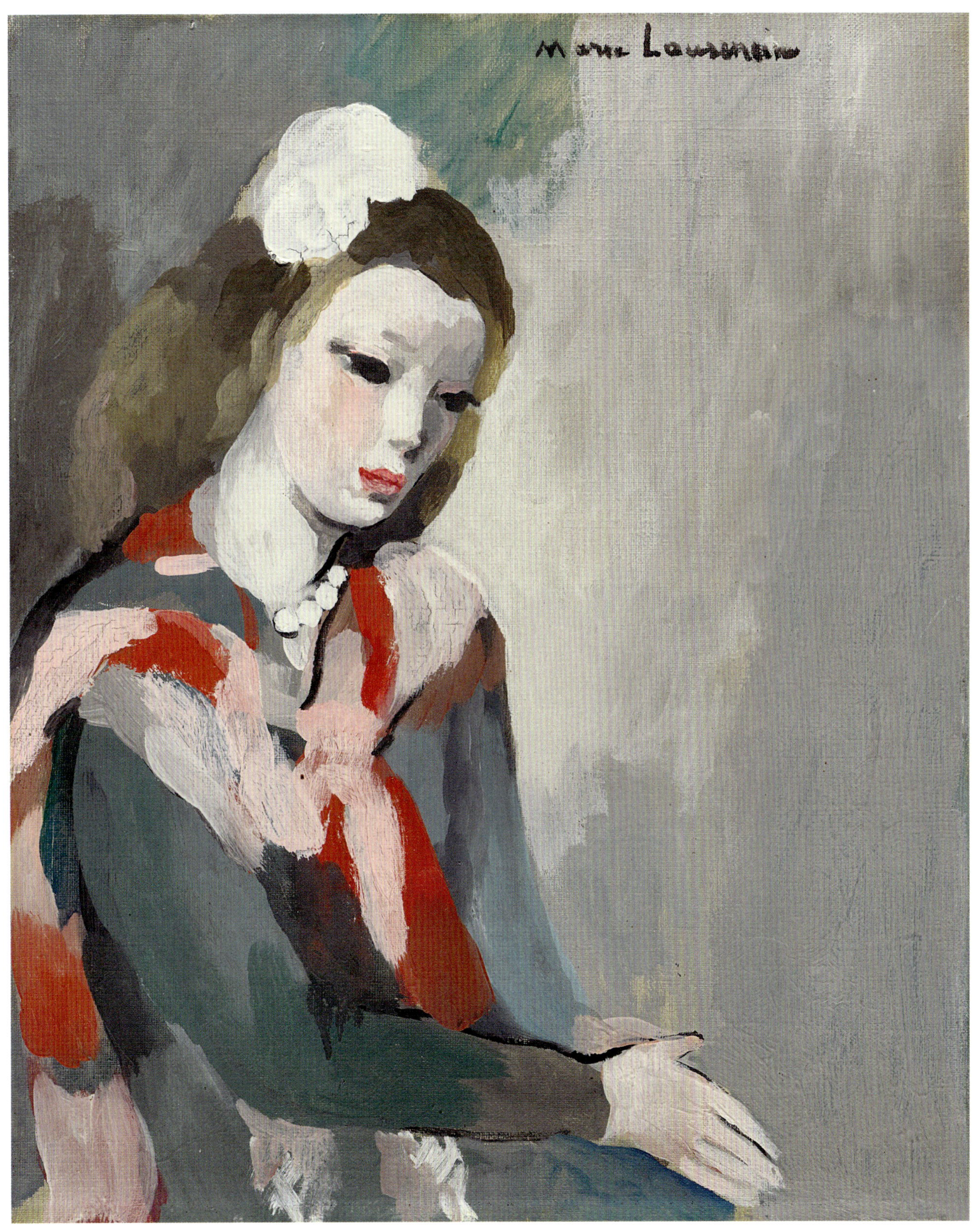

Cat. 20
Jeune femme aux perles, s.d.

Albert Marquet

(Bordeaux, 1875 – Paris, 1947)

Cat. 21
Notre-Dame, Paris 1902
Huile sur toile
45,7 x 64,8 cm
Signé

Cat. 22
Pont-Neuf sous la neige, vers 1910
Huile sur toile
63 x 75 cm
Signé en bas à droite : *marquet*

Cat. 23
Vue du Pont-Neuf, Paris, 1933
Huile sur toile marouflée sur carton
38 x 46 cm
Signé en bas à gauche : *marquet*

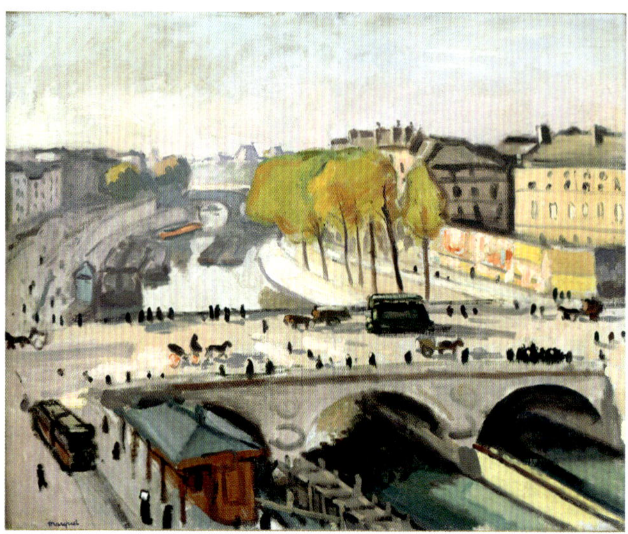

Ill. 01 – Albert Marquet, *Le Pont Saint-Michel et le Quai des Grands-Augustins*, 1912, huile sur toile, 65 x 81 cm, Musée National d'Art Moderne, Centre Pompidou, Paris.

Peu exubérant en apparence, peu attiré par les honneurs, Albert Marquet est resté célèbre pour ses vues incomparables des quais de Paris et pour ses ports de nombreuses villes de France, du pourtour de la Méditerranée et d'Europe. C'est sur les quais de Bordeaux que naît sa passion des ports et de la vie qui en émane, celle des chalands, des péniches et des bateaux, des badauds et des ouvriers. Associé au mouvement fauve, dès le début de leur aventure en 1904, Marquet s'en distingue nettement en appliquant les théories du fauvisme non par l'exubérance de la couleur pure mais par l'usage du noir pour ses dessins, le plus souvent à l'encre de Chine appliquée au pinceau ou à la plume[1]. L'emploi d'une seule couleur est pour lui aussi productrice de lumière et de mouvement. Sa maîtrise de l'encre a d'ailleurs suscité de nombreux commentaires, notamment celui de Matisse lui-même : « lorsque je vois Okusaï [sic], je pense à notre Marquet et vice versa. Je n'entends pas imitation d'Okusaï mais similitude[2]. » Ce parti pour un rendu quasi monochrome transposé dans le domaine de la peinture et non plus seulement du dessin, fait l'originalité du peintre. Son emploi subtil de gris d'une richesse exceptionnelle, donne à ses peintures un style tout-à-fait personnel. Fin observateur, il dégagera toujours l'essence même d'une atmosphère pour ne retenir que l'essentiel d'un paysage, réduisant les quelques personnages à des silhouettes sténographiques, permettant enfin de conserver intactes les sensations.

Elève médiocre mais doué pour le dessin c'est grâce à la confiance que lui porte sa mère que Marquet est encouragé à continuer dans cette voie. Ensemble, ils quittent Bordeaux pour Paris en 1890, pour que le jeune Albert puisse suivre les cours réputés de l'École nationale des Arts Décoratifs[3]. C'est là qu'il rencontre Matisse de six ans son aîné ; les deux hommes deviennent immédiatement amis et vont faire des choix communs qui seront déterminants pour leur avenir. En 1895, ils entrent dans l'atelier de Gustave Moreau à l'École nationale des Beaux-Arts, qui est réputé pour dispenser un enseignement libre qui favorise leur créativité. Cette éducation est renforcée par l'étude des maîtres lors de visites fréquentes au Musée du Louvre. Les deux hommes agrandissent le cercle de leurs amis et fréquentent assidûment Henri Manguin, Charles Camoin, Jean Puy et André Derain.

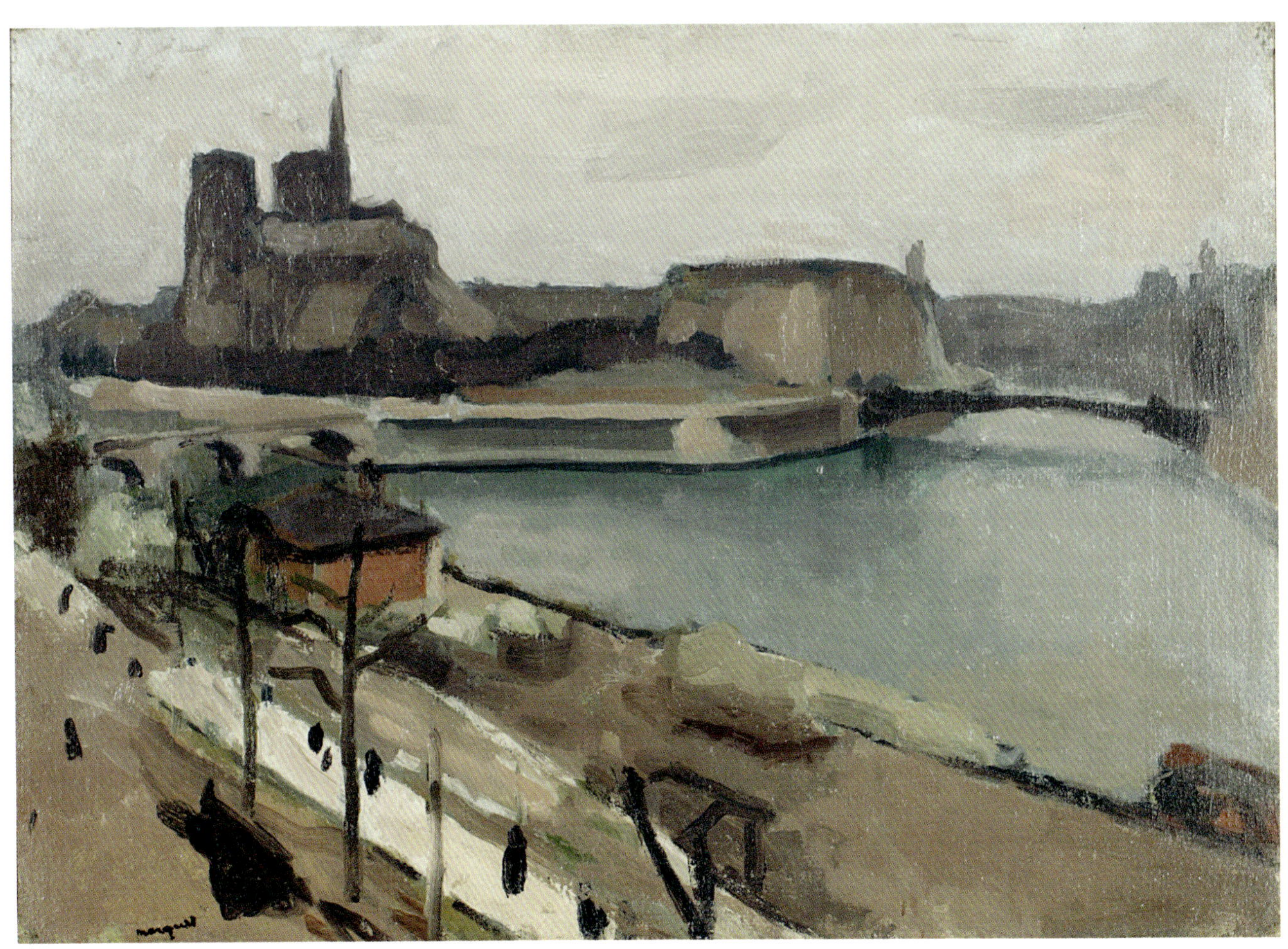

Cat. 21
Notre-Dame, Paris 1902

De cette époque d'émulation exceptionnelle naît une réelle complicité entre eux tous, partageant les mêmes modèles, allant sur le motif seuls ou en duos, pour aboutir en 1905 à la naissance du fauvisme au salon d'automne. C'est le début de sa série du quai des Grands-Augustins par tous les temps et toutes les lumières. C'est l'époque aussi où les peintres – dans le sillage de Cézanne et de Signac - alternent des séjours dans le Midi méditerranéen où la lumière hausse davantage encore les couleurs qui sont « comme sorties du tube ». Ami avec Dufy, Marquet l'accompagne peindre en Normandie dont il découvre les bords de mer au Havre, poursuivant seul à Dieppe, Fécamp et Trouville. Sa carrière décolle comme celle de ses amis, et ses expositions chez le marchand Eugène Druet le libèrent quelque peu des soucis materiels. Réformé pendant la guerre, il reprend ses voyages[4] à Collioure, Marseille et Nice. En 1920, cherchant de nouveaux horizons, il s'embarque pour Tanger où il rencontre sa future femme Marcelle Martinet. Désormais il y retournera chaque année, alternant avec des séjours en France et Paris qu'il ne cessera de représenter, devenant « le peintre de Paris »[5].

Même si Marquet s'est aussi illustré comme un excellent peintre de figures, en particulier entre 1904 et 1913, ses sujets au fil de l'eau sont les plus connus, voyageant beaucoup autour de la Méditerranée (Marseille, Sète, Collioure, Tanger,) mais aussi auprès de l'Atlantique et de la Manche (Le Havre, Arcachon, Saint-Jean-de-Luz). Toutefois, Paris reste une sorte d'amer pour ce voyageur entre les deux rives.

Ces trois œuvres de Marquet réunissent des vues de Paris à différentes époques qui attestent de la passion du peintre pour cette ville et marquent son évolution quant au traitement de la lumière et de la couleur[6]. Son tableau de 1902 (cat. 21) atteste de son cheminement, affichant un élargissement des plans bien structurés par la couleur qu'il utilise avec parcimonie. Toutefois, il n'est pas rare de le voir illuminer au fil des années son paysage de quelques accents colorés (ill. 01). Toutes ses adresses parisiennes se concentrent autour des quais et ne quittent que rarement les abords de l'Ile de la Cité. Il habita successivement 38 rue Monge (à seulement quelques encablures de la Seine), 25 quai des Grands-Augustins, 29 place Dauphine, 19 quai Saint-Michel[7] où il demeure jusqu'en 1931, date à laquelle il emménage avec Marcelle à l'angle de la rue Dauphine et du quai des Grands-Augustins. Cet endroit rêvé lui permet d'avoir une vue très dégagée avec des lignes de fuites incomparables, laissant à l'espace la possibilité de s'épanouir. Au 5e étage, il jouit d'une vue magnifique sur le Pont-Neuf, l'île Saint-Louis et Notre-Dame et L'île de la Cité. C'est de ce nouvel appartement qu'il peint cette vue en surplomb du *Pont-Neuf sous la neige* (cat. 23), où la lumière argentée participe de l'effet humide qu'il donne à ce paysage d'hiver dont la neige semble feutrer l'atmosphère. On retrouvait d'ailleurs cette même brume, dans des paysages de neige plus anciens (cat. 22), à une époque où il tend vers plus de simplification qui donne toute la force poétique à son paysage. Ses rues désertes sont traversées par quelques personnages, la touche est mesurée, il se dégage de ce tableau une impression d'équilibre et de sérénité. Sa vue de 1933 (cat. 23) est plus expressive et il ne se lasse pas de ce cadrage qu'il retiendra jusqu'à la fin de sa vie (ill. 02).

Ainsi à l'instar des impressionnistes avant lui, Marquet travaille inlassablement le même sujet. « L'artiste sait rendre l'atmosphère particulière de chaque paysage, écrit François Daulte, en sorte que la moindre de ses vues de Paris avoue seulement la saison, mais l'heure à laquelle elle fut peinte[8]. »

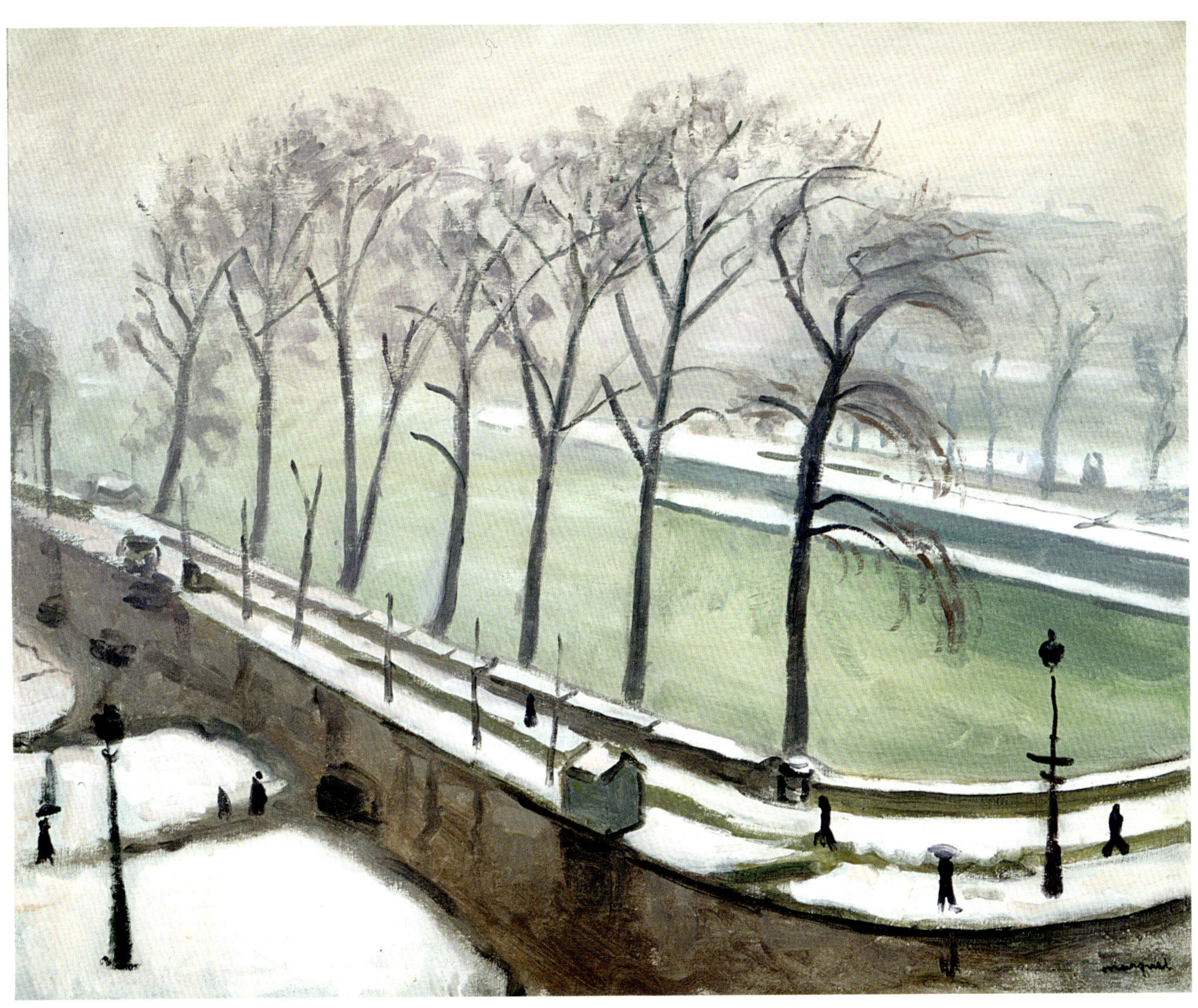

Cat. 22
Pont-Neuf sous la neige, vers 1910

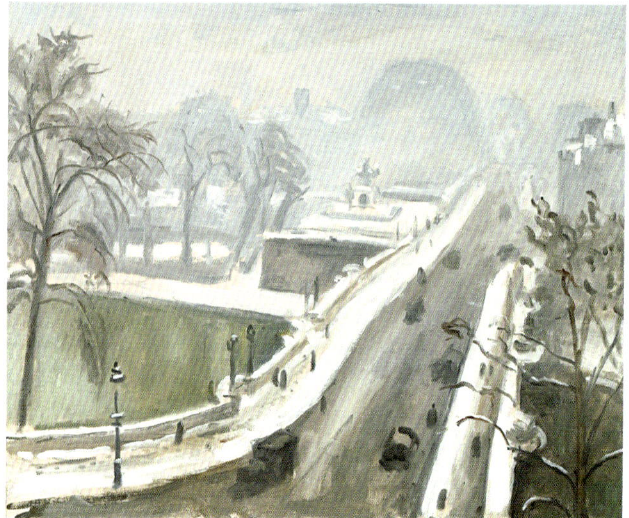

Ill. 02 – Albert Marquet, *Le Pont-Neuf sous la neige*, 1947, huile sur toile, 65,2 x 81,5 cm, Musée National d'Art Moderne, Centre Pompidou, Paris.

Notes

[1] Voir cat. *Quelque chose de plus que la couleur. Le dessin fauve 1900-1908*, sous la direction de Véronique Serrano et Claudine Grammont, Musée Cantini, Marseille, co.éd. RMN, 2002.

[2] Matisse lettre à Besson, in *Le Point*, n° XXVII, décembre 1943, citée in *George Besson et Henri Matisse. De face, de profil, de dos*, édition de Chantal Duverget, L'Atelier contemporain, Strasbourg, 2018, p. 201.

[3] Sa mère vendra un ensemble de biens dans le bassin d'Arcachon de manière à pouvoir financer un petit commerce rue Monge pour lui permettre de vivre décemment avec son fils.

[4] Avant la guerre Marquet est allé en Italie, Allemagne, à Londres, Tanger, etc.

[5] François Daulte in cat. *Albert Marquet*, Fondation de L'Hermitage, Lausanne, 1988, p. 24.

[6] Voir cat. *Marquet, vues de Paris et de l'Ile de France*, sous la direction Jacqueline Lafargue, Musée Carnavalet, Paris 2004.

[7] C'est en 1908 qu'il s'établit dans l'atelier du 19 quai Saint-Michel laissé vacant par Matisse, lequel y reviendra en 1914 en s'installant cette fois à l'étage du dessous, au 4e étage. De là datent de magnifiques vues de Notre-Dame, réalisées depuis sa fenêtre qui devient le sujet du tableau.

[8] *Op. cit.*, p. 25.

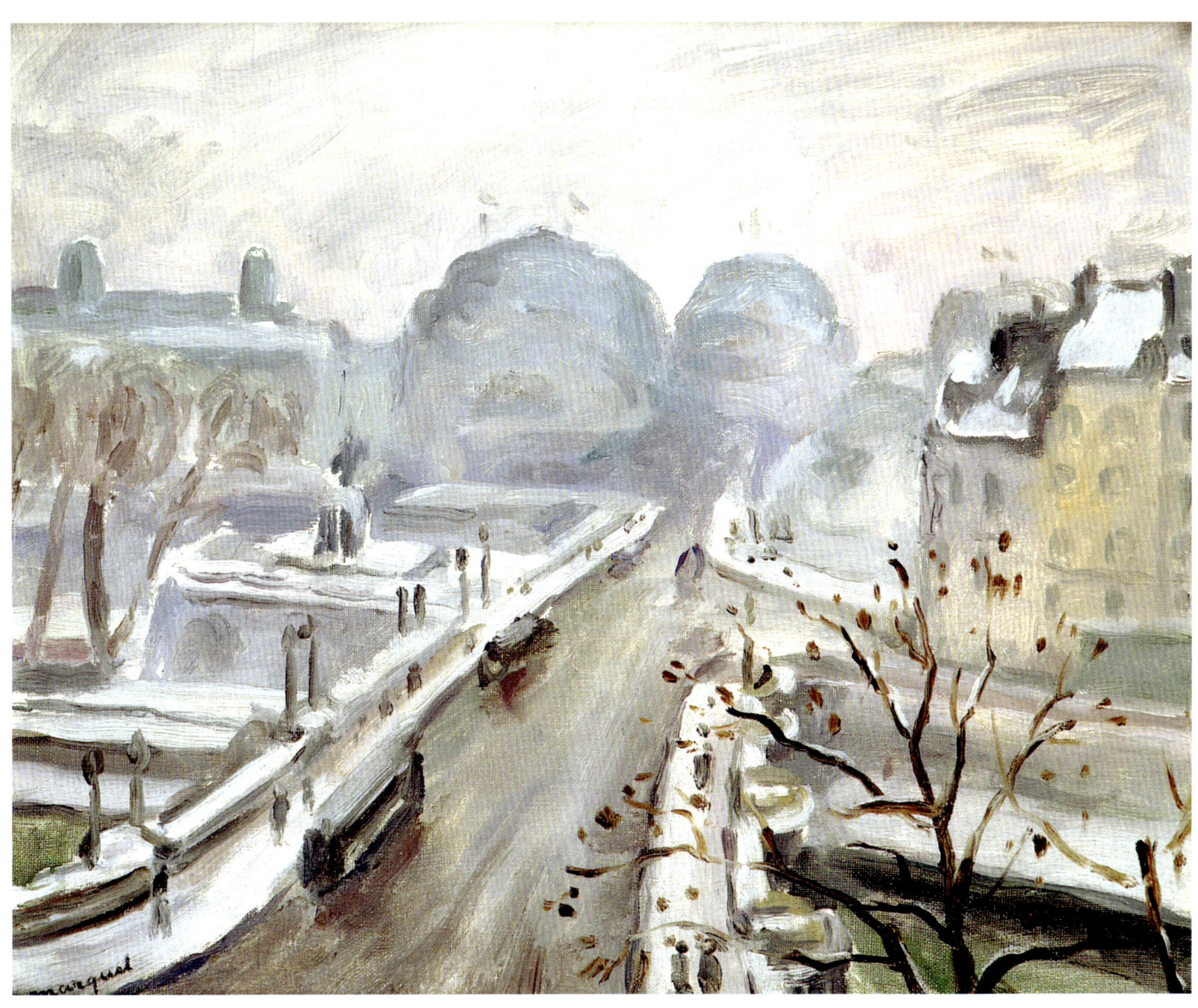

Cat. 23
Vue du Pont-Neuf, Paris, 1933

Henri Matisse

(Le Cateau-Cambrésis, 1869 –Nice, 1954)

Cat. 24
Jeune femme assise en robe grise, Nice, 1942
Huile sur toile
46,3 x 38,2 cm
Signé, daté en haut à gauche: *H. Matisse 42*

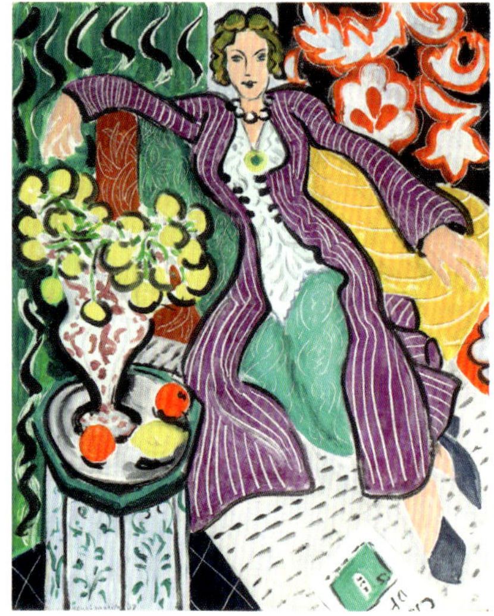

Ill. 01 – Henri Matisse, *Robe violette et anémones*, 1937, huile sur toile, 73 x 60 cm, The Baltimore Museum of Art, Collection Cone.

Lors de l'hommage rendu à Lydia Delectorskaya en 2010[1], Monette Vincent qui est le modèle de cette œuvre, revient sur le souvenir marquant de sa rencontre avec celle qui changea le cours paisible de sa vie, dans un bus de Nice. Lydia en lui proposant de poser pour un peintre, lui permet en réalité d'entrer dans l'œuvre de Matisse que toutes appellent « le patron ». Monette qui travaille alors pour un médecin connaît Matisse pour l'avoir aperçu dans son cabinet mais aussi pour avoir déjà vu des œuvres de lui dans des musées. Son arrivée à l'Hôtel Régina en novembre 1942, l'éblouit : « Au milieu de la guerre, j'entre là dans un paradis. C'est la beauté qui donne la joie, l'ordre qui crée la paix, le travail qui apporte le calme. Le patron m'apparaît à la fois comme un seigneur bienveillant et un grand-père rigoureux. Les soucis sont là sans doute, mais filtrés, contenus par Lydia. Tout semble ordonné par elle, dans la sérénité. Matisse a été très malade[2]. Il souffre encore, nous le savons, mais le calme est maintenu et la gaîté peut même surgir[3]. »
Matisse habite encore son vaste et luxueux appartement du Regina sur la colline de Cimiez[4]. Il a 73 ans et continue malgré sa santé fragile à vouloir peindre d'après le modèle, que la fidèle Lydia recherche pour lui bien qu'elle continua à l'inspirer jusqu'à la fin. Ainsi Monette déroule le fil de ses souvenirs : « c'est l'époque du groupe des jeunes filles « modèles ». Elles posent pour Matisse et suivent les règles établies par Lydia. Il y a Nézy[5], Carla, Michaela, la future sœur Jacques[6]. Parées de robes orientales, Lydia nous rassemble parfois autour de Matisse pour un moment de détente. [...] Ces séances de pose où souvent Lydia veillait derrière Matisse, dans la tension du travail, lui passant rapidement le matériel nécessaire, m'ont laissé des souvenirs de cette rigueur, de cette stricte ordonnance, afin que l'œuvre puisse s'accomplir[7]. »

Ces souvenirs disent combien Matisse sans doute obsédé depuis son opération par l'idée qu'il peut disparaître à tout instant, a organisé sa vie et son travail de manière très stricte. Sa vie de miraculé lui fait prendre du recul sur sa vie et tente un nouveau départ visible dans son œuvre débarrassée du superflu. Les mauvais souvenirs passés de sa séparation avec Amélie en 1940, ainsi que les contraintes de la guerre sont derrière lui, comme « détachés » de lui. Sa correspondance avec ses amis le prouve : « [...] Je bénis mon opération qui m'a tout-à-fait rajeuni et rendu philosophe, ce qui veut dire que je m'en fous un peu, et que je ne veux pas empoisonner le rabiot qui m'a été donné. J'avais tellement préparé ma sortie de la vie qu'il me semble être dans une seconde vie[8]. » Et à George Besson il confie avec un certain humour : « Je pense souvent à Renoir que je remplace comme invalide de la Côte[9]. »
Il produit intensément. Les œuvres se succèdent ; il se lance d'abord dans une importante série de dessins d'objets familiers et de figures d'après ses modèles. Cet ensemble de dessins sera réuni en un album intitulé

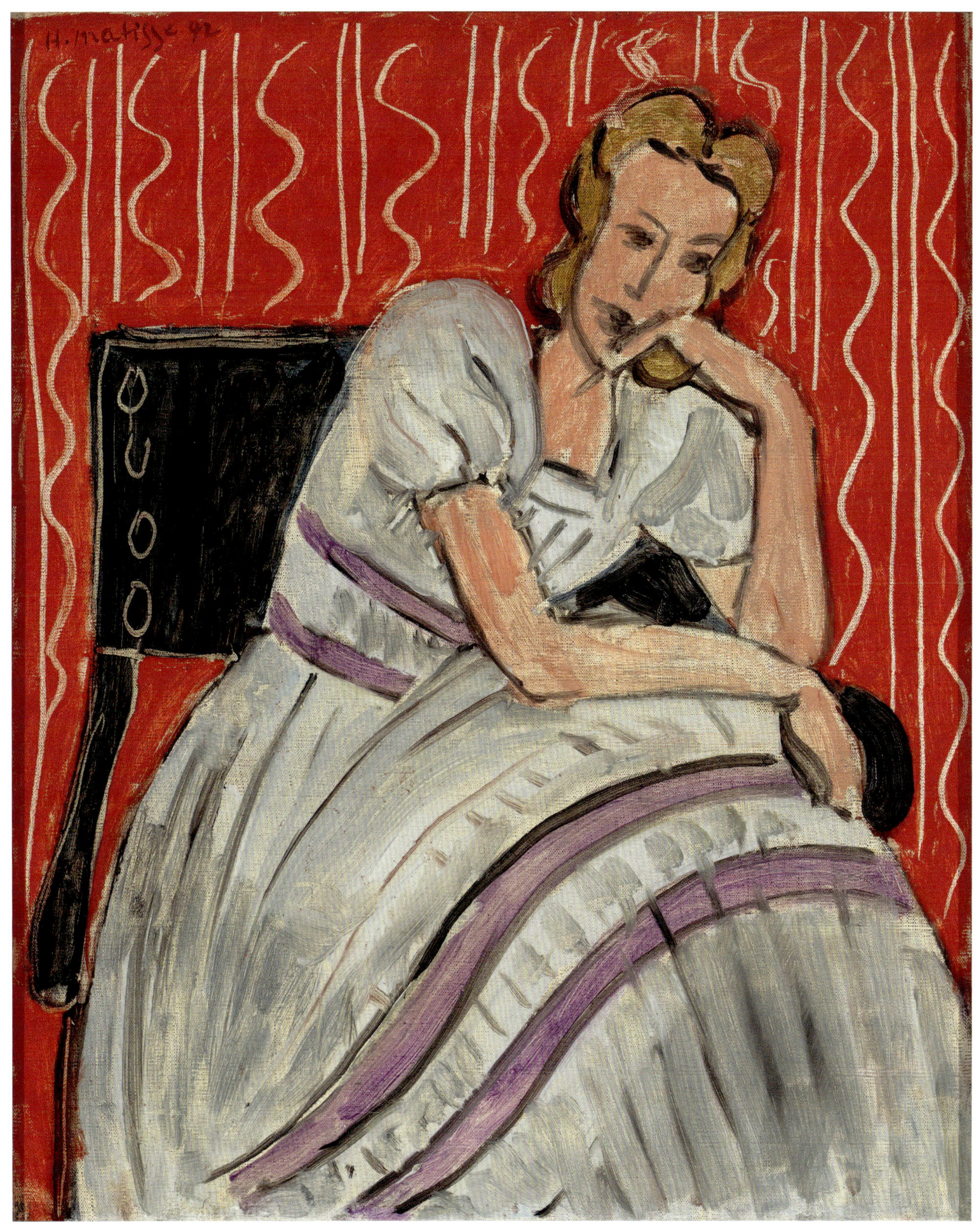

Cat. 24
Jeune femme assise en robe grise, Nice, 1942

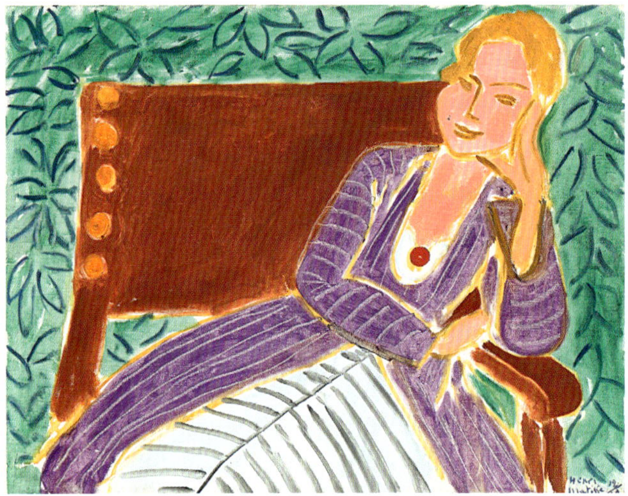

Ill. 02 – Henri Matisse, *Jeune fille assise, robe persane*, 1942, huile sur toile, 43 x 56 cm, Musée national Picasso, Paris.

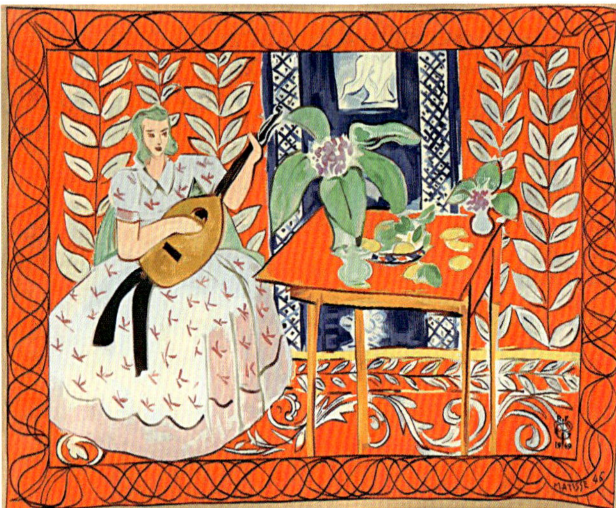

Ill. 03 – *La femme au luth*, tapisserie, laine, Manufacture des Gobelins, 1947-49, 170 x 213 cm, Mobilier national, Paris.

Thèmes et variations, édité plus tard en 1943, dont la jeune Nézy est le modèle principal. En mai 1942, et à plusieurs reprises le photographe André Ostier est le témoin de ces séances de pose.

Cette peinture réalisée tout au début de l'arrivée de Monette au Régina en novembre 1942, appartient à une série de modèles assis devant des décors plus ou moins riches que Matisse poursuivra à Vence en 1943. Le peintre réduit considérablement sa palette, cherchant à rendre par des aplats de couleurs vives sur lesquels il redessine des frises très décoratives donnant au fond une certaine autonomie visuelle. Il alterne un motif de lignes droites et ondulées qu'il reproduit sur toute la surface de son tableau animant ainsi le fond d'un maillage décoratif différent d'un tableau à l'autre. De la même manière, il aime réutiliser les costumes dont il pare ses modèles tel que cette robe mauve qui apparaît durant plusieurs années. La comparaison avec une œuvre de 1937 (ill. 01) et ce tableau de la collection Nahmad (cat. 24) met en évidence la recherche de simplification opérée par l'artiste. Dans le tableau de Baltimore, la figure – physiquement très proche de Monette - est installée sur un décor divisé en deux zones distinctes de motif et de couleur, introduisant une riche nature morte au premier plan alors que la figure est chargée de l'articulation entre les deux. Dans l'œuvre qui nous occupe, Matisse a resserré sa mise en page pour se concentrer sur la figure pensive vue en plan rapproché et évacuer tout ce qui n'était pas dans son champ visuel et devenu superflu. En 1908, le peintre notait déjà pour ses élèves la nécessité de comprendre cet impératif : « La composition est l'art d'arranger de manière décorative les divers éléments dont le peintre dispose pour exprimer ses sentiments. Dans un tableau, chaque partie sera visible et viendra jouer le rôle qui lui revient, principal ou secondaire. Tout ce qui n'a pas d'utilité dans le tableau est, par là même, nuisible. Une œuvre comporte une harmonie d'ensemble : tout détail superflu prendrait, dans l'esprit du spectateur, la place d'un autre détail essentiel. [...] Je veux arriver à cet état de condensation des sensations qui fait le tableau[10]. » La permanence de sa pensée et son évolution est éclatante dans cette œuvre qui fascine par sa simplicité et sa force visuelle. La robe d'une couleur délicate est « tenue » par de simples bandes mauves ; le lourd fauteuil de cuir noir est l'élément de liaison indispensable entre le puissant fond rouge et le modèle. La couleur reste au cœur des préoccupations du peintre même si le dessin est très présent. Son évolution vers les gouaches découpées est sa réponse à la nécessité de donner à l'une et l'autre une *présence* « utile » au tableau.

Monette inspirera à Matisse une dizaine de peintures entre l'hiver 1942 et 1943, parmi lesquelles, *Jeune fille assise, robe persane* du Musée Picasso (ill. 02), *Robe persane collier d'ambre*, *Le Luth*, 1943 au riche décor qui deviendra en 1946 une tapisserie (ill. 03) pour le Mobilier national dont un des deux exemplaires est au Musée Matisse du Cateau-Cambrésis.

Dans le contexte difficile de la guerre, le peintre résiste à sa manière, avec les outils qui sont les siens, à tendre vers une plus grande pureté et offrir au regard des œuvres qui riment avec la liberté. Sa nécessité de développer ses aplats « taillés » dans la couleur, découverts au moment de la réalisation de *La Danse* pour la Fondation Barnes entre 1931 et 1933 vont ressurgir en 1943-44 pour la réalisation des planches de *Jazz*. Les murs de sa chambre se couvrent de gouaches découpées. Désormais son geste allie à la fois la peinture, le dessin et la sculpture pour tendre vers un langage de plus en plus universel : « *Dessiner avec des ciseaux*. Découper à vif dans la couleur, me rappelle la taille directe des sculpteurs[11]. »

Notes

[1] *Lydia D. Lydia Delectorskaya, muse et modèle de Matisse*, sous la direction de Dominique Szymuziak, Musée Matisse Le Cateau Cambrésis, co.éd. RMN, 2010, pp. 200-201.

[2] Matisse se remet à peine d'une colostomie subie en janvier 1941 à Lyon qui lui sauva la vie mais le laissa affaibli longtemps l'empêchant de travailler debout et le plus souvent couché. Il ne rentrera qu'en mai à Nice. Voir Claudine Grammont, *Tout Matisse*, coll. Bouquins, éd. Laffont, 2018, p. 646.

[3] Monette Martin-Vincent, « Je continuerai à me souvenir avec tendresse », cat. *Lydia D.*, op.cit., p. 201.

[4] Matisse réside depuis janvier 1938 à l'Hôtel Régina et y restera jusqu'en juillet 1943, contraint de quitter Nice sous la pression allemande ; il s'installe quelques années à la Villa *Le Rêve* à Vence avant de revenir à Nice en janvier 1949.

[5] Nézy était en fait l'arrière-petite-fille du Sultan turc Abdulhamid II. Sa beauté orientale le fascine et lui fait penser « à la petite figure à droite dans *Le Bain turc* d'Ingres. » Elle commence à poser pour Matisse dès septembre 40 à juillet 1942. Voir Claudine Grammont, *Op.cit*, p. 604.

[6] Il s'agit en fait de Monique Bourgeois, arrivée à son chevet le 26 septembre 1942, devenue Sœur Jacques-Marie. Elle sera cinq ans plus tard un des rouages de la réalisation de la Chapelle de Vence.

[7] *Op. cit.*

[8] Lettre de Matisse à Marquet, Nice, 16 janvier 1942, in *Matisse-Marquet, correspondance 1898-1947*, textes rassemblés, annotés par Claudine Grammont, La Bibliothèque des arts, Lausanne 2008, p. 143.

[9] Lettre de Matisse à Besson, 7 octobre 1942, citée in *George Besson et Henri Matisse. De face, de profil, de dos*, édition de Chantal Duverget, L'Atelier contemporain, Strasbourg, 2018, p.198-199.

[10] Henri Matisse, Notes d'un peintre, 1908, in *Henri Matisse, Écrits et propos sur l'art*, texte, note et index établi par Dominique Fourcade, coll. savoir, éd. Hermann, Paris, 1972, p. 42-43.

[11] In *Henri Matisse*, in Fourcade 1972, *op. cit.*, p. 237.

Amedeo Modigliani

(Livourne, 1884 – Paris, 1920)

Cat. 25
Jeune fille à la chemise rayée, 1917
Huile sur toile
92 x 60 cm
Signé en haut à droite : *Modigliani*

Cat. 26
La Belle épicière, 1918
Huile sur toile
100 x 65,1 cm
Signé en haut à droite : *Modigliani*

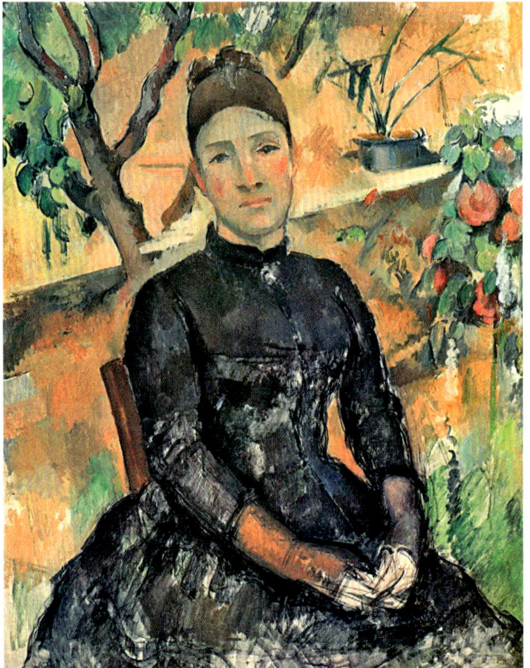

Ill. 01 – Paul Cézanne, *Portrait d'Hortense Fiquet*, 1891, huile sur toile, 92,1 x 73 cm, The Metropolitan Museum of Art, New York.

Amedeo Modigliani est avec Vincent Van Gogh en tête du panthéon des artistes maudits. Auréolé d'un succès immense très rapidement après sa disparition tragique à 36 ans, c'est grâce à un cercle d'amis indéfectibles qui a bâti sa légende que l'œuvre fulgurante de Modigliani n'est pas tombée dans un relatif oubli[1]. Sa peinture au style singulier ne ressemble à nulle autre et s'étend sur moins de dix ans. Les premières années sont consacrées à sa passion, la sculpture, avant de se tourner définitivement vers la peinture autour de 1914, même s'il peint et s'il dessine dès 1908. Les portraits et les nus féminins dominent son œuvre, illustrant l'environnement mélancolique de sa propre vie comme celle de ses modèles au premier rang desquels les deux femmes de sa vie : Beatrice Hastings et Jeanne Hébuterne dont il aura une fille en 1918. Son œuvre ne compte aucune nature morte et de très rares paysages.

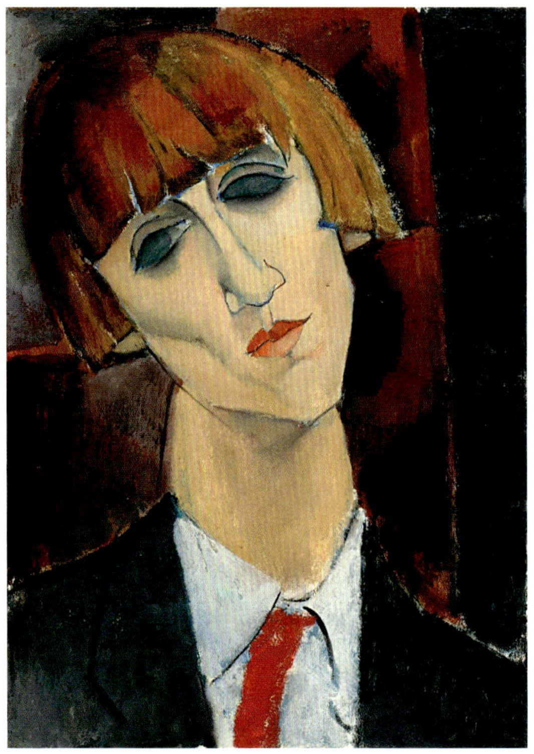

Ill. 02 – Amedeo Modigliani, *Madame Kisling*, vers 1917, huile sur toile, 46,2 x 33,2 cm, National Gallery of Art, Washington DC.

Au tournant du siècle, Paris est la destination rêvée pour un jeune artiste qui veut parfaire sa formation et faire carrière. Arrivé de son Italie natale en 1906 avec une solide formation (réalisée à Livourne, Florence et Venise), Modigliani visite les musées et les galeries où exposent les jeunes peintres, celles de Paul Durand-Ruel, Vollard, Bernheim-Jeune et Berthe Weill qui regroupent à elles seules ce qui se fait de mieux dans la capitale[2].

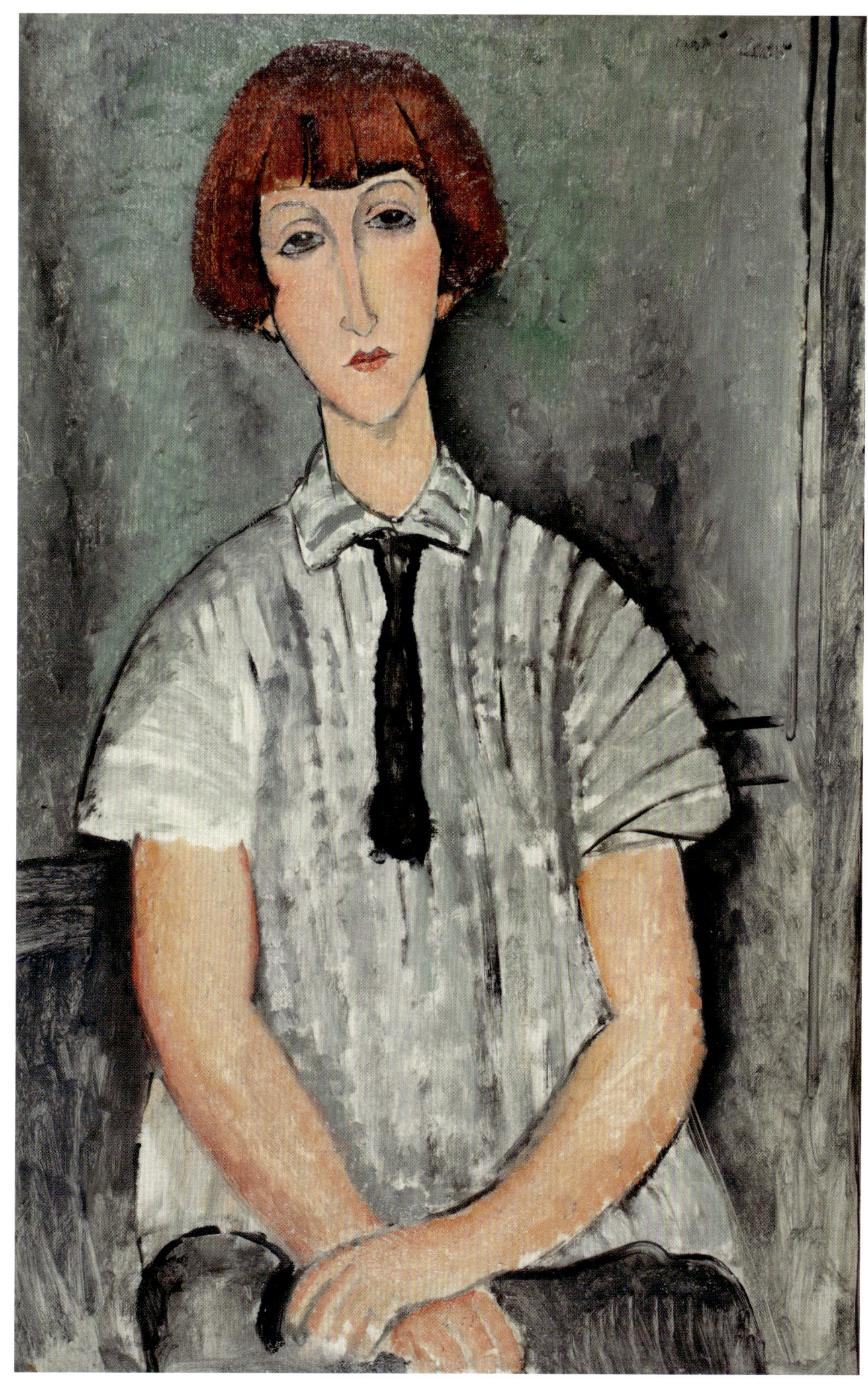

Cat. 25
Jeune fille à la chemise rayée, 1917

En tant qu'italien, il s'inscrit naturellement à l'Académie Colarossi[3] où est passé avant lui Paul Gauguin. Il fréquente d'abord le quartier de Montmartre près du Bateau-Lavoir et rencontre presque tout de suite Picasso qui exerce sur lui une grande fascination sans faire pour autant partie de sa « bande » ; l'espagnol est alors à la charnière d'une époque de laquelle émergera *Les Demoiselles d'Avignon*. Les deux artistes se reverront bien plus tard lorsque Picasso se fixera dans le quartier de Montparnasse à la fin de 1912. Dans l'intervalle, Modigliani travaille à l'élaboration de son style, il est impressionné par la rétrospective Gauguin au Salon d'automne de 1906 et l'influence de Toulouse-Lautrec est visible dans ses premières œuvres parisiennes. À l'instar de la jeune génération, la rétrospective Cézanne de 1907 exerce sur lui également un grand attrait. Il fait par ailleurs une rencontre essentielle par l'intermédiaire de son mentor le Dr Paul Alexandre, celle en 1908 du sculpteur roumain Constantin Brancusi, qui le marque durablement. À cette époque Modigliani pratique la sculpture en taille directe. Avec l'aide de Brancusi, il quitte son atelier de Montmartre en 1909 et le phalanstère de la rue du Delta[4] pour un atelier Cité Falguière à deux pas de La Ruche. Cette proximité avec le sculpteur favorise son intense travail sur le volume et les techniques primitives ; il multiplie les dessins influencés par la statuaire africaine et égyptienne à laquelle il s'intéresse depuis longtemps. Il fréquente assidûment la communauté cosmopolite de Montparnasse, (notamment Diego Rivera, Chaïm Soutine et Kisling) qui se retrouve au café du Dôme ou à la Rotonde et aime la compagnie d'amis pour travailler. Les excès en tout genre sont fréquents[5]. Il se lie également avec les sculpteurs Lipchitz et Zadkine et rencontre Epstein. Pour autant, Modigliani abandonne totalement la sculpture en 1914 pour se consacrer exclusivement à la peinture. Son style se démarque de ses contemporains ; comme dans ses sculptures, les figures s'allongent, l'expression des regards, avec ou sans pupille, concentrent son attention et transmettent une indicible présence à ses personnages.

C'est par l'intermédiaire d'une artiste galloise Nina Hamnett qui réside à La Ruche, qu'il rencontre Béatrice Hastings, poétesse anglaise, arrivée à Paris en avril 1914 avec laquelle il aura une liaison orageuse et passionnelle jusqu'à l'été 1916. Il fit d'elle quatorze portraits qui attestent de son élégance, tel que l'a décrit sa fille Jeanne Modigliani : « Belle, raffinée, riche, elle se promenait avec d'invraisemblables chapeaux à l'anglaise. Cultivée, elle a été pour Modigliani une compagne et non seulement une maîtresse et un modèle[6]. » Il retourne habiter Montmartre avec elle, tout en continuant à fréquenter les cafés et les ateliers de Montparnasse. D'après elle, Modigliani « méprisait tout le monde excepté Picasso et Max Jacob[7]. » Malgré la guerre, son œuvre commence à conquérir des amateurs en France comme à l'étranger[8], notamment auprès du collectionneur Paul Guillaume. Il fait la connaissance à l'été 1916 du jeune marchand Léopold Zborowski qui s'occupe désormais de sa destinée. C'est dans son appartement qu'il peint une série de nus. Modigliani prend en effet l'habitude de travailler ailleurs que dans son propre atelier, recherchant la présence de ses amis. Kisling rapportera d'ailleurs qu'il venait régulièrement travailler dans son atelier. En proie à un certain mal être, il multiplie les conquêtes féminines[9] et tombe amoureux dans le courant de 1917 d'une jeune et jolie étudiante, Jeanne Hébuterne qui devient son modèle de prédilection. Ils emménagent ensemble dès l'été 1917 dans l'immeuble voisin de l'Académie Colarossi, rue de la Grande Chaumière. La jeune femme a 19 ans lorsqu'elle tombe enceinte et la santé de plus en plus inquiétante du peintre contraint le couple à quitter Paris sur les conseils de Zborowski au moment des premiers bombardements de la capitale en 1918[10]. Foujita et Soutine font partie du voyage. De nombreuses personnes de leur entourage sont déjà à Nice, tel que le marchand Paul Guillaume.

Avant son départ pour le Midi, il peint ce *Portrait de jeune fille à la chemise rayée* (cat. 25) qui n'est pas sans faire écho à certains portraits de Cézanne (ill. 01), dans sa frontalité, la présence des mains croisées, le regard profondément mélancolique du modèle, son attitude austère et le fond neutre que l'on retrouve sur d'autres portraits de l'artiste tel que *Le Petit paysan* conservé à la Tate de Londres. Son modèle est toutefois un reflet de la mode de l'époque avec sa coupe de cheveux à la garçonne et sa cravate empruntée aux hommes,

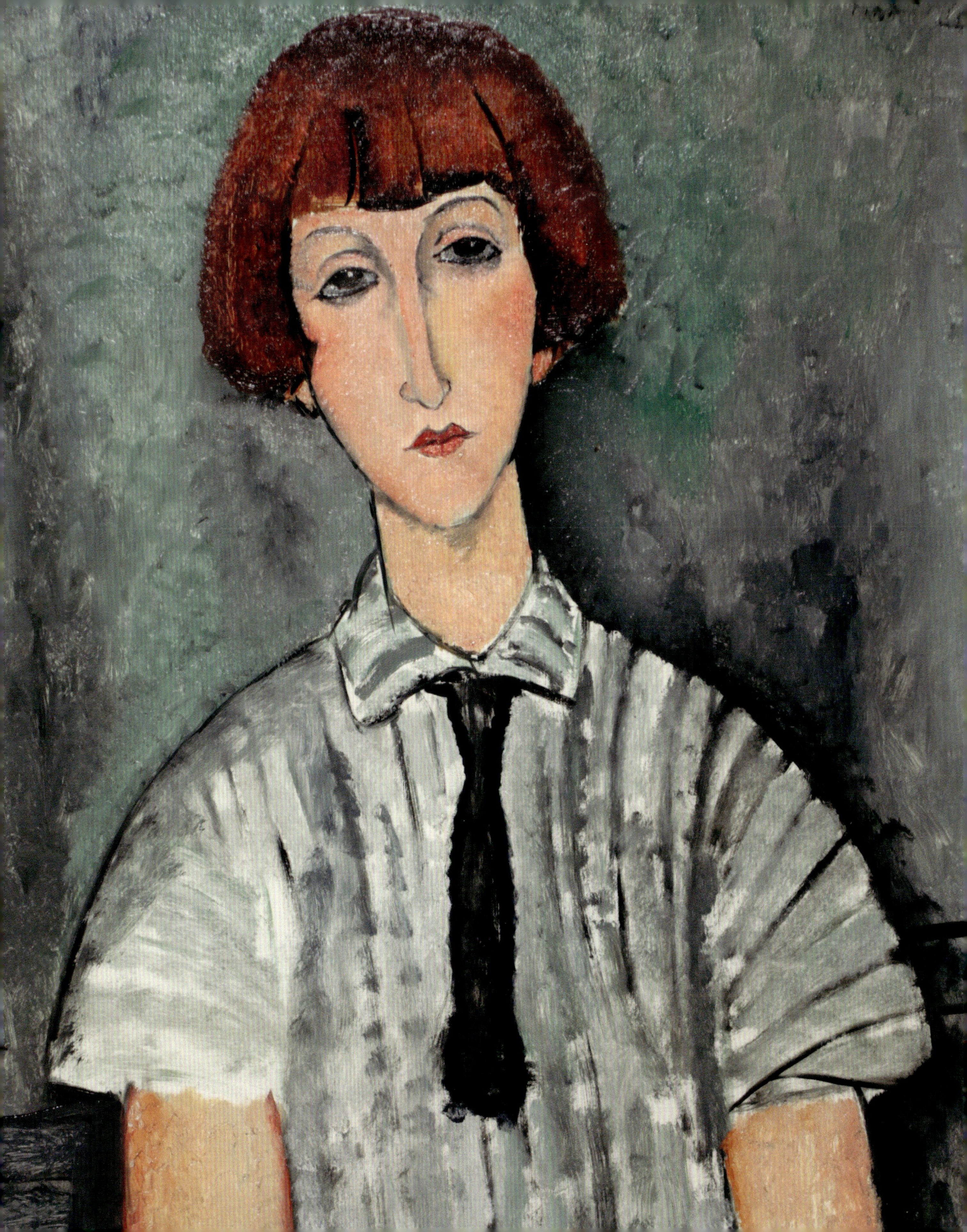

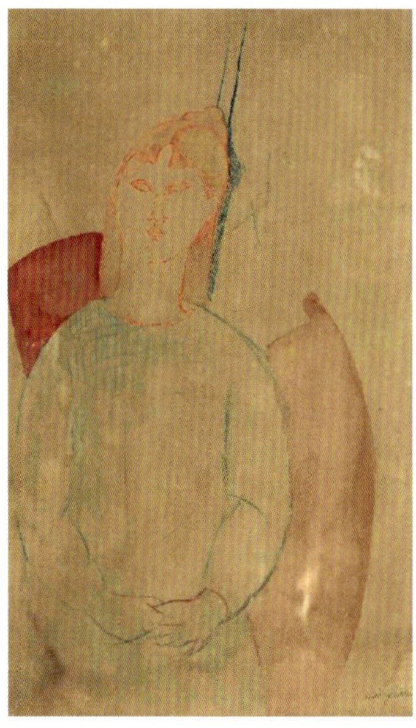

Ill. 03 – Amedeo Modigliani,
Jeune femme assise, vers 1918,
aquarelle sur papier, 43,5 x 28 cm,
Collection particulière.

comme dans le portrait anguleux de *Madame Kisling* (ill. 02). Sa physionomie aux lignes simplifiées est mise en valeur par une touche très expressive et vive.

La Belle Epicière (cat. 26) quant à elle, a été peinte lors du séjour de Modigliani dans le Midi, qu'il effectue entre Cagnes-sur-Mer et Nice[11]. Déraciné de son cercle d'amis et de l'univers de Montmartre et de Montparnasse, le peintre a beaucoup de difficultés à trouver des modèles professionnels et c'est dans le milieu populaire de la ville où vit encore Renoir qu'il va finalement trouver ce qu'il recherche. Bien que Jeanne demeure son inspiratrice principale, il prend pour sujet des enfants, des ouvriers, des paysans et des passants, comme cette épicière qu'il campe dehors, assise devant son commerce, dont il peint de manière enfantine les premières lettres de l'enseigne[12]. Là aussi, la référence à Cézanne est évidente (ill. 01).

La lumière du Midi l'incite éclairer sa palette et ce tableau est un excellent témoignage de cette nouvelle approche du sujet exceptionnellement réalisé en extérieur. C'est d'ailleurs ce qui l'engage à peindre le paysage environnant même si les arbres sont simplifiés à l'extrême et réduits à des cylindres, réminiscence du cubisme cézanien auquel il emprunte la palette de tons ocres et gris clairs, parfois bleutés. La jeune épicière dont un dessin à l'aquarelle (ill. 03) semble en être l'étude, permet d'imaginer que la première idée de Modigliani était conforme à son habitude, sans profondeur et sans aucun décor. Modigliani s'attache surtout à conserver une certaine dignité à son modèle quel que soit son statut social. Ses petits yeux asymétriques et sans pupilles semblent nous fixer intensément. Sa robe sombre d'ouvrière contraste avec la couleur de son tablier bleu et le col gris-blanc ; l'arête de son nez caractéristique des masques primitifs et la puissance de son cou donnent une force particulière à ce visage anonyme. Ses cheveux roux s'harmonisent délicatement avec le fond.

Modigliani qui est connu pour travailler rapidement, peint de nombreuses œuvres durant son séjour d'autant qu'il continue à envoyer son travail à Zborowski à Paris et profite du passage de Paul Guillaume à Nice pour lui vendre quelques toiles.

La paix retrouvée Modigliani, rentre à Paris à la fin du mois de mai 1919, sans attendre la signature du traité de Versailles. Il laisse Jeanne de nouveau enceinte le rejoindre quelques semaines plus tard. Le peintre signifie par écrit le 7 juillet son intention de se marier afin de régulariser leur situation et celle de leurs enfants. Toutefois, son état de santé se dégrade de plus en plus, sa situation financière quoique meilleure, le poussent à consommer de l'alcool en excès. Alité en janvier 1920, il décède quelques jours plus tard d'une méningite tuberculeuse à l'Hôpital. Désespérée à l'annonce de ce drame, Jeanne enceinte de 9 mois se jette par la fenêtre du 5e étage de l'immeuble de ses parents. Elle sera inhumée auprès du peintre dans le Cimetière du Père Lachaise, des années plus tard. Leur fille Jeanne est recueillie et reconnue par la famille du peintre à Livourne.

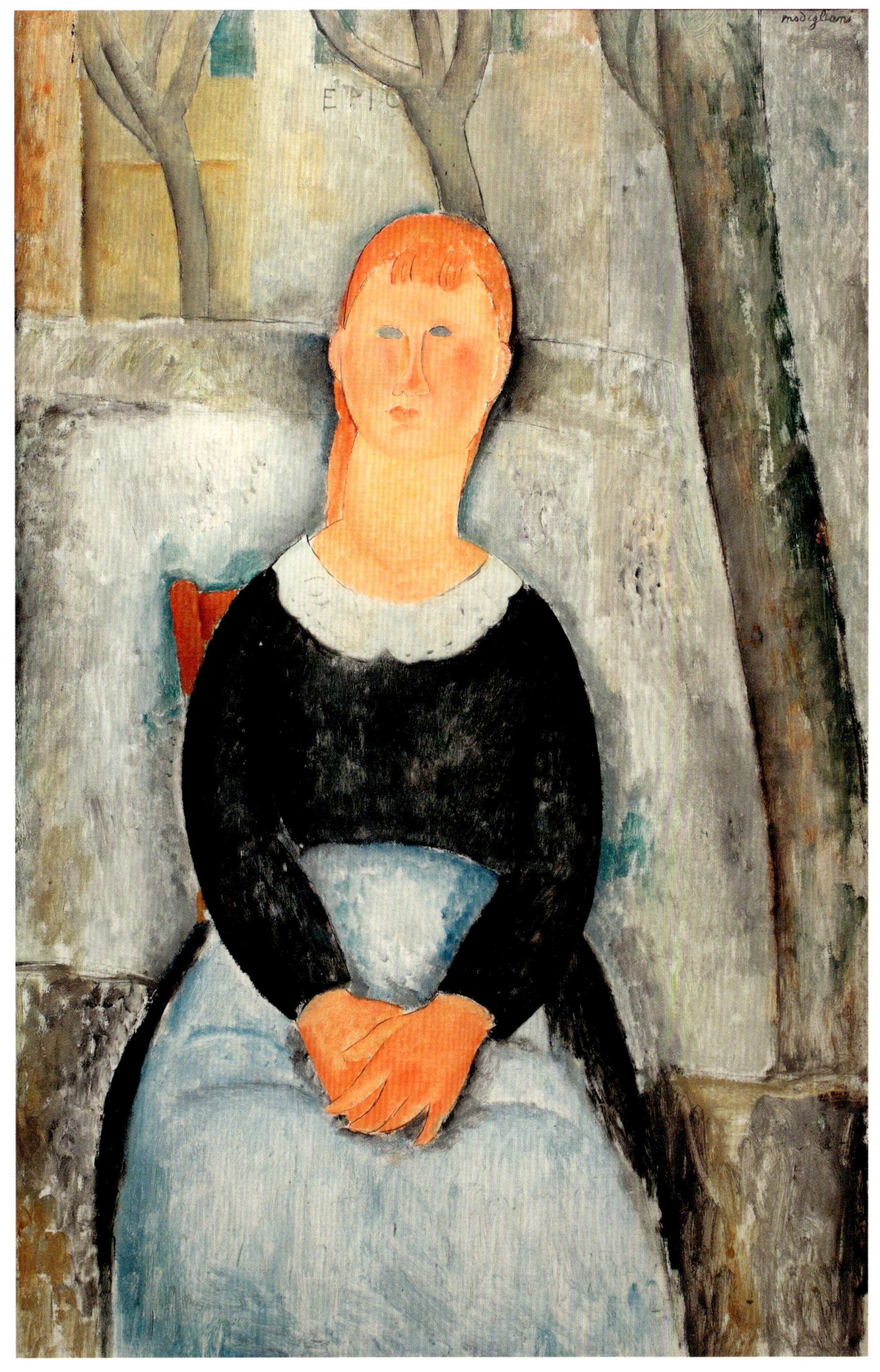

Cat. 26

La Belle épicière, 1918

Notes

[1] Lire l'essai de Kenneth Wayne, « Modigliani's Inner Circle », cat. *Modigliani*, sous la direction de Simonetta Fraquelli et Nancy Ireson, Tate Publishing, Londres, 2017, pp. 173-178.
[2] La galerie Berthe Weill organisera onze ans plus tard, à l'instigation de Zborowski, sa première et unique exposition particulière de son vivant en France.
[3] L'académie fondée par un sculpteur italien du nom de Colarossi est également connue sous le nom d'Académie de la Grande Chaumière (1870-1930) car elle est située au 10 rue de la Grande Chaumière. On venait y dessiner d'après le modèle vivant masculin. Les femmes y étaient admises et Jeanne Hébuterne y suivra un temps les cours en même temps que ceux de l'École nationale des arts décoratifs.
[4] Paul Alexandre est son seul acheteur jusqu'en 1914 ; pour soutenir la jeune création, il installe plusieurs artistes, parmi lesquels Brancusi, Le Fauconnier, Gleizes, dans un immeuble de la rue du Delta que fréquente régulièrement Modigliani en voisin.
[5] Souffrant de tuberculose depuis l'adolescence, son état se dégrade peu à peu avec les excès d'alcool et la prise de substances illicites.
[6] Jeanne Modigliani, *Modigliani sans légende*, Paris, 1961, cité in Pierre Daix, *Le Nouveau dictionnaire Picasso*, coll. Bouquins, éd. Laffont, Paris, 2012, p. 436.
[7] Beatrice Hastings, propos rapportés par Pierre Daix, *op. cit.*, p. 436 et in cat. *Modigliani*, Londres, op.cit., p. 202.
[8] Des expositions s'organisent à New York dans la galerie de Marius de Zayas.
[9] Il aura notamment une liaison passagère avec une jeune canadienne, Simone Thiroux qui donne naissance à un fils en mai 1917, que le peintre ne reconnaitra pas.
[10] Jeanne est enceinte et sur le point d'accoucher quand elle quitte Paris avec son amant. Giovanna/Jeanne naît le 29 novembre 1918.
[11] Lire l'essai de Simonetta Fraquelli, « Modigliani and the Impact of the Midi », Cat. *Modigliani*, Londres, op. cit, pp. 149-155.
[12] Modigliani avait l'habitude d'écrire de manière désordonnée des inscriptions dans ses premières œuvres, tels que les portraits de Paul Guillaume.

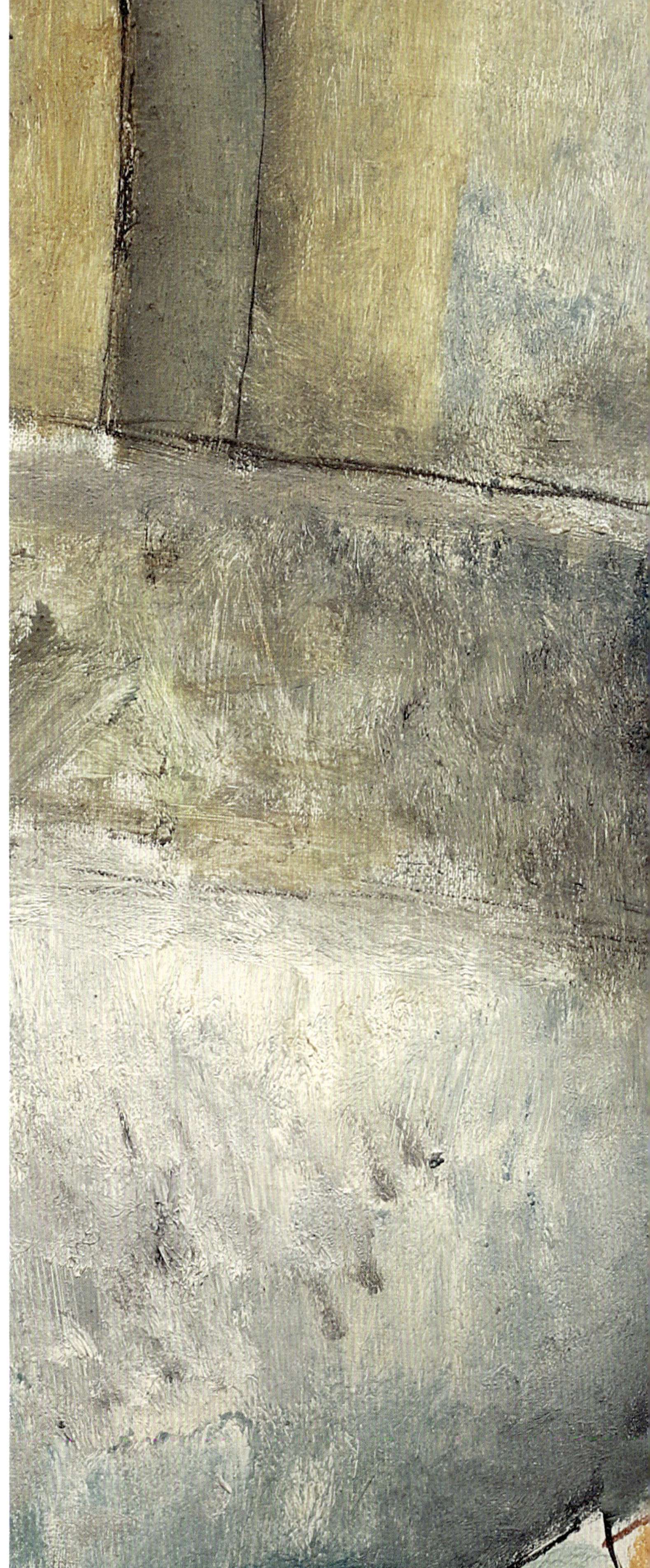

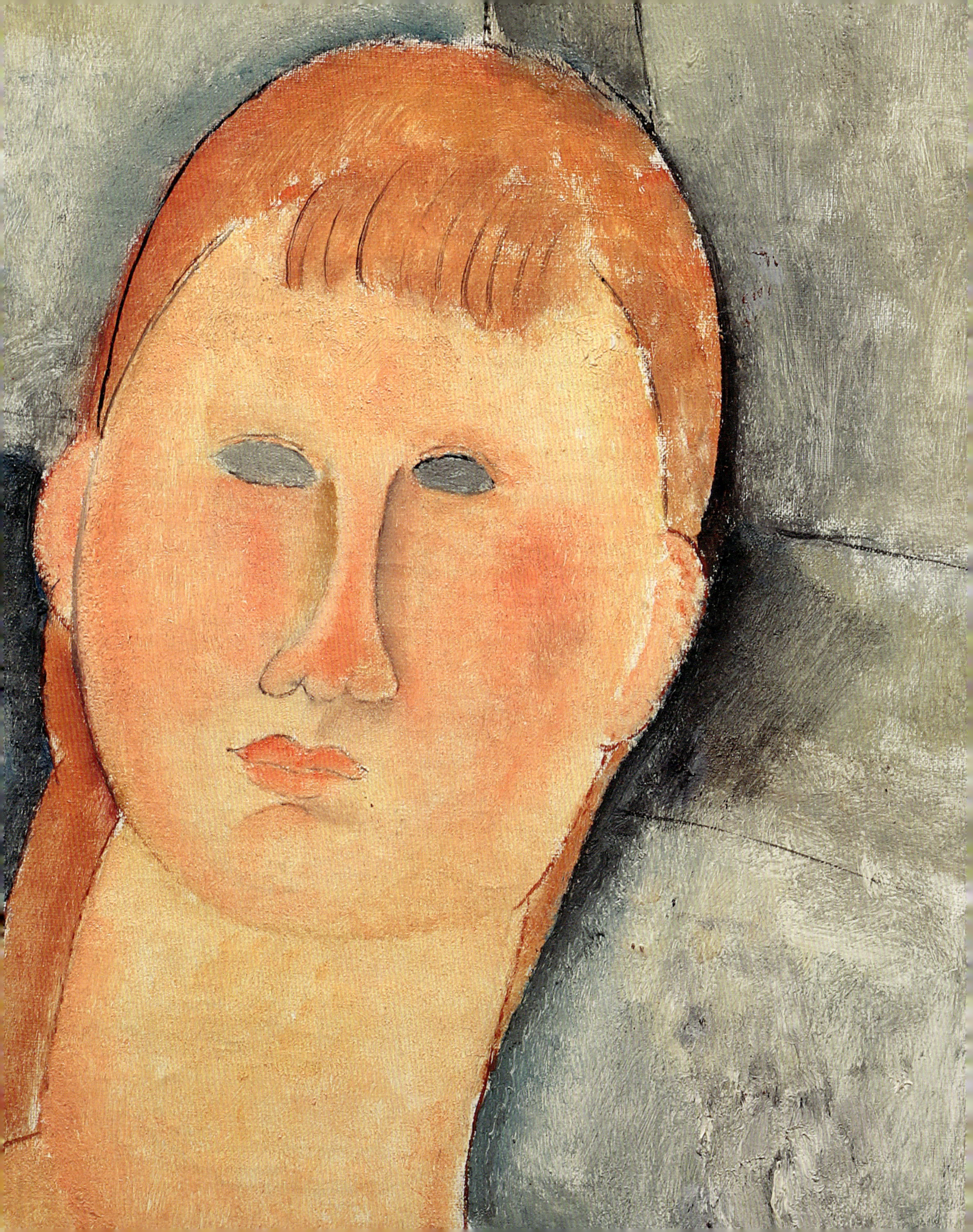

Claude Monet

(Paris, 1840 – Giverny, 1926)

Cat. 27
Canotiers à Argenteuil, 1874
Huile sur toile
60 x 80,5 cm
Signé en haut à gauche : *Claude Monet*

Cat. 28
La Pointe du Petit Ailly, 1897
Huile sur toile
73,5 x 92,7 cm
Signé et daté en bas à gauche : *Claude Monet 97*

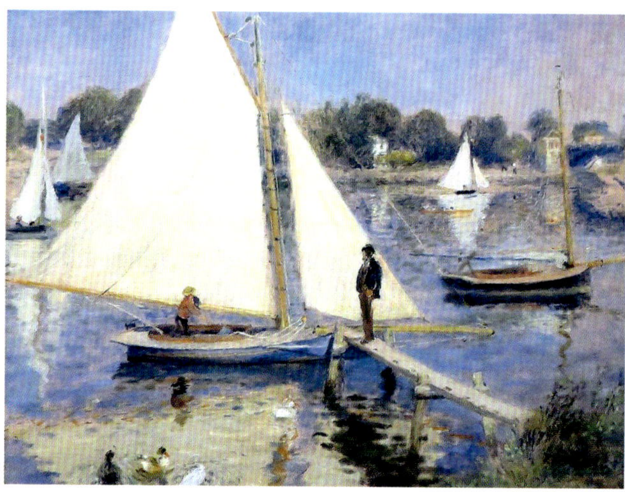

Ill. 01 – Auguste Renoir, *La Seine à Argenteuil*, 1874, huile sur toile, Portland Art Museum, Orégon.

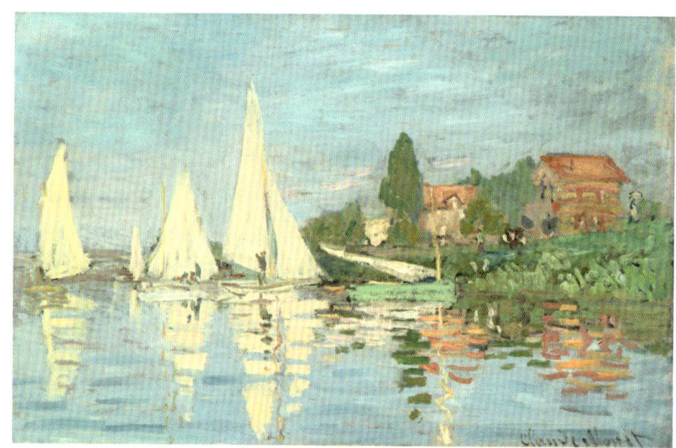

Ill. 02 – Claude Monet, *Régates à Argenteuil*, vers 1872, huile sur toile, 48 x 75,3 cm, Musée d'Orsay, Paris, legs Caillebotte 1894.

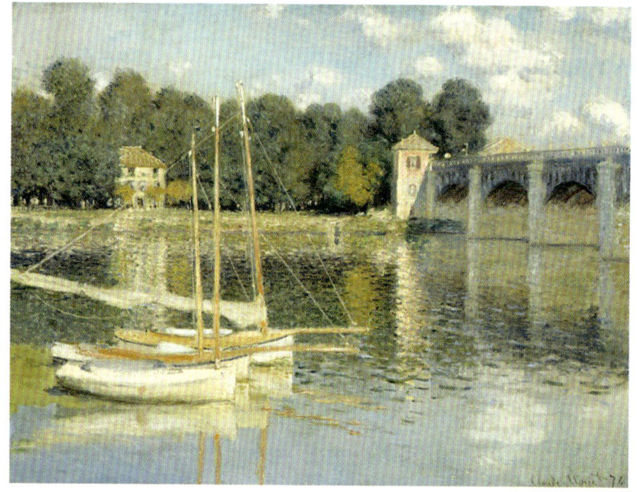

Ill. 03 – Claude Monet, *Le Pont d'Argenteuil*, 1874, huile sur toile, 60,3 x 80 cm, Musée d'Orsay, Paris.

Claude Monet est la figure marquante sinon essentielle du groupe impressionniste, non seulement parce que son tableau *Impression, soleil levant* (Musée Monet-Marmottan, Paris) a donné son nom au mouvement, mais parce que la constance et la résonnance de son œuvre, grâce en partie à sa longévité ont permis à sa vision d'évoluer, jusqu'à l'apothéose du cycle des *Nymphéas* qui a nourri des générations de peintres. La grande révolution de l'impressionnisme est principalement liée à l'invention du plein air et avec elle la naissance d'un paysage moderne, dont la voie avait été ouverte par Courbet et les peintres de l'École de Barbizon. Naît alors une touche impressionniste associée à une perception instantanée du paysage, des sujets et des cadrages nouveaux, une facture libre et fragmentée, provoquant une palpitation lumineuse.
Si Monet reconnaît très volontiers sa dette envers Eugène Boudin[1], et dans une autre mesure à Turner et Courbet, l'autorité dont il dispose au sein du groupe dès les premières expositions publiques, imposant ses théories et sa technique, en fait un artiste incontournable pour l'approche des bouleversements plastiques du XXe siècle[2].

Bien que né à Paris, Claude Monet passe toute sa jeunesse à Sainte-Adresse près du Havre, où son père est négociant. Passionné de dessin, il pratique la

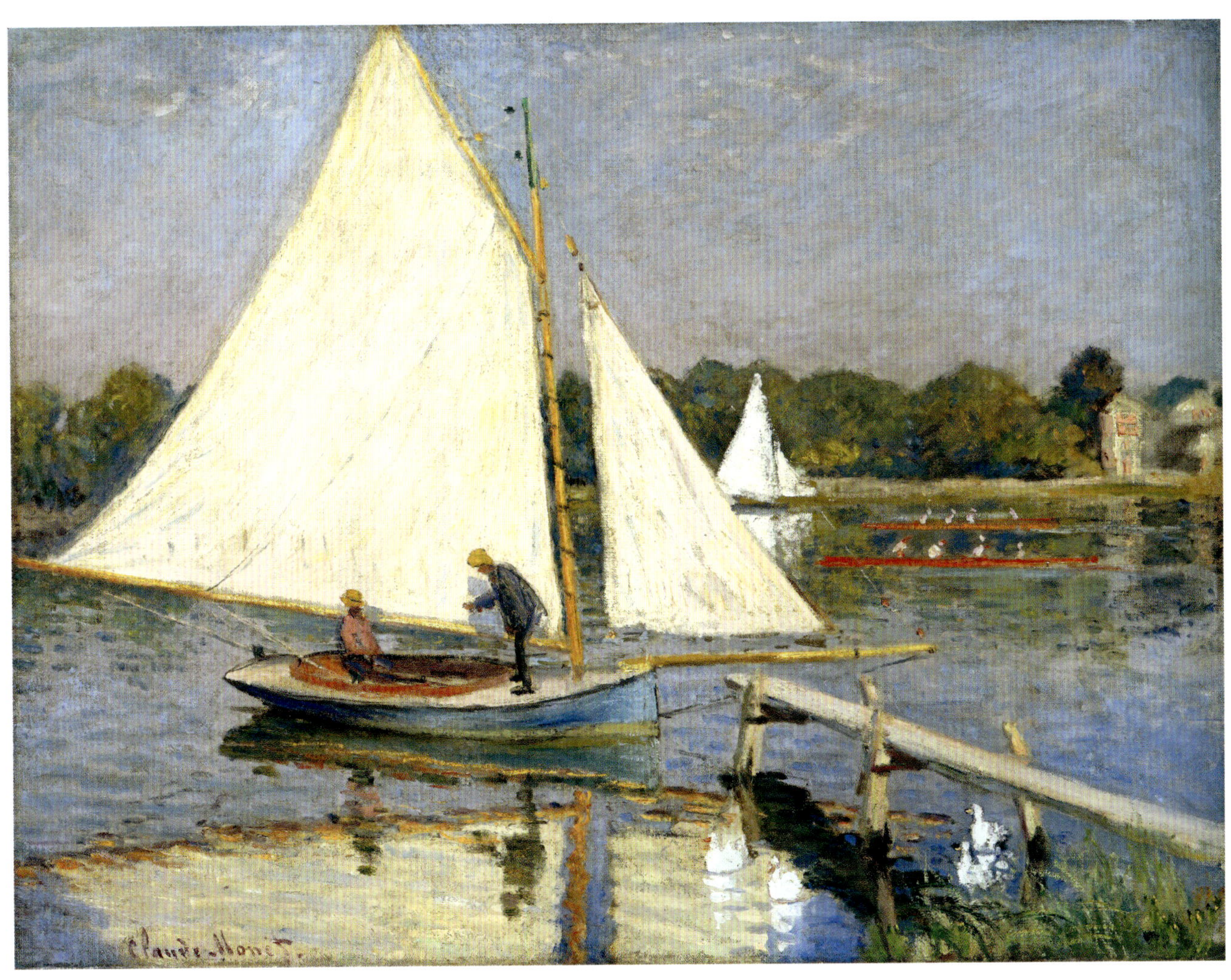

Cat. 27
Canotiers à Argenteuil, 1874

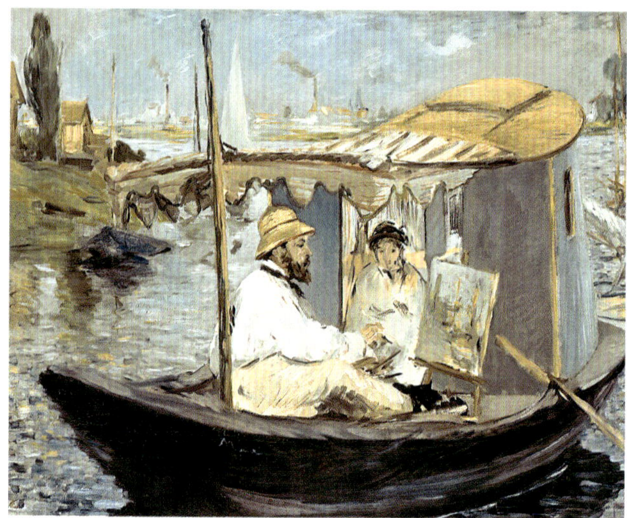

Ill. 04 – Édouard Manet, *Claude Monet, peignant dans son bateau-atelier*, 1874, huile sur toile, 82,7 x 105 cm, Neue Pinakothek, Munich.

caricature avec talent. Il lie connaissance avec Eugène Boudin qui l'encourage à venir peindre à ses côtés, dont les conseils décideront de son avenir. C'est grâce à ces encouragements et à sa prise de conscience qu'en 1859, le jeune Monet vient à Paris suivre des cours à l'Académie Suisse où il rencontre Pissarro ; à partir de 1863 il complète sa formation par la pratique du dessin académique dans l'atelier du peintre d'histoire Charles Gleyre où étudient également Pierre-Auguste Renoir et Frédéric Bazille avec lesquels il devient ami. Cette année-là, Monet est émerveillé par l'audace de Manet qui expose le scandaleux *Déjeuner sur l'herbe* au Salon et deux ans plus tard réitère avec son *Olympia*, affichant radicalement sa rupture avec l'académisme.

Dans ce climat de rupture, si Monet continue à recevoir l'enseignement de Gleyre c'est sans doute parce que celui-ci préconise comme exercices, l'ébauche rapide et la pratique du plein air ; ces études conduisent Monet et ses amis, à réviser leur regard et à fragmenter la touche et utiliser des couleurs pures.

Ses peintures sont régulièrement refusées au Salon et sa situation financière est très délicate[3]. La guerre de 1870 contraint le peintre à quitter le pays. Il s'installe à Londres avec sa compagne Camille et leur fils de 3 ans[4]. Il y fait une rencontre capitale pour son avenir et celui du futur groupe impressionniste, celle du marchand Paul Durand-Ruel[5] et découvre la peinture de Turner qui l'oriente vers l'étude de phénomènes lumineux.

Ces deux tableaux exceptionnels de la collection Nahmad (cat. 27, 28), appartiennent à deux moments clefs de l'œuvre de Monet: après son exil à Londres durant la guerre de 1870, son rôle grandissant au sein d'un groupe de jeunes peintres[6] réunis par une même envie d'en découdre avec l'art officiel jusqu'à l'année fondatrice en 1874 de la Société anonyme des peintres, sculpteurs et graveurs, donnant naissance à l'impressionnisme[7] et son évolution au tournant du siècle alors que le peintre s'est engagé vers l'effacement progressif des formes et des brumes colorées.

Ce nouveau groupe de peintres reçoit le soutien immédiat de Paul Durand-Ruel. C'est son dynamisme qui va porter le mouvement en France comme à l'étranger où le marchand noue de nombreuses relations commerciales par le biais de ses galeries[8]. La première exposition qui a lieu en 1874 dans les locaux du photographe Nadar, boulevard des Capucines est néanmoins un échec financier et critique. Monet, Renoir et Degas apparaissent en tête dans les comptes rendu; chacun avec sa personnalité tient un rôle majeur au sein du groupe.

En décembre 1871, la famille Monet à peine revenue de Londres, tout-à-fait désargentée, est contrainte de s'installer à Argenteuil, banlieue moins onéreuse que Paris, mais qui séduit le peintre grâce au charme de son environnement aquatique ; les Monet ne sont pas les seuls à avoir dû quitter Paris pour des raisons similaires[9] ; Sisley, Renoir et Manet viennent régulièrement leur rendre visite favorisant des duos pour revenir au souvenir de ce bel été 1869 avant le désastre de la guerre où Renoir et Monet allaient peindre côte à côte *La Grenouillère* à Chatou. La banlieue affiche alors le visage d'un monde nouveau, bouleversée par l'arrivée du chemin de fer qui la désenclave. Dans le même temps, l'irruption des loisirs favorise la fréquentation des bords de Seine avec la vogue des sports nautiques et des guinguettes et Argenteuil semble être un emplacement privilégié : « Nulle part dans les environs immédiats de Paris la Seine ne présente-t-elle au batelier amateur un bassin aussi favorable en longueur et en largeur que le

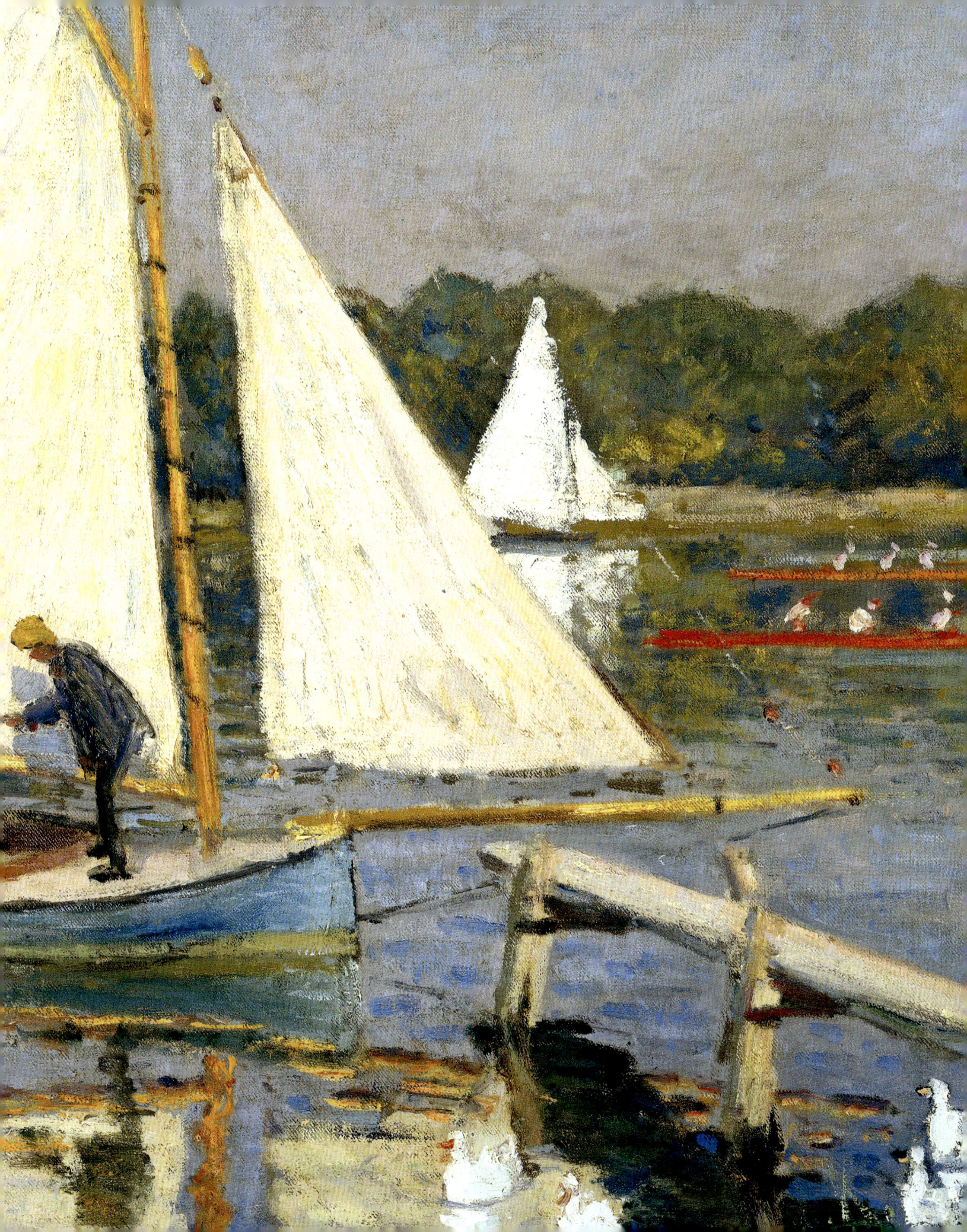

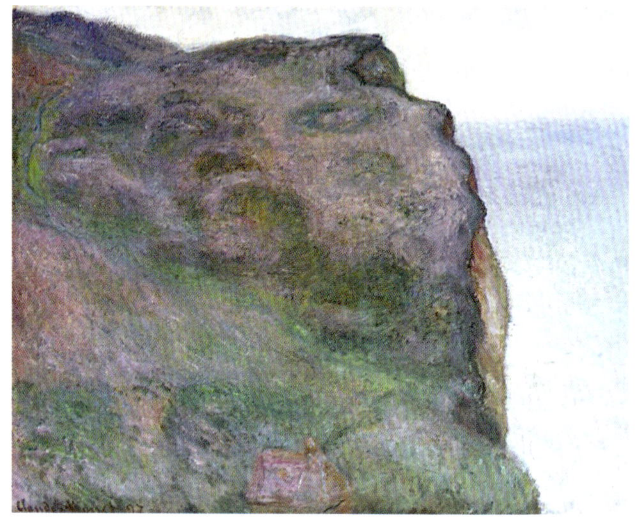

Ill. 05 – Claude Monet, *La Pointe du Petit Ailly, Varengeville*, 1897, huile sur toile, 73 x 92 cm, Collection particulière.

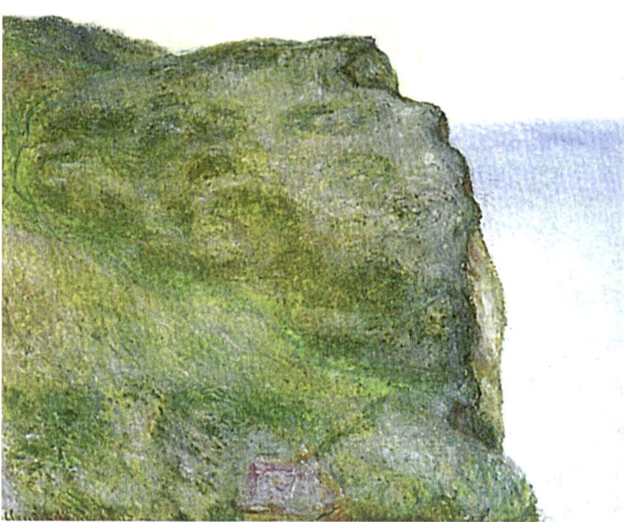

Ill. 06 – Claude Monet, *La Pointe du Petit Ailly, temps gris*, 1897, huile sur toile, 73 x 92 cm, Collection particulière.

courant comme celui d'Argenteuil[10]. » Ces thématiques tiennent une place centrale dans l'émergence de l'impressionnisme (ill. 02). Les scènes de canotage et de régates offrent la combinaison parfaite que le peintre recherche entre représentation de la vie moderne et observation instantanée de la surface de l'eau, des effets atmosphériques éphémères. Monet est un grand amateur de voile, il possèdera plusieurs embarcations dont un bateau-atelier qu'il construit lui-même avec l'aide de Caillebotte dès 1873 et un autre pour le plaisir[11]. C'est à bord de ce bateau que Manet le représente travaillant sur le motif avec Camille à l'arrière-plan (ill. 04).

Les Canotiers à Argenteuil (cat. 27) témoigne de cette atmosphère réparatrice où renaît l'espoir après les événements de la Commune. Renoir est à ses côtés et pose son chevalet quasiment au même endroit (ill. 01) sur la rive du Petit-Gennevilliers, non loin du pont d'Argenteuil dont on devine la dernière arche et le pavillon de péage sur la rive opposée qui leur permet d'intégrer la rive boisée de la promenade d'Argenteuil. Monet décalera légèrement son point de vue de manière à intégrer l'architecture de ce pont dans une composition voisine (ill. 03). Si Renoir au contact de Monet force sa nature en accentuant plus qu'il n'en a l'habitude la fragmentation lumineuse tout en conservant sa touche floue et aérienne, Monet est à son affaire dans le rendu des reflets colorés sur l'eau, insistant notamment sur des contrastes plus tranchés. Il choisit d'abaisser la ligne d'horizon de manière à obtenir une plus grande quantité de ciel comparé à Renoir qui nourrit d'avantage son tableau de détails.

L'extrême luminosité de la scène rendue en premier lieu par l'importance de la voilure légèrement décentrée donne une certaine dynamique à la composition qui est stabilisée à la fois par la ligne rouge des avirons au second plan et les reflets de la grand-voile sur

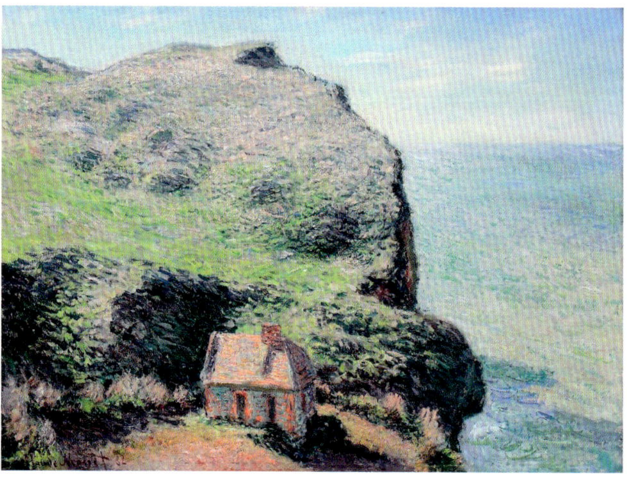

Ill. 07 – Claude Monet, *La Cabane des douaniers*, 1882, huile sur toile, 60 x 81 cm, Museum of Modern Art, Philadelphie.

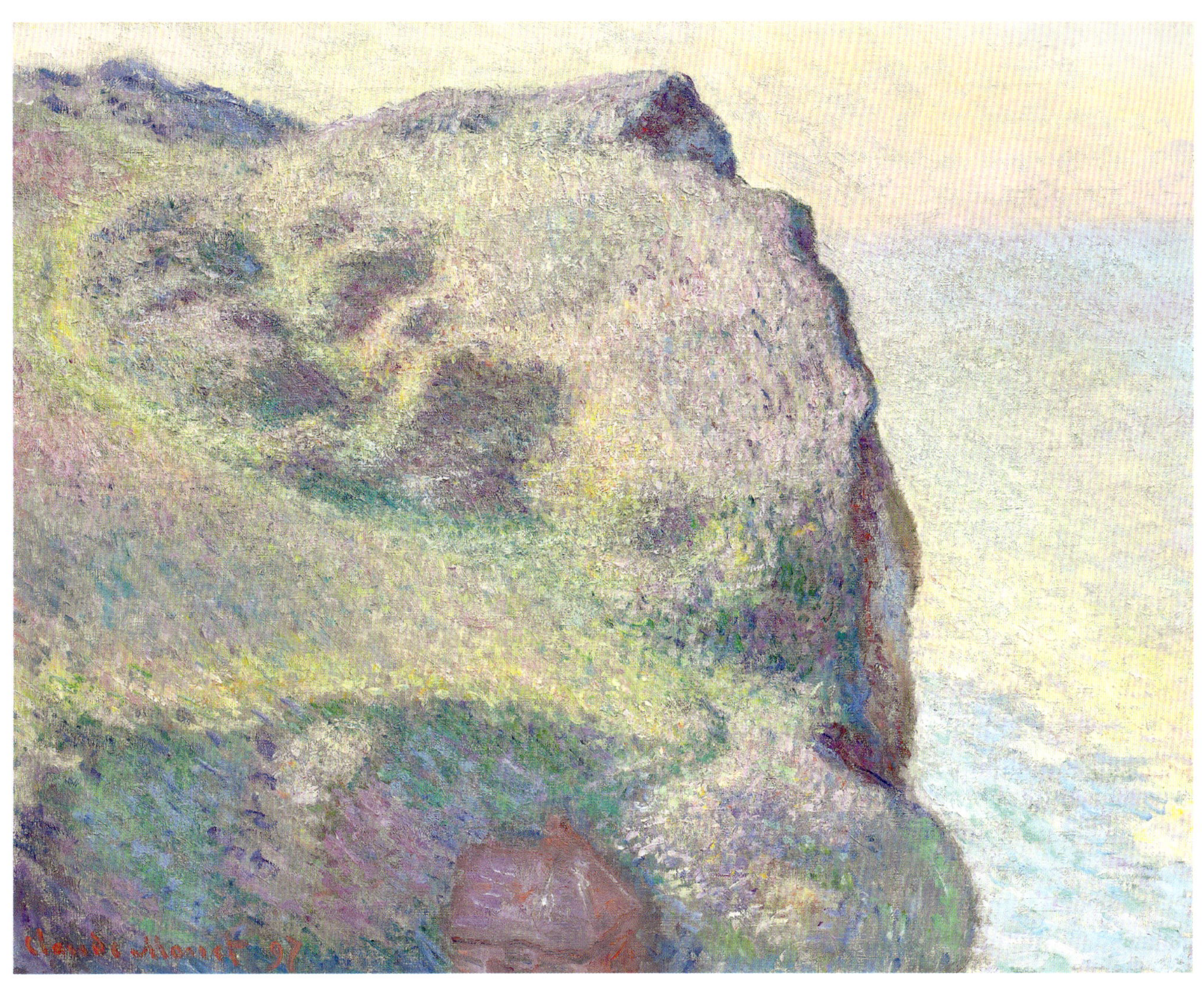

Cat. 28
La Pointe du Petit Ailly, 1897

l'eau au tout premier plan. La scène est animée par la présence des marins à bord de leur yole et les rameurs. Quelques canards ajoutent une note bucolique à ce tableau occupé aux deux tiers par le fleuve qui permet au peintre de jouer avec les irisations de la lumière. Le traitement de la touche et le rendu frémissant de l'atmosphère attestent d'un impressionnisme affirmé auquel seront sensibles de plus en plus d'amateurs.

Si les Monet habitent Argenteuil jusqu'en 1878[12], ils s'installent à Vétheuil où la vie est encore moins chère jusqu'en 1883, date à laquelle Monet découvre Giverny où le peintre passera plus de quarante ans à façonner sa maison et le paysage alentour guidé par un rêve intérieur né en 1869 qui le conduira à son projet titanesque des *Nymphéas*[13].
Parallèlement, le peintre, toujours à la recherche de sujets et de nouvelles lumières a le goût des voyages qu'il entreprend seul, en famille ou avec un ami. Il séjourne ainsi pour des villégiatures en Hollande, en Norvège, à Londres, en Italie à Bordighera et Venise, à Antibes, à Belle-Ile-en-mer, et approfondissant sa connaissance des paysages normands il retourne sur ses pas dans la région de Dieppe, à Pourville en 1896. C'est à cette période qu'appartient *La Pointe du Petit Ailly* (cat. 28).

Lors de son premier séjour de février à avril 1882 à Pourville, sur cette partie de la côte normande qu'il ne connait pas encore[14], Monet écrit son enthousiasme à Alice Hoschedé dès son arrivée : « Le pays est très beau et je regrette bien de n'y être pas venu plus tôt... On ne peut être plus près de la mer que je ne le suis, sur le galet même et les vagues battent le pied de la maison[15]. » Il réitère ce sentiment galvanisant auprès de son marchand : « Je suis disparu depuis quelques jours dans un délicieux petit pays aux environs de Dieppe. J'ai trouvé là de fort jolies choses, aussi je travaille sans relâche...[16] »
En effet, il va peindre pas moins de 40 paysages de cette côte accidentée dont 14 représenteront l'ancienne cabane des douaniers[17] (ill. 07), faisant varier à l'infini les effets de la lumière à différentes heures de la journée et par différents temps. Cette cabane située sur la falaise du Petit Ailly, à mi-chemin entre la plage de Pourville et l'église de Varengeville constitue pour Monet un motif de prédilection qui va faire naître peu à peu l'idée de série qu'il développera plus tard autour d'autres sujets (*les Meules, les Peupliers, les cathédrales, etc.*) ; « le système des séries et la limitation des déplacements écrit Daniel Wildenstein, entraînent une diminution spectaculaire du nombre de sujet[18]. » C'est en effet, ce que l'on peut constater désormais dans sa manière de travailler.
Quand il revient vers la mi-février 1896 jusqu'au début d'avril puis à l'été 1897, le site est inchangé : « ... rien n'a bougé, la petite maison est intacte, j'en ai la clef ...[19] » Après avoir peint une série d'œuvres depuis la plage représentant les falaises de Varengeville qui se terminent par la pointe de l'Ailly, l'année précédente, il change de point de vue et retrouve son promontoire. Installé sur le flanc est de la gorge du Petit Ailly en contrebas de la falaise, le peintre qui avait commencé à travailler aux *Nymphéas* à Giverny, développe une technique de plus en plus épurée, supprimant les détails superflus, simplifiant les formes qu'il dissout dans la couleur frémissante. Sa mise en page originale obstrue presque totalement la ligne d'horizon qui laisse peu de place au ciel qui se confond avec les irisations bleutées de l'eau. C'est à peine si l'on distingue la cabane qu'il cadre à la périphérie inférieure de sa composition, donnant à la falaise une force extraordinaire. Le sujet de Monet est désormais la lumière qui rythme l'espace et modifie les couleurs selon le temps dans des harmonies de plus en plus frémissantes. Ce tableau comme ceux de la série (cat. 28, ill. 05, 06) a été présenté à l'exposition que consacre aux travaux récents du peintre, la galerie Georges Petit en 1898, concurrent direct de Durand-Ruel qui achète pourtant le tableau à Monet à la fin de l'année.

Désormais entre 1897 et 1926, Monet accomplit à Giverny son œuvre testament à travers le jardin qu'il a conçu de toute pièce pour servir son projet dont un quart durant sera consacré au cycle des *Nymphéas*. D'autres séries, comme celle consacrée à *Venise*, viendront le distraire de la démesure de ce travail. Des deuils douloureux[20] marquent la vieillesse du peintre qui peine à retrouver le courage de reprendre ses pinceaux alors que sa vue lui pose d'énormes soucis et c'est sans doute grâce à sa belle-fille Blanche Hoschedé qu'il retrouve le goût de peindre. Son opération de la cataracte en 1923 lui fait retrouver « sa vrai vue », retrouvant ses pinceaux qui seuls lui apportent quelques consolations, il pousse avec une ferveur et une énergie incroyables son sujet jusqu'aux limites sensibles de l'abstraction. « Tandis que vous cherchez philosophiquement le monde en soi, j'exerce simplement mon effort sur un maximum d'apparences, en étroites corrélations avec les réalités inconnues. Quand on est dans le plan des apparences concordantes, on ne peut pas être bien loin de la réalité, ou tout au moins de ce que nous en pouvons connaître. Je n'ai fait que regarder ce que m'a montré l'univers, pour en rendre témoignage par mon pinceau[21]. »

Notes

[1] « Boudin, avec une inépuisable bonté, entreprit mon éducation. Mes yeux, à la longue, s'ouvrirent, et je compris vraiment la nature ; j'appris en même temps à l'aimer. », in « Claude Monet par lui-même », entretien avec le critique François Thiébault-Sisson, *Le Temps*, 26 novembre 1900 – « Si je suis devenu peintre, [...] c'est à Eugène Boudin que je le dois », déclare-t-il à une autre occasion, cité in Sylvie Patin, *Eugène Boudin, les Ciels*, éd. des Falaises, Rouen, 2013, p. 10.

[2] Consulter notamment *Nymphéas - L'Abstraction américaine et le dernier Monet*, Musée de L'Orangerie, éd. RMN, Paris 2018. Par ailleurs une exposition est en préparation au Musée Marmottan-Monet sur le duo *Bonnard-Monet*.

[3] Les frères Manet font partie de ceux qui aideront le jeune peintre à dénouer des situations très décourageantes, tout comme Gustave Courbet qui sera d'ailleurs le témoin à son mariage en 1870 : « Courbet a toujours été pour moi si encourageant et si bon, jusqu'à me prêter de l'argent dans les moments difficiles. », Monet à Gustave Geffroy, in Gustave Geffroy, *Monet, sa vie, son œuvre*, tome 1, 1840-1889, éd. 1921.

[4] Camille Doncieux entre dans la vie de Monet vers 1865 ; elle pose pour lui et lui inspire parmi ses plus belles œuvres ; elle restera l'image délicate des figures en plein air ; le couple se marie en 1870 bien après la naissance de leur premier enfant – Jean, né en 1867. L'arrivée de leur second fils Michel en 1878 affaiblit considérablement la jeune femme qui meurt l'année suivante dans de terribles souffrances. Soignée par Alice Hoschedé qui est venue s'installer auprès du couple avec ses trois filles quelques mois auparavant, lui succédera auprès du peintre. Monet l'épouse en secondes noces en 1892.

[5] C'est le peintre Charles-François Daubigny qui présente Monet à Durand-Ruel en décembre 1870 ou janvier 1871. Le marchand lui achète immédiatement des tableaux peints à Londres. Monet déclarera plus tard : « Durand-Ruel fut notre sauveur », in *Le Temps, op. cit.*

[6] Parmi eux, Monet, Bazille, Renoir, Pissarro, Sisley, Degas et Cézanne.

[7] Ce nom sous forme de boutade lancée par un critique du *Charivari*, n'est guère accepté tout de suite par ce groupe qui ne se réclamaient pas tous des mêmes théories.

[8] Sur le rôle du marchand, voir le catalogue *Paul Durand-Ruel, Le Pari de l'Impressionnisme*, sous la direction de Sylvie Patry, Musée du Luxembourg, Paris éd. RMN, Paris 2014.

[9] Les soucis d'argent seront fréquents pour Monet et même si l'année 1873 est particulièrement florissante, d'autres le seront moins et les soutiens plus rares, le train de vie bourgeois auquel il aspire le conduit dans des situations régulièrement inextricables.

[10] Propos de 1855 dans la revue *Le Sport*, cités in Paul Tucker, *Monet at Argenteuil*, New Haven et Londres, 1982, p. 90.

[11] Monet a sans doute empruntée cette idée d'atelier flottant à Daubigny qui avait une embarcation analogue – un *Bottin* - pour peindre les rives de l'Oise à partir de 1857. Lorsqu'il s'agira de quitter Argenteuil, Monet s'arrangera pour conserver ses embarcations et arrivera même à les entreposer plus tard à Giverny. Il possèdera une Norvégienne, modèle de barque très à la mode à cette époque.

[12] La famille et son personnel y habiteront deux maisons successivement, rue d'Isly puis.

[13] Lire Cécile Debray, « *J'ai bien un rêve...* ». *Les* Nymphéas, *paysage d'eau*, cat. *Nymphéas*, op. cit, p. 14-20.

[14] À la suite de ses aînés Delacroix, Courbet et Millet et en tant que normand d'adoption, Monet a sillonné dès la fin des années 60 cette côte, à Étretat, Fécamp, etc.

[15] Wildenstein, 1974-79, vol. II, Lettre 242, à Alice Hoschedé, 15 février 1882.

[16] Lettre 245, à Paul Durand-Ruel 21 février 1882.

[17] Comme l'a précisé Daniel Wildenstein, ces postes de douaniers comme les sentiers qui y mènent ont été créés par Napoléon Ier lors du Blocus continental afin de surveiller les côtes de la Manche. Du temps de Monet, celle de la Pointe du Petit Ailly était utilisée par les pêcheurs qui explique le titre de certaines de cette œuvre sous cette appellation ; voir catalogue raisonné, D. Wildenstein, *Monet ou le triomphe de l'impressionnisme*, Wildenstein Institute/Taschen, cat. n° 730 et suivants, p. 272 et suivants.

[18] Daniel Wildenstein, op. cit, p. 312.

[19] Lettre 1358, à Alice Hoschedé-Monet, 18 juillet 1897.

[20] Alice disparaît en 1911, son fils Jean en 1914, Degas en 1917, Renoir en 1919, ses amis et soutiens Durant Ruel (1922) et Geffroy (1926), sans compter Manet, Mallarmé, Berthe Morisot et Pissarro, disparus depuis bien longtemps.

[21] Lettre de Claude Monet à Georges Clémenceau, 1926, citée in Sylvie Patin, *Monet. « Un œil... mais, bon Dieu, quel œil ! »*, Découvertes Gallimard, Paris, 1991, p. 127.

Jules Pascin

(Vidin, 1885 – Paris, 1930)

Cat. 29
La Blonde Marcelle, 1921
Huile et crayon sur toile
73,8 x 59,2 cm
CR 408
Signé en haut à droite : *Pascin*

D'origine bulgare, Julius Mordecaï Pincas grandit dans une famille cosmopolite[1] de négociants aisés qui désapprouve son orientation artistique en cessant sa participation financière. Après sa formation à Vienne, Budapest et Munich, il fuit son environnement et arrive à Paris à la veille de Noël 1905. Il prend le nom de Jules Pascin, anagramme de Pincas. Il partage le titre de « Prince de Montparnasse » avec Kisling et Modigliani, bien qu'il fréquente davantage la communauté allemande des artistes de Montparnasse : Purrmann, Bing, Brummer notamment. Contrairement à Modigliani, et à beaucoup d'autres artistes réunis à *La Ruche*, il vit relativement à l'aise grâce à son contrat de caricaturiste et d'illustrateur passé avec la revue allemande *Simplicissimus*[2].
C'est justement grâce à ce journal, qu'il rencontre l'artiste français Henri Bing à Munich. Familier de la brasserie du Dôme, célèbre lieu de rencontres et de réunion des artistes de Montparnasse ; c'est dans son atelier de la rue Lauriston que Bing lui présente en 1906 Hermine David. La jeune femme miniaturiste sur ivoire, dont l'élégance tranche avec la bohème parisienne de l'époque, débute avec Pascin une vie radicalement différente de la sienne, l'accompagnant chaque soir dans des fêtes folles, les cafés à la mode, en particulier au Dôme qui est devenu son « foyer ». Dès cette époque Pascin la représente sur des portraits qui attestent de son adhésion momentanée au fauvisme tardif et met en scène la beauté de sa compagne dans des intérieurs épurés. Le couple s'installe quelques années à Montmartre et le peintre occupe un atelier près de celui Kees van Dongen[3]. Parallèlement il a une liaison avec Lucy Vidil[4] qu'il rencontre au printemps

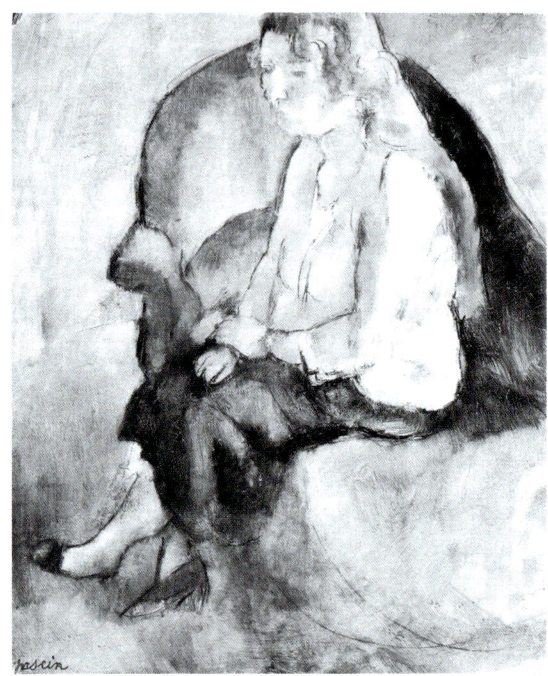

Ill. 01 – Jules Pascin, *La Blonde Marcelle*, 1924, huile sur carton contrecollée sur bois, 55 x 46 cm, Collection Guy Krohg, Oslo.

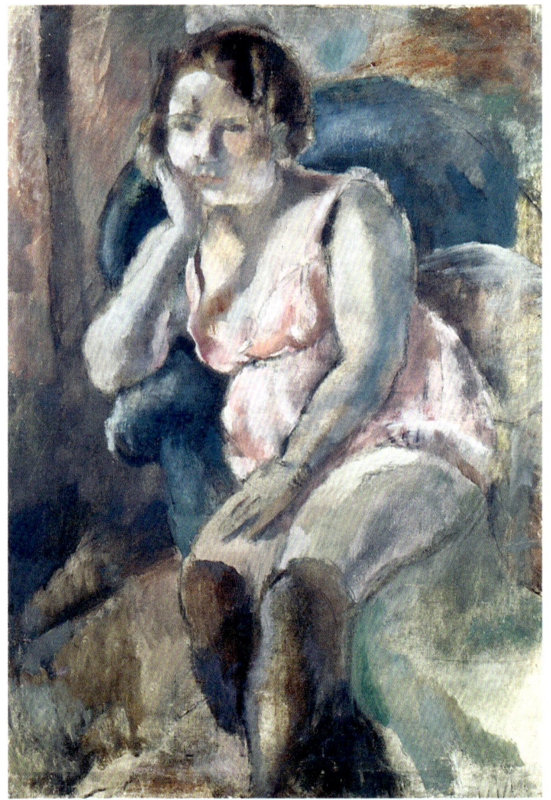

Ill. 02 – Jules Pascin, *Marcelle assise en chemise rose*, Paris 1923, bd de Clichy, huile sur toile, 93 x 64 cm, Musée d'Art Moderne de la Ville de Paris.

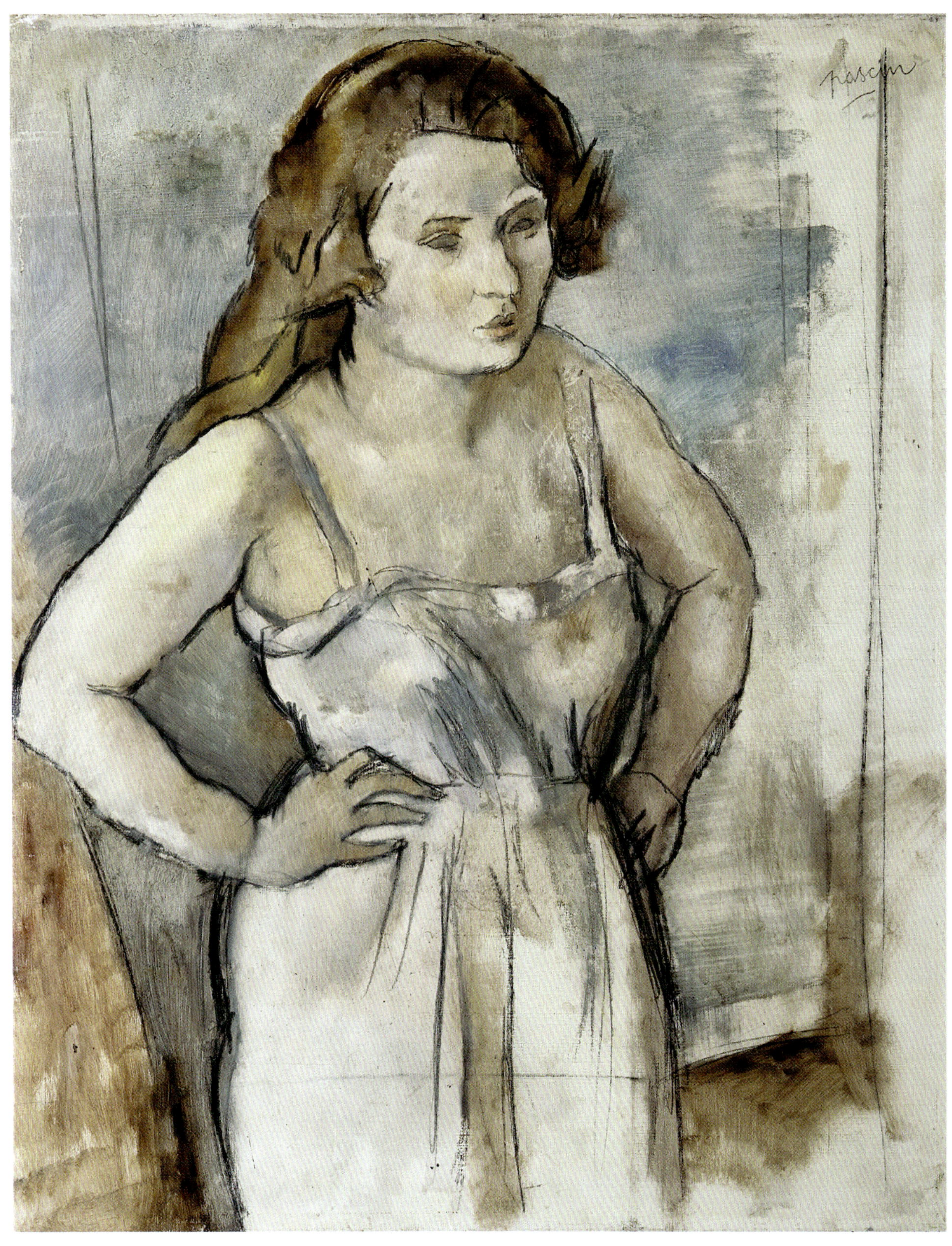

Cat. 29
La Blonde Marcelle, 1921

1910 à l'Académie Matisse ; il noue avec elle une liaison orageuse et sans issue mais très épris, il n'aura de cesse de la retrouver à son retour des États-Unis en 1920.

En effet, craignant d'être inquiété pendant la guerre à cause de sa nationalité bulgare, il quitte la France pour les États-Unis au début du mois d'octobre 1914 ; Hermine le rejoint à la fin du mois et devient sa femme le 25 septembre 1918[5]. Aux États-Unis, il multiplie les représentations d'Hermine et devient un grand spécialiste du portrait. D'un style tout à fait particulier, dont il conservera le caractère toute sa vie ; Pascin utilise essentiellement pour ses portraits des demi-tons de terre très légers (gris, brun, beige, ocre) comme dans ce portrait de *La Bonde Marcelle* (cat. 29), parfois rehaussés de quelques notes de couleurs. Le peintre a mis au point une technique qui donne à la couleur un aspect vaporeux et nacré. Sa composition est tenue par un dessin très sûr grâce à une solide formation initiale et à un travail constant[6]. Pascin inscrit ses figures le plus souvent dans des intérieurs où règne une atmosphère de tristesse confortée par l'attitude mélancolique de son modèle. Ici, le fond à peine esquissé, joue avec les mêmes tonalités de brun bleuté mettant en valeur l'attitude de son modèle campé les mains sur les hanches.

Si Hermine David et Lucy Krogh sont ses inspiratrices privilégiées, il travaille aussi à des tableaux impliquant des modèles de passage ou des prostituées. Il laissera des deux femmes qui ont le plus compté pour lui un nombre important d'œuvres, toutes dominées par la tristesse qui ne cesse de l'habiter et que les deux femmes incarnent à leur façon[7]. Toutefois sa peinture fait place à de nombreux modèles telle que Marcelle, très sculpturale et charpentée qu'il représente seule (ill. 01, 02) ou en duo. Marcelle apparaîtra dans une petite série d'œuvres durant les années 20 à la fois rue Caulaincourt[8] ou le plus souvent dans son atelier de la rue de Clichy[9]. Sa longue chevelure défaite et la légèreté de sa chemise introduisent une once de sensualité dans cet univers chargé de mélancolie.

Au lendemain de la guerre et dans l'euphorie de la paix retrouvée, les Années folles se caractérisent par une frénésie de sortir, de danser, de boire et de se retrouver entre bandes d'amis, animant le microcosme de Montparnasse qui se retrouve autour des cafés du Dôme, de la Rotonde, du dancing le Jockey qui vient d'être inauguré ou encore dans les ateliers de La Ruche. Dès 1923, marchands (Paul Guillaume, Bernheim-Jeune) et collectionneurs (John Quinn, Dr Barnes) sollicitent Pascin. Sa cote grimpe en flèche. Le peintre vit dans une certaine opulence, dépensant sans compter et soignant temporairement son état dépressif en menant une vie débridée de noctambule, organisant de nombreuses fêtes où se presse le Tout-Paris et où l'alcool coule à flots. « On trouve chez lui l'abondance, la volupté mais surtout la diversité des convives : critiques, marchands, poètes, écrivains, prostituées, acrobates, peintres et modèles en petite tenue...[10] » Une fois seul, sa part d'ombre resurgit.

L'artiste en mal de vivre et de reconnaissance, est rongé par l'alcool comme en témoignent plusieurs exégètes sans oublier le récit qu'en fait Hemingway qui le rencontre au Dôme en 1924[11] ; en 1930, Pascin est habité plus que jamais par le doute. Son état dépressif s'aggrave devant les critiques défavorables à l'occasion de son exposition à la galerie Knoedler à New York. Il donne fin à sa vie dans son atelier du 36 boulevard de Clichy dans les pires conditions, le jour du vernissage de son exposition à la galerie Georges Petit en juin de la même année[12]. Le succès commençait pourtant à lui sourire mais las de ses excès[13], tout retour à un équilibre lui semblait insurmontable.

Ce texte publié en 2018 a été remanié pour le présent catalogue.

Notes

[1] Son père est juif espagnol et sa mère serbe d'origine bulgare.

[2] Fondée en 1895 à Munich par Albert Langen, la revue est l'équivalent en France des publications satiriques *Le Rire* ou *L'Assiette au beurre* avec une orientation politique marquée à gauche. La revue allemande publiait déjà les dessins d'Alfred Kubin et de George Grosz ou Thomas Heine notamment.

[3] Ses adresses successives à Paris entre 1905 et 1914 vont varier entre les deux pôles opposés de la capitale entre Montparnasse et Montmartre. Ainsi à son arrivée, il loge jusqu'en 1908 à l'Hôtel des écoles, rue Delambre puis à L'Hôtel Beauséjour, 1 rue Lepic ; il vit un temps Impasse Girardon sur la Butte puis 11 rue Gabrielle non loin du Bateau-Lavoir et enfin à l'Hôtel d'Anvers à deux pas du bd de Clichy. Tout en ayant à partir de 1910 un atelier rue de la Grande Chaumière et à la veille de la guerre 3 rue Joseph Bara, adresse que fréquentaient également Soutine et Kisling.

[4] Cécile Vidil dite Lucy posait comme modèle à l'Académie Matisse ; elle se mariera avec le peintre norvégien Per Krogh (filleul d'Edvard Munch) dont elle divorce en 1931 et crée une galerie dans la foulée. On lui doit, à travers son fils Guy Krogh d'avoir perpétué l'œuvre de Pascin.

[5] Ils acquièrent la nationalité américaine le 30 septembre 1920 en présence de Maurice Sterne et Alfred Stieglitz.

[6] À Paris, il est inscrit à l'atelier Colarossi en classe de dessin et fréquente assidûment le Louvre, où il admire particulièrement l'art français des XVIIe et XVIIIe siècles. Au Luxembourg, les Impressionnistes du legs Caillebotte, l'enchantent.

[7] Pascin trouvera en Lucy la femme forte dont il avait besoin pour lutter contre ses démons ; elle prenait soin d'Hermine qui était une femme sensible et fragile.

[8] Le catalogue raisonné de l'œuvre de Pascin indique que *La Blonde Marcelle* a été réalisé rue Caulaincourt ; Néanmoins, Pascin n'a jamais eu d'atelier dans cette rue ; par contre, le critique André Warnod qui était un de ses amis habitait au numéro 60. C'est là même qu'il était venu peindre le portrait de sa fille de 3 ans Jeanine Warnod. Aussi est-il peu probable que Pascin ait peint ce portrait de Marcelle dans l'univers familial d'André Warnod, dans une atmosphère qui ressemble fort à ceux qu'il peint dans son propre atelier.

[9] Cet atelier situé au dernier étage au-dessus des toits, sans aucun confort avait été celui de Daumier et avait l'avantage d'être très vaste.

[10] Stéphan Lévy-Kuentz, *Pascin*, éd. de La Différence, Paris, 2009, p. 154

[11] Ernest Hemingway, *Paris est une fête*, Gallimard, coll. Folio, 1965, nouvelle éd 2011, p. 135.

[12] Il s'ouvre les veines des deux bras et écrit avec son sang « Adieu Lucy » sur les murs de l'atelier et trouve l'énergie d'achever ce geste fatal en se pendant. Cette histoire tragique comme la mort prématurée de Modigliani dix ans plus tôt et le suicide de sa femme Jeanne Hébuterne de désespoir, ont participé à tisser la légende des artistes maudits de l'École de Paris.

[13] Plusieurs galeries le sollicitent pour tenter de concrétiser un accord mais c'est la galerie Bernheim-Jeune qui lui offre un contrat de longue durée en 1929.

Pablo Picasso

(Malaga, 1881 – Vauvenargues, 1973)

Cat. 30
Femme dans un fauteuil (Dora Maar), 1941
Huile sur toile
100 x 81 cm
Daté au revers « 19 juin 41 »

Dans le panthéon des femmes de Picasso, Dora Maar (1907-1997) qui est l'inspiratrice de cette œuvre de la collection Nahmad (cat. 30) occupe une place particulière, d'autant qu'elle arrive dans sa vie alors qu'il traverse une épreuve personnelle délicate qui l'empêchera même de peindre durant près de 8 mois. Le peintre est en effet toujours dans les complications de son divorce impossible avec Olga[1] et est le père depuis peu d'une petite fille, Maya, née en septembre 1935 de son amour avec Marie-Thérèse Walter. La difficulté pour Dora est de surmonter cette *sur-présence* de la vie de son amant et de la partager. « Dora va être la compagne publique et Marie-Thérèse et Maya incarneront la famille privée. Et la peinture se partagera entre elles [...], chacune focalisant un reflet particulier d'une époque fertile par ailleurs en rebondissements politiques de plus en plus dramatiques » écrit l'un de ses plus fameux exégètes, Pierre Daix[2]. Rien n'est simple dans la vie de Picasso, tout se superpose, comme lors du repli du peintre à Royan au moment de la déclaration de guerre, en septembre 1939 ; il y reste près d'une année entourée de son clan formé par Dora, Marie-Thérèse, Maya, Sabartès et son lévrier, Kasbek. Tel qu'il le dira lui-même à Dora, sa principale rivale n'est pas Marie-Thérèse mais son secrétaire Jaime Sabartés qui trouve Dora d'une très mauvaise influence pour lui. Leur relation est émaillée « de crises de colères et de tentatives de manipulations mutuelles[3] » comme de passions partagées.

Photographe de talent[4], respectée par les surréalistes, intelligente et belle, elle fascine le peintre par sa personnalité indépendante aux antipodes d'Olga et de Marie-Thérèse. Dès leur première rencontre en janvier 1936 par l'entremise de Paul Éluard, les futurs amants commencent un jeu troublant entre séduction et soumission où l'érotisme incarné par Dora est un des axes. Picasso a 54 ans, elle 29 ans. Le peintre est au sommet de son art, il est adulé par l'intelligentsia,

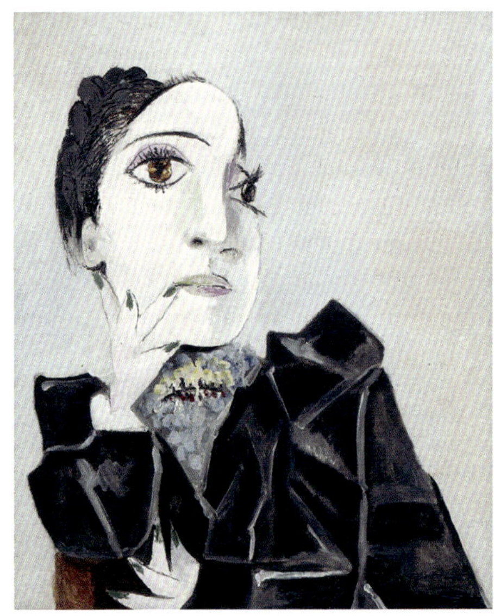

Ill. 01 - Pablo Picasso, *Dora Maar aux ongles verts*, 1936, huile sur toile, 65 x 54 cm, Musée Berggruen, Berlin.

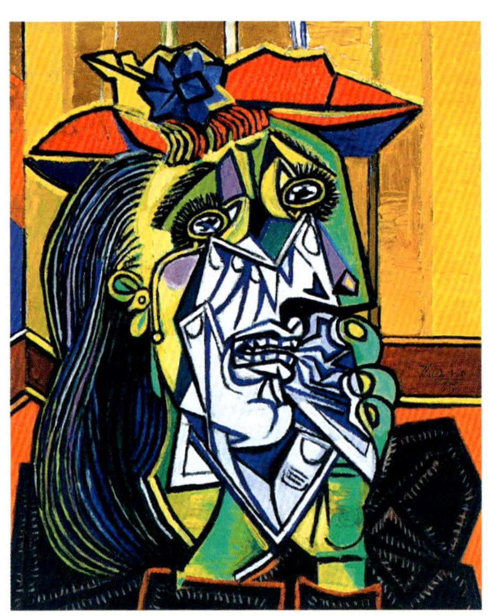

Ill. 02– Pablo Picasso, *La Femme qui pleure*, 27 juin 1937, huile sur toile, 55 x 46 cm, Fondation Beyeler, Riehen/Bâle.

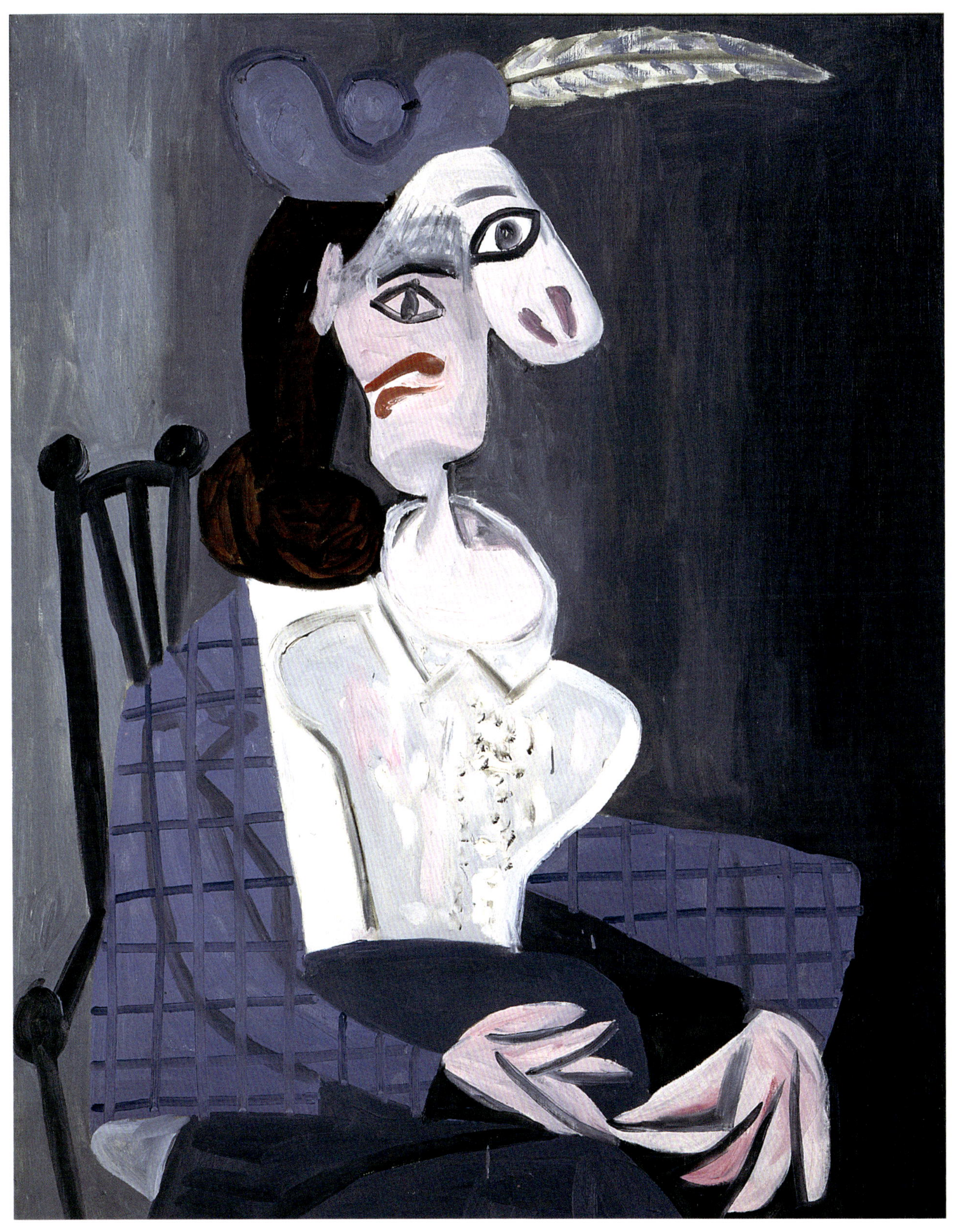

Cat. 30
Femme dans un fauteuil (Dora Maar), 1941

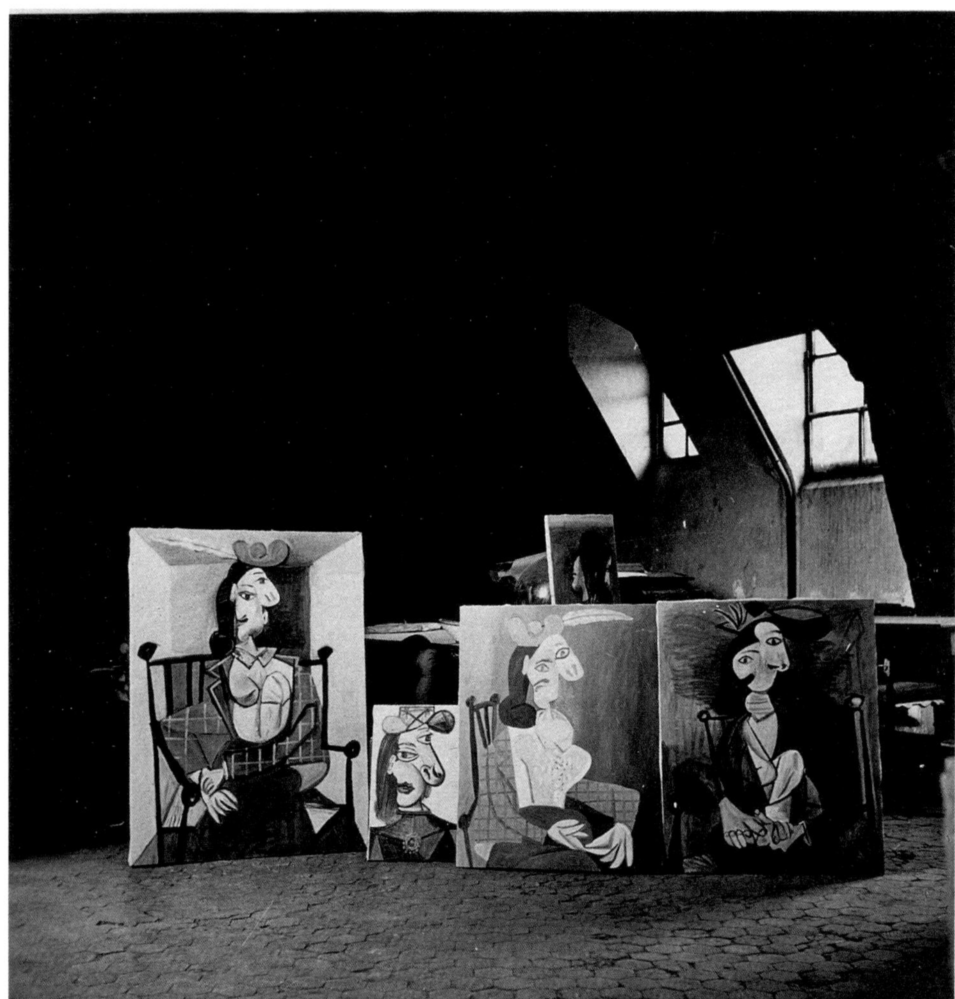

Ill. 03, 03 bis – Dora Maar, *Accrochage de toiles des séries « Femmes assises » et « Femme au chapeau » dans l'atelier des Grands-Augustins*, Paris, 1939, épreuves de contact gélatino-argentique, 6 x 6 cm, Musée national Picasso, Paris.

d'André Breton à Louis Aragon en passant par Georges Bataille ; leurs revues - *Cahiers d'art*, *Minotaure*, *Documents* – parlent régulièrement de son œuvre. Dora bénéficie donc à ses yeux outre sa beauté, de son statut d'ex-maîtresse de Georges Bataille connu pour ses idées libertaires sur l'érotisme, ce qui intrigue probablement Picasso au plus haut point. John Richardson résume ainsi la passion de Picasso pour Dora : « [Dire qu'il était] amoureux résume mal les sentiments de Picasso envers Dora. Je pense qu'il était obsédé par elle, qu'il avait pour elle une passion sexuelle. En outre, Dora n'était pas simplement belle – elle était beaucoup plus intéressante. Elle ajoutait une nouvelle dimension – une certaine classe et un certain vernis – à ses maîtresses[5]. » Les amants fréquentent assidûment le milieu surréaliste qui se retrouvent au Café de Flore ou aux Deux Magots : André Breton et Jacqueline Lamba, Paul et Nush Éluard, Michel et Louise Leiris, Christian et Yvonne Zervos, Man Ray font également partie du cercle des habitués qui se rejoignent sur la Côte d'Azur, lors de moments élégiaques au bord de la Méditerranée.

Il n'en demeure pas moins que l'image de Dora est associée à la période cruelle de la guerre comme aux bouleversements intérieurs du peintre. Sa beauté singulière et son tempérament deviennent sous le pinceau du peintre-minotaure, la femme qui pleure après les événements de Guernica. Elle est celle qui souffre mais qui a les ongles rouges et acérés comme celles qui peuvent se défendre (ill. 01, 02). « Un artiste n'est pas aussi libre qu'on pourrait le croire. C'est vrai aussi pour les portraits que j'ai faits de Dora Maar. Pour moi, c'est une "femme qui pleure". Pendant des

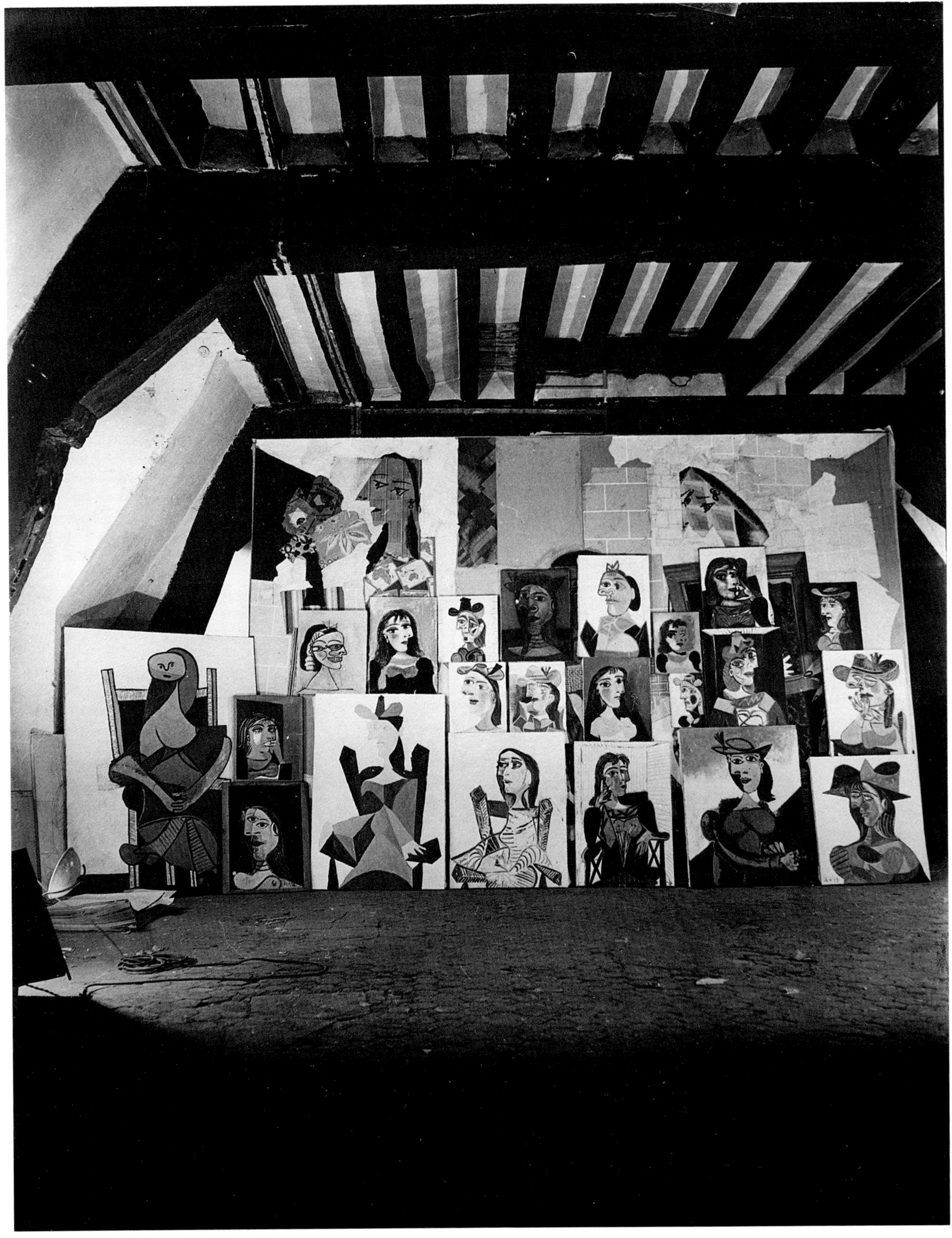

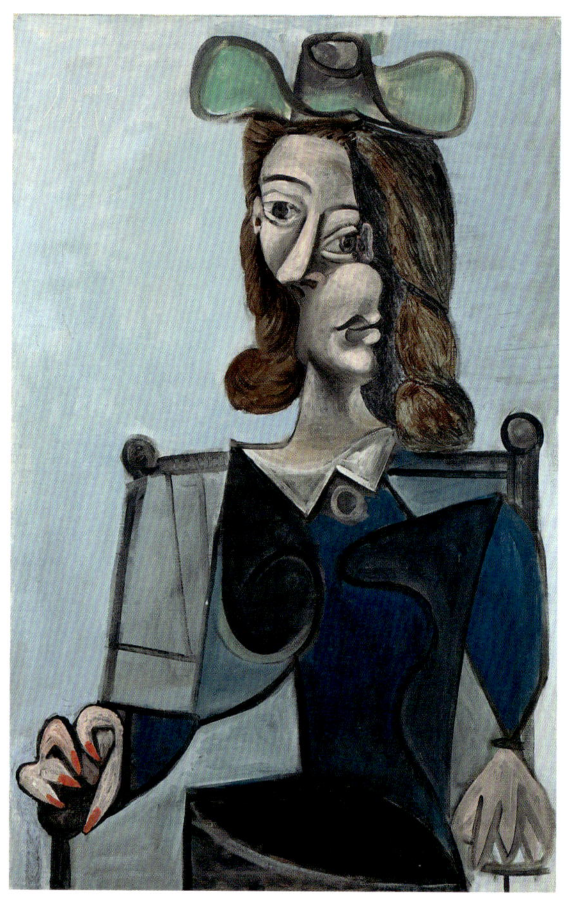

Ill. 04 - Pablo Picasso, *Buste de femme au chapeau*, Paris, 9 juin 1941, huile sur toile, 92 x 60 cm, Musée national Picasso, Paris.

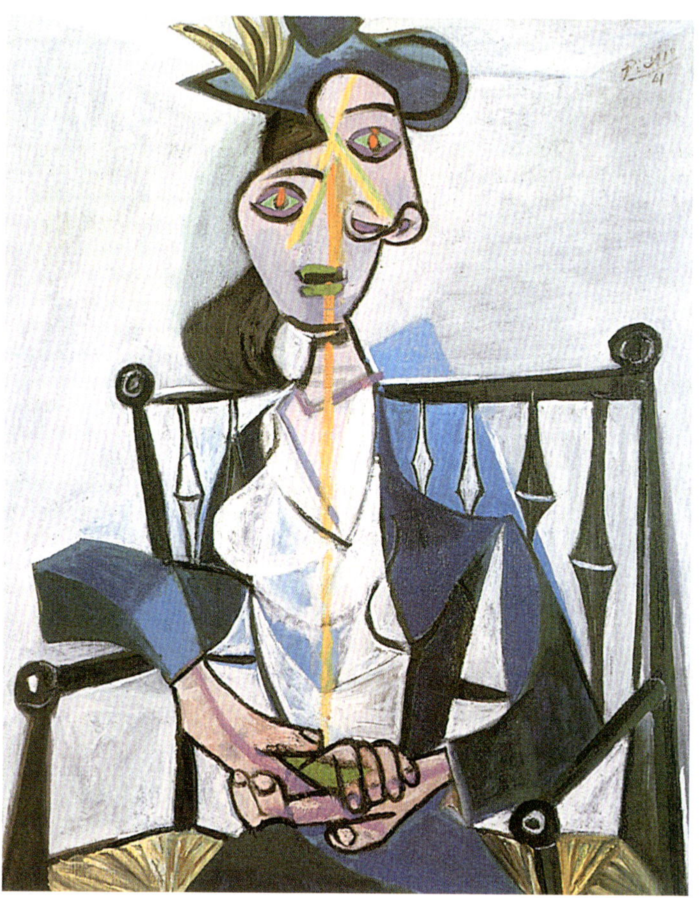

Ill. 05 - Pablo Picasso, *Femme assise dans un fauteuil*, 23 octobre 1941, huile sur toile, 92 x 73 cm, Collection particulière, Zervos XI, 343.

années, je l'ai peinte avec des formes torturées, pas par sadisme ou par plaisir. Je ne faisais que suivre la vision qui s'imposait à moi. C'était la réalité profonde de Dora [...][6]. »

Picasso se jette dans de nombreux portraits et pas seulement de Dora, de Marie-Thérèse encore et de Maya toujours. Il travaille énormément ; il peint des séries importantes de Dora au chapeau ou assise dans un fauteuil. Elle « est le modèle dont Picasso dissèque, comme l'a souligné Richardson, « chacune de ses expressions – sereine, endormie, irritée, amoureuses, compassée, heureuse, maussade, rieuse, pensive, mélancolique, langoureuse, extatique, désespérée, radieuse, renfermée, hystérique[7]. »

Picasso fréquente Dora Maar depuis plusieurs années lorsqu'il peint ce portrait d'elle (cat. 30). Il appartient à la série de « Femmes assises » réalisée dans le vaste atelier de la rue des Grands-Augustins où Picasso avait emménagé en 1937 pour honorer la commande du gouvernement espagnol pour le Pavillon espagnol à l'Exposition internationale de Paris la même année ; la peinture qu'il envisageait et dont le thème lui fut inspiré par le bombardement de la ville de Guernica le 28 avril nécessitait un très grand espace[8]. Il y travaille durant tout le printemps 1937 et le rôle de Dora à ses côtés est essentiel ; elle est *aussi* la compagne de travail. Elle est seule autorisée par le Maître à le photographier en action et documente chaque étape de cette œuvre qui va bientôt devenir la « réponse de l'art moderne à la tragédie[9] » en réalisant un ensemble de photographies qui demeure un témoignage exceptionnel. Elle prend également l'habitude de photographier des ambiances et des ensembles d'œuvres (ill. 03, 03 bis). Sur l'une de ces images, on remarque le tableau de la collection Nahmad au premier plan (ill. 03). Habituellement datée de 1939, la photographie est conservée dans les archives du Musée Picasso et selon toute vraisemblance les tableaux présentés dessus sont tous achevés. Pourtant l'œuvre elle-même est datée précisément au revers du 19 juin 1941. Dora est magistrale et d'une présence inouïe, assise dans son fauteuil, occupant toute la surface de la toile. Son visage maquillé est coupé en deux par une sorte de trompe, ses mains aux doigts en forme de couteaux sont posées sur ses jambes croisées. Son corsage blanc et son visage sont les seules notes claires, le fond gris-noir, habituel de cette période pourrait rendre l'ensemble dramatique si le détail du chapeau à plume et l'élégance de la veste à carreaux ne venaient pas faire obstacle à cette unique interprétation. Serait-ce un clin d'œil du maître aux photographies de mode de son modèle[10] ? Les jours précédents, dans un tableau aujourd'hui au Musée Picasso (ill. 04), Dora apparaît presque souriante les ongles éternellement rouges, ailleurs, le graphisme de son fauteuil est aussi important qu'elle, traversée par un rayon lumineux qui la transforme en idole où la couleur réapparaît temporairement (ill. 05). Ces portraits puissants de Dora sont de véritables étendards d'une nouvelle forme d'art, d'un nouveau langage et c'est probablement Brigitte Léal qui en a le mieux cerné le sens profond : « la fascination qu'exerce sur nous l'image de ce visage admirable, mais souffrant et aliéné, découle incontestablement de sa coïncidence avec notre conscience moderne du corps, dans sa triple dimension de précarité, d'ambiguïté et de monstruosité. Il n'y a pas de doute qu'en signant ces portraits, Picasso a sonné le glas du règne du beau idéal et ouvert la voie à la tyrannie esthétique d'une sorte de Beauté terrible et tragique, fruit de notre histoire contemporaine[11]. »

Ainsi Dora traverse la vie de Picasso jusqu'au début de l'année 1946, alors que sa liaison avec Françoise Gilot[12] a commencé. Celle-ci se souvient : « La chose la plus remarquable chez elle était son extraordinaire immobilité. [...] J'ai été frappée par son intense regard vert bronze et ses mains fines aux longs doigts fuselés[13]. » Pour Pierre Daix, Dora reste inséparable de la période trouble de la guerre et de son engagement politique, marqué par la création de *Guernica*, rappelant, selon les propres mots du maestro, que « la peinture n'est pas faite pour décorer les appartements. C'est un instrument de guerre offensive et défensive contre l'ennemi[14]. » L'historien ajoute « [...] sans parler de tant de portraits et des sculptures qu'elle inspira. Dans les choix politiques et moraux d'une époque aussi cruciale, sa présence, ses idées, ses convictions ont apporté à Picasso une complicité qu'elle était seule, avec Éluard à lui procurer[15]. »

Notes

[1] Mariés sous le régime de la communauté, le divorce voulait dire partage de tous les biens y compris ses œuvres...

[2] Pierre Daix, *Pablo Picasso*, éd. Tallandier, Paris, 2007, p. 363.

[3] Louise Baring, *Dora Maar*, éd.fr. Rizzoli International Ltd, 2017, p. 178.

[4] Consulter cat. exp. *Dora Maar Bataille, Picasso et les Surréalistes*, sous la direction de Victoria Combalia, Centre de la Vieille Charité, Marseille, 2002 ; Anne Baladassari, *Picasso/Dora Maar il faisait tellement noir...*, Musée Picasso, éd. Flammarion/RMN, Paris, 2006.

[5] Propos de Richardson en novembre 2015 à Louise Baring, *op. cit.*, p. 164.

[6] Propos de Picasso, rapportés par Françoise Gilot, op. cit, p. 123.

[7] Pierre Daix, *Le Nouveau dictionnaire Picasso*, coll. Bouquins, éd. Laffont, Paris, 2012, p. 533.

[8] *Guernica* aujourd'hui conservé au Museo Reina Sofia, mesure en effet 3,51 x 7,82 m.

[9] Pierre Daix, *op. cit*, p. 379.

[10] Dans les années 30 elle réalise des photographies pour Schiaparelli notamment.

[11] Brigitte Léal, voir réf. Précise Note 30 livre Olivier Widmaier, p. 76.

[12] En mai 1943, à l'issue d'une crise de jalousie, Picasso dîne au restaurant *Le Catalan* en face de son atelier, où il a pris l'habitude de prendre ses repas durant la guerre, fait la connaissance d'une jeune étudiante de 21 ans – Françoise Gilot, qui accompagne Alain Cuny que connaissait l'artiste. Leur idylle commence l'année suivante mais sa présence se mélange à celle de Dora dans l'œuvre jusqu'en 1946. Françoise s'installe aux Grands-Augustins en mai 1945, Dora n'y était qu'« invitée ».

[13] Françoise Gilot et Carlton Lake, *Vivre avec Picasso*, Calmann-Lévy, Paris, 1965, p. 13.

[14] Pablo Picasso, propos rapportés par Simone Terry, « Picasso n'est pas un officier de l'armée française », *Les Lettres françaises*, Paris, 24 mars 1945, p. 5.

[15] Pierre Daix, *Nouveau dictionnaire Picasso*, *op. cit.*, p. 535.

Odilon Redon

(Bordeaux, 1840 – Paris, 1916)

Cat. 31
Personnage rouge devant un coquillage,
vers 1908-1910
Huile sur toile
92,5 x 65,5 cm
Signé en bas à droite et en haut à gauche

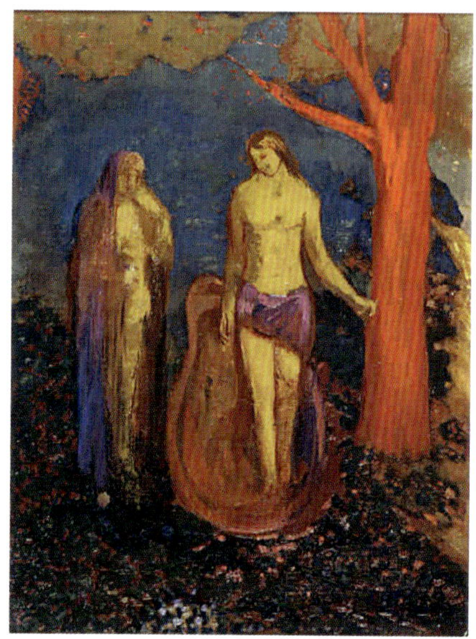

Ill. 01 – Odilon Redon, *Allégorie, arbre rouge*, vers 1905, huile sur toile, 46 x 35,5 cm, Mie Prefectoral Art Museum, Tsu.

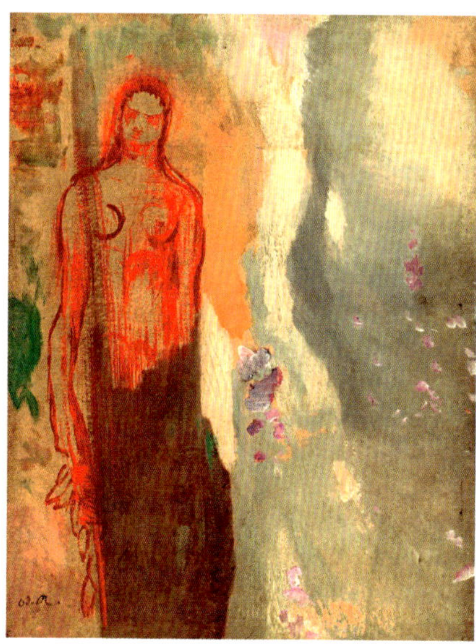

Ill. 02 – Odilon Redon, *Allégorie en rouge*, s.d., huile sur papier contrecollé sur panneau, 30,8 x 24,1 cm, Collection particulière.

Artiste singulier, voire marginal de la génération impressionniste, Odilon Redon participe néanmoins à leur dernière exposition en 1886 qui est marquée par l'apparition des tendances nouvelles, néo-impressionnisme et symbolisme[1]. Surnommé « Prince du rêve » par Thadée Natanson[2], son œuvre reste en effet aux antipodes du fond de réalisme qui fait partie de l'ADN de l'impressionnisme, d'autant que l'artiste est bien trop indépendant pour s'enfermer dans le carcan d'un courant. Les premières phrases de *À soi-même*, journal écrit dès 1867, en disent long sur sa vie intérieure : « J'ai fait un art selon moi. Je l'ai fait avec les yeux ouverts sur les merveilles du monde visible, et, quoi qu'on ait pu en dire, avec le souci constant d'obéir aux lois du naturel et de la vie. » Il ajoute plus loin : « Toute mon originalité consiste donc à faire vivre humainement des être invraisemblables selon les lois du vraisemblable, en mettant, autant que possible, la logique du visible au service de l'invisible. [...] Après un effort pour copier minutieusement [...] toute autre chose de la vie vivante ou inorganique, je sens une ébullition mentale venir ; j'ai alors besoin de créer, de me laisser aller à la représentation de l'imaginaire. La nature, ainsi dosée et infusée, devient ma source, ma levure, mon ferment[3]. » La puissance fantastique du réel constitue ainsi le point de départ de ses rêves comme de ses cauchemars.

Redon est le second d'une famille de cinq enfants, d'un père bordelais et d'une mère originaire de Louisiane, pays où son père a longtemps séjourné. Sa santé fragile le contraint à passer de longs moments dans la propriété familiale de Peyrelebade à la frontière du Médoc et des Landes, dont les paysages déserts environnés de forêts sauvages, vont influencer durablement son imaginaire. Il découvre pendant son adolescence la peinture de Corot, Millet, Delacroix et même Gustave Moreau lors de ses visites des expositions de la Société des amis des arts de Bordeaux.

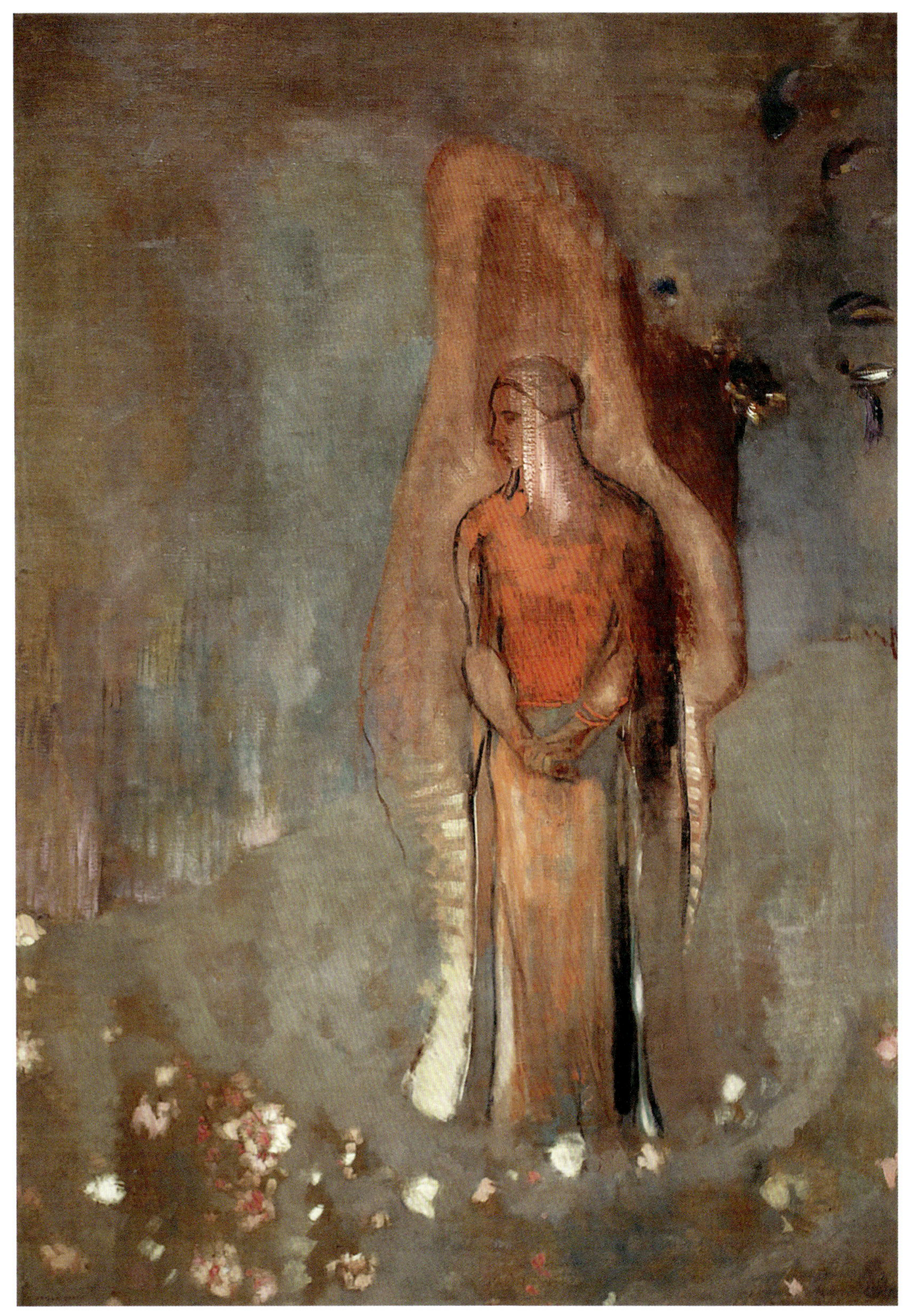

Cat. 31
Personnage rouge devant un coquillage,
vers 1908-1910

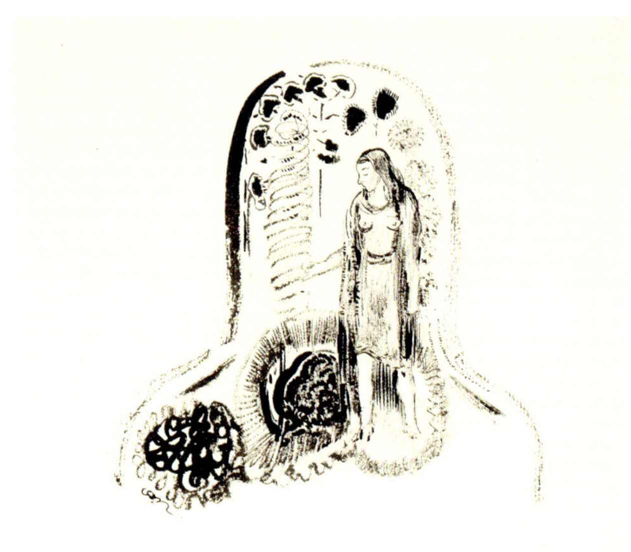

Ill. 03 – Odilon Redon, *Jeune fille dans un jardin de fleurs*, dessin préparatoire pour *La Tentation de Saint Antoine*, encre de Chine sur papier, 15 x 14,7 cm, Collection particulière.

Il participe d'ailleurs dès 1860 comme paysagiste aux expositions de cette Société. Il tente d'entrer, sans succès - avec son frère Gaston - à l'École des Beaux-Arts de Paris dans la section Architecture. De retour à Bordeaux, il suit des cours de sculpture. Son amitié avec le botaniste Armand Clavaud lui ouvre les portes de la littérature romantique et fantastique (Poe, Baudelaire, Flaubert, Shakespeare principalement), de la philosophie bouddhiste et des textes hindouistes (Veda), connaissances qui constituent le socle de sa pensée. Dans le même temps, il fait à Bordeaux une autre rencontre essentielle qui parfait sa sensibilité, celle du graveur Rodolphe Bresdin[4] qui l'initie à l'eau-forte qu'il pratique avec un immense talent, lui révélant les possibilités infinies de cet art « et lui apprend à distinguer dans le fourmillement des apparences une réalité autre[5]. »

À Paris, Odilon Redon s'inscrit à la fin de l'année 1864 dans l'atelier de Gérôme auprès duquel il ne trouve aucune satisfaction. Son enseignement académique et rigide ne convient pas à sa nature, allant jusqu'à le torturer intérieurement, d'autant que sa timidité et sa discrétion notoires ne l'aident pas à réagir : « Il ne me comprit en rien. Je voyais que ses yeux volontaires étaient clos devant ce que voyaient les miens. [...] Peu d'artistes ont dû souffrir ce que j'ai vraiment souffert dans la suite, doucement, patiemment, sans révolte, pour me ranger, ainsi que les autres, dans la lignée ordinaire » confie t-il[6].

L'artiste est finalement admis au Salon en 1867 dans la section gravure après plusieurs échecs successifs. L'année suivante, il se distingue par un compte rendu clairvoyant du Salon pour le compte d'un journal local, *La Gironde*[7], en particulier sur ceux qui deviendront les futurs impressionnistes et les réalistes dont il note le rôle de Courbet, comme chef de file. Il traverse une période de découragement en 1869 qui le fait douter de son art et de lui-même. Engagé dans le conflit de 1870, malade, il est évacué en Bretagne.

Progressivement, Redon travaille son dessin à l'aide du fusain, qui devient son mode d'expression favori[8], enrichit ses gravures d'un monde étrange qui recueillent peu d'échos. Cet univers angoissé des *Noirs*, n'en demeure pas moins, l'essence même de sa personnalité. Il développe au contact de certains philosophes comme Chenavard, ami de Delacroix, qu'il rencontre lors des soirées philosophiques et musicales de Mme de Rayssac, un art secret, baigné de mystère, nourri par ses longs séjours sur les terres de solitude et de tourment de son enfance, à Peyrelebade où il passe désormais la moitié de l'année ; le domaine reste un formidable creuset pour lui dont il aura beaucoup de mal à se séparer en 1898[9]. Il séjourne en 1875 et 1877 à Barbizon où il travaille dans le souvenir de Corot qu'il admire et d'Antoine Chintreuil qui est l'un des cofondateurs avec Édouard Manet du Salon des Refusés de 1863.

À l'heure où les impressionnistes exposent pour la seconde fois en 1876, il ne peut adhérer à leur principe : « Je ne suis pas un *intransigeant* ; je n'acclamerai jamais une école qui, quoique préconisée de sa bonne foi, se borne quand même dans la réalité pure, sans tenir compte du passé. Voir et bien voir sera toujours le précepte premier de l'art de peindre, cela est une vérité de tous les temps[10]. » Toutefois, parmi ces hommes nouveaux, il apprécie particulièrement Degas qu'il a l'occasion de fréquenter sans être intime grâce à son ami le musicien Ernest Chausson. Les deux artistes auront un respect mutuel mais Degas ne sera guère attiré par l'aspect ésotérique de ses œuvres.

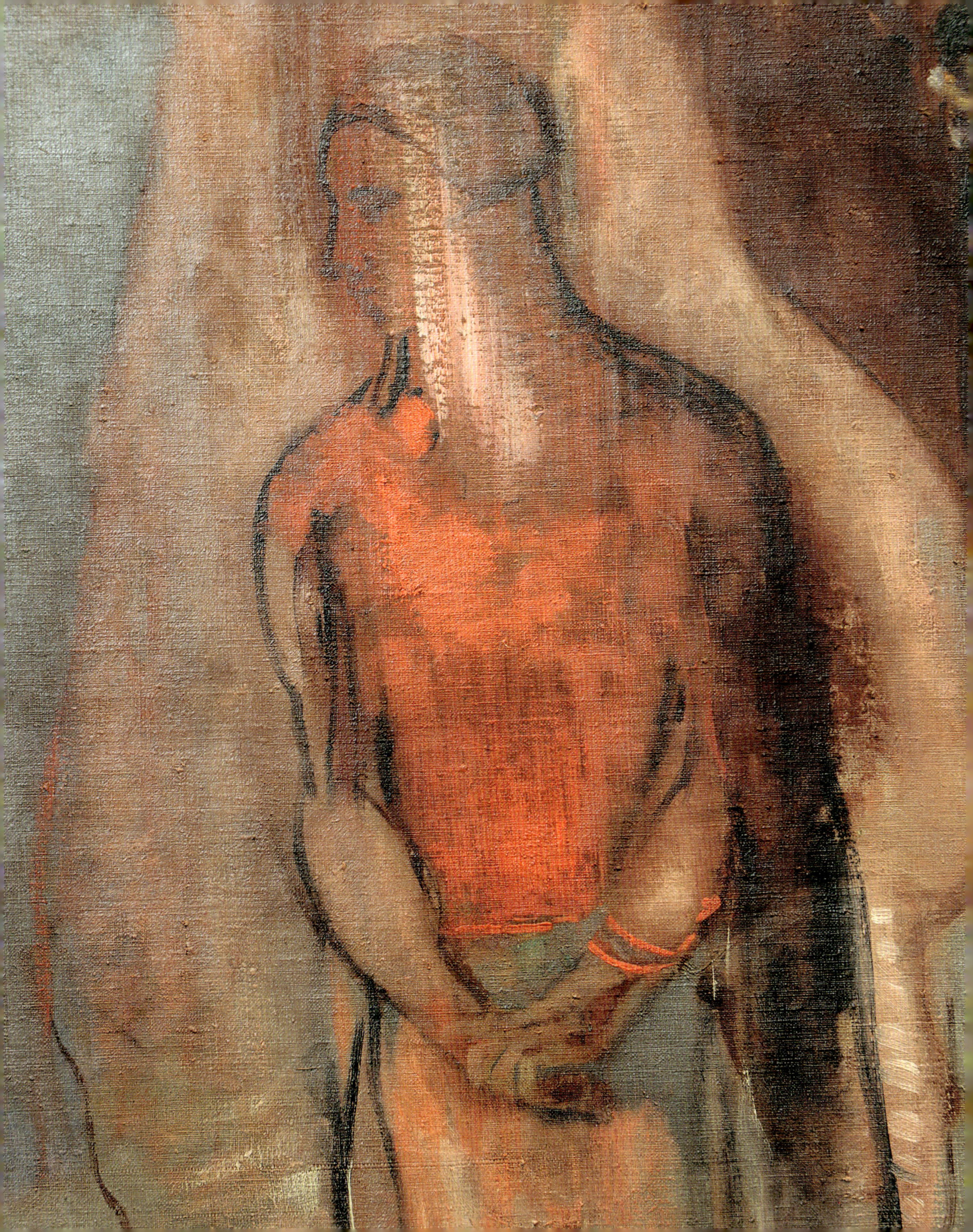

Certains thèmes hantent particulièrement l'artiste, tels que les germinations sous l'influence de Clavaud, les transmutations anatomiques, les origines, les mystères des univers sous-marins, les rêves et les cauchemars ou les grands mythes de l'Antiquité ; un monde onirique, fabuleux et obscur, naît sous son crayon dont il adopte à partir de 1878, la technique du crayon lithographique sur papier report apprise de Fantin Latour qui lui permet de multiplier ses dessins. « Le papier report est excellent pour l'improvisation. Je l'aime beaucoup parce qu'il obéit mieux que la pierre ... Celle-ci ne permet guère les aventureuses entreprises de ma fantaisie. Le papier cède, la pierre résiste. Je ne la comprends qu'après le premier coup de feu, après les chaudes fumées de l'improvisation initiale et sur le papier », déclare-t-il vingt ans plus tard[11].

Il entreprend plusieurs voyages en Hollande, en Bretagne pays qui accueillent favorablement son travail ; il poursuit ses créations d'albums parfois teintés d'événements tragiques de sa vie comme ceux de la mort de sa sœur et de son frère en 1884, le décès de son premier enfant en 1886 (*À Edgar Poe, Les Origines, Hommage à Goya, La Nuit, La Tentation de Saint Antoine, Les Fleurs du mal*, etc.).

À quarante ans, il épouse une jeune fille créole, Camille Falte, qui est d'après Huysmans « en tout point la compagne qu'il faut à l'artiste[12]. » Cette observation, n'est pas sans rapport avec celle de Redon lui-même lorsqu'il avait 29 ans : « On reconnaît un homme au choix qu'il fait de sa compagne, de son épouse. Toute femme explique l'homme dont elle est aimée, et celui-là réciproquement, peut révéler le caractère de celle-là[13]. »
Cette vie amoureuse tardive mais surtout la naissance de son second fils Arï en 1889 ainsi que sa première exposition particulière chez Durand-Ruel en 1894[14] qui stabilise sa situation, semblent concorder avec l'arrivée de la couleur dans son œuvre dans les années 1890, alors que ses *Noirs* commencent à conquérir une certaine célébrité grâce au soutien d'Ambroise Vollard[15]. La mort de Mallarmé en 1898 le bouleverse profondément. C'est d'ailleurs probablement « le dernier choc psychologique d'une carrière qui va maintenant se dérouler harmonieusement et sereinement presque jusqu'à la fin[16]. » L'angoisse disparaît de ses créations mais le mysticisme reste très présent. Une œuvre comme *Les Yeux clos* (Musée d'Orsay) est à ce titre un tournant dans son approche des techniques, car Redon en a réalisé un exemplaire à l'huile, au fusain et en lithographie. La personnalité de Redon et son œuvre conquièrent rapidement les artistes de la jeune génération qui le vénèrent – nabis notamment – lui rendent hommage et exposent avec lui chez Durand-Ruel en 1899[17]. Ils sont souvent invités chez les Redon avenue de Wagram ; il réalisera des portraits de certains (Denis, Bonnard, Vuillard, par ex.). Il alterne désormais les expositions personnelles entre la galerie de Paul Durand-Ruel et celle de Vollard. Les hommages se multiplient : le Musée du Luxembourg lui achète *Les Yeux clos* en 1904 et la même année le jeune Salon d'Automne expose plus de 60 de ses œuvres. Jusqu'à la guerre, Redon se consacre à des recherches techniques, multipliant les commandes en matière de décoration (paravent, tapisseries, panneaux pour le Château de Domecy, Salon de musique de Mme Ernest Chausson, Bibliothèque de l'Abbaye de Fontfroide...). Il passe maître dans l'art du pastel et des couleurs éclatantes, des compositions florales simples et pourtant profondément originales, des peintures où l'homme et la nature vivent des aventures nées de la culture et de l'imaginaire de l'artiste, cherchant la voie de la lumière et de la sérénité.
Ce bel équilibre prend fin avec la guerre alors que son fils Arï est mobilisé.

Cette œuvre de l'ancienne collection Henri Petiet, aujourd'hui dans la collection Nahmad (cat. 31), appartient à la dernière décennie de l'artiste, alors qu'il développe une manière tout-à-fait personnelle dans l'usage nouveau des harmonies colorées. Au tournant du siècle, l'artiste est en effet définitivement acquis à la couleur : « J'ai voulu faire un fusain comme autrefois : impossible, c'était une rupture avec le charbon. Au fond, nous ne survivons que grâce à des matières nouvelles. J'ai épousé la couleur depuis, il m'est difficile de m'en passer, tel qu'il le confie en 1902 à Maurice Fabre[18].
À cette époque, Redon utilise régulièrement l'image

d'un grand coquillage que Camille lui avait rapporté de La Réunion dont il modifie l'échelle selon ses besoins dans ses toiles[19]. Représenté parfois de manière classique à l'horizontale, ici la coquille monumentale est dressée telle une pierre « sacrée » qui joue le rôle de mandorle autour du personnage qui s'y trouve lové. Cette enveloppe symbolique semble contenir une figure mi-homme mi- femme dont le vêtement rouge et ocre s'harmonise avec les parois du strombe. La forme particulière de ce coquillage, telle une oreille, incite à imaginer les facultés d'écoute ou de compréhension de cette figure qui a l'allure des personnages dotés de pouvoir dans l'univers mystérieux du peintre (ill. 01) ; un chamane, un yogi ou un Saint dont la perception intérieure permet de maîtriser l'équilibre de ce monde du silence. Les fonds marins sur lesquels s'inscrit cet être mystérieux, sont traités en deux espaces distincts et neutres, animés par un traitement vaporeux de la couleur, presque abstrait, enrichis dans le bas de la composition par un ensemble de fleurs aux couleurs délicates, dont on retrouve l'atmosphère dans une autre œuvre de la même époque (ill. 02). La posture de cette figure debout les mains fermement croisées donne une force réelle à cette œuvre dont on trouve une filiation proche de certains dessins pour *La Tentation de Saint Antoine* (ill.03), recueil dans lequel Flaubert ne manque pas de descriptions poétiques de ce « berceau de la vie » que sont les eaux primordiales.

De l'époque obscure et mystérieuse des *Noirs* jusqu'à la profusion colorée des dernières œuvres, Odilon Redon a profondément marqué la génération symboliste, Gauguin en tête, puis celle des nabis et des fauves. Bonnard avait pu dire de lui en 1895 : « Toute notre génération subit son charme et reçoit ses conseils[20]. » et Maurice Denis bien plus tard qu'il est « le Mallarmé de la peinture[21]. » Il a été l'explorateur des méandres de la pensée, de l'âme humaine et des mécanismes du rêve. Ses penchants ésotériques gagnent le cœur des surréalistes qui le reconnaissent comme un précurseur et feront beaucoup pour sa reconnaissance posthume.

Notes

[1] Invité par Armand Guillaumin, il y présente une quinzaine d'œuvres (cat. 124-138) et rencontre probablement à cette occasion Paul Gauguin qui sera séduit par ses œuvres.

[2] Thadée Natanson, « Exposition Odilon Redon, » *La Revue blanche*, n° 31, mai 1894, tome VI, p. 470.

[3] Odilon Redon, « Confidences d'artiste », *À soi-même, journal 1867-1915*, éd. José Corti, 1961, rééd. Paris, 2011, p. 9 et p. 28.

[4] L'œuvre fantastique de Bresdin (1822-1885), hermétique pour beaucoup se caractérise par une extrême minutie dans la composition, les détails de sa représentation microcosmique de l'Univers étant sa marque ; c'est Odilon Redon qui organise une rétrospective de son travail au salon d'Automne de 1908, révélant ainsi son œuvre à un plus large public, qui avait déjà séduit Baudelaire ou Théophile Gautier en leur temps.

[5] Sophie Monneret, « Redon », *L'Impressionnisme et son époque*, vol. 1, p. 711.

[6] Redon, *op. cit.*, p. 22.

[7] Ce compte rendu paraît en 3 livraisons, les 19 mai, 9 juin et 1er juillet.

[8] C'est d'ailleurs en 1873, qu'Auguste Allongé publie un traité sur le fusain qui sera publié en plusieurs langues.

[9] « Nous sommes tenus à certains lieux par des attaches invisibles qui sont comme des organes pour l'homme créateur. », Redon, 1910, *op. cit.*, p. 116.

[10] Odilon Redon, mai 1876, *op. cit.*, p. 54.

[11] Seconde lettre d'Odilon Redon à Mellerio, 16 août 1898.

[12] Cité in Monneret, op.cit., p. 713.

[13] Redon, *Op.cit.*, p. 38.

[14] Toutefois en 1889, il participait dans cette même galerie, à la première exposition des *Peintres graveurs*, à l'occasion de laquelle il rencontre André Mellerio (1862-1943), directeur de *L'Estampe et l'Affiche*, auteur en 1896 du *Mouvement idéaliste en peinture*. Il démontrera dans sa préface à l'exposition Redon de 1894, la singularité de l'artiste et son indépendance ; le critique deviendra le grand spécialiste de l'artiste grâce à leur complicité et à l'inventaire général de son œuvre qu'il établit de son vivant.

[15] Très sensible à l'estampe et au dessin, Vollard lui achète à la fin de l'année 1897 un lot important de ses *Noirs* dont l'exposition en mai, accompagnée de pastels est un succès Il publiera en 1899, la suite lithographiée de *L'Apocalypse de Saint Jean*.

[16] Monneret, *op. cit.*, p. 717.

[17] Cette importance de Redon est physiquement visible dans *l'Hommage à Cézanne* (Musée d'Orsay) peint en 1900 par Maurice Denis où le peintre apparaît au milieu des Nabis.

[18] Maurice Fabre est avec Gustave Fayet, viticulteurs dans le Midi, parmi les premiers soutiens privés de Redon.

[19] D'autres sources rapportent qu'un strombe géant lui aurait été offert par le critique Ary Leblond qui l'avait ramené d'un voyage aux Seychelles. Voir cat. *Odilon Redon, Prince du rêve, 1840-1916*, Galeries nationales du Grand Palais, Paris, 2011, p. 406.

[20] Cité in Monneret, *op. cit.*, p. 716.

[21] Maurice Denis, « L'Époque du Symbolisme », 1934, in Denis, *Le Ciel et l'Arcadie*, textes, réunis, présentés et annotés par Jean-Paul Bouillon, Paris, Hermann, 1993, p. 213.

Pierre-Auguste Renoir

(Limoges, 1841 – Cagnes-sur-Mer, 1919)

Cat. 32
Enfant assis en robe bleue (Portrait d'Edmond Renoir fils), 1889
Huile sur toile
65 x 54 cm
Signé en bas à droite : *Renoir*

Cat. 33
Enfant tenant une orange (Portrait d'Edmond Renoir Jr), vers 1889
Pastel sur papier
57,1 x 44,5 cm
Signé en bas à droite : *Renoir*

Cat. 34
Jeune femme en buste, de profil, 1895
Huile sur toile
41 x 33 cm
Signé

Cat. 35
La Leçon (Bielle, l'institutrice et Claude Renoir lisant), vers 1906
Huile sur toile
65,5 x 85,5 cm
Tamponné *Renoir* (Lugt, 2137b, en bas à droite)

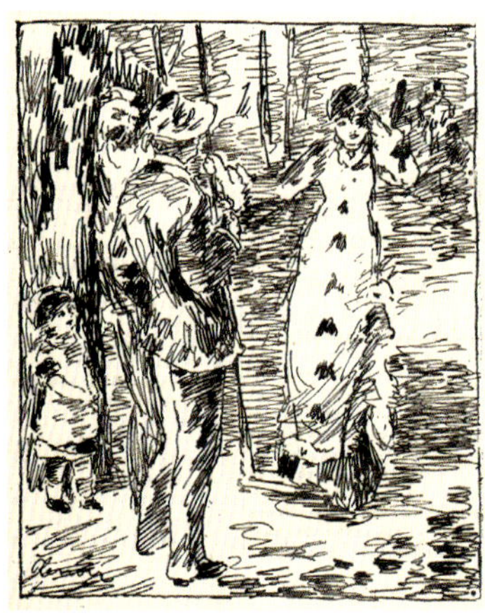

Ill. 01 – Pierre-Auguste Renoir, illustration pour la revue *L'Impressioniste*, 21 avril 1877, (détail), Bibliothèque nationale de France, Paris.

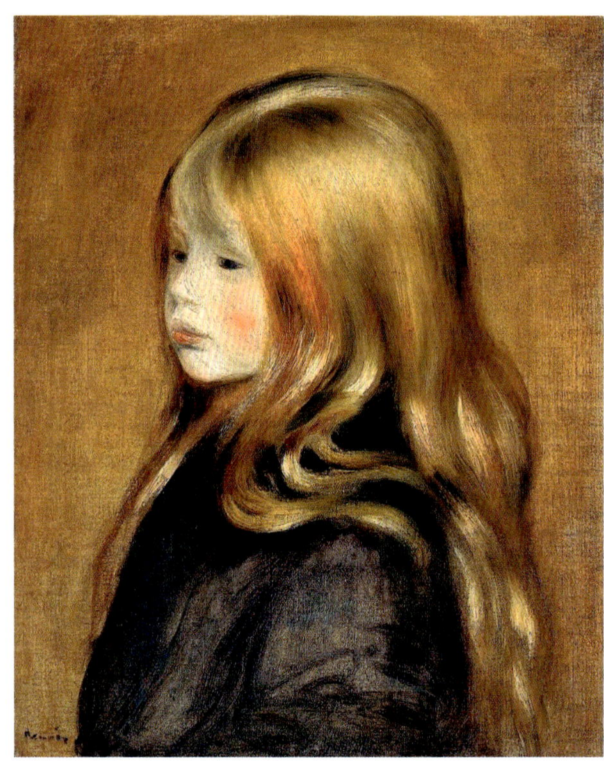

Ill. 02 – Pierre-Auguste Renoir, *Portrait d'Edmond Renoir Jr*, 1888, huile sur toile, 57,1 x 48,5 cm, Denver Art Museum, legs Helen Dill, 1937A.

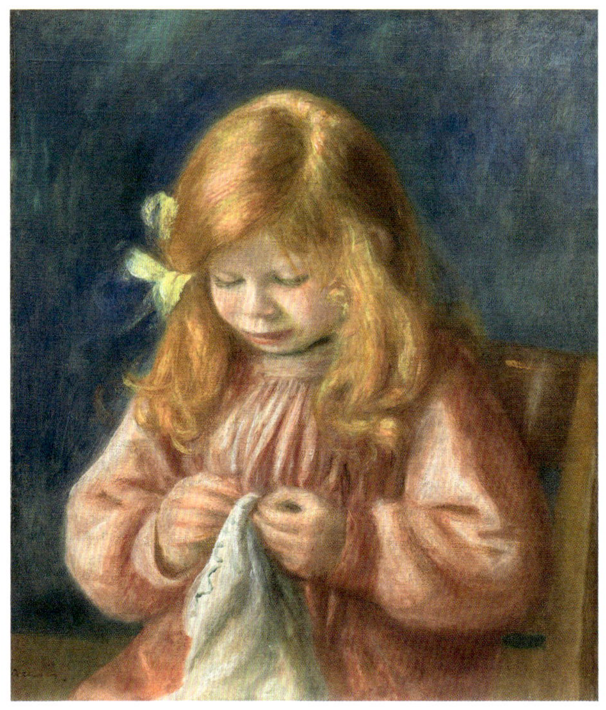

Ill. 03 – Pierre-Auguste Renoir, *Jean Renoir cousant*, 1899-1900, huile sur toile, 54,4 x 46,3 cm, The Art Institute of Chicago.

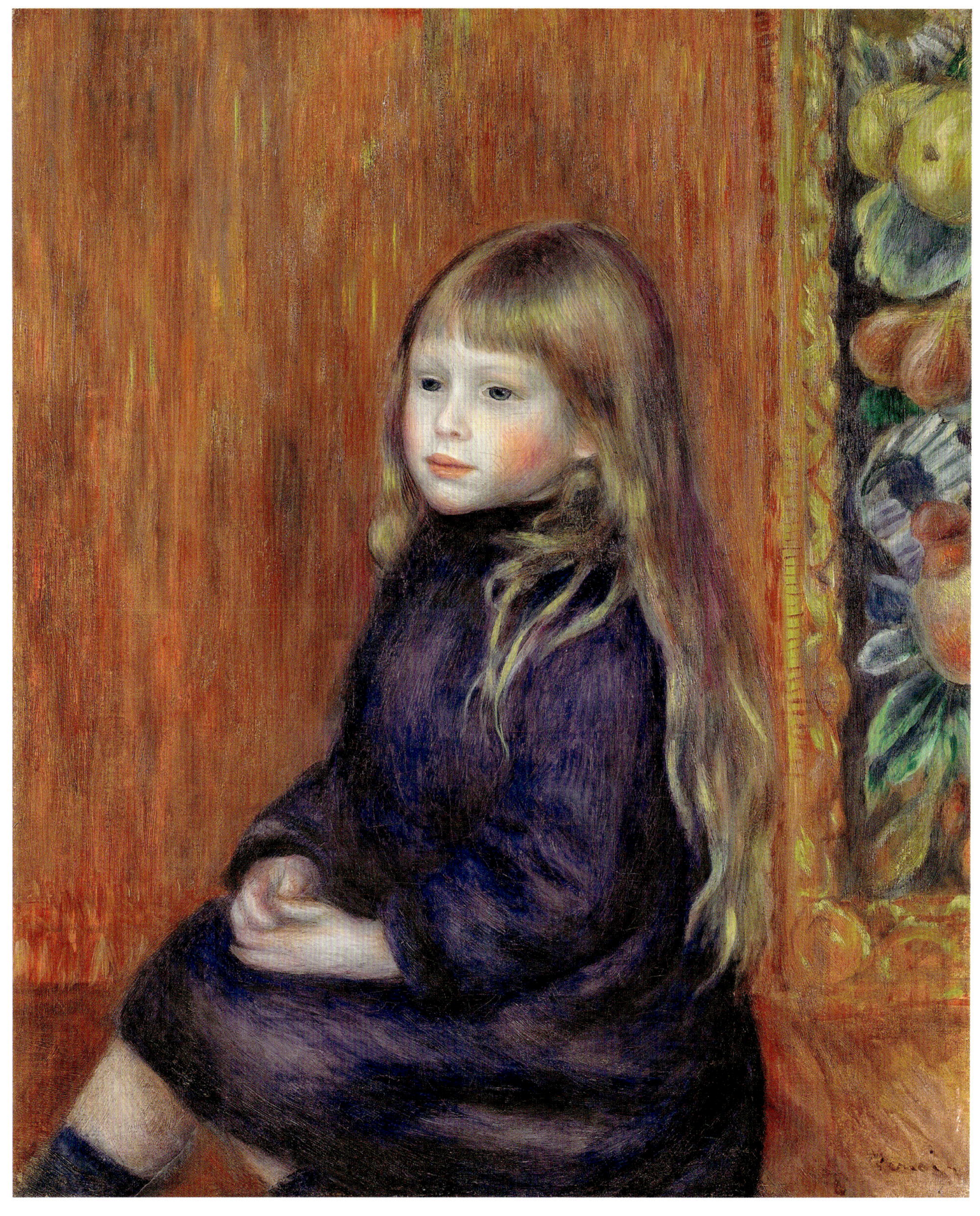

Cat. 32
Enfant assis en robe bleue (Portrait d'Edmond Renoir fils), 1889

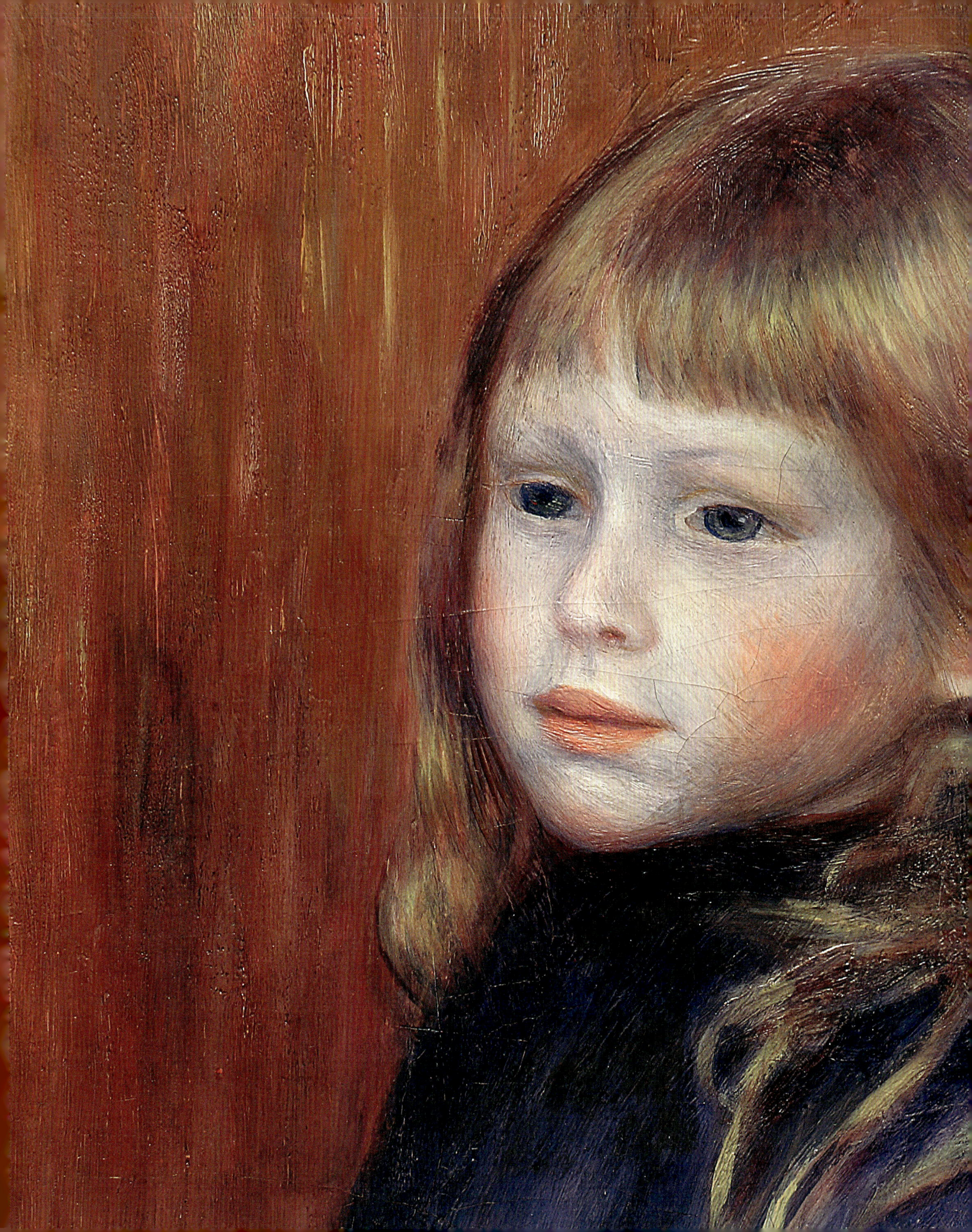

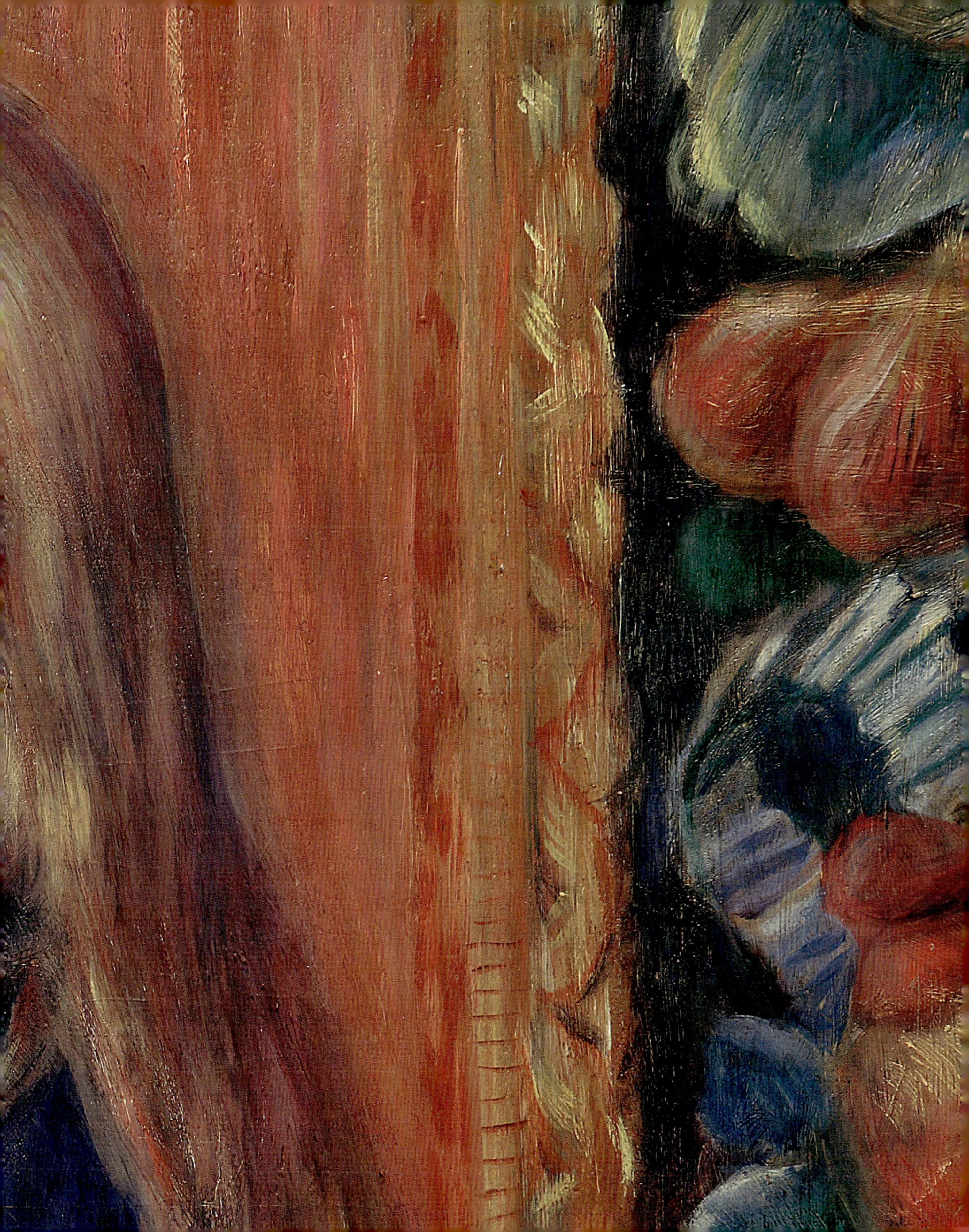

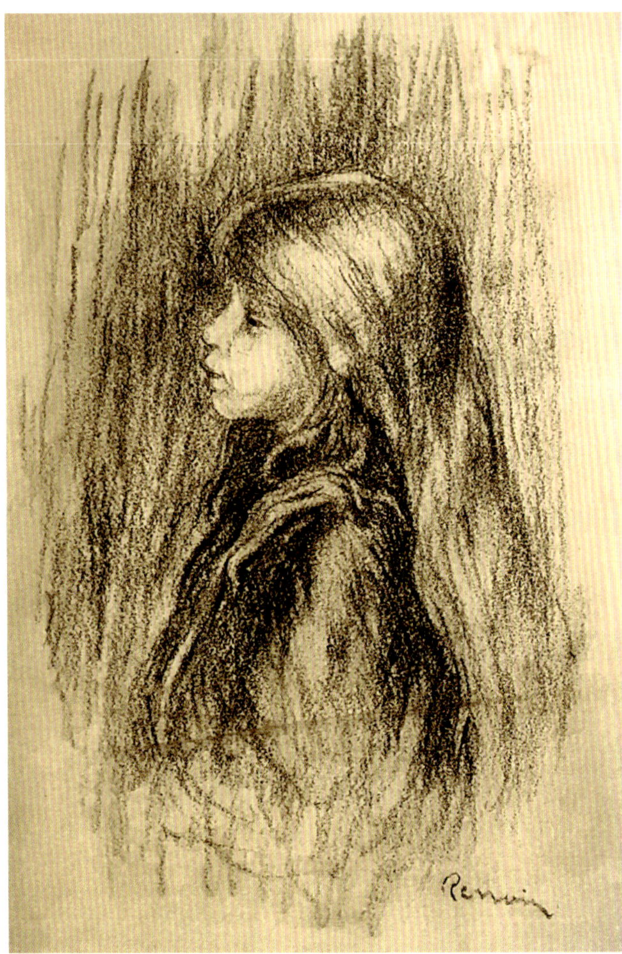

Ill. 04 – Pierre-Auguste Renoir, Étude d'enfant, vers 1905 [1888-1889], sanguine sur papier, Chrysler Museum of Art, Norfolk.

Arrivé à Paris en 1844 avec sa famille, Renoir est peintre sur porcelaine quand il décide de s'inscrire brièvement dans l'atelier de Charles Gleyre rue de Vaugirard où il rencontre Monet, Sisley et Bazille et à l'École des Beaux-Arts. Devenus amis, ils vont bientôt tous renoncer à cet enseignement trop académique à leur goût pour aller peindre directement sur le motif dans les environs de Paris, à Fontainebleau et à Croissy où Renoir peint côte à côte avec Monet des œuvres devenues des icônes de l'impressionnisme. C'est réellement sa découverte de la peinture en plein air et son travail commun avec Monet sur les sites à jamais célèbres que Renoir se façonne un style très personnel. Sa palette s'éclaircit et sa touche se fragmente. De l'époque de *La Grenouillère*, du *Moulin de la Galette* ou de *La Balançoire* (ill. 01) aux dernières années passées à Cagnes-sur-Mer, le peintre a eu une constante, peindre la grâce quelle qu'elle soit.

Avec ses amis, Renoir participera activement à la préparation de la première exposition impressionniste en 1874 dans les locaux du photographe Nadar à Paris.

Renoir est sans doute, parmi les impressionnistes, celui qui connaît le succès le plus rapidement, soutenu par le marchand Paul Durand-Ruel qu'il rencontre en 1872 par l'intermédiaire de ses amis Monet et Pissarro[1] ; il faut néanmoins qu'il attende le succès du *Déjeuner des Canotiers*, 1880-81 (Phillips Collection, Washington) pour que soit reconnu son talent. Cette période d'apogée lui permet désormais de stabiliser une situation financière jusqu'alors fragile et d'assouvir ses rêves d'ailleurs (Marseille, Alger, Italie).

C'est aussi l'époque où paradoxalement, il subit une importante crise esthétique qui lui fait remettre en question tout ce qu'il a fait jusqu'alors, jusqu'aux limites qu'il perçoit dans la technique impressionniste. Il choisit de retourner aux sources et part subitement en Italie, qu'il conçoit comme un voyage initiatique au contact des œuvres de Raphaël qui l'enthousiasment. À Naples les peintures de Pompéi le fascinent. Il regarde et médite plus que jamais. Sur le chemin du retour il s'arrête à Marseille à l'Estaque, voir son ami Cézanne. Son œuvre à venir sera marquée par sa nouvelle approche : « Ainsi à force de voir le dehors, j'ai fini par ne plus voir que les grandes harmonies sans plus me préoccuper des petits détails qui éteignent le soleil au lieu de l'enflammer[2]. »

C'est également aux alentours de 1880, travaillant pour *Le Déjeuner des canotiers*, que Renoir fait poser un nouveau modèle, Aline Charigot qui devient sa femme en 1890[3] ; elle apparaît dans de nombreux tableaux mais sa maternité lui laisse peu de temps pour poser pour son mari et prend à son service sa jeune cousine Gabrielle Renard pour la seconder dans ses tâches de mère. Grâce à son physique et à sa présence, la jeune femme devient le modèle de Renoir dès 1894 dans des scènes familiales puis seule, durant près de 20 ans[4].

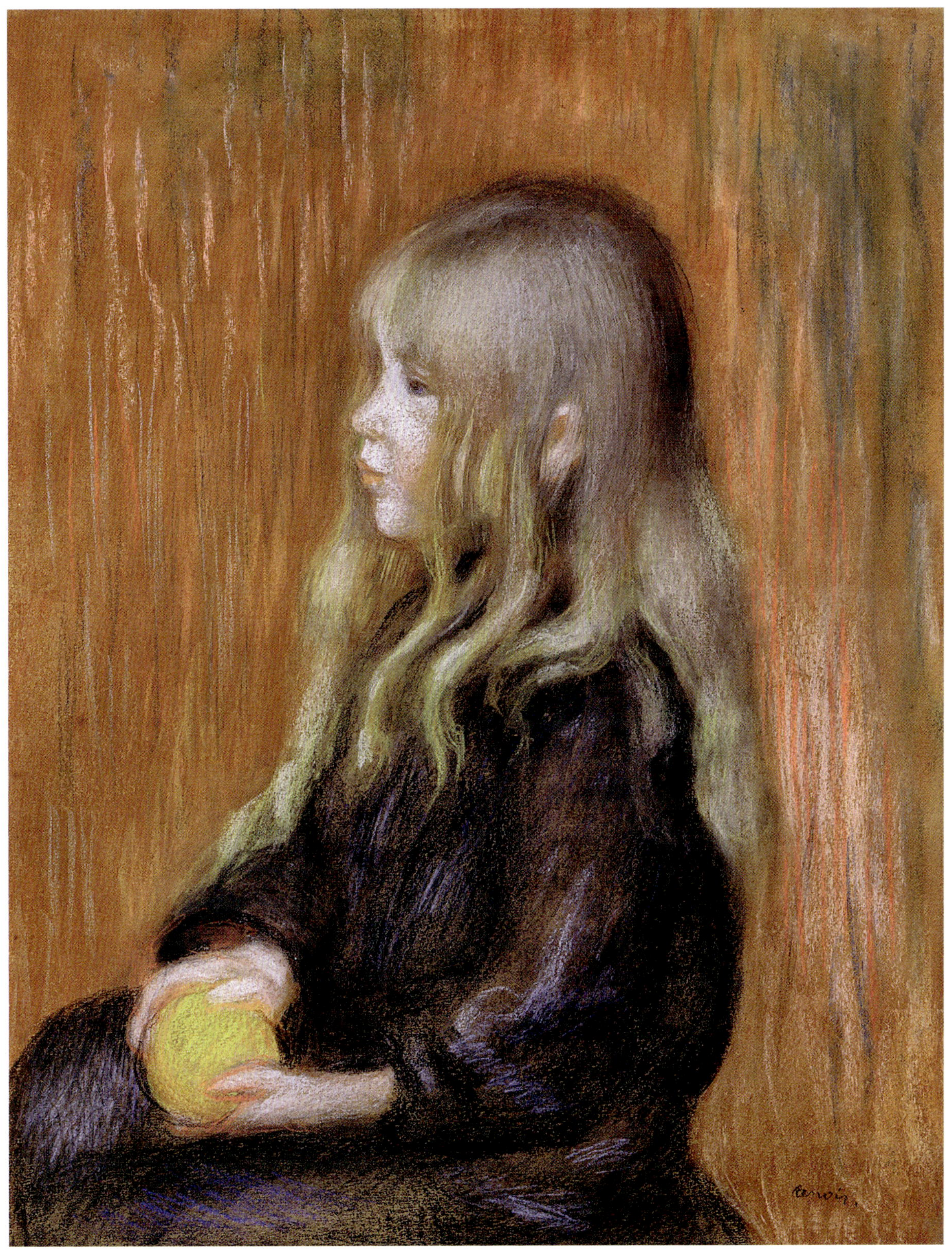

Cat. 33
Enfant tenant une orange (Portrait d'Edmond Renoir Jr), vers 1889

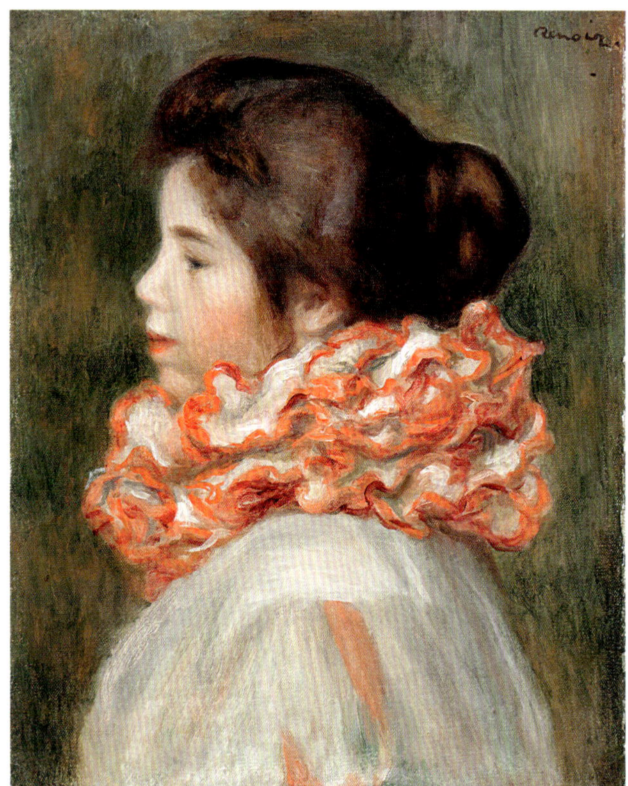

Ill. 05 – Pierre-Auguste Renoir, *Gabrielle à la collerette rouge*, vers 1896, huile sur toile, 41x33 cm, Philadelphia Museum of Art; legs de Charlotte Dorrance Wright, 1978.

Si Renoir a peint ou dessiné de très nombreuses fois ses fils en particulier les deux derniers[5], il a représenté également à plusieurs reprises son neveu Edmond[6] entre 1888 et 1889 (cat. 32, 33, ill. 02). Ce dernier était doté comme ses cousins et comme l'usage l'imposait dans certaines classes sociales, de porter robe et cheveux longs, au point qu'il est difficile de distinguer le sexe d'un enfant tant sur des photographies que sur des œuvres. Cette chevelure magnifique que Renoir refusait de couper à ses propres enfants jusqu'à leur entrée à l'école (ill. 04), lui permettait de jouer avec les nuances infinies qu'offrait la nature. Le témoignage de Jean est à ce titre très touchant : « [...] mon père insistait pour que je garde mes cheveux longs, comme protection contre les coups et les chutes, et qu'à cette raison s'ajoutait de plus en plus le plaisir de les peindre. C'est pourquoi à près de sept ans je me promenais encore avec mes boucles d'un roux doré [7]. »

Le portrait de son neveu n'échappe pas à cette règle. Renoir est très attaché au rendu de la lumière sur cette toison d'or que constitue la chevelure. Que ce soit sur le très beau pastel (cat. 33) où le garçonnet est représenté de profil ou la toile de l'ancienne collection Greta Garbo (cat. 32), Renoir s'attache principalement aux effets de la lumière ; ces deux œuvres sont à ce titre d'une extraordinaire richesse chromatique. Aucun détail ne vient dissiper cette attention portée à la couleur ; dans le pastel, le jeune garçon représenté de profil, les yeux fixés droits devant lui, tient entre ses mains un fruit d'or qui semble échappé de la bande décorative présente sur le portrait à l'huile qui en est une variante. Dans le tableau pourtant, Renoir a préféré une représentation de trois-quarts de l'enfant de manière à insister sur la douceur de sa peau, son regard doux et lointain, presque triste. L'enfant assis sérieusement devant lui semble avoir été soustrait d'un jeu en extérieur qui lui aurait rosi les pommettes, pour se retrouver sagement assis face au maître. Sa bouche également rosée témoigne de toute la tendresse de l'artiste. Edmond n'a que 4 ou 5 ans, soit un an de plus que l'aîné des fils du peintre. C'est principalement à partir de la naissance de Jean, quand le peintre commence à souffrir réellement de rhumatisme aigu[8], qu'il s'éloigne de Paris et s'attarde davantage sur son entourage. La représentation de ses enfants le comble de joie visiblement. Ceux-ci lui offrent un nombre inépuisable de sujets et ses portraits d'enfants font partie de ses plus grandes réussites.

Les deux œuvres (cat. 32, 33) sont très proches l'une de l'autre si l'on excepte la bande décorative présente à droite dans la peinture et la position de l'enfant ; ce sont les mêmes tonalités rouge orangé de la chevelure qui dominent comme celle du fond avec lequel elle s'harmonise. Ce fond faussement uni, que l'on retrouve dans plusieurs portraits est en fait le résultat d'un arrangement décoratif organisé dans l'atelier en fonction de la nature du sujet ou décidé selon la *présence* du modèle : « un fond fabriqué de cotonnades de diverses couleurs unies, fixées au mur avec des punaises » se souvient Jean[9]. Ici l'accord choisi met en valeur la robe aux infinies nuances de bleus profonds teinté de rouge et de violet. Ces deux œuvres s'inscrivent dans la tradition du portrait avec toutefois une grande nouveauté dans le traitement

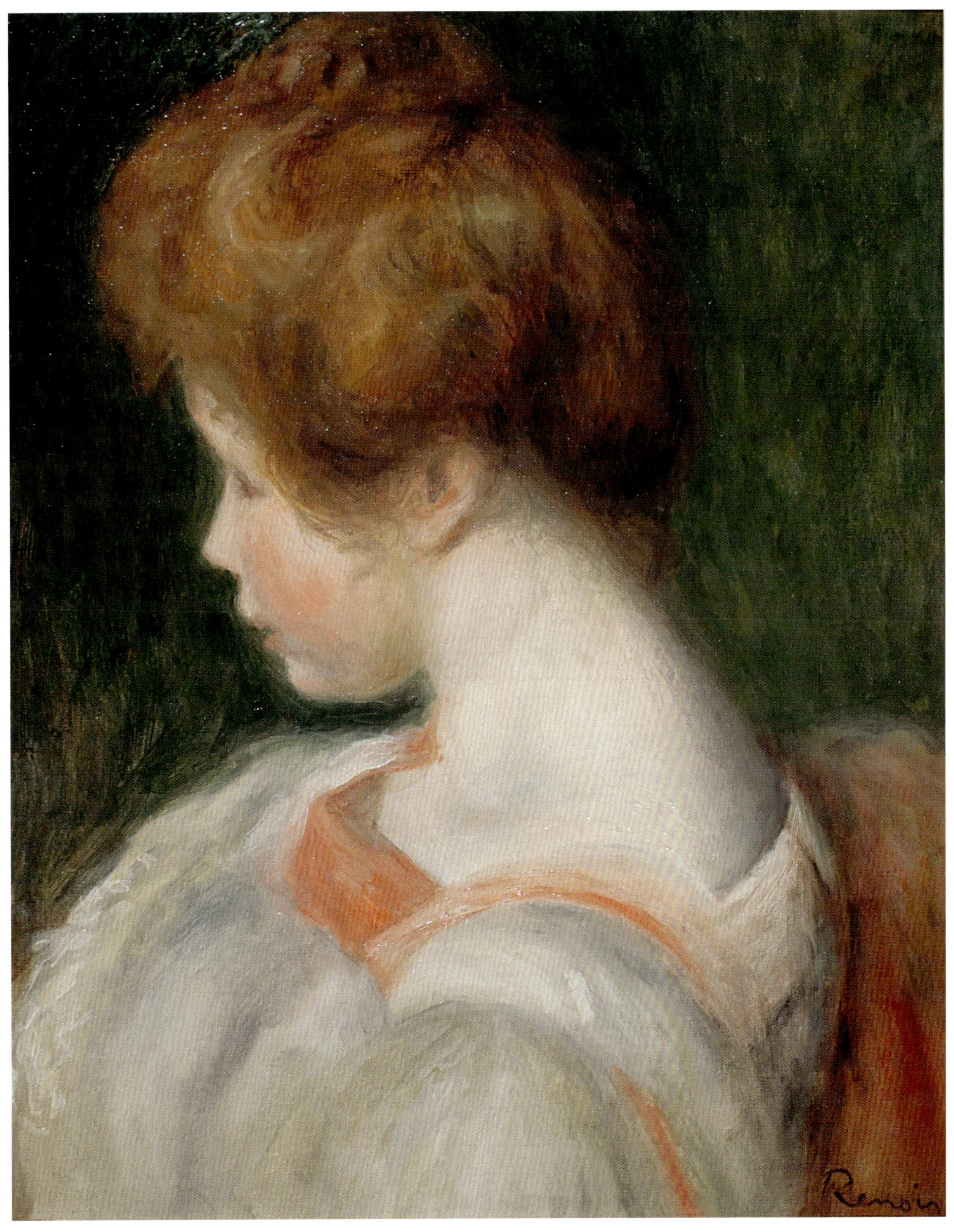

Cat. 34

Jeune femme en buste, de profil, 1895

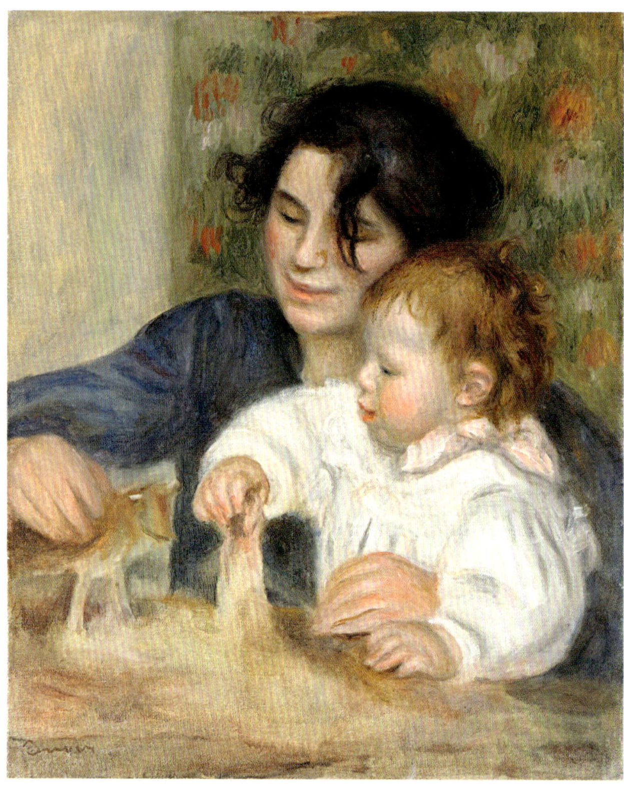

Ill. 06 – Pierre-Auguste Renoir, *Gabrielle et Jean*, 1895, huile sur toile, 65 x 54,5 cm, Musée National de l'Orangerie, Paris.

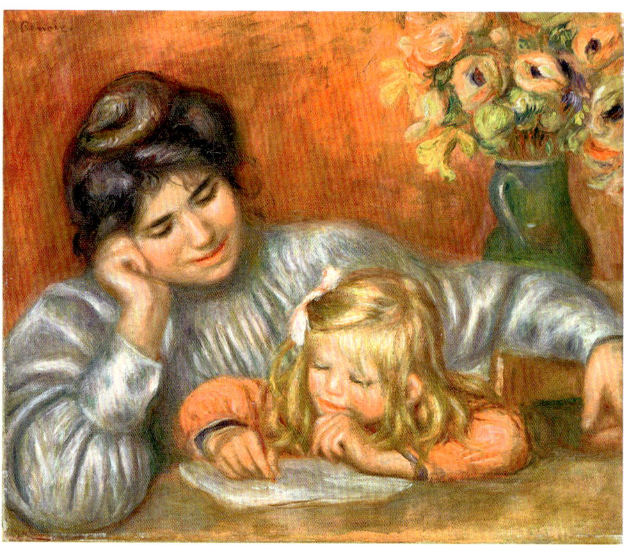

Ill. 07 – Pierre-Auguste Renoir, *La Leçon d'écriture de Coco*, vers 1906, huile sur toile, 54 x 65 cm, Barnes Collection, Merion.

délicat et « lâché » de la touche bien plus disciplinée qu'elle n'y paraît ; la précision d'un dessin préparatoire à la sanguine conservé dans un musée américain nous le prouve.

Les autres œuvres que nous connaissons d'Edmond offrent un cadrage plus resserré aux épaules, marquant ainsi une plus grande rigueur, dans l'esprit des médailles anciennes (ill. 02). À l'époque de ces deux portraits, Renoir est un peintre reconnu ; il est considéré comme l'un des plus grands peintres du courant impressionniste. Son succès se vérifie dans ses expositions aux salons officiels comme à celui plus libéral des Indépendants ; Renoir réservera le même traitement à ses enfants, représentés également avec les cheveux longs, occupés ou non à une distraction comme pour ce charmant *Portrait de Jean cousant* (ill. 03) ou jouant avec des soldats de plomb (Musée de l'Orangerie).

Toutefois, le grand sujet de Renoir reste la figure féminine dont il avoue à son amie Berthe Morisot que « le nu lui paraît être une des formes indispensables de l'art[10]. » Pour cela il travaille avec de nombreux modèles dans son atelier ou en plein air, jusqu'à définir un canon féminin qui lui est propre, reconnaissable entre tous.

Ce charmant portrait de *Jeune femme en buste, de profil* (cat. 34) appartient à la période nacrée de l'artiste comprise entre 1890 et 1900. Il est daté de 1895, soit un an après l'arrivée de Gabrielle au sein de la famille Renoir. L'anonymat du modèle prouve que Gabrielle n'a pas encore acquis à ce moment son statut de modèle favori du maître qui les choisit parmi les lavandières ou autres petits métiers qu'il trouve à Paris ou Essoyes[11]. Les pommettes rosées du modèle attestent de sa timidité face au peintre célèbre qu'il est alors. Présenter le profil de la jeune fille est une façon de mettre en évidence sa peau laiteuse alors que sa coiffure relevée en chignon au-dessus de sa tête met en valeur les courbes délicates de son cou.

Renoir aime peindre des fonds saturés comme ici le vert qui pourrait évoquer une scène en extérieur à l'instar de *Gabrielle à la collerette rouge* (ill. 05) qui est sensiblement de la même époque et de même dimension ; Renoir mise sur l'harmonie et la fluidité entre forme et fond. Le modelé délicat de l'ovale du visage, les joues généreuses et rosées, les nuances de roux de l'épaisse chevelure, sont autant d'éléments valorisés par le cadrage resserré. « Ce que j'aime, c'est la peau, une peau de jeune fille, rosée, et laissant deviner

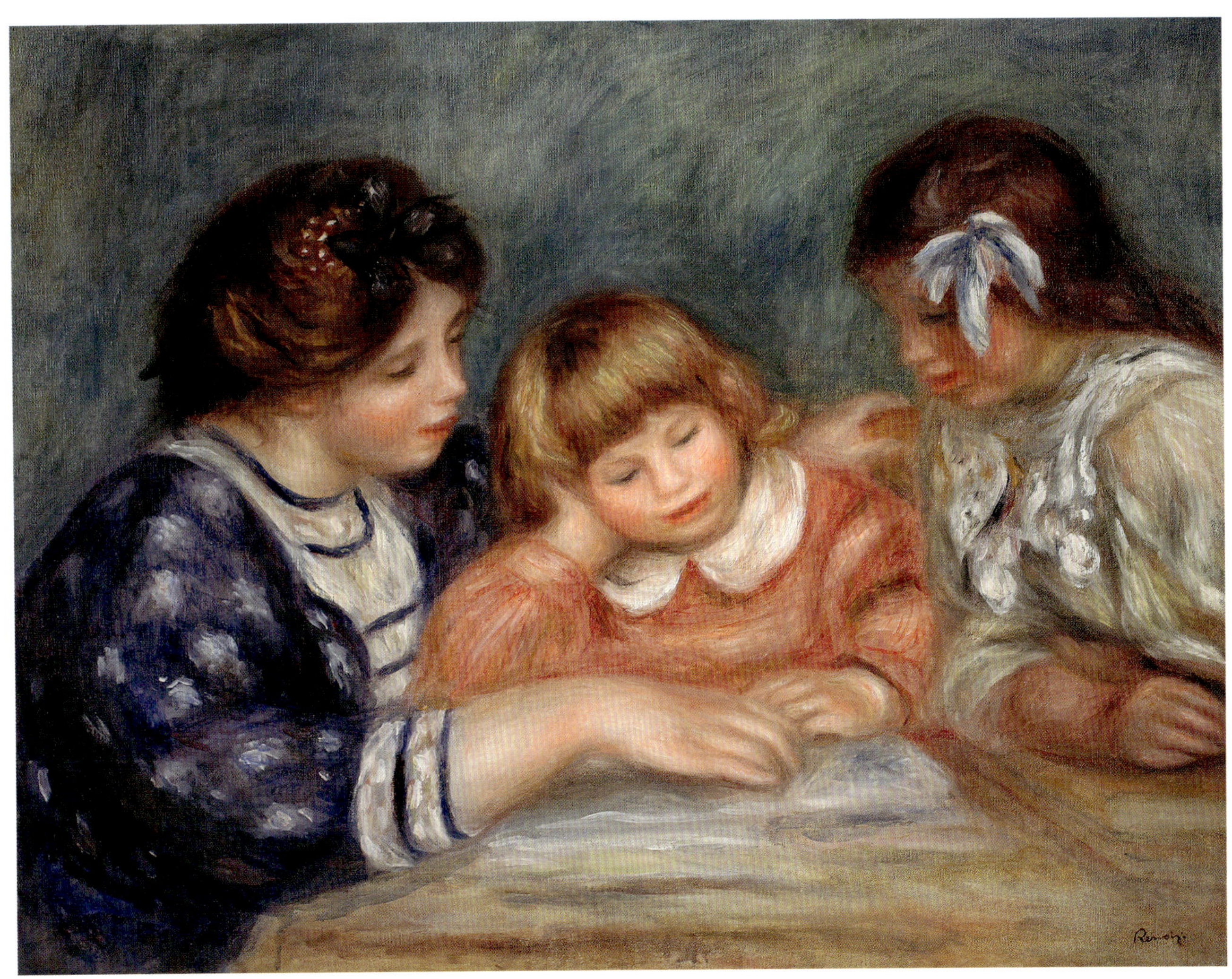

Cat. 35
La Leçon (Bielle, l'institutrice et Claude Renoir lisant),
vers 1906

une heureuse circulation. Ce que j'aime surtout, c'est la sérénité[12]. » a confié Renoir à son fils Jean. La touche est légère, les nuances se fondant les unes aux autres donnant presque le rendu d'une aquarelle.
On sait qu'à cette époque Renoir a multiplié les ensembles de portraits à mi-corps de jeunes femmes élégantes qui ont fait sa réussite financière[13] et il est possible que ce petit tableau délicieux, dans son harmonie subtile de blanc rosé, de rouge et de vert ait été conçu pour séduire une clientèle conquise par « cette petite note de charme » que l'artiste a toujours recherchée dans ses œuvres et qu'il apprécie chez les autres[14].

Parallèlement, la famille du peintre s'agrandit et Aline ne peut se passer de Gabrielle qui s'occupe à merveille des trois enfants de la maisonnée, les faisant jouer, leur lisant des histoires – celles d'Andersen notamment - ou leur préparant leur repas. *La Leçon* (cat. 35) qui place Claude au centre de la composition, appartient à un ensemble d'œuvres caractéristiques où ses enfants apparaissent seuls ou accompagnés de Gabrielle le plus souvent (ill. 06, 07). Ce tableau qui appartint un temps à Jeanne Lanvin, décrit une scène d'une grande simplicité dans laquelle la sensibilité du peintre est palpable. Renoir reste ici fidèle aux plans très rapprochés qui lui permettent de forcer sur la sensibilité de la matière, le rendu des chairs, la transparence et la vibration de la touche. Son fils Claude, qui a alors 5 ans, fait l'objet de toute son attention. Vêtu d'un chandail rouge souligné par le blanc de son col Claudine, typique des enfants de bonne famille, écoute attentif l'histoire de cette institutrice qui ressemble fort à Gabrielle[15]. L'enfant à droite légèrement plus âgé est tout aussi captivé par ce qu'il écoute. Renoir joue avec les différentes variations de couleurs des vêtements de chacun, le rythme des figures et le jeu des regards qui nous conduit à ne plus voir que les mains qui désignent le livre ouvert sur la table. L'objet de cette convoitise d'un blanc bleuté se fond littéralement dans les tonalités ocres de la table. Le fond en camaïeu de bleu et de vert dégage une atmosphère paisible, d'où aucune tension ne semble émaner.

Après l'acceptation par l'État du legs Caillebotte[16] en 1897, la perception des impressionnistes a profondément changé. Ce tableau daté des environs de 1906, à une époque qui voit la disparition de Cézanne et l'émergence de nouvelles avant-gardes, témoigne de la permanence du style très personnel Renoir. Deux ans auparavant, le Salon d'Automne lui rendait hommage ainsi qu'à Cézanne, mais ce n'est que bien plus tard que ses successeurs comprirent la voie qu'il avait ouverte[17].
À la différence de Cézanne ou de Monet, Renoir a longtemps été considéré comme n'ouvrant pas de voies nouvelles, comme celles du cubisme et de l'abstraction. Pourtant de grands peintres tels que Matisse, Bonnard, Maillol ou Picasso, ont porté un intérêt certain aux grandes figures de sa dernière manière ; elles ont nourri leurs œuvres de l'après première guerre mondiale, dans ce retour à la figuration que nos nouvelles avant-gardes réinventaient[18].
Le grand impressionniste s'est donc forgé une place tardive dans le panthéon des peintres annonciateurs de renouveau. Cette longue incompréhension est sans doute le fait de l'apparence a priori légère de sa peinture qui exalte la grâce, représentant un monde idéal peuplé de jeunes filles dorées au soleil et d'enfants modèles.

Notes

[1] À cette époque les deux hommes reviennent d'Angleterre où ils s'étaient réfugiés pendant la guerre, c'est là qu'ils découvrent la galerie londonienne du marchand. Renoir de son côté avait été mobilisé au 10e chasseurs de Tarbes puis démobilisé quelques mois plus tard pour raison de santé. C'est par ailleurs dans la galerie parisienne de Durand-Ruel qu'aura lieu la IIe exposition impressionniste en 1876. Renoir y envoie pas moins de 18 tableaux.

[2] Renoir, Lettre à M. et Mme Charpentier, citée in Sophie Monneret, *L'Impressionnisme et son époque*, coll. Bouquins, Ed. Laffont, Paris, 1979, vol. I, p. 738.

[3] Aline Charigot (1859-1915) lui donnera trois enfants Pierre (1885-1952) acteur, Jean (1894-1979) cinéaste, et Claude (1901-1969) dit Coco, céramiste. Auparavant Renoir a eu deux autres enfants d'une précédente liaison avec Lise Tréhot entre 1866 et 1872.

[4] Gabrielle (1879-1959) est de loin le modèle favori de Renoir figurant dans quelques deux cents tableaux. Elle a seize ans quand elle entre au service des Renoir à l'occasion de la naissance de Jean. La jeune femme épouse en 1910 le peintre américain Conrad Slade. Au fil des années, irritée par sa présence trop envahissante dans les sujets des tableaux de son mari, Aline finit par la congédie en décembre 1913. Gabrielle reviendra au service du peintre après la mort d'Aline en 1915 et deviendra la confidente de Jean et le suivra aux États-Unis avec son mari.

[5] Jean a été portraituré plus de 60 fois, son plus jeune frère Claude, près de 90 fois seuls ou en groupe.

[6] Edmond Renoir Jr (1884- ?), fils unique d'Edmond Renoir et de Mélanie Porteret, ne fut pas journaliste comme son père même s'il fut un homme de lettres et un linguiste apprécié ; son second prénom est Pierre-Auguste, signe du profond attachement des deux frères l'un pour l'autre. D'après le catalogue raisonné de François Daulte, le jeune garçon pose six fois devant lui (Daulte 531-534, 573, 574).

[7] Jean Renoir, *Pierre-Auguste Renoir, mon père*, coll. Folio, éd. Gallimard, Paris, 1981, p. 436.

[8] Renoir a commencé par souffrir de douleurs rhumatismales dès 1889 au bras et à la tête, le paralysant un temps ; ce sont les prémices du mal qui le fera terriblement souffrir et qui fera de la fin de sa vie un supplice. Son état de santé de choisir un climat plus clément et c'est ainsi que le peintre s'installe progressivement dans le Midi avec sa famille. Lire sur ce point l'article de Virginie Journiac, « Renoir à Cagnes », cat. *Renoir au XXe siècle*, sous la direction de Sylvie Patry, Galeries Nationales du Grand Palais, éd. RMN, Paris 2009, pp. 88-95.

[9] Jean Renoir, *Pierre-Auguste Renoir, mon père*, éd. Gallimard, coll. Folio, Paris 1999 (1ère éd., 1962), p. 334.

[10] Propos cités in Denis Rouart, *Correspondance de Berthe Morisot*, éd. Quatre-Chemins Editart, Paris, 1950, p. 128 ; repris in *Renoir, Écrits et propos sur l'art*, réunis, présentés et annotés Augustin de Butler, éd. Hermann, Paris, 2009, p. 183.

[11] Délaissant la capitale sous la pression de sa femme, il découvre en 1888 le petit village d'Essoyes, en Champagne dont elle est originaire. Le couple finit par y acheter une maison en 1898. Aux modèles coûteux de la capitale, succèdent les lavandières ou des modèles non professionnels qu'il préférait. D'après son fils jean, « il haïssait les modèles figés par leur volonté de garder la pose. »

[12] Jean Renoir, *op. cit*, p. 125.

[13] Voir cat. *Renoir au XXe siècle, op. cit.*, p. 189.

[14] Propos de Renoir au sujet des dessins de Bonnard pour le roman *Marie* de Peter Nansen, parus en 1898 aux éditions de *La Revue Blanche* et que le maître impressionniste avait vus ; il écrit à Bonnard ces mots : « ...Vous avez une petite note de charme. Ne la négligez pas. Vous rencontrerez des peintres plus forts que vous, mais ce don est précieux... », cité in Antoine Terrasse, *Bonnard*, coll. Le Goût de notre temps, éd. Skira, Genève, 1964, p. 40.

[15] Il n'est d'ailleurs pas impossible qu'il s'agisse bien de Gabrielle, tant « Bielle » paraît être un diminutif.

[16] Renoir a été l'exécuteur testamentaire de ce legs qui permit notamment à son grand tableau *Le Moulin de la Galette* d'entrer dans les collections nationales.

[17] Il faut exclure le cas de Bonnard qui de son côté regarde l'œuvre de Renoir comme celle d'un aîné et peint très probablement sous son influence, son grand tableau des *Trois Grâces*, 1908. Voir aussi, cat. *Renoir au XXe siècle, op. cit.*

[18] Voir cat. *Renoir au XXe siècle, op. cit.*

Alfred Sisley

(Paris, 1839 – Moret-sur-Loing, 1899)

Cat. 36
La Berge à Saint-Mammès, vers 1884
Huile sur toile
54 x 73 cm
Signé en bas à gauche : *Sisley*

Cat. 37
Les Coteaux de Veneux, vus de Saint-Mammès, 1884
Huile sur toile
55 x 73 cm
Signé et daté en bas à droite : *Sisley 84*

Cat. 38
La Crue du Loing à Moret, 1889
Huile sur toile
60 x 73 cm
Signé, daté en bas à gauche : *Sisley 89*

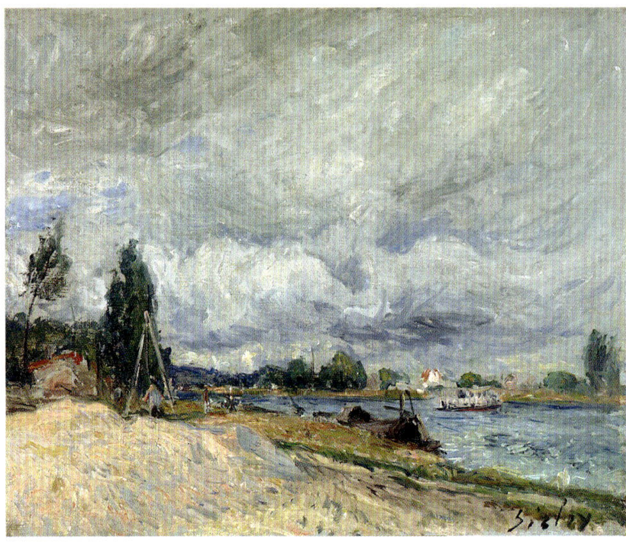

Ill. 01 – Alfred Sisley, *Les Bords du Loing*, 1878-1879, huile sur toile, 38,5 x 46,5 cm, Musée d'Orsay, Paris, dépôt au Musée d'Art Moderne de Strasbourg.

Membre du groupe des Impressionnistes, Alfred Sisley est resté toute sa vie fidèle au paysage comme aux théories atmosphériques qui ont guidé le groupe, sans jamais s'en éloigner ni bouleverser fondamentalement la peinture de paysage malgré sa touche poétique incontestable. En effet, Sisley ne sera jamais reconnu comme un chef de file de l'impressionnisme. Moins prompt à se faire connaître que Renoir, Monet ou Degas, réunissant pourtant autour de lui un petit cercle de collectionneurs, ce n'est qu'à titre posthume que son œuvre atteint une certaine gloire.

Négociant en textiles à Londres puis responsable d'une affaire d'exportation de fleurs artificielles à Paris, son père William[1] le destine à une carrière commerciale et l'envoie à Londres en 1857 pour se former. Le monde des affaires et la City intéressent peu le jeune Alfred ; c'est au contraire dans les musées et les galeries qu'il visite assidûment, que sa vocation se précise devant les œuvres de Constable, Turner ou Bonington. Il se passionne également pour le théâtre et la littérature anglaise, Shakespeare principalement. De retour à Paris, il est déterminé à devenir artiste et suis un temps les cours académiques de Charles Gleyre avant d'intégrer l'École des Beaux-Arts. C'est à cette époque qu'il se lie d'amitié avec Renoir, Bazille et Monet. Ils partagent ensemble des motifs dans la forêt de Fontainebleau, berceau des peintres de Barbizon, pour ensuite poser leur chevalet seul ou en groupe sur les berges de la Seine à Argenteuil, Bougival, Louveciennes et Marly ; dans le même temps, les origines anglaises de Sisley faciliteront ses déplacements à Hampton Court (1874) et plus tard au Pays de Galles (1897).
Malgré tous ses efforts, il ne parvient pas à exposer au Salon avant 1866 mais y sera régulièrement refusé ; le Salon est pour l'heure encore, la seule plateforme de reconnaissance publique pour un artiste, chaque refus est vécu comme une blessure. Membre fondateur de la Société anonyme coopérative des peintres, sculpteurs, graveurs, etc. qui organise en 1874 ce que l'on a appelé la première exposition impressionniste, Sisley participera à quatre expositions sur les huit qui seront organisées entre 1874 et 1886 (1874, 1876, 1877 et 1882).
Malgré le soutien de Paul Durand-Ruel et de quelques collectionneurs parmi lesquels Victor Chocquet[2]

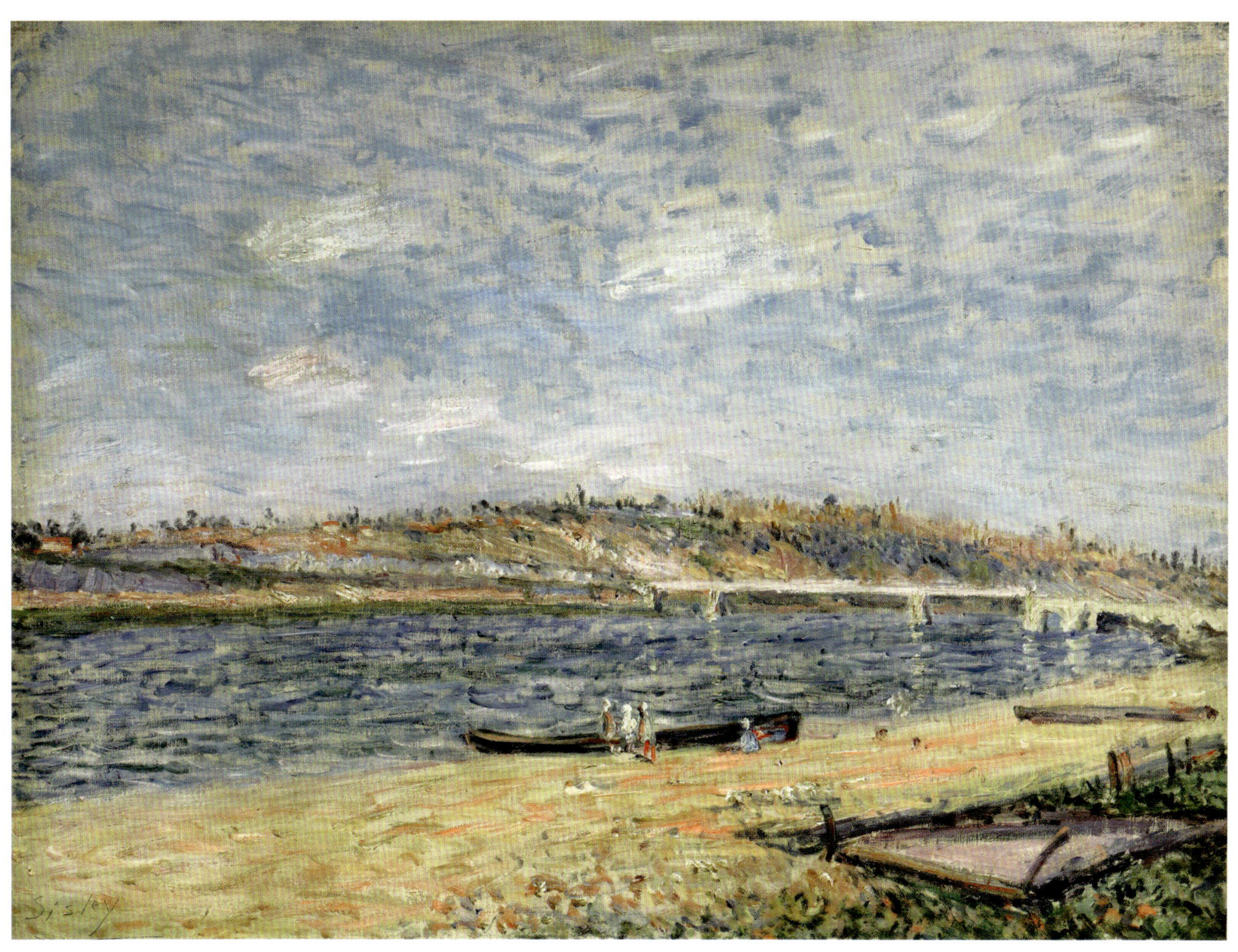

Cat. 36
La Berge à Saint-Mammès, vers 1884

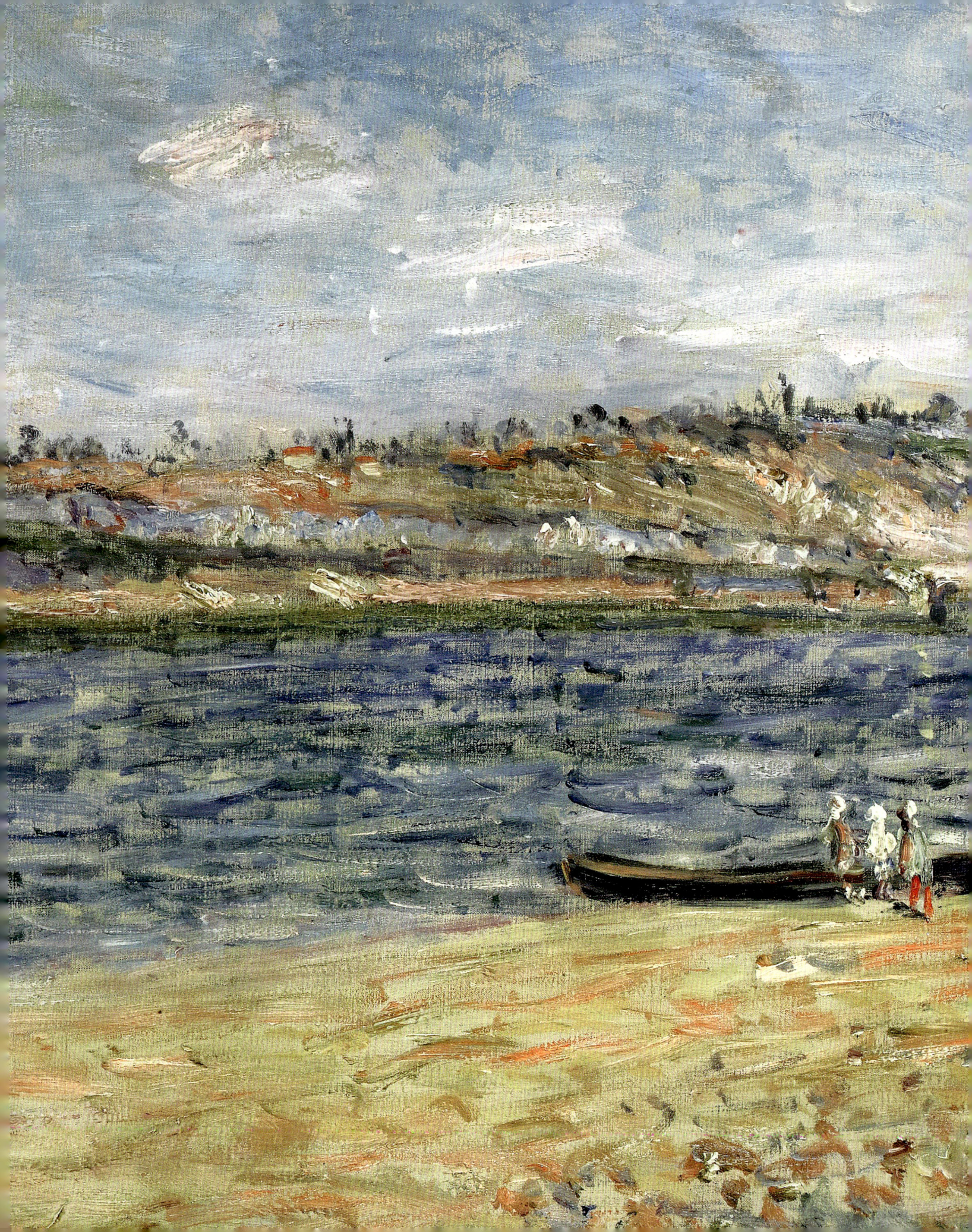

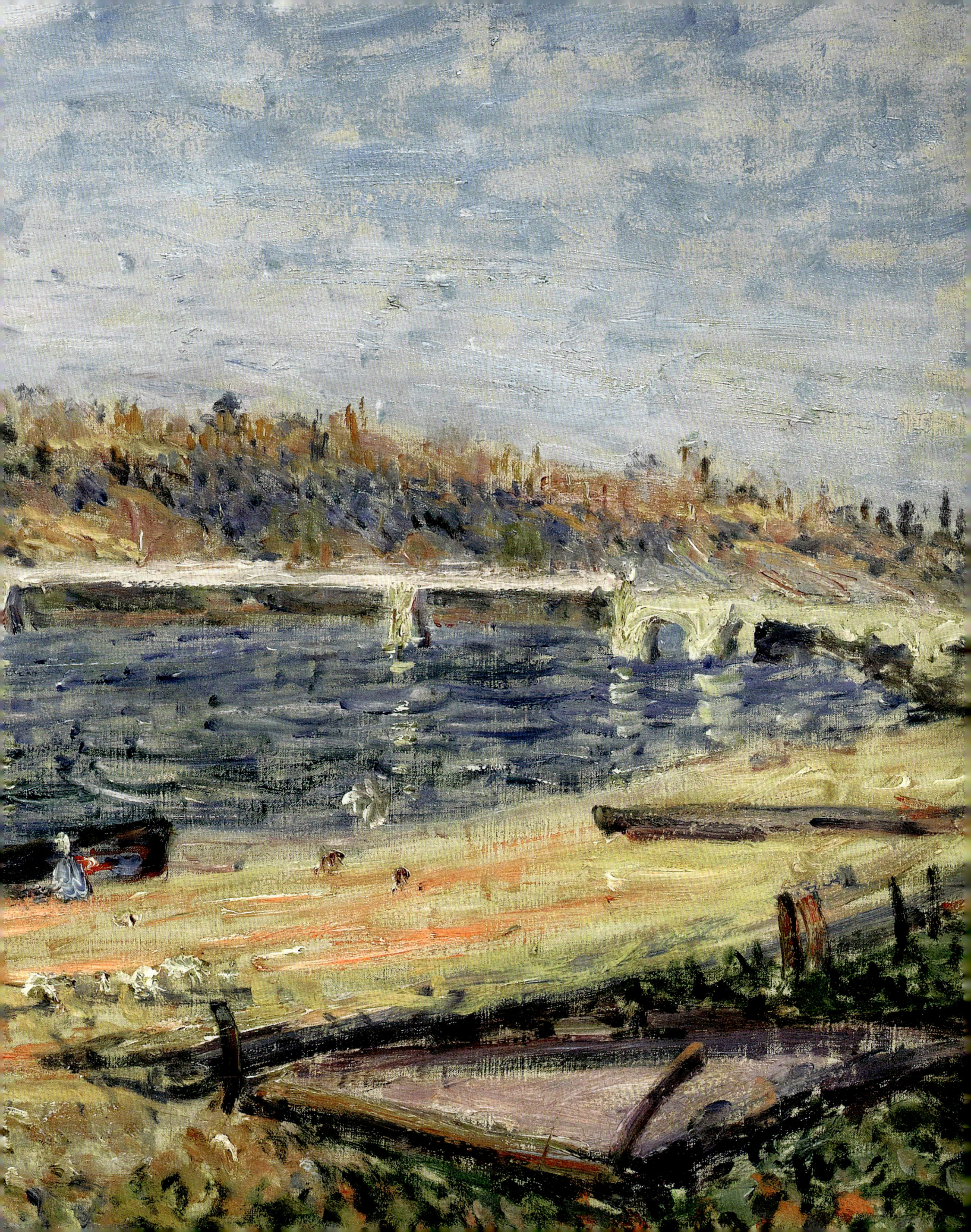

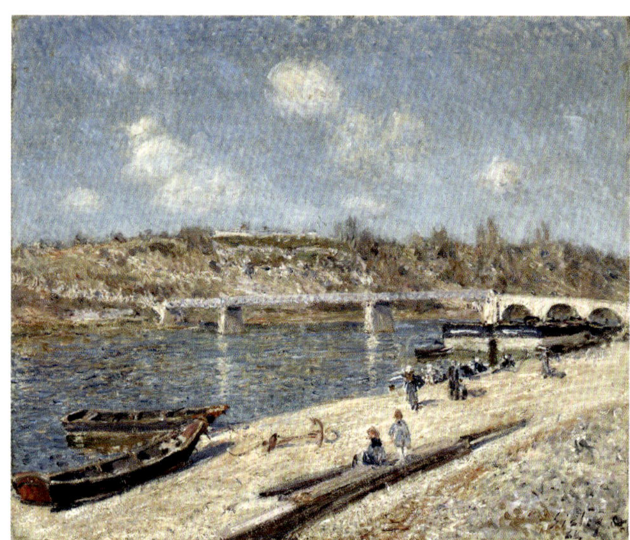

Ill. 02 – Alfred Sisley, *La Berge à Saint-Mammès*, 1884, huile sur toile, 51.8 x 62.2 cm, Saint Louis Art Museum.

et Georges Charpentier[3], ses difficultés financières persistantes l'obligent à s'éloigner de Paris, à Moret-sur-Loing à partir de 1880[4], où il demeure jusqu'à sa mort.

Il n'aura de cesse d'explorer ces paysages entre Moret, ville médiévale dont il représente à plusieurs reprises l'église Notre-Dame et Saint-Mammès, petite bourgade réputée pour ses activités portuaires et ses constructions navales ; sa situation idéale au confluent de la Seine et de la rivière du Loing en fait un lieu de passage fréquent pour le transit des marchandises. L'équilibre entre les espaces naturels (la ville est bordée à l'ouest par la forêt de Fontainebleau) et cette activité moderne, associée à la succession des saisons fournissent des sujets multiples à Sisley qui réalisera dans cet environnement plus de 550 tableaux entre 1880 et 1899. Bien qu'éloigné de Paris, vivant dans la discrétion, il reçoit parfois des invités tels que Berthe Morisot et sa fille Julie accompagnées de Stéphane Mallarmé en 1893.

Le peintre s'attarde longuement sur les berges du Loing (ill. 01), composant des tableaux d'une rive à l'autre, qui marquent son intérêt pour la lumière. *La Berge à Saint-Mammès* de la collection Nahmad (cat. 36) est très proche dans le rendu et le cadrage de celui conservé à Saint Louis (ill. 02). La composition organisée en bandes horizontales entre ciel, terre et eau est harmonisée par la même touche énergique tout en traitant l'azur de manière plus lâchée et transparente. Les rythmes reposant du fleuve sont animés par une touche libre et plus expressive, quelques taches de couleurs vives produisent une légère vibration de la végétation et participent au scintillement de l'eau.

Avec *Les Coteaux de Veneux, vus de Saint-Mammès*, (cat. 37) Sisley s'est légèrement éloigné mais a toujours en vu le pont qui enjambe la Seine et le Loing. « Le ciel, qui occupe plus que la moitié du tableau, en devient pratiquement le sujet principal. Les personnages, placés aux côtés d'une barque, sont à peine visibles, malgré leur présence au centre de la toile. Ici, comme souvent chez Sisley, la transparence et la fluidité de l'eau sont rendues avec une palette raffinée où domine une gamme subtile de gris. L'artiste obtient de façon discrète la lumière fugitive en donnant avec une touche plus fondue que juxtaposée une grande unité plastique à la composition[5]. »

Comme chez Boudin ou chez Constable qu'il admire, le ciel est une composante essentielle de son paysage ; les nuages viennent souvent architecturer ses ciels à propos desquels il écrit : « C'est le ciel qui doit être le moyen, le ciel ne peut pas être qu'un fond. Il contribue non seulement à donner de la profondeur par ses plans (car le ciel a des plans comme les terrains). Il donne aussi le mouvement par sa forme ... Y en a-t-il de plus beau et de plus mouvementé que celui qui se reproduit constamment en été, je veux parler du ciel bleu avec de beaux nuages blancs baladeurs. Quel mouvement, quelle allure n'est-ce pas ?... Je commence toujours une toile par le ciel[6]. »

Sisley peint toute l'année sa région d'adoption, trouvant à chaque saison, l'équation poétique qui lui permet de rendre « le sentiment d'un lieu » : sous la neige, en été, en pleine crue, comme avec *La Crue du Loing* (cat. 38) qui sera exposé à la grande exposition que la galerie Durand-Ruel organise en hommage à Sisley en 1937. George Besson écrit à cette occasion dans *L'Humanité* : « Il devient le poète, souverainement peintre, des saisons dans l'Ile de France. Mois après mois, année après année, il décrit les berges de la Seine et du Loing, le tragique des inondations et des

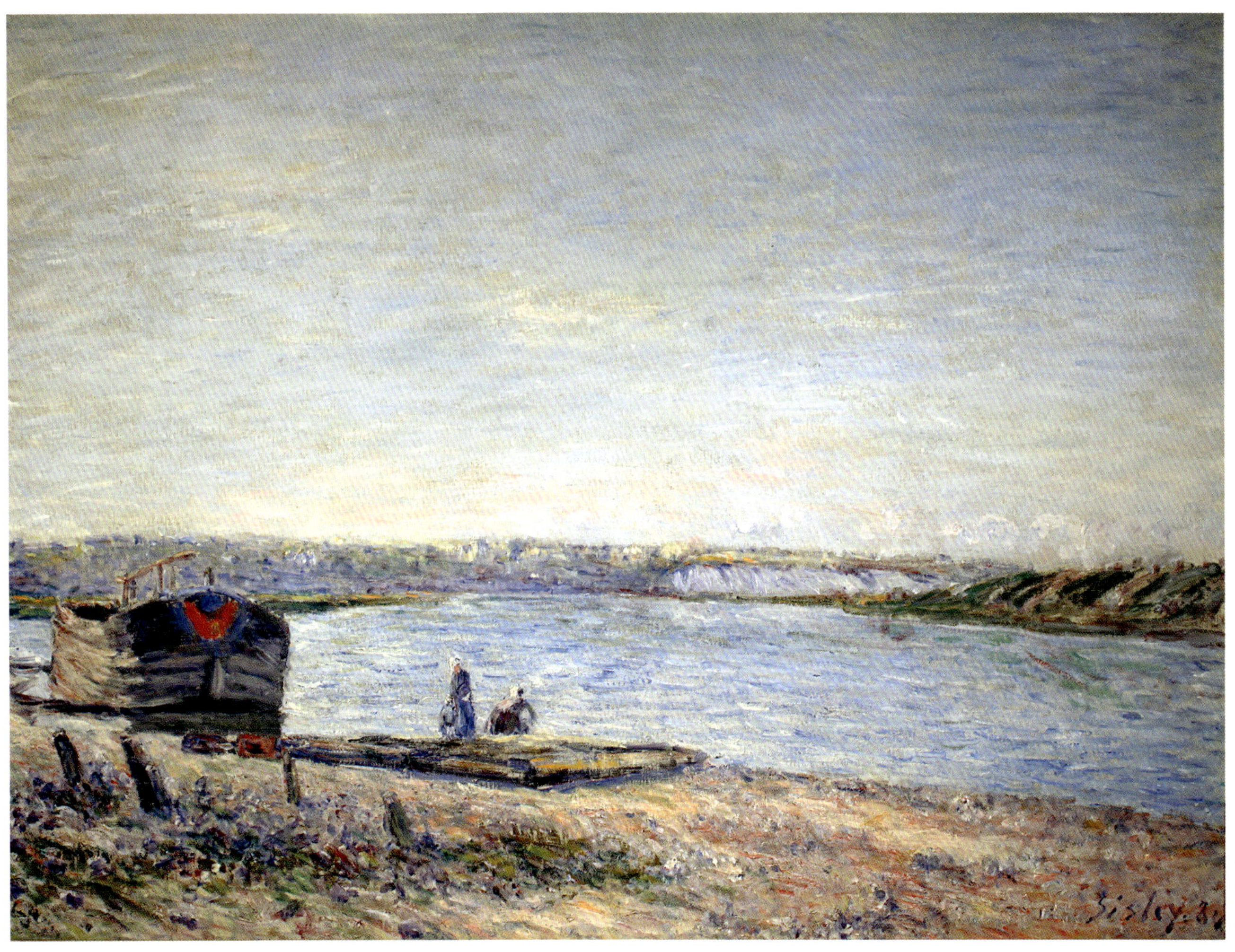

Cat. 37

Les Coteaux de Veneux, vus de Saint-Mammès, 1884

ciels bas, le squelette des pommiers dominant les labours, la naissance du printemps dans les peupliers et dans les frondaisons fluviales, l'éclat des eaux sous les plus beaux ciels qui aient été peints[7]. »

C'est sans doute le côté peu spectaculaire de ses paysages qui a freiné la reconnaissance de l'œuvre de Sisley dont on ne doute pas de la sincérité et de l'aptitude à saisir la lumière et les changements de saison. Il est vrai que pour certains critiques tels que Gustave Geffroy, « [Sisley] écrit ainsi son chapitre dans l'histoire de notre sol, de nos eaux, de notre ciel. Il marque sa place dans le musée de paysages que laissera notre siècle. [...] il y a place sur les panneaux de ce musée pour ceux qui veulent continuer cette histoire de la France et de la terre par le pinceau, il y a place pour les ports de Boudin, pour la banlieue de Raffaëlli, pour les terres et les océans de Monet, - et aussi pour l'humble Loing, pour le paisible Saint-Mammès dont Sisley est le poète charmant[8]. » Quelques mois plus tard, Camille Pissarro – qui l'avait auparavant mal jugé - ne manquera pas de déclarer à son fils Lucien : « je reste avec Sisley comme une comète de l'impressionnisme[9]. » Alors que pour d'autres, tels que Thadée Natanson « M. Sisley apparaît un paysagiste un peu limité mais charmant[10]. »

Notes

[1] Issu d'une famille originaire du Kent en Angleterre, William Sisley est né à Dunkerque ; il épouse une de ses cousines anglaises Félicia Sell.

[2] Victor Chocquet est rédacteur principal à Direction des douanes ; il se passionne pour l'art et consacre la plupart de ses ressources à la collection d'œuvres des avant-gardes et se passionnera pour Cézanne et les impressionnistes. Il cherchera largement à convaincre autour de lui de l'importance de ce courant.

[3] Collectionneur et éditeur de *La Vie moderne* dont le rôle est très important dans la défense des impressionnistes.

[4] Avant de trouver son lieu de vie idéal, Sisley changera à plusieurs reprises de villes dans les alentours de Moret. Voir cat. *Sisley, l'impressionniste*, sous la direction de MaryAnne Stevens, Hôtel de Caumont, Centre d'art, Aix-en-Provence, 2017, p. 140-141.

[5] Itzhak Goldberg, « Alfred Sisley », cat. *Collection Nahmad*, Musée Paul-Valéry, Sète, 2013, p. 122.

[6] Alfred Sisley à Adolphe Tavernier, 24 janvier 1893, repris in *L'Atelier de Sisley*, galerie Bernheim-Jeune, Paris, 2 – 14 décembre 1907.

[7] George Besson, « Les Expositions – Alfred Sisley », *L'Humanité*, 4 février 1937, p. 8. L'œuvre (cat. 38) est reproduite.

[8] Gustave Geffroy, « Alfred Sisley, *La Vie artistique*, 1894, p282-283, cité in MaryAnne Stevens, « Un impressionniste très personnel Alfred Sisley et son milieu », in cat. *Sisley l'impressionniste*, *op. cit.*, p. 33.

[9] Camille Pissarro à son fils Lucien, 11 avril 1895.

[10] Thadée Natanson, *La Revue blanche*, n° XII, 1897, p. 194.

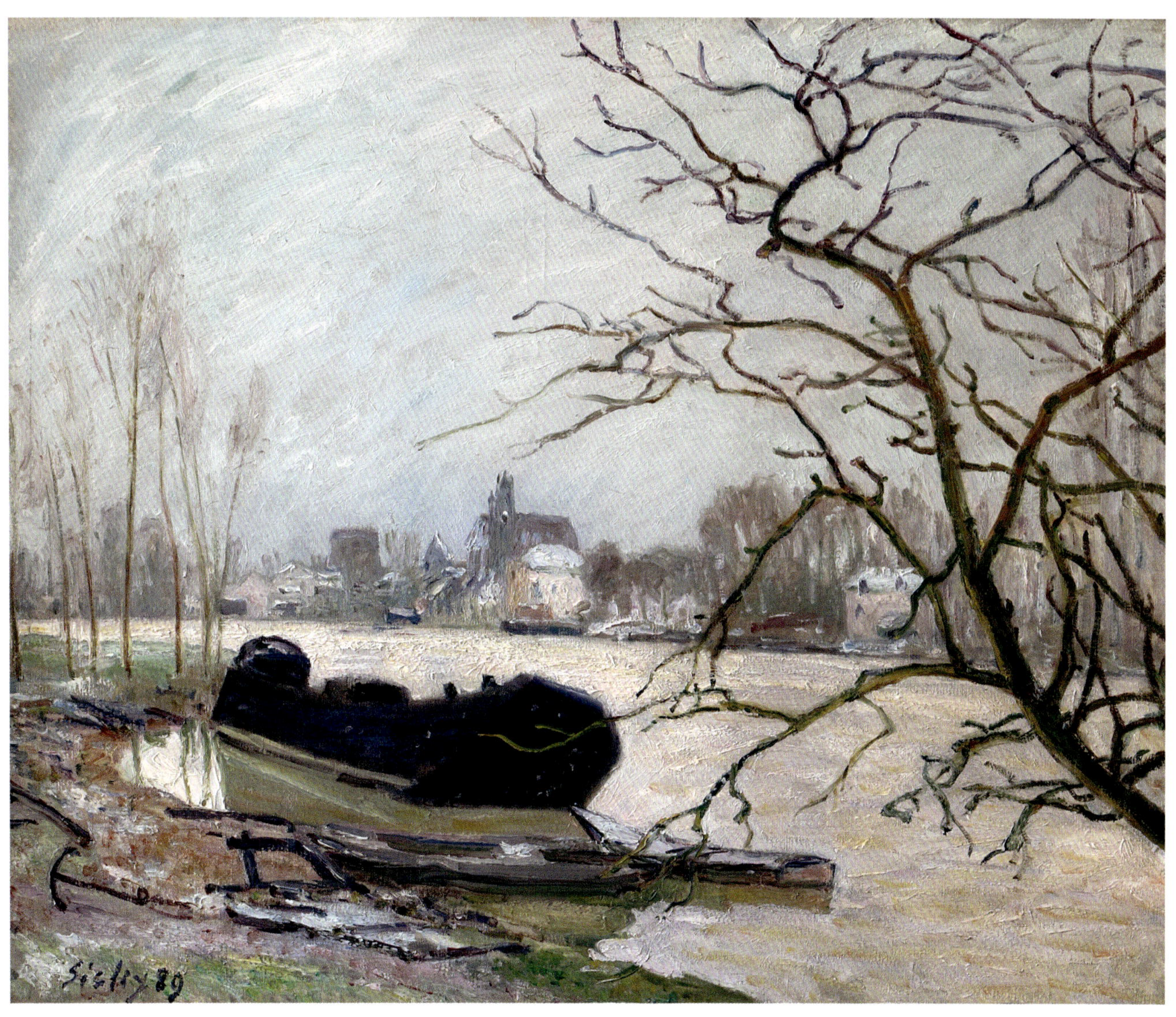

Cat. 38

La Crue du Loing à Moret, 1889

Henri de Toulouse-Lautrec

(Albi, 1864 - Saint-André-du-Bois, 1902)

Cat. 39
La Toilette : Mme Fabre (Femme se faisant les ongles), 1891
Peinture à l'essence sur carton
72 x 66 cm
Signé en bas à droite : *T. Lautrec*

Toulouse-Lautrec est probablement l'un des artistes les plus atypiques de la fin du XIXe siècle, combinant à la fois un statut social hors norme, un caractère malicieux, un physique disgracieux et une réelle audace qui donneront à son œuvre une personnalité incomparable. Deux mauvaises chutes successives à l'âge de 13 ans stoppent brutalement sa croissance ; ses rêves de cavalier s'évanouissent mais grâce à sa forte personnalité, il s'invente une autre vie entièrement vouée à l'art. Ce monde le passionne depuis son enfance et va lui permettre de développer son goût de liberté et de anticonformisme, faisant de ses défauts une force et donner ainsi à son œuvre une formidable impulsion. Son appétence à l'observation des êtres humains et de la vie en générale est son moteur. Ses objectifs ne sont ni les effets, ni la sensation mais bien la transcription de la vérité humaine à l'instar de Degas. « Entre Lautrec et ses modèles, le pacte est établi, mais il est terriblement secret, car tout n'est que mystère dans ce peuple que Lautrec sortit de l'ombre, comme personne ne le fit jamais. » écrit Pierre Mac Orlan qui est l'un de ses plus grands admirateurs[1]. C'est dans le milieu interlope de Montmartre qui inquiète tant sa mère[2], que Lautrec va s'immerger et gagner la confiance des artistes de cirque et de music-hall, entremetteuses, prostituées, grisettes, blanchisseuses et autres fréquentations si différentes de son milieu aristocratique d'origine[3]. Il observe ce monde-là avec un détachement sans pareil qui lui interdit tout jugement critique, sachant trop bien que « la laideur a ses bons côtés[4]. »

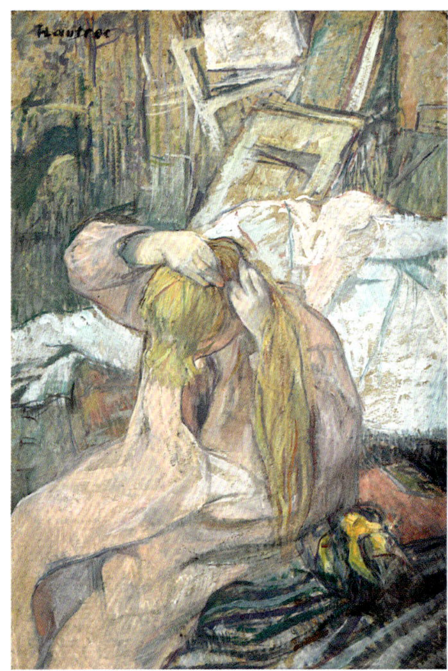

Ill. 01 – Henri de Toulouse-Lautrec, *Femme se coiffant, Celle qui se peigne*, 1891, huile sur carton, 44 x 30 cm, Musée d'Orsay, legs Antonin Personnaz au Louvre, 1937.

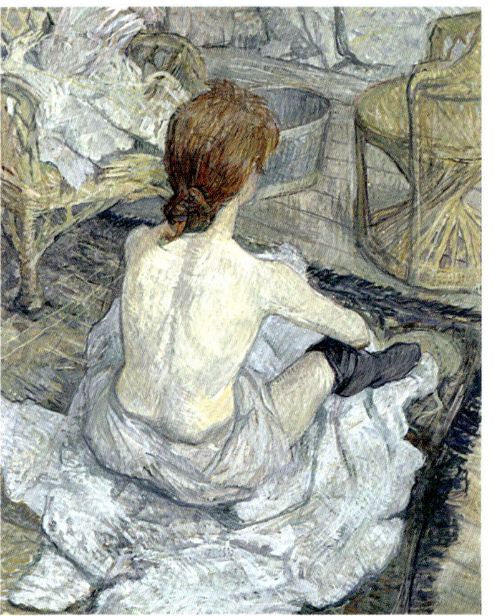

Ill. 02 – Henri de Toulouse-Lautrec, *Rousse (La toilette)*, 1889, huile sur carton, 67 x 54 cm, Musée d'Orsay, Paris.

Ainsi, c'est en 1882 que le jeune homme décide de se consacrer à la peinture et obtient de sa famille la possibilité de revenir à Paris. Il suit les cours de René Princeteau[5] un ami de son père, peintre

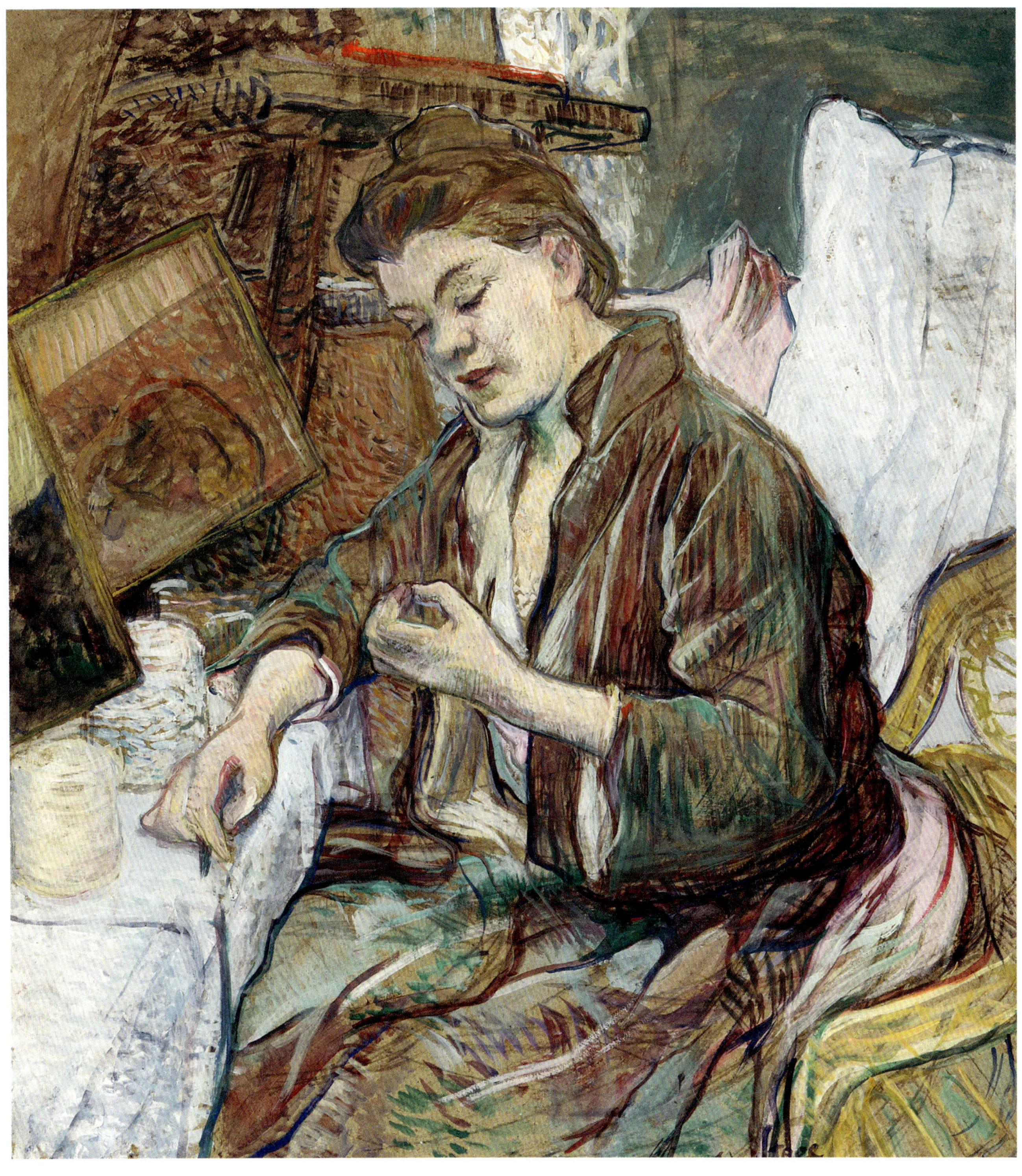

Cat. 39
La Toilette : Mme Fabre (Femme se faisant les ongles), 1891

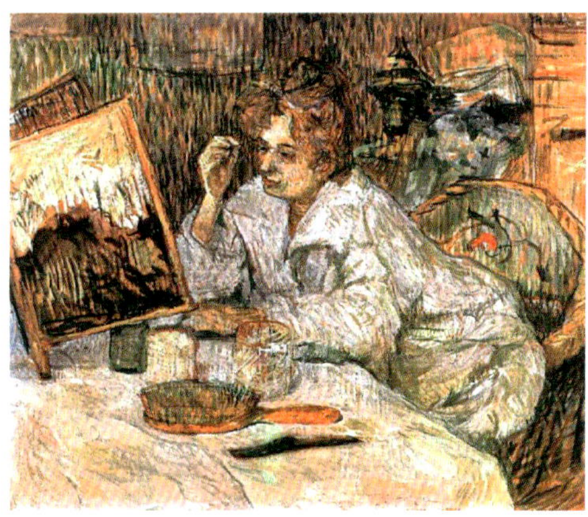

Ill. 03 – Henri de Toulouse-Lautrec, *La Poudreuse (Femme à sa toilette)*, 1889, huile sur toile, 44 x 54 cm, Collection particulière.

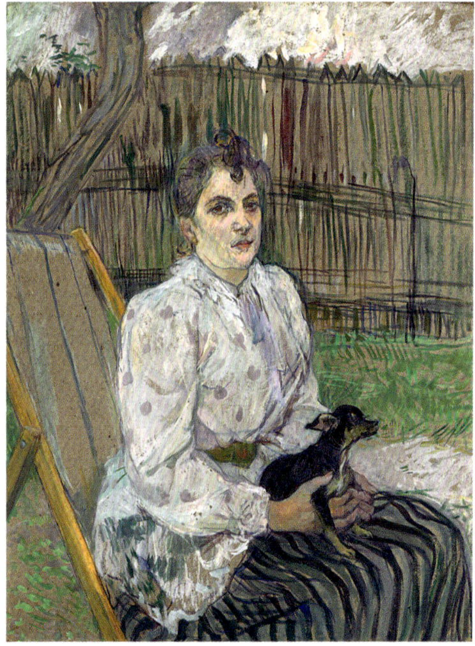

Ill. 04 – Henri de Toulouse-Lautrec, *Femme au chien (Portrait de Mme Fabre à Arcachon)*, 1891, huile sur toile 74 x 57 cm , Collection particulière.

estimé de chasse et de chevaux, qui le présente à Léon Bonnat dont il suit un temps les cours puis très vite ceux dispensés par le peintre académique Fernand Cormon. C'est dans cet atelier, qu'il fait les rencontres amicales qui sont déterminantes : Louis Anquetin, Émile Bernard et François Gauzi qui deviendra son biographe ainsi que celui de Van Gogh[6] qui passe un court moment dans cet atelier.

Pendant toute sa formation académique, il partage son temps entre le travail dans l'atelier de Cormon le matin et l'après-midi à l'extérieur avec son ami Henri Rachou rencontré dans l'atelier de Bonnat. Il fréquente assidûment le Louvre, s'intéresse aussi particulièrement aux impressionnistes, à Monet et Degas principalement. Très doué pour le dessin, son style s'affirme et il participe à des expositions comme à celle du Salon des XX à Bruxelles organisée par Octave Maus, célèbre critique d'art belge, tout en restant en retrait de ce qui agite le microcosme artistique. Il suit durant cinq ans les conseils de Fernand Cormon qui le séduit pour sa tolérance et l'atmosphère de l'atelier où règne une certaine camaraderie. Dans le même temps, il découvre avec enthousiasme la vie nocturne montmartroise et devient un visiteur assidu des cirques, cabarets et maisons closes où il trouve désormais l'essentiel de ses sujets. Son intelligence, son humour et sa générosité favorisent l'attraction autour de lui d'une bande d'amis fidèles qui se retrouve chaque soir dans les cafés et cabarets montmartrois : le café de La Rochefoucauld, le Rat-Mort, l'Élysée-Montmartre, le Chat-Noir ou le Mirliton dirigé par le chansonnier Aristide Bruant, grand admirateur du peintre.

« Dès 1888, écrit Douglas Cooper, il se mit à prendre une manière très personnelle fondée sur des aplats de couleurs plus étendus et des contours expressifs. Il adopta en même temps une facture beaucoup plus libre, utilisant de longs coups de pinceau vigoureux pour dessiner les contours à l'intérieur desquels un réseau de touches bien plus courtes créait la contexture et modelait les surfaces. Ses tonalités devinrent également plus hardies et plus brillantes et sa peinture plus sèche. Ce changement manifeste s'explique en partie parce que Lautrec se sentait handicapé par les exigences d'une technique impressionniste méticuleuse, alors qu'il avait besoin de rendre rapidement et aisément ce qu'il voyait, et en partie parce qu'il marchait de pair avec les idées nouvelles de certains de ses amis comme Van Gogh et Emile Bernard. Recréer des sensations optiques n'était pas ce qui intéressait Lautrec. Son but était de saisir la vie au vol [...][7]. »

Pour cela Lautrec représente essentiellement des

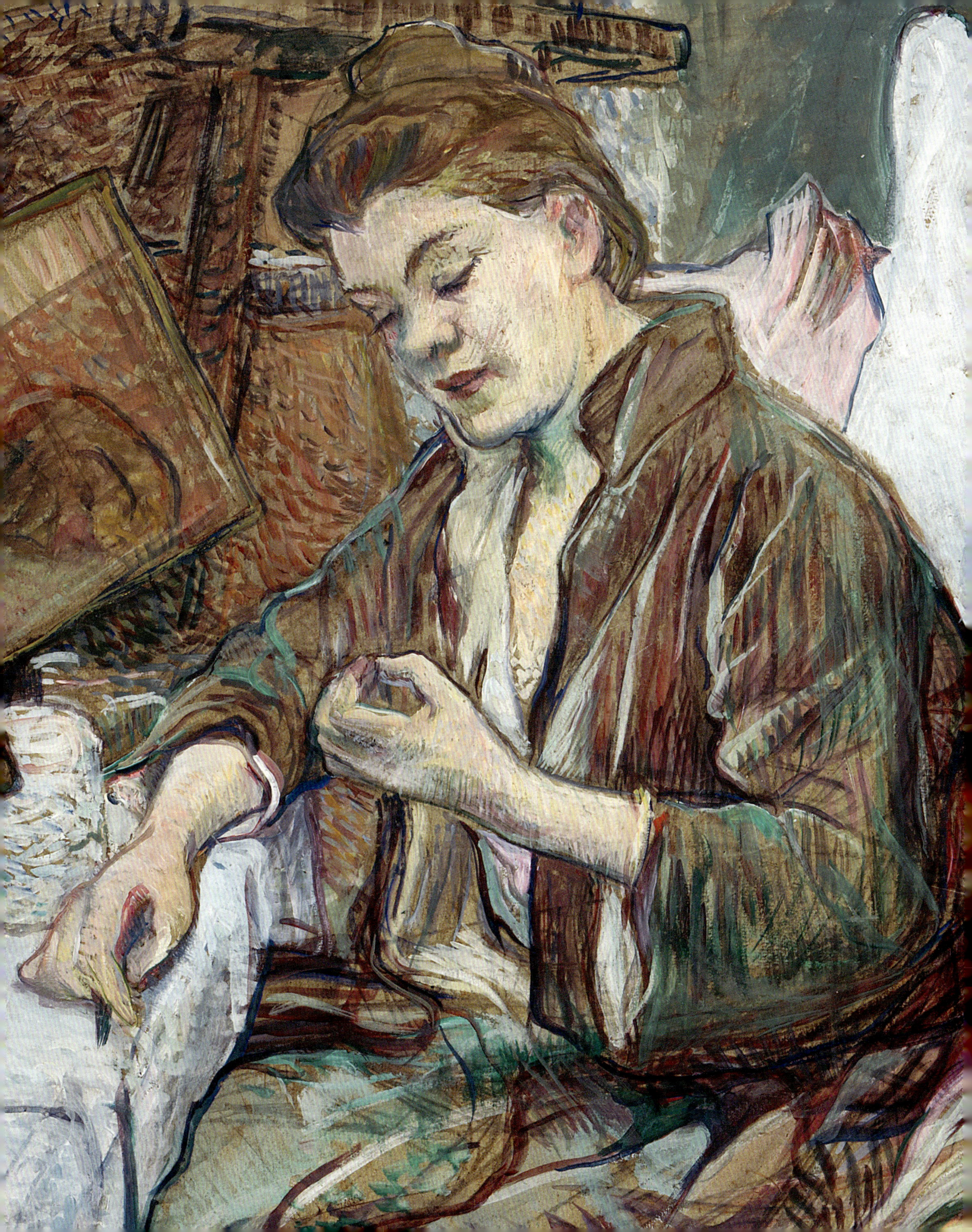

femmes, avec lesquelles il entretient un rapport complexe, guidé par un seul impératif, l'expressivité de ses modèles. Dans son panthéon demeurent les femmes à la chevelure rousse qui donne un « air carne » telle que Carmen Gaudin[8], même s'il y eut quelques exceptions à l'instar d'Hélène Vary[9] dont le beau profil grec le fit chavirer. Peu de noms sont parvenus jusqu'à nous, mais Maria Clémentine qui n'est pas encore Suzanne Valadon est sans doute la plus célèbre ; la jeune femme, ex-acrobate, qui avait posé pour Renoir, Puvis de Chavannes et Degas, vit une passion tumultueuse durant plusieurs années avec lui[10].

Ce portrait de femme à sa toilette (cat. 39), n'est pas une femme rencontrée au détour d'une rue ou dans un cabaret. Mme Fabre est un modèle occasionnel pour Lautrec ; elle est la femme de son ami le magistrat Louis Fabre. Le couple possède la *Villa Bagatelle* à Taussat sur le bassin d'Arcachon chez lequel Lautrec passe de nombreux étés à partir de cette année 1891, date de cette œuvre.
C'est peut-être grâce à l'intimité de ces moments passés au bord de la mer, que Lautrec a fait poser cette amie distinguée en vêtement d'intérieur devant une coiffeuse, préoccupée par ses mains comme l'est une femme du monde. Pourtant le peintre ne lui réserve aucun traitement spécifique et la campe exactement comme n'importe quel modèle dans son atelier parisien[11]. Ses traits restent délicats, et il est clair que sa toilette est terminée car elle arbore un visage reposé, maquillé et s'occupe si l'on peut dire des « finitions » qui consistent à se faire les ongles. Il semble régner dans la pièce un certain désordre que l'on retrouve presque identique dans un tableau du peintre conservé au Musée d'Orsay (ill. 01) réalisé la même année ; des châssis posés à terre forment le décor de l'arrière-plan alors que dans celui de la collection Nahmad (cat. 39) c'est la présence d'une sellette ou d'un chevalet qui fournit l'indice du lieu. Toulouse-Lautrec aime réutiliser un certain type d'ambiance d'une œuvre à l'autre. On reconnaît ainsi le fauteuil en rotin sur lequel Mme Fabre est assis, déjà présent dans *Rousse (La Toilette)* (ill. 02), peint deux ans plus tôt. D'autres similitudes apparaissent dans l'œuvre *La Poudreuse (Femme à sa toilette)* (ill. 03) dont le premier plan est composé des mêmes objets : miroir et flacons.

La figure présentée de trois-quarts en plan rapproché, ne regarde pas le peintre tel qu'un portrait classique pourrait l'exiger ; l'artiste aime casser les codes du portrait et ce qui aurait pu être un portrait mondain devient l'image d'une femme ordinaire, prétexte à jouer sur la gestuelle dans le traitement de son déshabillé rehaussé par de longues hachures de couleurs crues tout en utilisant le brun du carton et la transparence de la matière. Sa technique de peinture à l'essence est bien éprouvée ici ; sa souplesse lui permet de dessiner avec la couleur et d'obtenir un effet mat – grâce à l'absorption du diluant par le carton - comme pour le pastel, sans la fragilité de celui-ci.

Jamais Lautrec ne fut attiré par les femmes du monde et il fait probablement exception pour Fabre dont il portraiture la femme une nouvelle fois la même année lors d'un séjour au bord de la mer. Mme Fabre apparaît cette fois de manière plus conventionnelle par rapport à son statut social, assise, un peu raide, un petit chien sur les genoux (ill. 04). Le jardin n'est pas celui du Père Forest à Montmartre mais celui de la maison de vacances des Fabre près d'Arcachon. Son ami Joyant n'a pas manqué de témoigner sur le caractère déconcertant du peintre devant ces modèles, leur préférant le type même de la parisienne, exclue, déclassée, en marge de la société : « Après quelques séances, les grandes dames, d'abord attirées par une légende de curiosité, s'enfuirent devant la tyrannie du peintre, qui cruellement les désossent sans pitié[12]. »
Néanmoins, Mme Fabre, dans le portrait de la collection Nahmad (cat. 39), n'a pas l'air déconcertée par la présence du peintre et affecte même un certain détachement.

Derrière son caractère fantasque, Lautrec est un artiste exigeant ; il lui a fallu plusieurs années pour mettre en place une technique très personnelle, à l'apparente simplicité, qui réunit des éléments a priori contradictoires : l'effet de liberté de la touche, de douceur et en même temps de fermeté du trait. Claude Roger-Marx analyse fort bien l'exigence technique de Lautrec : « Presque toutes les peintures conserveront des transparences, une ductilité d'aquarelle. En diluant ses couleurs dans l'essence, il trouvera une sorte de compromis entre la peinture proprement dite et la peinture à l'eau. Un carton absorbant dont la teinte neutre, jouant à travers les touches en virgules, en hachures, dispense de couvrir entièrement les fonds, simplifie la tâche de la main et permet, grâce à la rapidité avec laquelle la couleur est bue, de courir droit à l'essentiel sans trop souffrir des complications, des ralentissements qu'exige la superposition des couches, sans ces miracles de prévision que réclame la collaboration des dessus et des dessous[13]. »

L'année 1891, à laquelle appartient ce tableau à la prestigieuse origine[14], correspond à un moment crucial dans la carrière de Lautrec ; en dehors de son travail de peintre, il acquiert une célébrité presque immédiate grâce à ses premières lithographies en couleurs[15] et s'intéresse de plus en plus au monde du spectacle et à ses vedettes qui feront sa gloire. « Cette faculté de Lautrec écrit Douglas Cooper de se glisser ainsi derrière la façade de gaîté, d'extravagance et d'éclat facile pour atteindre l'intimité la plus sordide de vies mornes et désenchantées favorisa beaucoup ses besoins artistiques. Car il était hanté par le désir de découvrir la vie telle qu'elle est et non pas telle qu'elle pourrait être ou telle qu'elle apparaît[16]. »

De santé fragile depuis son adolescence, le rythme effréné imposé par son style de vie, tiraillé entre alcoolisme et vie débridée, fragilise encore davantage cet être sensible dès cette époque. Il continue pourtant à produire un nombre d'œuvres démesuré pour les vedettes des cabarets comme pour celui plus discret des maisons closes. Il meurt dans de terribles souffrances en septembre 1901 auprès de sa mère qui a cru toute sa vie en lui et qui soutiendra le projet de Musée de Maurice Joyant à Albi par le don de nombreuses œuvres de son fils.

Notes

[1] Pierre Mac Orlan, *Toulouse-Lautrec peintre de la lumière froide*, éd. Complexe, Paris, 1992, p. 24 [1ère éd. Gallimard 1955, *Café de nuit : Toulouse-Lautrec*].

[2] Quartier à la mode et cependant marginal, c'est là que se trouvent l'atelier de Fernand Cormon, celui de Rachou et de Lautrec. La Comtesse de Toulouse-Lautrec s'inquiète que son fils soit entraîné par de mauvaises fréquentations. Voir Lettre 93, in *Henri de Toulouse Lautrec. Correspondance*, édition de Herbert Schimmel, éd. Gallimard, Paris 1992, p. 109.

[3] Son père le Comte Alphonse de Toulouse-Lautrec et sa mère Adèle Tapié de Celeyran appartiennent à l'une des plus anciennes familles du Languedoc.

[4] Propos de Lautrec rapportés par Yvette Guilbert, cités in Douglas Cooper, *Henri de Toulouse-Lautrec*, N.E.F., Paris, 1957, p. 9.

[5] Sourd-muet de naissance, Princeteau peut avoir été un exemple de courage pour le jeune Lautrec qui lui aussi doit surmonter une infirmité.

[6] Il est question régulièrement de Lautrec dans la correspondance entre Vincent et son frère Théo lequel expose ses œuvres à la galerie Boussod-Valadon. Maurice Joyant, ami fidèle de Lautrec succédera à Théo Van Gogh en 1890.

[7] Douglas Cooper, op. cit, p. 25.

[8] Il existe de nombreuses représentations de la jeune femme, blanchisseuse de son état, dont la couleur feu de ses cheveux enchante le peintre ; elle est son modèle préféré entre 1885 et 1889. La collection Nahmad possède un très beau portrait de Carmen dans le jardin du Père Forest (ill. 05).

[9] En 1889, la jeune Hélène Vary qui était sa voisine, était devenue à ses yeux d'une beauté admirable ; le peintre demande alors à Gauzi de la photographier pour travailler à partir de cette image, méthode qu'il renouvellera maintes fois.

[10] Il semble que ce soit Zandomeneghi – qui habite l'immeuble voisin rue Tourlaque, tout comme Suzanne Valadon et Gauzi - qui la lui a présentée ; de son côté, Gauzi relate leur relation passionnelle dans son livre de souvenirs, *Lautrec et son temps*, éd. La Bibliothèque des arts, Paris, 1954, p. 130-136 (nouvelle éd. 2001 sous le titre *Lautrec mon ami*).

[11] De 1886 à 1898, Lautrec prend un atelier au 27 rue Caulaincourt (qui est aussi le 5 rue Tourlaque) au 3e étage équipé d'une grande verrière, d'un vestibule et d'un cabinet d'aisance. À la même époque, le peintre partage un appartement avec Henri Bourges – étudiant en médecine - 19 bis rue Fontaine jusqu'en 1891 où il croise parfois Degas qui habite à proximité.

[12] Maurice Joyant, cité in *Lautrec*, Galeries nationales du Grand Palais, RMN, Paris, 1992, p. 138.

[13] Claude Roger-Marx, « Toulouse Lautrec visionnaire de la réalité », in *Toulouse Lautrec*, coll. Génies et Réalités, éd. Hachette, Paris, 1962, p. 126.

[14] Son premier propriétaire n'est autre que Félix Depeaux, un riche amateur normand, promoteur de l'aménagement du port de Rouen ; il a une grande collection de peintres impressionnistes. C'est lui qui aurait incité Monet à peindre la cathédrale de Rouen en lui louant même une chambre juste en face. Depeaux organise plusieurs ventes de ses œuvres et fait un legs important au Musée de Rouen en 1909.

[15] Il réalise sa première affiche lithographique à la demande du directeur du Moulin Rouge, Zidler pour la promotion de son cabaret en vogue ; c'est l'affiche *France Champagne* du jeune Bonnard la même année, qui lui fait découvrir l'intérêt de cette technique qui réunit la problématique du dessin et de la couleur à la fois. L'histoire dit même que c'est Bonnard qui lui présente son imprimeur Ancourt. C'est le début d'une fructueuse carrière pour Lautrec dans ce domaine.

[16] Douglas Cooper, *op. cit*, p. 9.

Federico Zandomeneghi

(Venise, 1841 – Paris, 1917)

Cat. 40
La Corbeille de géraniums, [1895 – 1901]
Huile sur toile
91 x 60 cm
Signé en bas à gauche : *Zandomeneghi*

Cat. 41
Mon modèle : femme nue à mi-jambe,
janvier 1913
Huile sur toile
63 x 52,5 cm
Signé et daté en bas à gauche :
Zandomeneghi 13

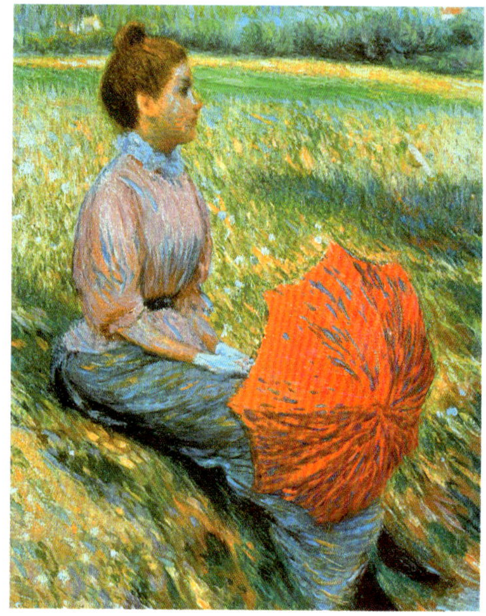

Ill. 01 – Federico Zandomeneghi, *Femme dans un champ*, 1893, huile sur toile, 46 x 38 cm, Collection particulière.

Issu d'une famille de sculpteurs, Federico Zandomeneghi est élevé dans la culture de la peinture italienne et vénitienne en particulier et s'inscrit à l'Accademia di Belle Arti de Venise en 1856. Il passe l'essentiel de sa vie à Paris où il arrive à 33 ans quelques semaines après la clôture de la première exposition impressionniste en 1874 ; surnommé *L'Italien* ou *Zandò* dans les milieux artistiques de Montmartre, il se lie avec la communauté italienne de la capitale réunie autour de Giovanni Boldini et de Giuseppe de Nittis et participe activement aux rendez vous des impressionnistes au café de La Nouvelle Athènes[1], place Blanche. Il se rapproche de Degas, de Lautrec et de Renoir[2] principalement. Malgré son engagement politique et son nationalisme, il ne reviendra jamais en Italie, souhaitant donner à son œuvre toutes les chances d'une reconnaissance qu'il n'entrevoit qu'en France[3] et qui n'arrivera pas *réellement* de son vivant. Remarqué dès 1879 par Huysmans aux expositions impressionnistes, puis par Fénéon, sa réputation n'atteindra jamais celle de ses pairs[4].

Comme beaucoup d'artistes en Italie à cette époque, il prend part aux mouvements révolutionnaires qui combattent la présence étrangère, notamment austro-hongroise ; c'est ainsi qu'il suit en 1860 Giuseppe Garibaldi en Sicile lors de l'action des « Mille » qui libère l'île du joug du royaume des Bourbons-Sicile. Recherché comme déserteur, il ne peut revenir à Venise et se fixe à Florence qui est alors le centre de la vie politique et culturelle de l'Italie ; il entre en contact avec le jeune groupe des Macchiaioli [5] ou « tachistes » qui prône une représentation simplifiée des jeux d'ombres et de lumière au moyen de taches (macchie) ou de touches bien découpées[6]. Zandomeneghi adhère tout de suite aux théories esthétiques de ce groupe anti-académique en y ajoutant son style personnel pénétré par son éducation vénitienne et par l'emploi de tons chauds et délicats. Selon son témoignage, il passe à Florence, les plus belles années de sa jeunesse. Il quitte pourtant la ville en 1866 pour suivre de nouveau Garibaldi dans son action libératrice et unificatrice de l'Italie. Il partage ensuite son temps entre Florence, Rome et Venise qu'il quitte brusquement en 1874.

« Je te dirai sans préambule que demain, le 2 juin 1874, à dix heures du soir, je pars pour Paris. J'ai pris cette brillante résolution et je la mets en pratique le plus vite possible, afin d'éviter tout repentir susceptible de me faire planter racine à Florence. [...] J'ignore combien de

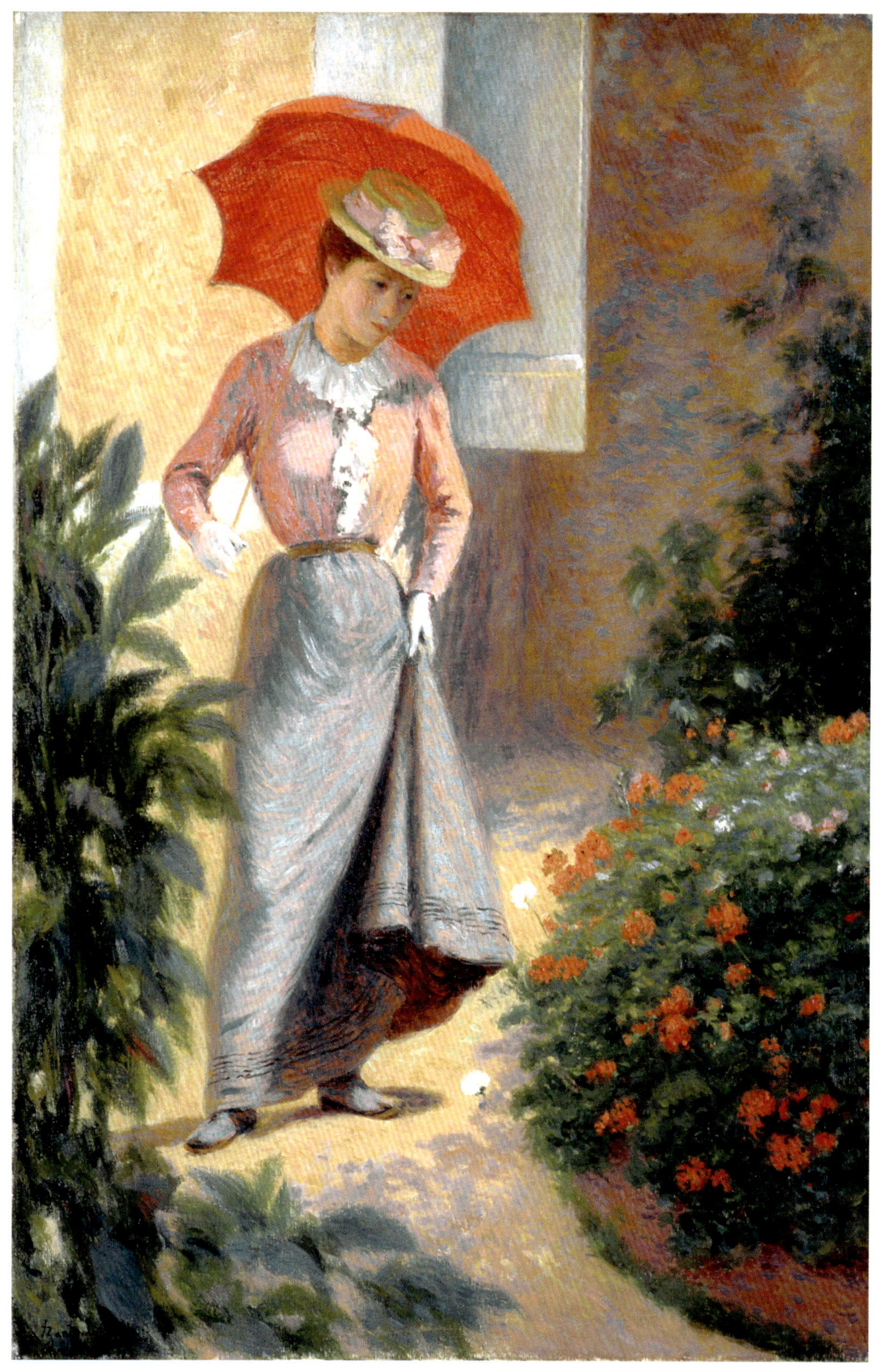

Cat. 40
La Corbeille de géraniums, [1895 – 1901]

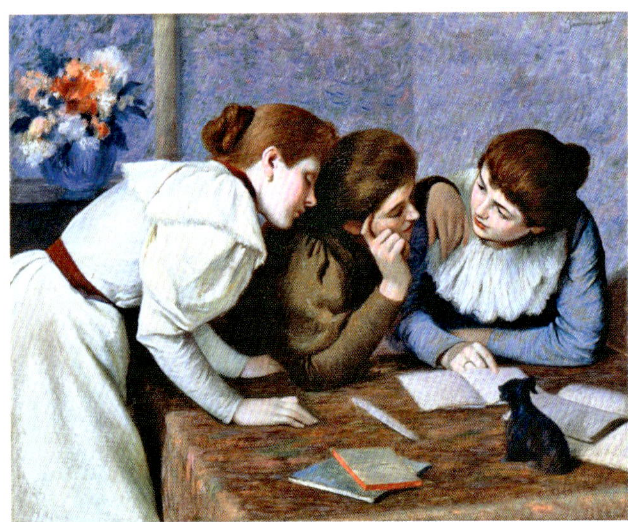

Ill. 02 – Federico Zandomeneghi, *La Lecture*, s.d., huile sur toile, 66 x 82 cm, Collection particulière.

temps je resterai dans la grande ville, car je pars sans idées préconçues, et j'abandonne donc mon avenir entre les mains de ma divinité tutélaire – le Hasard[7]. »
Les dés son jetés et Zandò arrive à Paris alors que le scandale des impressionnistes vient d'éclater[8].
Ses conditions de vie restent précaires et l'obligent à accepter, comme beaucoup d'artistes, un travail d'illustrateur dans des revues. Le long séjour à Paris de son ami Diego Martelli[9] entre le printemps 1878 et avril 1979 insuffle à sa carrière une certaine dynamique ; c'est probablement lui qui l'introduit dans le cénacle des impressionnistes à commencer par Degas avec lequel il est très lié et qui fit son portrait en plusieurs variantes[10].
Ce n'est sans doute pas un hasard si Zandomeneghi participe pour la première fois en 1879 sur invitation de Degas à l'exposition annuelle organisée par le groupe impressionniste[11]. C'est d'ailleurs à cette époque que sa situation s'améliore. Le critique Huysmans remarque son envoi et le marchand Paul Durand-Ruel, soutien indéfectible des impressionnistes, s'occupe de son travail mais sans les réussites financières ou la notoriété d'un Boldini.
Zandomeneghi développe une technique picturale très sûre, pratiquant également le pastel à partir des années 1880 avec une grande dextérité probablement fasciné par ceux de son ami Degas auquel il emprunte parfois les sujets (ill. 01); son intérêt pour l'œuvre de Renoir est également visible dans les compostions à plusieurs personnages ou des portraits (ill. 02, 03) et il lui arrive de partager avec lui des modèles. Proche également de Toulouse-Lautrec, il lui présente Suzanne Valadon, qui pose alors pour lui (*Au café de la Nouvelle-Athènes*, 1885)[12].

Ces deux tableaux de la collection Nahmad (cat. 40, 41) proviennent de la galerie Durand-Ruel qui expose régulièrement le peintre grâce à l'entregent de Degas. En 1893, Paul Durand-Ruel organise sa première exposition personnelle[13] et confie la préface du catalogue au critique et collectionneur Arsène Alexandre à qui l'on doit de nombreux articles élogieux sur les impressionnistes notamment dans les colonnes du *Figaro* ou du *Mercure de France* : « Comme tous les artistes vraiment originaux on ne l'aimera pas à demi, il pourra être vivement discuté mais il ne rencontrera pas d'indifférents. » De son côté Degas écrit à son sujet : « Il était le plus noble et le plus indépendant artiste de notre temps; il était un grand artiste et pendant que je vis je n'oublierai jamais la grande amitié qui nous a liés pendant tant d'années. Son œuvre perdurera pour toujours[14]. »

Il semble qu'à partir de 1895, les quelques ventes qui se concrétisent ainsi qu'une convalescence forcée lui permettent d'effectuer, un séjour dans la vallée de Chevreuse à Gif-sur-Yvette ; la beauté de lieux lui inspirent des sujets de fnci air typiques de l'impressionnisme, telle que la femme à l'ombrelle que Monet et Renoir ont popularisé. C'est peut-être à ce séjour qu'appartient *La Corbeille de géraniums* (cat. 40)[15] ainsi que d'autres tableaux dans la même veine (ill. 04). L'élégante figure féminine que l'on reconnaît sur d'autres tableaux est peut être sa sœur Tonina qui l'accompagne durant ces vacances. Cette toile exprime parfaitement sa recherche de la lumière à travers l'expression d'une riche gamme chromatique. Zandò traite ce sujet typiquement impressionniste avec une intention beaucoup plus attachée aux contrastes de couleurs vives qui mettent en valeur la figure légèrement décentrée sur un fond coloré structuré par les effets de la lumière. Le peintre s'attache également

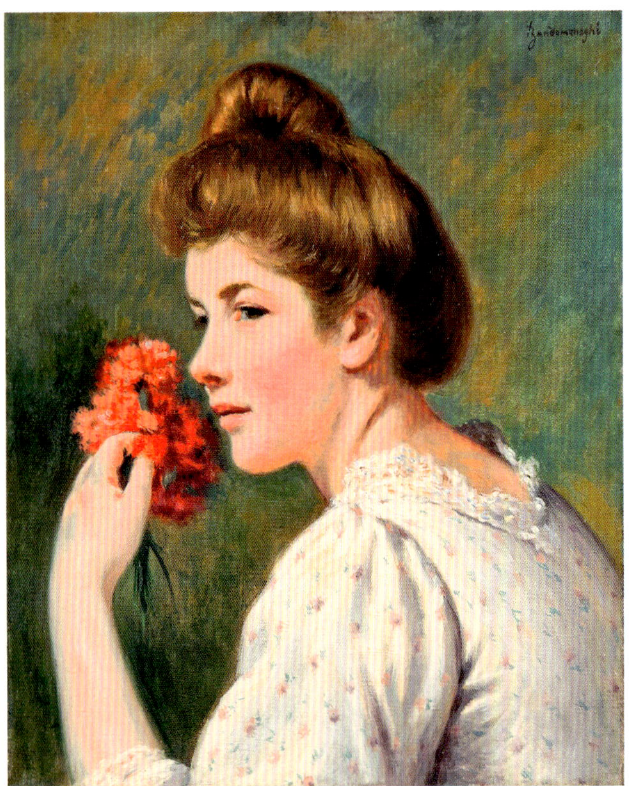

Ill. 03 – Federico Zandomeneghi, *Lucie*, s.d., huile sur toile, 46 x 38 cm, Collection particulière.

aux détails de l'ensemble végétal rehaussé des notes de rouge du parterre de fleurs auquel l'ombrelle écarlate de la jeune femme, dont la direction du regard vient renforcer cette combinaison. Son maniérisme un peu forcé se démarque de la légèreté des chefs-d'œuvre impressionnistes du genre.

Parallèlement à ces scènes d'extérieur, Zandomeneghi, à l'instar de Degas, apprécie l'intimité des univers féminins ou des femmes à leur toilette. Dans ce grand nu tardif (cat. 41) sur lequel aucun doute de datation n'est possible puisqu'il est daté précisément du 1er janvier 1913 par l'artiste lui-même comme pour souligner une importance. L'artiste projette la technique hachurée du pastel pour composer son tableau à l'huile et se remémore sans doute la technique tachiste de ses années italiennes. Cela est particulièrement visible dans le traitement très subtil de la carnation. La jeune femme debout près d'un poêle, semble se chauffer les mains au-dessus d'un curieux objet sphérique sur lequel Zandomeneghi joue avec talent des effets de la lumière et dont les couleurs s'harmonisent avec la chevelure cuivrée du modèle. L'expression sereine de son visage concourt à donner à cette œuvre une atmosphère posée à l'opposé de ce que vit intérieurement le peintre. Zandomeneghi dynamise sa composition grâce à une légère inclinaison du corps qui se détache du fond aux infinies nuances de verts et de gris et sur lequel est accroché un ensemble d'œuvres qui indique que la scène se passe dans l'atelier de l'artiste. On reconnaît d'ailleurs l'un de ses tableaux – *Fanciulla con i capelli rossi* – derrière le poêle.
Zandomeneghi fait preuve d'un sens très sûr de l'espace mettant en valeur son modèle par la couleur tout en laissant en marge différents objets (chaise, tableaux...). Ses racines vénitiennes s'expriment ici de manière éclatante.

Malgré son contrat avec Durand-Ruel et des amitiés sincères de Degas, Pissarro et Lautrec notamment), l'artiste s'est peu à peu isolé, conservant au fond de lui une amertume impossible à atténuer. Se sachant négligé par la critique officielle, Zandomeneghi, lucide et désabusé, synthétise ainsi son œuvre, trois ans avant sa mort :
« Observant, écoutant, discutant, je me transformai comme tous les autres, Pissarro, Degas, Monet, Renoir. Ma vie artistique fut une succession d'évolutions que l'on ne peut ni analyser ni expliquer, qui dépendent du milieu et des circonstances particulières et dont personne ne peut se rendre directement compte quant à la technique, mot des plus vagues : celle que j'ai adoptée est à moi tout entière, à moi et je ne l'emprunte à personne[16]. »

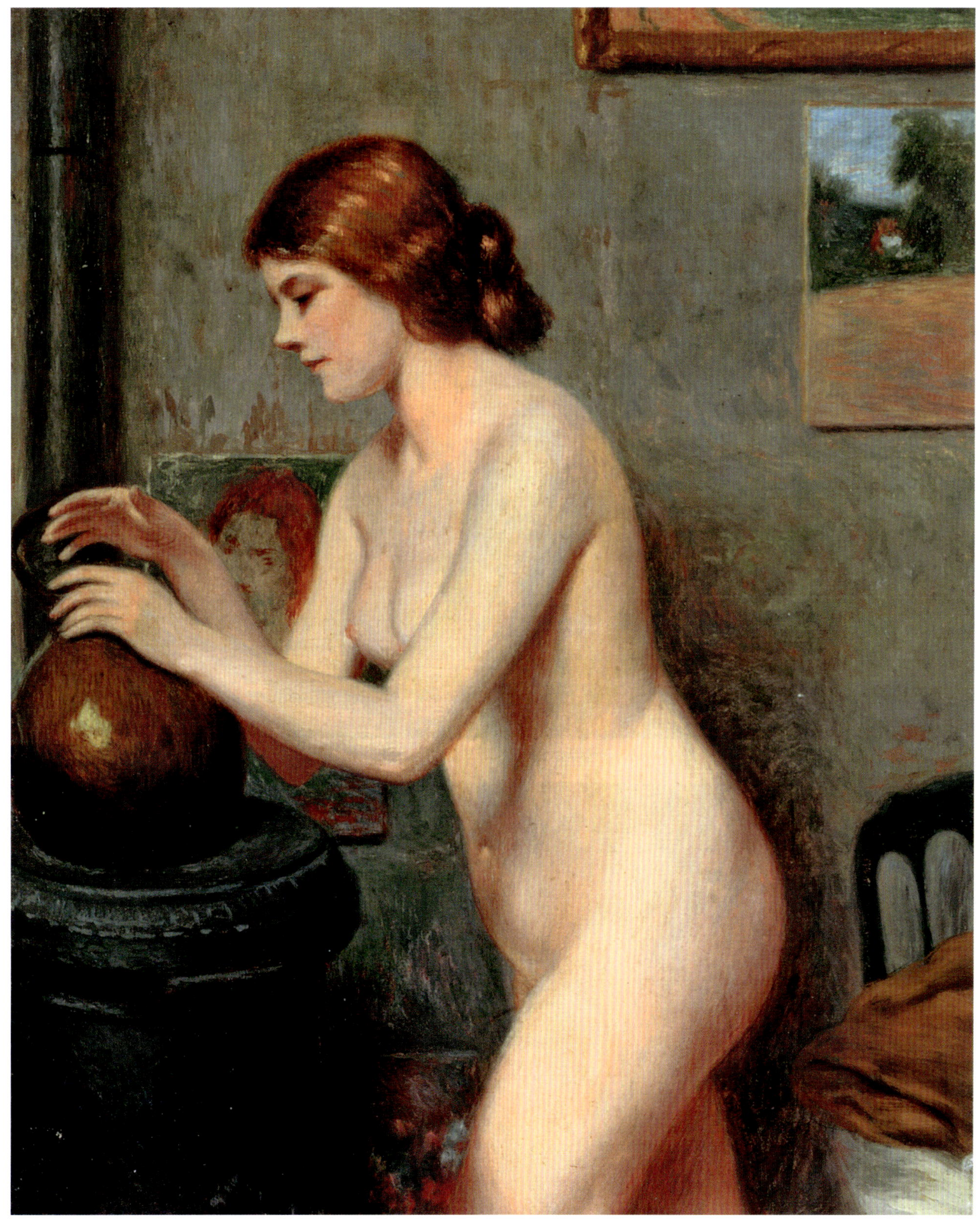

Cat. 41
Mon modèle : femme nue à mi-jambe, janvier 1913

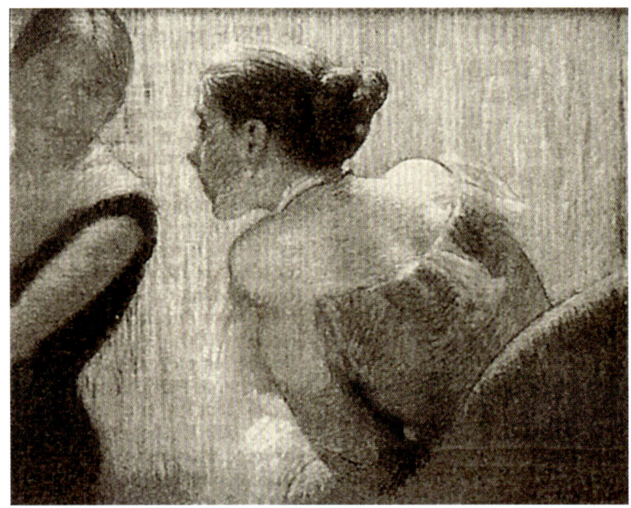

Ill. 04 - Federico Zandomeneghi, *Au salon*, s.d., pastel sur papier, 31,5 x 39,5 cm, Collection particulière.

Notes

[1] Avant la guerre de 1870, c'était au Café Guerbois avenue de Clichy que se tenaient ces réunions autour de Manet.
[2] Connu pour son puissant caractère mais aussi pour sa générosité, c'est lui qui trouve à Renoir un atelier au 7 rue Tourlaque en 1894, à deux pas de chez lui.
[3] Le biographe de Renoir, Georges Rivière, écrit dans *Renoir et ses amis* en 1921 : « Il [Zandomeneghi] avait la nostalgie de son pays natal, mais ne voulait pas entendre parler de retourner à Venise où ses compatriotes ne lui auraient pas réservé l'accueil triomphal qu'il s'était promis en partant [...]. » Sa correspondance confirme ces propos ; elle est le reflet permanent de cette ambiguïté entre désir de retour et réception de son œuvre par ses vieux amis italiens.
[4] Lire l'article de Gabriel Mourey, « Les Œuvres et les hommes - Federico Zandomeneghi (1849-1917 », *Les Arts*, n° 181, 1920, pp. 22-24, qui après avoir fait la synthèse de son œuvre trois ans après sa mort, explicite les raisons de son insuccès. En 1886, Félix Fénéon, décrit longuement ses œuvres dans un désormais célèbre article sur la dernière exposition impressionniste. En 1889, le peintre obtient une mention honorable à l'Exposition universelle mais cette récompense n'est suivie d'aucun succès financier qui le torturera jusqu'à la fin de sa vie.
[5] Groupe né en novembre 1862 au Café Michelangelo de Florence et dont les principaux représentants sont Signorini, Cecioni et le critique Diego Martelli. Zandomeneghi particulièrement lié à ce dernier, aura également comme amis Cabianca et Gioli.
[6] Une exposition récente au Musée de L'Orangerie posait la question de la filiation des Macchiaioli aux impressionnistes. Voir note 7.
[7] Federico Zandomeneghi, lettre à Francesco Gioli [Florence, 1er juin 1874], citée in cat. *Les Macchiaioli. Des impressionnistes italiens ?*, Musée de L'Orangerie, Paris, 2013, p. 213.
[8] Huit expositions entre 1874 et 1886 vont mettre en avant les recherches nouvelles du groupe de jeunes peintres refusés au Salon officiel, qui affichent des personnalités variées. Si Renoir ne participe qu'aux deux dernières, la plupart des peintres affiliés à ce groupe y exposent ; la première a lieu dans les Salons Nadar au 35 bd des Capucines du 15 avril au 15 mai 1874 et donne involontairement son nom au mouvement à cause de l'effet sur la critique du tableau de Monet, *Impression, soleil levant*.
[9] Diego Martelli (1839-1896) comprend très vite l'importance de la révolution impressionniste et bien qu'il soit le plus grand théoricien du mouvement des Macchiaioli, il en perçoit néanmoins les limites. Plusieurs séjours à Paris dès 1862 le sensibilisent aux différentes tendances qui le font d'abord adhérer au réalisme de Courbet plutôt qu'à l'art de Manet. Très proche de Degas, il participe à la diffusion des théories impressionnistes en Italie. Indépendantiste comme Zandomeneghi, il se bat comme lui à la libération de l'Italie.
[10] Ce long séjour de 13 mois permet en effet à Degas de réaliser des dessins et deux portraits peints du critique (Musées d'Edimbourg et de Buenos Aires) ainsi que Zandomeneghi (Galleria d'Arte Moderna, Florence).
[11] Il participera également à la Ve et VIe exposition impressionniste en 1880 et 1881 puis à la dernière en 1886.
[12] À la naissance de son fils en 1883, le futur Maurice Utrillo, Zandomeneghi lui trouve un appartement sur le même palier que lui, au 7 rue Tourlaque ; c'est là qu'habite aussi François Gauzi, le grand ami de Toulouse-Lautrec.
[13] D'autres expositions personnelles lui seront consacrées dans la même galerie en 1898 et 1903 puis en 1908 à la galerie Rosenberg.
[14] Cité en anglais dans un catalogue de vente en 1997 qui citait déjà une traduction des propos de Degas en italien in Enrico Piceni, Zandomeneghi, 1991, p. 63).
[15] Le catalogue raisonné établit par Enrico Piceni en 1967 (ré-ed. en 1991) précise qu'une photographie de ce tableau datée de 1901 est conservée dans les Archives Durand-Ruel alors que celui-ci n'était pas encore signé mais mis en dépôt le 11 octobre 1901. Est ce à dire que le tableau est de cette année ? Ne pourrait-il pas avoir été peint par l'artiste avant ? Il n'en demeure pas moins que la toile sera finalement signée par l'auteur le 1er septembre 1904 au moment où il est acheté par la galerie.
[16] Cité in Sophie Monneret, *L'Impressionnisme et son époque*, vol. II, coll. Bouquins, éd. Laffont, Paris, 1980, p. 158.

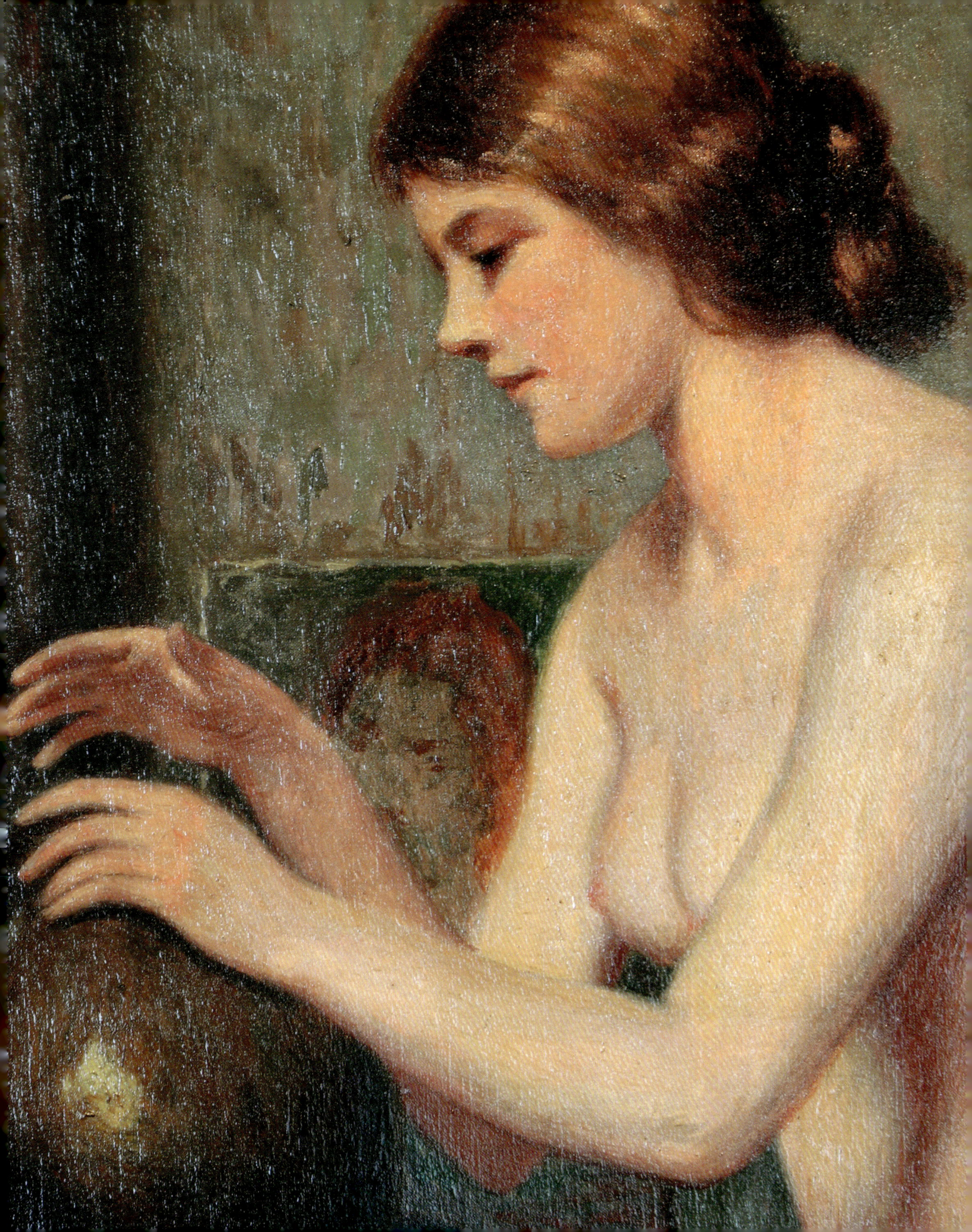

English Texts

From Impressionism to Bonnard and Picasso
The Nahmad Collection

After the exceptional *Bonnard en noir et en couleur*, featuring works from the municipal collection as well as Bonnard's priceless diaries in partnership with Bibliothèque Nationale de France, the Musée Bonnard is delighted to present the exhibition *De l'impressionnisme à Bonnard et Picasso – La collection Nahmad*.
Monet, Renoir, Degas, Picasso, Toulouse-Lautrec and Modigliani... Masters of the modern era whose works will be on show alongside those of Pierre Bonnard.
These rarely exhibited works will be in Le Cannet for a short time and we are proud to present them to the many visitors that will come, as every year, to discover the Musée Bonnard.
While Pierre Bonnard is always the centre of attention in Le Cannet, the town he loved so much, it is our aim to develop comparisons on a regular basis with the work of his equals.
We are indebted for the exceptional quality of this exhibition to David Nahmad and his readiness to lend works from his magnificent collection once again after the success of *Inspirantes, Inspiratrices*.
Highly honoured by his trust, we thank him most warmly for his generosity and for his contribution in preserving and promoting the art he loves and knows so much about.
The close collaboration developed from the outset with great museums and collectors makes it possible to offer a rich programme of events. Patronage and support from the general public are also essential. We also wish to thank those who have assisted us through financial participation in finalizing the purchase of Bonnard's very important *Nu Orange*, which will soon be back in France.
The event created together with the Nahmad Collection presents paintings by Bonnard together with works by other geniuses of his day.
For this opportunity, we are again indebted to the master who chose to settle in Le Cannet and is still so closely bound up with the town as to contribute to its success today, so many years later.

Yves Pigrenet
Mayor of Le Cannet

Michèle Tabarot
Deputy of the Alpes-Maritimes department
President of the municipal majority

Foreword
Véronique Serrano
Chief curator of Musée Bonnard

With this exhibition, the fourteenth since its opening in June 2011, the Musée Bonnard demonstrates the extraordinary progress achieved. It is indeed our great privilege this summer to establish dialogue between our collection and about forty masterpieces of the late 19th and early 20th century from the Nahmad Collection, one of the world's most illustrious private collections.
This is our good fortune in more than one respect, as the exceptional gathering together of such a set of works also highlights the special bonds existing between museums and collectors. These relations are imprinted in the DNA of our institutions, which *necessarily* originate with the support of one or more collectors, who help to ensure their future development in a balance between the private and public sectors. The Musée Bonnard is no exception to this rule, as its history is bound up with a shared passion for the painter on the part of collectors, patrons of the arts, curators and political representatives.
The collector, the art historian and the curator all contribute to the development of knowledge in their own way. "Collectors should regard taking part in exhibitions as a mission. Doing so means making works seldom or never seen available to the public and thus performing an indispensable role in the sharing of knowledge." These are the noble and generous sentiments of David Nahmad, a conveyor of culture whose family has done do much since the early 1960s to make the great history of painting and artists known to as many people as possible. Year after year, driven by the desire to enrich our heritage and keep it alive, David and the Nahmad family have taken part in both larger and smaller exhibitions, to which they attach great importance.
The greatest artists of the modern era are gathered together here, from the forerunners and masters of Impressionism (Boudin, Monet, Renoir, Sisley, Degas and Zandomeneghi) to Picasso and Matisse by way of the Nabi Bonnard, Toulouse-Lautrec, the Fauves (Marquet and Dufy), the Cubists (Braque and Gris) and the School of Paris (Modigliani, Kisling and Pascin). These works, specially selected for the Musée Bonnard, shed fascinating light on the lines of descent between the schools of the different eras and the contribution of each of these painters to the history of art, whose exciting course is retraced in this lavishly illustrated and documented catalogue.
Through the dialogues established between artists and works, this exhibition makes it possible to connect different artistic trajectories marked by doubts, decisions and new developments in a sensitive interpretation of the history of art in direct or indirect relation to Bonnard. The works also reflect the choices and the spirit that animate this family of collectors in what it perceives as the birth of modernity.
This highly uncommon project could obviously never have become a reality without the trust and generosity of David Nahmad and his family, to whom we are deeply indebted.

Ill. 01 - David and Ezra Nahmad with their father in Piazza del Duomo, Milan, in the early 1960s.

Collecting, Protecting and Sharing The Passion of David Nahmad
Véronique Serrano

"I cannot see the point of buying a work just to keep it at home."[1]

This phrase immediately reveals the philosophy of David Nahmad and, through him, of his family, who lend so many works every year to the world's greatest but also smaller museums. Each one has its chance. The prerequisites are adequate security measures and above all a valid project aimed at highlighting one or more artists. David Nahmad puts his simple desire to share into practice every day, lending the exceptional Rose-Period Picasso of which he had dreamed for nearly half a century to star in the Musée d'Orsay[2] and this magnificent, newly-purchased Matisse (cat. 23) to hang in our exhibition at the Musée Bonnard. As the warm-hearted collector says, "I am always proud to make an exhibition more interesting by the loan of a painting."[3] This is true. An event thus enriched by a masterpiece fosters closer dialogue between all the works. How does a collection become one of the most important in the world? In attempting to answer this question, it is interesting to retrace the history of this exceptional family of Syrian origin, whose unity has given it the strength needed to face and overcome the personal and professional challenges of life.

Its history is an authentic storybook adventure recounted with great simplicity and passion, both by David himself[4] and by his nephew Helly, above all in latter's splendid interview with Jean-Louis Andral on the occasion of the Picasso exhibition at Grimaldi Forum.[5] His words are marked by real pride and humility with respect to his predecessors, especially his father Ezra and his uncle David, the two younger brothers of Joseph Nahmad.

Joe, as he was known, settled in Milan during the 1950s while his parents remained in Beirut, where Ezra and David were born shortly after the war. Their father's business as a banker in Lebanon kept the family safe from want. Fate brought the family back together in Milan in 1958 after the tragic death of the eldest son, Albert, at the age of 28. Joe became head of the family and the banking business flourished together with his passion for collecting antiques, which he bought in huge quantities. Closely involved in the Italian art world, he befriended many artists including Giacometti, De Chirico, Dalí, Ernst, Marini, Fontana and Pomodoro.

Those who know David Nahmad are well aware of his great love for the brother with whom it all began. Joe played a key part in the brothers' understanding of art. David recalls being truly struck in 1959, at the age of 12, by Magritte's *La Légende des siècles*, which his big brother had picked by chance. He also recalls having to auction it again later on and coming out with a painting by Fernand Léger, knocked down to him by mistake, which he was too embarrassed to refuse. "My brother Joe was an exceptional man gifted with great sensitivity and intelligence. Thanks to him, I found myself at a very early age in a fertile environment that helped me to think. His home was full of art books and I used to spend my time looking at them and reading them. He introduced me to collectors and dealers from many different countries when I was still young."[6] After this upbringing, he is convinced today that a good collector must have a good library and obtain all the information required for knowledge and understanding: "To love, you have to understand."[7] David immersed himself in this library with great passion and still reads today, asks questions, and listens to those who know. "Art interests me only because it is a form of science, because it is based on knowledge. But what would art be and how could I love it if it did not have a spiritual dimension?"[8]

That halcyon period of the 1950s and '60s ended abruptly with the stock exchange crash, which was particularly devastating in Italy. The Nahmad family fortune built up by Hillel and his son Joe was wiped out. David and Ezra, who were always involved in all their older brother's activities, displayed great lucidity and intelligence together in meeting the challenge of avoiding total ruin and rebuilding. The sphere of Joe's interests that attracted them most was art, and they set out together as dealers in 1965–66, when the structured art market we know today did not really exist. It was a real gamble for two young men of 20 and 18. They started almost from scratch, selling off the heaps of antiques accumulated by Joe at a loss and buying the work of certain almost unknown modern artists, like Juan Gris (ill. 02), a painter championed by the Cubists' famous dealer Daniel-Henry Kahnweiler. Won over by the brothers' youth and daring, Kahnweiler sold them works by Picasso and Braque. They also met Aimé Maeght, who sold them works by Kandinsky, Chagall and Miró, for whom they developed a real passion.[9] Endless buying and selling led eventually to the decision to build up a collection of rare items, starting with artists for whom there was little or no demand and therefore little competition in the auction rooms. These far-sighted choices include the late Picassos. The idea of an imaginary museum was born then and has now become a reality.

"I have always bought things because I love them, because they tell me something about the period, because they make me more intelligent. The cost doesn't matter."[10] Given these often-repeated sentiments, David Nahmad despairs of the present-day evolution of the art market, which is no longer a matter of vision and passion but of financial speculation with works turned into products and collectors into investors.

In 2004, the art historian Pierre Cabanne published a book entitled Être collectionneur au XXe *siècle*,[11] in which he completely forgot to mention the Nahmad Collection and its nearly seventy years of history. This specialist on Picasso[12] can, however, hardly be unaware that it contains the largest number of works by the master in private hands outside his own family. His definition of the collector certainly applies to the Nahmad family, apart from the fact that, for David, it is not auctions that dictate his personal choices. Cabanne writes as follows: "The collectors of the 19th and 20th centuries are upper middle class or people with a small private income, steel magnates, railroad barons, industrialists, bankers, physicians, couturiers, the heirs of illustrious families or newly-rich billionaires, art dealers, writers and sometimes artists. [...] A new phenomenon, namely the market, has turned the game into a competition and major public auctions guide the evolution of taste."[13]

The collector is one of the key components of the art market. The Nahmad family are both collectors and dealers, and it is the latter activity that has made it possible to build up their historic collection. The brothers were very active at auctions in the 1970s and '80s, often the only ones to bid for little sought-after Cubist works by Braque and Kandinskys from the Guggenheim Collection, half of which they managed to secure. They remained the major force in the action rooms until the mid-1990s.[14]

David Nahmad does not sell just to make money. He always does so with regret and in order to buy the finest works of artists that he loves, works that he believes in and wants to keep in Europe. His business has enabled him to become the collector that he is today. If he were to speculate, like so many today, he would gamble on contemporary art, which he completely refuses to do. He cannot buy what he does not understand and does not love. Many of his and the family's purchases are now in museums and in illustrious collections. It is not the commercial aspect that most attracts David Nahmad, who feels a close relationship with the works he buys. Though often obliged to sell them, he can also buy them back time and again. People are always astounded by his extraordinary memory for the dates of these simultaneously joyful and painful events. Their pioneering interest in the late Picassos and the works of painters like Miró and Léger in the late 1960s enabled the Nahmad family to build up and capitalize on a huge stock, the core of a collection that now comprises thousands of works and gives rise to both the craziest and the truest of comments.[15]

David Nahmad looks back nostalgically to his early days and is convinced that "the art market cannot escape the turn for the worse that the world has taken".[16] He knows that the world has changed, that the younger generation has taken over and will maintain the family's standards after Ezra and him through their galleries in London and New York. We must hope, however, that there will always be a David Nahmad in close contact with artists and works of art to ensure that they remain objects of commitment rather than speculation. As he wisely reminds us, "It takes a long time to buy masterpieces."[17] Fortunately enough, a long time is precisely what speculation does not have.

Ill. 01 – David Nahmad and his children during the exhibition *Picasso bleu et rose*, Musée d'Orsay, Paris 2019.
Ill. 02 – Juan Gris, *L'homme attablé*, 1925, oil on canvas, Nahmad Collection.
Ill. 03 – Pablo Picasso, *Fillette au panier de fleurs* (*Girl with a Basket of Flowers*), Paris 1905, oil on canvas, 154.8 × 66.1 cm, Nahmad Collection.

Notes
[1] David Nahmad, in *Journal des arts*, 7 October 2018.
[2] We refer to Picasso's *Fillette au panier de fleurs* (*Girl with a Basket*) (ill. 03) from the Rockefeller Collection, whose auctioning on 9 May 2018 hit the headlines. So seldom had the work been seen that it was showcased in *Picasso bleu et rose*, the exhibition jointly organized by Laurent Le Bon and the Musée d'Orsay in the same year, which will unquestionably live on forever in the memory. David Nahmad had been dreaming about this work, once owned by Gertrude Stein and her brother Leo, since his youth, and the unexpected sale made the miracle possible.
[3] 'David Nahmad, l'homme aux milliers de tableaux', interview with Elise Karlin, *L'Express*, 12 August 2016.
[4] Maïthé Vallès-Bled, 'Entretien avec David Nahmad', in *Collection David et Ezra Nahmad. Impressionnisme et audaces du XIX*[e] *siècle*, exh, cat., Musée Paul Valéry, Sète, 2013, and various other interviews in the French and international press.
[5] See Helly Nahmad, 'Les Miroirs d'une passion', conversation with Jean-Louis Andral, in *Picasso dans la collection Nahmad*, exh. cat., Grimaldi Forum, Monaco, 2013.
[6] Maïthé Vallès-Bled, *op. cit.*, p. 20.
[7] Ibid., p. 26.
[8] Ibid., p. 20.
[9] The Nahmad Collection was the major lender to *Miró*, the recent retrospective at the Grand Palais, organized by Jean-Louis Prat, with a loan of nearly 20 works, all of crucial importance.
[10] *L'Express, op. cit.*
[11] Pierre Cabanne, *Les Grands collectionneurs. Être collectionneur au XX*[e] *siècle*, vol. II, Les éditions de l'amateur, Paris, 2004.
[12] Pierre Cabanne, *Le Siècle de Picasso*, vols. 1 & 2, Denoël, Paris, 1975.
[13] Pierre Cabanne, 2004, *op. cit.*, back cover.
[14] The fact that emerging areas like China, India and Arabian Gulf are now involved changes the situation considerably as well as the future of artworks, which will no longer circulate so easily.
[15] *L'Express*, op. cit.
[16] Maïthé Vallès-Bled, *op. cit.*, p. 24
[17] Conversation with the author, 2018.

Works
Entries by Véronique Serrano

Pierre Bonnard
(Fontenay-aux-Roses, 1867 – Le Cannet, 1947)

Cat. 1
Femmes à la fenêtre (Chez la brodeuse) (*Women by the Window* or *At the Embroiderer's*), c. 1895
Oil on canvas mounted on panel
34.6 × 40.7 cm
Signed above right: *Bonnard*

Cat. 2
Le Boulevard extérieur. Boulevard de Clichy et angle de la rue de Douai (*The Outer Boulevard. Boulevard de Clichy and the Corner of Rue de Douai*), 1904
Oil on canvas
98 × 76 cm
Signed below left: *Bonnard*

Cat. 3
Paysage parisien (Boulevard de Clichy) (*Parisian Landscape* or *Boulevard de Clichy*), 1904
Oil on canvas
58 × 47 cm
Signed below right: *Bonnard*

Cat. 4
Les Quais de Paris (*The Riverbanks in Paris*), c. 1906
Oil on cardboard mounted on panel
44.2 × 67.3 cm
Signed below left: *Bonnard*

Cat. 5
Portrait de Jeune fille (*Portrait of a Young Woman*), c. 1921
Oil on canvas
46 × 31 cm
Stamped above left: *Bonnard*

Often described all too hastily as the last of the Impressionists,[1] Pierre Bonnard is an indefinable artist. He was a member in his youth of the group known as the Nabis,[2] which served him as an excellent apprenticeship and a source of joyful friendship. Convinced at a very early age of the mysterious power of nature in the broadest sense, including both living beings and things, Bonnard always sought to communicate with it through his own peculiar means, namely drawing, colour and tonality. It is in virtue of this profound dialogue that the painter can also be regarded as an heir of Monet and Renoir as well as Degas, albeit with an essential difference. He reworked his initial idea from memory in the studio, eliminating any element of temporality and seeking solely to transcribe his sensation without running what he saw as the risk of direct observation.[3] He thus cultivated the terrain of feeling for nature with passion and subjected it to reason, drawing to certain degree on a particular tradition. As he wrote to his nephew Charles in February 1933, "I am working a lot, increasingly embedded in this outmoded passion for painting. I may be one of the last survivors."[4] It is precisely this avowed "sentimental vision"[5] that others misunderstood and found irritating.[6] Completely indifferent to this, Bonnard went his own way, which is not that of what was then called the avant-garde. He endeavoured throughout his life to preserve his initial vision intact. As he stated towards the end, "If you seek in painting to capture life, where it is already perfect, you will never succeed. It is not a matter of painting life but of bringing painting to life."[7]
Bonnard embarked on an artistic career in 1891 after attending the free courses at the Académie Julian. It was the success of his poster *France Champagne* that persuaded his father, an official at the Ministry of War, to let him choose for himself rather than study to qualify as a notary. With the support of his mother, with whom he developed an important exchange of letters,[8] Bonnard gradually detached himself from the family without severing their very strong ties. He continued to spend his summers with them at Grand Lemps, their house in the Dauphiné, and to stay in Arcachon with his sister Andrée and her husband, the composer Claude Terrasse, with whom he was very close and developed numerous projects (*Petit solfège illustré* and *Petites scènes familières* as well as scenery for the theatre). His initial circle of friends, comprising Paul Sérusier, Maurice Denis, Paul Ranson and Henri-Gabriel Ibels, was expanded when he met Ker-Xavier Roussel and Édouard Vuillard at the École des Beaux arts in 1888. Bonnard was more attached to Vuillard than any of the other Nabis and this feeling was mutual, as attested by Vuillard's last words to him: "If I wrote to you every time I think of you, of our past, painting and so on, you would have a whole library to read."[9] Bonnard replied, "For me, Paris is you to a great extent."[10] The Paris that Bonnard recalled with such feeling is indeed clearly visible in this series of works from the Nahmad Collection.

Bonnard was a frequent guest at Vuillard's home,[11] as recalled by the precious witness Annette Vaillant, daughter of Marthe Mellot and Alfred Natanson: "Madame Vuillard, a corsetier on rue Saint-Honoré, would put her sewing machine away once a week and make room for her son's friends to dine." One of these was Bonnard, of whom "she was unaffectedly fond but teased".[12] This subject was particularly represented by Vuillard in paintings and in lithographs (ill. 01). Unquestionably inspired by the private world of his friend, who lived with his mother and sister surrounded by very young female apprentices, *Women by the Window*, also known as *At the Embroiderer's* (*Femmes à la fenêtre* or *Chez la brodeuse*, cat. 1) shows Bonnard's fondness for shades of grey and dark colours as well as silhouettes, influenced by Japanese art, so as to enhance the intimism of his composition. The painting of these two women working by the window enables the painter to draw our attention to the pavement opposite, where passers-by are silhouetted against the façade of the illuminated building. The work of the two painters was very similar in this period, as attested by Gustave Geffroy in his description of Bonnard's first solo show at Durand-Ruel: "His friend, his companion, his brother in existence [...] There is obviously a similarity between the two artists [...] and I also see great differences. While Vuillard is bolder in his use of colours, more daring in his explosive blossoming of blue, red and golden yellow, we sense his melancholy and solemnity at the same time. Bonnard instead is a painter of grey who delights in violet and russet nuances and dark overtones. A mischievous spirit of observation and impish gaiety lend charming distinction, however, to each of his annotations." [13] As Antoine Terrasse wrote more recently, "They both love to paint life in the lamplight, the charm of intimacy."[14]

During all the years spent in Paris before moving away,[15] and indeed for nearly all of his life, Bonnard remained faithful to Montmartre.[16] He loved the atmosphere of that bohemian neighbourhood with its very contrasting population by day and by night. Before him, the Impressionists had also loved this lively district, crammed with theatres, music halls, circuses and cafés, characterized during the day by a colourful lower-class life revolving around fruit and vegetable sellers, itinerant craftsmen and vendors of every kind. The two paintings of boulevard de Clichy at different times in the day are daring and interesting in more than one respect (cat. 2, 3). From around 1900 to 1906, Paris was a key subject in Bonnard's work and in that of the other Nabis to a varying degree. The city was a major magnet for artists from all over Europe. For Bonnard, who chose Montmartre as his place to live and work, it was a fascinating spectacle that fired his insatiable imagination. He proved a perceptive and amused observer of modern life. The carriages, the trams, the crowds hurrying through the streets and filling the new places of entertainment, the mothers and children, the free-time activities and the minor trades all offered the young painter material to sketch with incomparable charm and irony the world of the boulevards, where the top hats and plumed millinery of elegant high society were also to be encountered. As Gustave Geffroy again noted, "No one observed more acutely the appearance of the street, the hurrying silhouettes and the patches of colour seen through the fine Parisian fog."[17] André Mellerio made much the same comment in the same year: "The basis of Bonnard's work is charm. [...]. It is the complicated jumble of a civilisation constantly on the move, where everything has and displays its dash of colour. The unexpected scene on a street corner, the elegant gait of a passing Parisienne, the countless minute and frivolous details of her dress [...]." Small dogs, a hallmark of Bonnard's work, play their part in this wry observation of the city with their comical poses: "He understands their innermost being as manifested in odd poses with backbones supple or straight, noses in the air, racing madly in an ungainly fashion [...]."[18]

These two works reflect the important dialogue in Bonnard's art between lithography and painting. The series to which the two works from the Nahmad Collection (cat. 2, 3) belong was preceded by the major set of lithographs produced by Bonnard in 1898 for *Quelques Aspects de la vie de Paris* (ill. 03), printed by Eugène Clot, his leading album of graphic art.[19] The 12 lithographs and the cover reveal a tender and sometimes ironical vision of the Paris that so enticed him. As Claude Roger-Marx comments, "in this succession of prints [...] we admire [...] the variety of page layouts, points of view, handling of light, seasons, times of day, contexts and characters [...] the dynamism of the rhythms and the colours coincide."[20] Keen observation of the middle and lower classes alike give this series a human dimension that was never to disappear from Bonnard's future work. The city was all aglow at the time. The streets were caught up in progress, widened and illuminated with gaslights so as to lengthen the days and enable people to take advantage of the numerous night-time attractions. Buses, double-deckers and horses crossed paths in a joyful chaos. Crowds flocked to theatres, cafés and restaurants everywhere. Bonnard captured not only smartly dressed men, women and children out for a walk but also the common folk of Paris like laundresses, glaziers and costermongers. These prints reflect Bonnard's work of the same period in painting on countless urban subjects at the dawn of the 20th century. They bear witness to Bonnard's frequent movements back and forth between painting and lithography, and attest to the importance he attached to printmaking.[21] The axial composition and close-up view of the print from *Quelques aspects de la vie de Paris* entitled *House in a Courtyard* (*Maison dans la cour*, ill. 03), which shows his interest in framing, are also used in the two paintings addressed here (cat. 2, 3). It is probably the view of the rooftops at the intersection of boulevard de Clichy and rue de Douai that the artist had from his studio on the latter.

While Bonnard may have seen the views painted by Van Gogh from his apartment on rue Lepic a few years earlier (ill. 02),[22] he was less interested in the architectural aspect of the composition than in the life present in all his works. Our eye is drawn to the profusion of details that animate the wet pavement and the bustle of vehicles and horse-drawn trams with dashes of colour respectively in the night-time and daytime versions. As a keen observer of modern life, Bonnard "observes the reflections, all the iridescent glitter of the walls, but also all the movements of the passers-by. He captures women in a whole variety of poses, adjusting their hats, whispering beneath an umbrella, crossing the street with dainty steps [...]."[23] Elsewhere the painter uses close-up (ill. 04) to focus attention on the modification of his perception by night through the effect of electric light, which lends the scene a theatrical appearance (ill. 05). Directly on the pavement, (ill. 06) passers-by, a little dog running wild and a man on a bench are presented like silhouettes from Chinese shadow theatre, performances of which at the renown cabaret *Le Chat noir* influenced a whole generation of artists. The overall effect is enhanced by the use of a foreground in shadow and a brightly illuminated middle ground. The viewer is disconcerted, as in the lithographs of the same period, by the mobility of the figures. While very fond of Montmartre, Bonnard travelled the city from side to side, from the Champs Elysées to the Bois de Boulogne, strolling beside the Seine near the Louvre, standing on bridges like the Pont des Arts. It was around 1905 that he painted a series of four works (cat. 4, ill. 07-09) all featuring the distant view of Notre Dame in the fog with variations. The elements Bonnard introduced into these scenes are indeed reminiscent of a storyboard, with passers-by moving into and out of view. The night-time version from the Nahmad Collection (cat. 4) presents an elderly bearded man passing a young woman in the other direction, while the one formerly in the Pétridès Collection (ill. 08) shows the same man on the left with his hand outstretched as though begging. In the period 1905–06, when the Fauves caused an outcry at the Salon d'Automne, Bonnard had yet to set out on the path of light and colour. He continued to use backgrounds tinged with blue and grey atmospheres, sometimes animating his compositions with dashes of brighter colour to establish a deliberately nuanced rhythm.

While Bonnard continued to work on his compositions, his discovery of Mediterranean light in Saint Tropez around the same time and his growing interest in the female body and rural landscapes led him to abandon urban scenes. His brushwork became lighter and his style more carefree. This was the time of the large decorative compositions carried out in his house in Vernon and the first enchanting nudes. Around 1912–13, however, Bonnard was plunged into a severe state of crisis that led him to call his art into question: "I had been carried away by colour and sacrificed form to it almost unconsciously. It is certainly true that form exists, however, and that it cannot be arbitrarily reduced or transposed. It was therefore drawing that I had to study, and after drawing, composition."[24] This crisis, which lasted until around 1916, appears to have been passing at the time when the painter made the acquaintance of two young women, namely Lucienne Dupuy de Frenelle and Renée Monchaty, a few months apart. These two passionate affairs, which did nothing to dethrone the sovereign presence of Marthe,[25] gave rise to a number of nudes and portraits. The Nahmad Collection *Portrait de jeune fille* (cat. 5) is one of a series of four (Dauberville 1092–95) in which the young woman appears with the same sad expression and resigned smile. The model may have been Lucienne, with whom Bonnard had remained on friendly terms, as attested also by the fact that he stood godfather to her second child, born in 1920. Here he develops a harmony of hot and cold colours between the fiery red background, the hair streaked with yellow, and the green and ochre modulations of the fur collar. The quick brushstrokes and almost sketch-like effect endow the portrait with intense expression in the exchange of looks between model and painter.

From this time on, dividing his time between Normandy and the Côte d'Azur, Bonnard developed a pictorial strategy from which he was never to deviate and that led him to an increasingly rational use of colour, of which he became one of the indisputable masters. In addition to this evident gift for *seeing* and *creating*, his work contains within itself all the revolutions of the past and those to come, taking into account the ability of painting to give the impression of flatness to depth or gaiety to melancholy, thus illustrating one of his last observations: "There is a formula that applies perfectly to painting: many small lies for one great truth."[26]

Ill. 01 – Édouard Vuillard, *La Couturière* (*The Dressmaker*), 1895, colour lithograph, 26 × 16 cm, Bibliothèque nationale de France, Paris.
Ill. 02 – Vincent Van Gogh, *Vue depuis l'appartement de Théo* (*View from Theo's Apartment*), 1887, oil on canvas, 45.9 × 38.1 cm, Van Gogh Museum, Amsterdam
Ill. 03 – Pierre Bonnard, *Maison dans la cour* (*House in a Courtyard*), 1895–96, five-colour lithograph, 34.5 × 25.7 cm, Bibliothèque nationale de France, Paris.
Ill. 04 – Pierre Bonnard, *Toits* (*Rooftops*), c. 1897, oil on wood, 34.30 × 36.83 cm, Smith College Museum of Art, Northampton, Massachusetts, gift of the Adele R. Levy Fund.
Ill. 05 – Pierre Bonnard, *Vue de Paris la nuit / View of Paris by Night* (corner of boulevard de Clichy and rue de Douai), 1900, oil on paper mounted on panel, 45.1 × 58.1 cm, The Museum of Fine Arts, Boston, gift of John T. Spaulding.
Ill. 06 – Pierre Bonnard, *Boulevard de Clichy ou Scène de rue à Paris* (*Boulevard de Clichy* or *Parisian Street Scene*), 1900, oil on canvas, 65.1 × 92 cm, Private collection.
Ill. 07 – Pierre Bonnard, *Pont des arts*, c. 1903, oil on canvas, 72.39 × 99.38 cm, County Museum of Arts, Los Angeles, gift of Mr and Mrs Sidney F. Brody D. 289.
Ill. 08 – Pierre Bonnard, *Pont des arts*, c. 1905, oil on cardboard, 55 × 70 cm, Private collection, D. 324.
Ill. 09 – Pierre Bonnard, *Pont des arts*, c. 1905, oil on canvas , 34 × 52 cm, Private collection, D 321.

Notes

1 See the chapter on this in Georges Roque, *La Stratégie de Bonnard. Couleur, lumière, regard*, Gallimard, Paris, 2006, p. 27.

2 Bonnard was part of this group of friends as from 1888 but was led by his personality to detach himself from them around 1895, as attested by this statement made to Raymond Cogniat in 1933: "It was during the holidays [...] around 1895. One day, the words and theories that were the cornerstones of our conversations – colour, harmony, relations of lines and tonalities, balance – lost their abstract meaning to become something very concrete. I suddenly understood what I was looking for and how I could try to obtain it." Quoted in Georges Roque, op. cit., p. 89.

3 Bonnard spoke on various occasions of his difficulties in working from life, as in the well-known interview of 1943 with Angèle Lamotte, where he spoke of being sidetracked by the object into pursuing details and losing sight of the initial idea. *Verve*, V, no. 17-18, 1947.

4 Gérard Régnier, ed., *Bonnard*, exh. cat., Musée national d'Art moderne, Centre Pompidou, 1984, p. 266.

5 Pierre Bonnard, 4 January 1934: "une vision sentimentale qui tient le mur". Quoted in Véronique Serrano, *Pierre Bonnard, Au fil des jours, agendas 1927-1946*, L'Atelier contemporain et Bibliothèque nationale de France, 2019, p. 116.

6 Picasso once described his work to Françoise Gilot as a "pot-pourri of indécision".

7 Pierre Bonnard, quoted by Antoine Terrasse in *Bonnard « la couleur agit »*, Découvertes Gallimard, Paris, 1999, p. 106.

8 He spoke of his vocation as early as 5 June 1886: "What is embarrassing is the wild desire to paint that comes over me from time to time, when I went to the Salon, for example." Quoted in Gilles Genty and Pierrette Vernon, *Bonnard inédits*, Cercle d'Art, Paris, 2003, p. 215.

9 Letter from Vuillard to Bonnard, 4 May 1940, quoted in *Bonnard/Vuillard Correspondance*, ed. Antoine Terrasse, Gallimard, Paris, 2001, p. 103.

10 Letter from Bonnard to Vuillard, Le Cannet [late May or early June 1940], op. cit., p. 105.

11 Vuillard shared the studio at 28 rue Pigalle for only a few months before moving nearby to number 24. He was living in this period at 346 rue Saint Honoré but moved to number 342 in 1896.

12 Annette Vaillant, *Bonnard ou le bonheur de voir*, Ides et Calendes, Neuchâtel, 1965, p. 56.

13 Gustave Geffroy, *La Vie artistique*, 8 January 1896, p. 297.

14 Antoine Terrasse, *Bonnard*, Skira, Geneva, 1964, p. 35.

15 While Bonnard always kept a studio in Paris, his life with Marthe became difficult in the early 1910s and her anti-social nature kept him away from his friends. At the same time, Bonnard's forced concentration on his work at the beginning helped him to formulate his ideas more clearly. His income was such as to permit the purchase of a small house on the Seine, not far from Giverny and Monet, in 1912. After regular stays in seaside hotels in Normandy, his discovery of the Mediterranean led in 1926 to the purchase of a house on the hill in Le Cannet, which he owned until his death. He always continued to see and receive his friends.

16 His successive addresses in Montmartre are 8 rue de Parme (where he shared his grandmother's apartment), 14 rue Lechapelais, 28 rue Pigalle, 65 and then 60 rue de Douai (as from December 1905) and 49 rue Lepic. He took a studio at 21 quai Voltaire, in the same building as his friend Misia, in 1910 but soon returned to Montmartre, where he kept the studio at 22 rue Tourlaque until the end of his life. Parallel to this, he took a huge apartment

at 56 rue Molitor in the district of Auteuil in 1916 but moved back to Montmartre, at 48 boulevard des Batignolles, in April 1924. A move to 16 bis rue Caulaincourt in 1931 was followed in 1939, on the eve of the war, by a move to an apartment bought prior to construction at 2 place de la Porte, which he kept to the end of his life.

[17] Gustave Geffroy, review in *La Vie artistique*, 8 January 1896, quoted in Terrasse 1988, p. 247.

[18] André Mellerio, *Le Mouvement idéaliste en peinture*, 1896.

[19] The date of 1895 assigned by some writers to this commission would account for the difference in style of certain prints, which were intended for separate publication. See *Nabis*, op. cit., p. 438. Their sale was advertised in *L'Almanach du père Ubu* and in *L'Estampe et l'affiche* when the series was exhibited by Vollard in March 1899.

[20] Claude Roger-Marx, *Bonnard lithographe*, André Sauret, Monte Carlo, 1952, p. 13.

[21] See the important catalogue of the exhibition *Pierre Bonnard. The Graphic Art*, Metropolitan Museum of Art, 1989. As the painter said years later to André Sauret, "I learned a lot about painting from making colour lithographs. You discover a lot of things when you have to work on tonal relations with just four or five colours to superimpose or juxtapose." Quoted in Claude Roger-Marx, op. cit., in Antoine Terrasse, Pierre Bonnard, Gallimard, Paris, 1988, p. 48.

[22] The one of the two versions now in a private collection once belonged to Toulouse Lautrec, who was very close to the Nabis as from the founding of *La Revue blanche* in 1891. Here Van Gogh experimented with the use of oil paint thinned with turpentine for a very fluid and matte effect.

[23] Antoine Terrasse, *Pierre Bonnard*, Gallimard, 1967, pp. 37 and 40.

[24] Pierre Bonnard, quoted in Antoine Terrasse, *La Couleur agit, op. cit.*, p. 65.

[25] Bonnard met Marthe on the boulevards in Paris around 1893 a few steps away from the Maison Trousselier, where she was employed to make artificial flowers. Despite remaining a source of inspiration for him until 1942, Marthe was never able to prevent the painter from exercising his powers of seduction over women, sometimes with tragic consequences. See in this connection Olivier Renault, *Bonnard, jardins secrets*, Editions de la Table ronde, Paris, 2015; Françoise Cloarec, *L'Indolente. Le Mystère Marthe Bonnard*, Stock, Paris, 2016.

[26] Pierre Bonnard, conversation with Gaston Diehl, in *Les Vertus cardinales de la peinture*, 1945, pp. 201 ff.

Eugène-Louis Boudin

(Honfleur, 1824 – Deauville, 1898)

Cat. 6

Les Environs de Honfleur
(The Surroundings of Honfleur), 1854–57
Oil on panel
20 × 31.5 cm
Signed

Cat. 7

Deauville, Scène de plage
(Deauville, Seaside Scene), 1890
Oil on cardboard
18 × 27 cm
Signed below left, Deauville quoted below right

Regarded with Jongkind as one of the forerunners of Impressionism, Eugène Boudin was particularly known in his day for the beauty of his skies. His unswerving commitment to painting *en plein air* paved the way for the young Monet, as the master acknowledged much later: "If I have become a painter, [...]I owe it to Eugène Boudin." In his autobiography, Boudin himself manifested his awareness of his own "very small share of influence in the movement that brought painting to the study of broad daylight, the open air and sincerity in reproducing the effects of the sky".[1]

While nothing in his family background predestined him for a career as a painter, the fact that his father had been a sailor and he himself a cabin boy probably gave him a taste for nature, the sea and wide-open spaces. It was on land that his path took shape, however, with jobs at a printing works in Le Havre, where the family had settled, then at a stationer's and finally, at the age of 20, as a partner in a stationery and picture-framing shop, where the work of passing artists like Constant Troyon and Eugène Isabey, the leading representatives of the Barbizon school, were displayed. His sense of a vocation was awakened through contact with the many painters working of the coast of Normandy and he was encouraged in his decision to embark on an artistic career by figures like Charles Baudelaire, Jean-François Millet and Thomas Couture. It was on the advice of the realist painter Théodule Ribot that he undertook the practically obligatory course of study in Paris for a year, and at the insistence of Monet that he later returned there. A three-year grant from the town of Le Havre in 1851 enabled him to develop his training under Isabey in Paris and by copying the works of masters in the Louvre. This Parisian period was interspersed with frequent stays in Normandy and he ultimately fell into the routine of spending the winter in the capital and the summer on the coast of Normandy or Brittany. The work in the Nahmad Collection entitled *Les Environs de Honfleur* (cat. 6) belongs to this period. The sky takes up three -quarters of the composition and the light is shown breaking through in such a way as to distinguish the foreground and middle grounds while unifying them in a chromatic range of greys with countless nuances of blue. The poetic impression conveyed by the atmosphere and conjured up by the painter between sky and sea was noted by Baudelaire, who spoke of his "extraordinary enchantments of air and water" in his review of the 1859 Salon.[2] He was also hailed as "the king of skies" by Corot, himself an acknowledged "master of hazy mists and atmospheric effects" , as Sylvie Patin recalls.[3] The sky is not the only component part of this painting. While Boudin often painted nature completely devoid of any human presence, his fame being indeed based on his handling of blues,[4] he also delighted in combining the two. Here the sailors in the foreground and the numerous vessels on the horizon present another aspect of the work of an artist deeply familiar with the sea and seafarers as well as the effects of the weather and its variations, which he captured from life on canvas, his studio work proving less successful: "Everything painted directly on the spot has always a strength, a power and a living quality that is lost in the studio."[5] He sought to take his painting of nature as far as possible so as to reduce the work in the studio to the bare minimum. He delighted in sketching seamen and vessels in works informed by his keen spirit of observation. He captured gusts of wind, the never-ending dance of clouds, the coloured mirror of the water and calm after the storm as well as the wet sand teeming with bathers.

During the same period, Boudin completed his training with the study of Courbet, especially seascapes, as well as the great landscapists of the English school (Constable and Turner above all) and the Dutch ones (Snyders, Van Ruisdael and Potter).

He developed his technique over the years and his seaside scenes were noted by the critics before he came to enjoy belated success with a wealthy clientele. Zola described him in connection with the Salon of 1868 as a "painter with a sense of misty horizons, water and the vibrant colour of a woman's dress against a grey sky".[6] These are mostly small pictures that can be taken anywhere.

A witness of the birth of the fashion for sea bathing and the creation of seaside resorts, facilitated by the growth of railways,[7] Boudin was captivated by the high-society ballet of elegant figures strolling on the sand in a landscape transformed by bathing huts. He loved to depict the new fauna holidaying at Trouville and Deauville, as in this work of 1890 (cat. 7), where the figures are dashes of colour standing out against the sandy shades of the composition. And though interested above all in the investigation of light, he was by no means unhappy with the effect of these small paintings on the public and critics alike. As he wrote to his friend Ferdinand Martin, "My little ladies on the beach are very popular [...] some say that this is a goldmine to be exploited."[8] It is true that these appealing works brought him as much fame as his skies.

His participation in the first Impressionist exhibition in 1874 marked a turning point and enabled him to establish his reputation, even though it was not until 1881 that he obtained a contract with the art dealer Paul Durand-Ruel, who handled his interests and organized his first solo show in 1883 at the gallery in Paris. In 1886 Boudin also took part in the large-scale Impressionist exhibition organized by Durand-Ruel in New York, which launched him on the international market. At the same time, Boudin travelled a great deal in search of new horizons, visiting places like Antwerp, Bordeaux, Rotterdam, Berck, Dordrecht and Venice as well as Brittany after his marriage in 1863 to Marie-Anne Guédès, a native of the region.

In 1889, aged 65 and weakened by the death of his wife, Boudin was drawn by the mild climate and light of the South of France, like so many before him, and decided to spend his winters there, in places like Antibes, Juan-les-Pins, Villefranche and Beaulieu, which enabled his to paint in the open every day. The rest of the time was spent in Deauville, where he had a huge house called *Villa Breloque* built on the sea in 1884. His success with the general public grew steadily and in 1892 he received the insignia of the Legion of Honour from the painter Puvis de Chavannes.

While Boudin's work played a crucial part in the development of Monet, who never sought to conceal the fact,[9] he also influenced Bonnard, as attested in an interview given in Deauville in 1937: "It is Boudin who drew my attention to Deauville. He assured that there was no other place in France with such a beautiful and changeable sky ... and I must say that he was right. It is only after a long time that you really come to understand a landscape."[10]

Notes

[1] See *Eugène Boudin - L'Atelier de la lumière*, Musée d'art moderne André Malraux Le Havre, educational dossier, 2016.

[2] Charles Baudelaire, 'Salon de 1859, Le Paysage', in Sylvie Patin, *Eugène Boudin, les ciels*, éditions des Falaises, Rouen 2013, p. 6.

[3] Sylvie Patin, *op. cit.*, p. 8.

[4] Alexandre Dumas *fils* wrote as follows in a letter to Boudin: "You, who are the painter of skies *par excellence* ..."

[5] Eugène Boudin, Carnets, in Sylvie Patin, *op. cit.*, p. 22.

[6] Émile Zola, in Isolde Pludermacher, *Eugène Boudin, Lettres à Ferdinand Martin*, Société des Amis du musée Eugène Boudin, Honfleur, 2011, p. 139.

[7] Honfleur and Deauville were served by railway lines as from 1862 and 1863 respectively.

[8] Eugène Boudin, leter to Ferdinand Martin, February 1863, in Isolde Pludermacher, *op. cit.*, p. 27.

[9] "I have not forgotten that you were the first to teach me how to see and understand." Claude Monet to Eugène Boudin, 22 August 1892.

[10] Pierre Bonnard, 1937, in Ingrid Rydbeck, *Chez Bonnard à Deauville*, L'Echoppe, n.p., 1992.

Georges Braque

(Argenteuil, 1882 – Paris, 1963)

Cat. 8
Femme assise (*Seated Woman*), 1924
Oil on canvas
100 × 81 cm
Signed below right: *G. Braque*

Cat. 9
Nu couché (*Reclining Nude*), 1926
Oil on panel
26.4 × 68.3 cm

Cat. 10
Baigneuse aux trois fruits (*Bather and Three Pieces of Fruit*), 1926
Oil on canvas
100 × 81.2 cm
Signed and dated below left:
G. Braque 26

Cat. 11
La Toilette bleue (*The Blue Wash Stand*), 1942
Oil on canvas
146.5 × 95 cm
Signed and dated below right:
G. Braque 42

Cat. 12
La Caisse d'emballage (*The Packing Case*), 1947
Oil on canvas
92 × 92 cm
Signed below left: *G. Braque*

Georges Braque and Pablo Picasso are the undisputed founding fathers of Cubism. Together they discovered the elements of a new artistic vocabulary that was to have a lasting impact on modern painting. Their relationship was at its closest between 1907 and 1914. "We lived in Montmartre, saw each other every day and talked. Picasso and I said things to one another during those years that no one will ever say again, that no one could ever say, that no one could ever understand ... things that would be incomprehensible and that gave us so much joy ... and that will end with us. [...] It was a bit like climbing a mountain roped together."[2] During those seven years, each of them undertook experiments that both were to draw upon, driven by a feverish desire to blaze a new trail. The war brutally extinguished this flame, marking a real rift that is captured in these words of Picasso: "I took Braque and Derain to the station in Avignon on 2 August 1914. I have never seen them since."[3] Nothing would ever be the same again, neither their relationship nor painting. Their dealer Daniel-Henry Kahnweiler, who was practically the same age, made his name at the same time as them. As he loved saying, "It is the great painters that make the great dealers."[4]

Born into a family of decorators, Georges Braque was supposed to continue the tradition handed down from father to son. The family business, located in Le Havre as from his childhood, was known for its faux-wood technique, which evidently left an imprint on his creative imagination. The young Georges fell in love with the images of Steinlen and Toulouse-Lautrec discovered in the periodical *Gil Blas illustré*, to which his father had a subscription. Making little effort at school, he was sent to Paris in 1900 for training in the technique of faux wood and marble effects. At the same time, and with his father's consent, he learned the art of painting, initially at the municipal courses in Batignolles. He enrolled at the Académie Humbert, where he met Marie Laurencin and Francis Picabia, in 1903 and then spent a very short period in 1905 at the École des Beaux-arts under Léon Bonnat. His companions there included Raoul Dufy and Othon Friesz, who were also from Le Havre, and together they followed Matisse and Derain along the path of Fauvism. Braque soon wearied of the excesses of colour visible in the landscapes painted in Antwerp and then in the South of France at L'Estaque, La Ciotat and Cassis. As he said to Jean Paulhan, "For the first year it was pure enthusiasm, the surprise of the Parisian on discovering the South. The following year it was already different. I would have had to go all the way to Senegal. You can't rely on enthusiasm for more than ten months."[5]

Braque's reinterpretation of the work of Cézanne, who had just died in Aix, marked a turning point and a change in his conception of art. He visited the master's haunts in L'Estaque in 1907 and returned with canvases in which colour had gradually faded, giving way to broader, simplified

planes in a departure from the traditional handling of space.
That crucial year of 1907 also saw some key meetings, first with Matisse,[6] then with his future dealer Daniel-Henry Kahnweiler, and finally with Picasso, whose *Demoiselles d'Avignon*, just painted in his miserable studio in the Bateau-Lavoir, came as a great shock. This marked the start of their joint adventure, in which works of "Cézannian Cubism" were followed by increasing radicalization of form and the picture plane. This analytical investigation of space manifested itself in the splintering of homogeneous form, the geometric division of planes into overlapping facets, and the reduction of the palette to a few shades of grey and brown. "Analytical cubism" made the work almost abstract and increasingly hard to read. The two artists' trip to Céret in the summer of 1911, their discussions and their constant experimentation led them to a recasting of reality. Drawing on his rich experience of craftsmanship, Braque was the first to introduce stencilled letters and numbers into a work (*Le Portugais*) and to use a comb for faux-wood effects (*Hommage à J.S. Bach*) as well as sand for texture, techniques that his companion then took up. Picasso in turn invented the first collage in May 1912 by gluing a piece of oilcloth with a canework pattern onto a painting (*Nature morte à la chaise cannée*, Musée Picasso, Paris). He also used thick cord as a frame to enhance the artisanal effect given to the work by its unusual oval shape. The friendly rivalry between the two artists bore further fruit a few weeks later, which Braque came up with the idea for the first *papier collé* in history on seeing a roll of wood-effect wallpaper in a shop in Avignon. From this new discovery, the two artists moved on to other mass-produced articles like newspaper, labels, playing cards, tobacco packets and inscriptions, which animate the surface, creating rhythm, substance, colour and even meaning. The path was now open to the material and decorative options that Braque took very naturally in 1913 in his still lifes and synthetic figures, introducing veined, marbled, speckled and sandy effects onto his expanded planes. These object-like paintings led to two artists to give shape to their discoveries in assemblages and constructions that can be seen as extensions of *papiers collés*.
After enlisting in 1914, Braque was severely wounded in 1915 and unable to undertake any serious activity during his long convalescence. When he finally started painting again in 1917, it was practically at the point where he had left off, at the height of synthetic Cubism, albeit with a new impetus. The works gathered together here belong to this period, when the painter's monumental *Canéphores* (ill. 01) heralded a major series of nudes, seated, reclining and bearing baskets of fruit, which he continued until 1926 (cat. 8, 9, 10).
In 1925, Braque left Montmartre definitively for Montparnasse, where he and his wife[7] moved into a combined house and studio near Parc Montsouris.[8] It is there that he painted these nudes in almost earth-like shades of ochre, powerful figures that spread out over almost all of the canvas against a rhythmic background of coloured stripes of varying width. The works also present light and sinuous elements in the form of white drapery and the strip of yellow material used to bind the hair. Braque painted several versions of this seated figure with and without fruit (cat. 8, ill. 02).
Braque's painting was then in a form of perpetual motion, as attested by these uninterrupted "conversations" between the painters, between the past and the present. Braque did not abandon Cubism after World War I and his work can be seen as the continuation of what he had embarked on in 1905, as explored by the art historian Carl Einstein in the early 1920s.[9] His figures are drawn from the history that he constructed for himself and in which he immersed himself through contemplation of the works of a French tradition stretching from Jean Goujon to Camille Corot. While some were shocked by the classicism of these large figures, Carl Einstein and others saw this instead as the emergence of a new painting intent on a return to the subject. These *new figures* constitute a synthesis of Cubism while paving the way for other metamorphoses. "His syntax of invented forms became so flexible that we truly have the impression in the pictorially perfect works of post-war period that things are not so much reproduced as resurrected."[10] These figures are ultimately not classical but anti-classical, as shown by Christopher Green, in that they somehow elude any form of idealism and refer instead to the "lived experience" of which Francis Ponge spoke.
Between the summers spent contemplating nature and painting at Varengeville as from 1928 and the solitary work in his studio in Paris, Braque forged the image of a painter attentive to his craft, drawing on a tradition to which he wished to contribute and commenting regularly on his work.[11] His renown grew constantly through solo shows inside and outside France (the first retrospective was held in Basel in 1933) and the publication of works about him by scholars like Carl Einstein, Jean Paulhan (who met him in 1935 and called him "*le Patron*"[12]), Francis Ponge and René Char.
He was awarded the Carnegie Prize in Pittsburgh in 1937. His large still lifes and decorative interiors, presented at the gallery of Paul Rosenberg, attracted the attention of numerous art lovers. He embarked on a series of vanity paintings in 1938 (ill. 06), the spirit of which can be found in works like *La Caisse d'emballage* (cat. 12). World War II broke out shortly after the inauguration of his last show at the Paul Rosenberg in April 1939. The ensuing period of wanderings between Varengeville, Limousin, the South of France and Paris slowed down his work but did not prevent him from embarking on new series of still lifes with black and red fish, studios and wash stands, like the Nahmad *Toilette bleue* (cat. 11). Comparatively large for a period in which material was scarce, the latter revisits the Cubist vocabulary and takes up a subject developed in particular by Braque's friend Juan Gris in the 1920s: a wash stand in front of an open window with harmonies of colour reduced to just a few shades. Braque chose the narrow, vertical format rather than the horizontal so as to highlight the most mundane objects and the landscape outside. The window opening onto a sky full of threatening clouds is clearly an indirect reference to the war. As he once remarked, "I am very sensitive to the surrounding atmosphere." [13] The impression of austerity is accentuated here by the muted hues, the tormented, overcast sky, the sharply defined forms and the juxtaposition of curving lines with the geometrical rigour of the window frames. Braque appears to have initially planned to include the figure of a seated woman (ill. 05), an idea that he finally abandoned in the paintings of the series, which comprises about six different versions. The one in the Phillips Collection (ill. 04) is still more narrowly framed, leaving only a very small possible opening to the outside, while the one in the Centre Pompidou (ill. 03), which closely resembles the Nahmad version, presents a less dramatic juxtaposition of clouds against the blue sky. The presence of the objects required for washing on the upright blue table enables the painter to add colour, while a grey jug on the floor anchors the foreground and background. As Braque remarked to Tériade in 1928, "If I

don't paint from life, it's in order to be more direct."[14] The power of this painting derives from the harmony established between the serenity that reigns inside and the drama unfolding outside, brought together by the artist's poetry.

The return to Varengeville after the Allied landings in 1944 saw the start of work on new series such as *Billards* (up to 1949) and then interiors, sometimes including a figure as one element among others. With the magnificent *Caisse d'emballage* (cat. 12), Braque returned to the techniques of faux-wood effects and stencil, poetically juxtaposing the rugged presence of a crate with the luminous harmonies of a bowl of fish and a bunch of flowers. Bands of uncustomary colours like pink, violet and lemon yellow, outlined in white, alternate with the ochre shades of the faux wood, treated in different ways, and material effects. Here Braque fully expresses his dual nature as painter and artisan. Always ready to talk about his work, he made the following statement to Anatole Jakovski in 1946: "For me, colour does not exist and neither does the object. It is its warmth, its light at such an hour of the day, the meeting of its light with other sources of light and its relations with other objects that ultimately bring it to life. [...] The object interests me only when it becomes something else."[15]

On deciding in 1947 to follow up his *Pensées* (published in 1916–17) and compare his work of the past and the present, he wrote as follows: "I found myself back in myself, I rediscovered a kind of constancy preserved through all the transformations of my art."[16] It is also in this period that Aimé Maeght began to handle his work.

Braque was one of those who paid tribute to Bonnard on his death in January 1947. It should be noted, however, that two clans appear to have formed around the 1950s, one pro-Picasso and the other anti-Picasso, the former supposedly representing the forward-looking avant-garde and the latter looking back to the past. While Braque, for reasons of discretion, never really took sides, his observations after the clash between Zervos and Matisse precisely over Bonnard[17] speak volumes about the deep rift created: "But everyone knows that he was pure and true, not an artist who played at purity. He touched us, that's what matters, and he mattered all the way to the end. Bonnard was not a fleeting gleam and his *constancy* all through his long life as a painter is the hallmark of a character that stands out."[18] Braque belong to this line of painters, who work in the direction they have marked out, developing their ideas, advancing and effecting metamorphoses that give their art the appearance of being in perpetual motion. As Dora Vallier wrote, "Georges Braque's great strength, his secret, is unquestionably the ability, having mastered his explorations, reflections and successes, to force them back into the depths of his being and then allow them to flow back onto the canvas steeped in the unconscious ... Hence the evocation of reality in depth that Braque's painting communicates to us."[19]

In 1953, by request of Georges Salles, director of the Musées de France, Braque painted the ceiling of the Henri II room in the Louvre with birds in flight. This subject, already present in the *Ateliers*, was then taken up in one of his last great series. He was thus the first painter to enter the Louvre during his lifetime. In 1963, André Malraux delivered a vibrant address at his funeral ceremony in the Cour Carrée of the museum. He now lies in the cemetery of Varengeville beside his wife.

Ill. 01 – Georges Braque, *Canéphore* (*Canephor*), 1922, oil on canvas, 180.5 × 73.5 cm, Musée National d'Art Moderne, Centre Pompidou, Paris.
Ill. 02 – Georges Braque, *Nu assis* (*Seated Nude*), 1925, oil on canvas, 92 × 73.1 cm, Ohara Museum of Art, Kurashiki.
Ill. 03 – Georges Braque, *La Toilette devant la fenêtre* (*Wash Stand in the Window*), 1942, oil on canvas, 130 × 97 cm, Musée National d'Art Moderne, Centre Pompidou, Paris.
Ill. 04 – Georges Braque, *La Toilette aux carreaux verts* (*Wash Stand with Green Tiles*), 1942-1944, oil on canvas, 162 × 64 cm, The Phillips Collection, Washington DC.
Ill. 05 – Album of drawings from 1942.
Ill. 06 – Georges Braque, *Balustre et crâne* (*Baluster and Skull*), 1938, oil on canvas, 45 × 55 cm, Private collection.

Notes

1 Dora Vallier, 'Braque, la peinture et nous', *Cahiers d'art*, no. 1, 1954, p. 24.
2 Quoted in Daniel-Henry Kahnweiler, *Ma galerie et mes peintres*, Gallimard, Paris, 1982, p. 68.
3 Ibid., p. 93.
4 Jean Paulhan, *Braque le Patron*, Gallimard, Paris, new edition 1980, p. 37
5 Matisse gave rise to the name Cubism by speaking of "little cubes" in connection with Braque's 1908 landscapes of L'Estaque.
6 Braque met Marcelle Lapré, who posed for Van Dongen and Modigliani, in 1910 through Picasso. They had a very close relationship but did not actually marry until 1926.
7 Closely linked to the avant-garde of French architecture, Braque commissioned Auguste Perret to build him a house with a large wall of glass to the south at number 6 rue Nansouty, later renamed rue du Douanier and then rue Georges Braque.
8 See on this point Christopher Green, 'L'Anticlassique dans le 'classique'. Les peintures de figures de Braque des années 20', in *Georges Braque 1882-1963*, exh. cat., Galeries nationales du Grand Palais, RMN, 2013, Paris, pp. 108–13.
9 Carl Einstein, quoted in Christopher Green, *op. cit.*, p. 113.
10 Braque's observations were first published in 1928 in *L'Intransigeant* and then in 1933 in *Minotaure*, followed by several interviews during the 1950s with Tériade, Dora Vallier, Jean Paulhan and others.
11 Their friendship became stronger in 1942, when the writer published an article on Braque in *Comoedia*, a prelude to his *Braque le Patron*, which appeared the following year in the magazine *Poésie 43* before being published by Mourlot in 1945.
12 Quoted in Nadine Pouillon, *op. cit.*, p. 78.
13 Ibid., p. 124.
14 Ibid., p. 132.
15 Georges Braque, quoted in Nadine Pouillon and Isabelle Monod-Fontaine, *Braque, collections du musée national d'art moderne*, éditions du Centre Pompidou, Paris, 1982, p. 138.
16 The controversy was triggered by the article 'Bonnard est-il un grand peintre ?' published by Zervos in *Cahiers d'art*. Matisse had a number of clashes with the critic in his resolute defence of Bonnard.
17 Georges Braque, 1 February 1947.
18 Quoted in Pouillon, *op. cit.*, p. 124.

Edgar Degas

(Paris, 1834– Paris, 1917)

Cat. 13
Après le bain (femme nue couchée) (*After the Bath, Reclining Female Nude*), c. 1895 (1885–90)
Pastel on paper mounted on cardboard
48.3 × 82.3 cm
Stamped below left: *Degas*

Cat. 14
Après le bain, femme s'essuyant (*After the Bath, Woman Drying Herself*),[1] c. 1903
Charcoal and bistre pastel on paper
71 × 71 cm
Stamped and signed below left

Like Cézanne, Degas is a figure apart in the Impressionist movement, on which his otherness unquestionably left its mark. Eternally dissatisfied and insatiable, rejecting compromise of any kind, excessive in many respects, his character did not, however, lead to a rift with his numerous friends until the end of his life, despite his sometimes stormy relations with figures like Manet and Gauguin.[2] His poor eyesight,[3] which came over time to restrict his creativity cruelly, prevented him as early as 1870 from painting *en plein air*, the cornerstone of Impressionism, as exemplified by his friends Monet and Renoir. Brilliantly turning this impediment into an advantage, he pursued his contemporary explorations of light and colour in the isolation of his studio. Very influential within the Société anonyme des artistes, which organized the various Impressionist exhibitions[4]

he championed naturalism against academism and was further distinguished by his evolution towards an instantaneous vision. His many contradictions are exemplified by the assertion, "I would like to be famous and unknown."[5] While hs particularly rich work was nourished by thorough and impassioned study of masters of the past and the present, like Ingres, Delacroix and Gustave Moreau, his pictorial technique attached equal importance to draughtsmanship as to the expressive brushwork advocated by his friends.[6] Intransigent with himself and with others, sometimes plagued by self-doubt, he cultivated a reputation made up of admiration and rejection. As he said towards the end of his life, when his ever-growing misanthropy had led to isolation just as much as his blindness, "I was or seemed to be nasty to everyone, as though driven to brutality by my doubts and bad temper."[7]
Of Spanish-Italian and Louisiana creole origin respectively on the paternal and maternal sides, he was born into a large family whose international ramifications opened up rich cultural horizons and facilitated his relations in Paris with a variety of artistic communities, including the American, Italian, Danish and British. Unlike many of his friends, he never had to fight for his right to chose his career thanks to the open-mindedness of his grandfather Hilaire René de Gas, the founder of a bank in Naples, and then his father Auguste de Gas, a banker in Paris, whose doors were always wide-open to the collectors, musicians, writers and artists of his time. It is during his studies at the lycée Louis-Le-Grand that Degas began his lasting friendships with Paul de Valpinçon, whose father was a friend of Ingres, Henri Rouart and Louise Bréguet, the future wife of Ludovic Halévy.
It was therefore quite natural for Degas to begin his training in classical drawing and especially the academic nude under Louis Lamothe, a former pupil of Ingres. "What I do is the result of reflection and study of the great masters."[8] These words bear eloquent witness to the power of the heritage upon which Degas based his future development. He completed his apprenticeship with a short period at the Ecole des Beaux-arts, but it was above all through his assiduous work on the masters in the Louvre, where he met Manet, that he developed a solid technique for himself.[9] Numerous trips to Italy, especially Naples, Rome and Florence, played a key part in moulding his personality and his style. It is also in Italy, during a stay in Florence between July 1858 and April 1859, that he met the leading figures in the Macchiaioli group[10] and took an interest in their theory of brushwork, which he adopted in his own particular way. Commenced during this period and completed in Paris on his return, the portrait of the Bellelli family (*La Famille Bellelli*, Musée d'Orsay) marks a new stage in his development.
Degas already enjoyed a certain renown and his presence in the Florentine gatherings at the Caffè Michelangelo looked forward to those at cafés like the Guerbois and the Nouvelle Athènes in Paris, where he was a leading spirit together with Manet.[11] Playing a key part in the organization of the Impressionist exhibitions, encouraging numerous artists to take part (e.g. Gauguin) and supporting others (such as Mary Cassatt, Raffaëlli and Forain), Degas can be seen as the standard bearer of a realism of which Impressionism was a manifestation. He did refuse to take part in the exhibition of 1882, however, as did all his protégés, nor did he take part in all the group events in which his friends were involved (e.g. those of the Cercle des XX of Octave Maus in Belgium, the World's Fair and the Salon). He also remained faithful to Paul Durand-Ruel to the end, thus isolating himself a little bit more. Nevertheless, regular attendance at dinners, like those held by Berthe Morisot[12] on Thursdays and Mallarmé on Tuesdays, enabled him to maintain contact with old companions like Monet and Renoir.
It was through contact with the novelists Duranty and Zola that he was able to look beyond his own social sphere and begin to appreciate plebeian life, which he adapted to his own vision. By upbringing he was also close to composers and the musicians of the Opéra de Paris, who are portrayed in some of his works. His keen interest in the stage led to *Le Foyer de la danse de l'Opéra* (1872), the first in a long and very successful line of paintings of ballerinas.
His largely nocturnal social life was very busy, revolving around theatres, opera, bordellos, cafés, race tracks and so on, a contrasting cultural melange that he can hardly have found displeasing. He painted all day long in the studio, constantly working and reworking, but this constant pace did not prevent him from continuing to travel a great deal. The richness of his personality was indeed partly due to what he drew from everything that interested him, from Ingres to the Macchiaioli, to which he added his own instinct for composition and framing (greatly aided in this respect by his experience as a photographer) and a tried and tested technique of ever-increasing flexibility. Great attention was always focused on the psychology of his models whoever they might be.
After the ballerinas and horse races, scenes of everyday life (laundresses, milliners and the female toilette) occupied an increasingly important place in his work even though some critics found his approach to these subjects baffling, including his faithful supporter Huysmans. Despite his character, Degas went through periods of despondency: "If you were an unmarried man of fifty (as I have been for a month), you would have moments when you close like a door, and not only on your friends. You eliminate everything around you and, once completely alone, you end up annihilating yourself, killing yourself out of disgust. [...] I thought I still had time [...]."[13]
At the last Impressionist exhibition in 1886, he showed only works in pastel[14] constituting a series of nude studies of women bathing, washing, drying themselves and doing their hair (*Suite de nus de femmes se baignant, se lavant, se séchant, s'essuyant, se peignant ou se faisant peigner*). In 1888, the solo show at the Galerie Boussod et Valadon[15] again consisted solely of nudes, which met with a mixed reception from critics. In this period, Degas worked almost exclusively in pastel and printmaking while giving colour an ever-greater role in rendering the subject. His preference was for pastel with a predominance of electric blues and oranges.
His works as from 1894 attest to his efforts to counter his ever-increasing loss of eyesight by concentrating on compositions with a single figure, and to his longstanding taste for series, sometimes taking up poses or subjects after a lapse of years.
The magnificent pastel *Après le bain (femme nue couchée)* (cat. 13) presents almost exactly the same pose as the work in the Musée d'Orsay (ill. 01) produced nearly ten years earlier.
Degas took a very new approach to the subject of the toilette, attaining the maximum degree of intimacy through framing. "Two centuries ago, I would have painted versions of *Susanna and the Elders*, now I only paint women in the bathtub [...], mine are simple, straightforward women concerned with nothing other than their physical existence [...] It is like looking through the keyhole."[16] This seems to echo the observations made by the critic Gustave Geffroy in 1886: "He wanted to paint a woman

who does not know she is being observed, as seen by someone hidden behind a curtain or through a keyhole."[17] In admitting that he had "perhaps looked upon woman too much as an animal",[18] Degas again appears to refer to Geffroy's analysis: "but woman with no expression of the face and the eye, without the *trompe-l'œil* setting of the dressing table, woman reduced to the movement of her limbs, the appearance of her body, woman considered as female, expressed only in her animality, like something from a book on zoology [...]."[19] It is precisely this animality – the blunt, unadorned appearance of this woman in motion, doing her hair, turning her body, bending down and so on, with no bashfulness because she is not looking at or offering herself to the viewer – that shocked his contemporaries. The great modernity and singularity of the artist's nudes stems from the fact that they give the impression of being completely alone and unaware of the world outside. The woman presented to us does not know that she is being observed. The unadorned rendering of this unwittingly shared privacy was regarded as excessive and indeed provocative by some.

An unpublished paper by Brice Ameille[20] focuses precisely on this new perception of woman, no longer "idealized, fantasized, woman as object" [...] Degas's iconoclastic vision avoids the eroticism expected in nude painting." But what about the artist's own reference to peeping through a keyhole? Does this very idea not involve a certain kind of voyeuristic eroticism? Even though we know little of the artist's relations with women, however, it is clear from his works that he did not wish to depict a woman undressed but a nude, as true to life as possible, far away from "any frivolous ulterior motive".[21] As Huysmans put it, "What must be seen [...] is the unforgettable veracity of these bodies captured in broad and fundamental drawing [...] the supreme beauty of the flesh tinged with blue or pink by the water [...] no longer the flat, slippery, always bare flesh of goddesses [...] but flesh unclothed, real and living."[22]

Regarded as one of Degas's most enigmatic nudes, this exceptionally large pastel (cat. 13) is interpreted by some as a counterpoint to Cabanel's *Birth of Venus* or an ancient work of Hellenistic art. What is certain is that Degas drew upon his vast culture to *invent* his figures in space. It is also probable that he was thinking of the image of a woman lying on the ground in his own youthful painting of a medieval war scene (*Scène de guerre au Moyen Age*, Musée d'Orsay). More than in any other pastel by the artist. The model's pose suggests the hidden meaning of a woman thrown to the ground, ill-treated, beaten, perhaps raped. The left arm is indeed raised as though to protect her face. Degas goes far beyond all the reclining nudes in the history of painting, including the works of Titian, Goya, Cabanel and even Manet, as Gary Tinterow points out.[23] Degas gives a new meaning to this pose. Even though he clearly displays the breasts of his model, which is by no means usual in his work, "the bather appears too vulnerable to be voluptuous and, by her efforts to hide her face, she forces the viewer to become a furtive voyeur. She does not display herself but is unwittingly presented to the eye, so that the viewer has the awkward feeling of being an intruder."[24].

Apart from their meaning, the difference between the two versions (cat. 13, ill. 01) lies in the artist's unceasing work on colour, as the framing shows very little change and the measurements are almost identical. While the one in the Musée d'Orsay, still in its original frame, shows the velvety grain of the pastel, the one in the Nahmad Collection displays far more emphasis on gesture as well as dazzling colour.

The second large work on paper from the Nahmad Collection (cat. 14) is part of a series (ill. 03, 04, 05) that takes up the pose of a model with statuesque curves, starting with charcoal and ending with pastel. The subject was a particular favourite of Degas during his last few years: a woman, seen from behind, vigorously drying the back of her head and swinging the weight of her hair forwards in a single action. Like its variants, this drawing is the end result of the artist's numerous experiments with printmaking, which constantly served to enrich and develop his technique during the 1890s, the body in motion being used as a kind of instrument for the investigation of light. The Nahmad and Houston drawings are probably the first in the series. The body is initially constructed in charcoal and then gradually dissolved through the work in pastel and an increasingly expressive gestural approach in the last works. The energetic movement of the model, the impression of the weight of the thick, red hair, strengthened by the use of pastel, and the fluidity of the lines all endow this work with a particular solidity, for which reason the artist repeated the square format in all of his alternative versions.

The theme of the toilette and the intimacy it represents thus paved the way for other painters of private live like Toulouse-Lautrec, Bonnard and Balthus, all of whom developed this precious legacy in his own way.[25]

If Degas's personality aroused different reactions among his friends, his work found favour with a host of very different artists. Camille Pissarro did not mince matters in a letter to his son Lucien: "Degas is unquestionably the greatest artist of our era."[26] Odilon Redon had no hesitation in writing as follows a few years later in his diary: "But Degas is an artist, very exultant and free. Influenced by Delacroix [...], what skill there is in his juxtaposition of tonalities, accentuated, deliberate and premeditated, for captivating purposes! He is a realist. [...] There is naturalism, Impressionism, the first stage of the new fashion. But he will live on for his proud, lifelong desire for freedom. [...] His name, even more than his work, is synonymous with character. It is in terms of him that the principle of independence will always be discussed. And if the dense, immeasurable legion that oppresses art, the art of men, should ever finally recognize the need to build, in the democratic trash of mediocrity, an annex for the whole-hearted, the staunch, Degas will have the right to see his name inscribed high on the temple. Respect, the utmost respect."[27]

A traumatic experience came in 1912, when he was forced to leave the apartment on rue Victor-Massé, his home since 1890, for a new place at 6 boulevard de Clichy, where he never really settled in and his huge collection was left piled up in a corner.[28] His fame was great but he took no interest at all in the astronomical prices fetched by his works. His antisocial tendencies grew together with his blindness and he was practically unable to work. His life was reduced to riding through Paris on buses and paring down his technique more and more while keeping his drive to create fully intact.

Ill. 01 – Edgar Degas, *Baigneuse allongée sur le sol* (*Reclining Bather*), 1886–88, pastel on beige paper, 48 × 87 cm, Musée d'Orsay, Paris, bequest of Comte Isac de Camondo, 1911.
Ill. 02 – Edgar Degas, *Après le bain, femme s'essuyant la nuque* (*After the Bath, Woman Drying Her Nape*), c. 1895, pastel on wove paper glued onto cardboard, 62 × 65 cm, Musée d'Orsay, Paris.
Ill. 03 – Edgar Degas, *Femme nue s'essuyant* (*Woman Drying Herself*), c. 1905, charcoal and pastel on tracing paper mounted on wove paper, 78.7 × 78.7 cm, The Museum of Fine Arts, Houston, Robert Lee Blaffer Collection, gift of Sarah Campbell Blaffer.
Ill. 04 – Edgar Degas, *Après le bain (femme s'essuyant les cheveux)* (*After the Bath, Woman Drying Her Hair*), c. 1905, pastel on three pieces of tracing paper glued together, 85.8 × 73.9 cm, Private collection.
Ill. 05 – Edgar Degas, *Femme s'essuyant la nuque* (*Woman Drying Her Nape*), 1900–05, pastel and

charcoal on tracing paper, 77 × 75 cm, Musée Cantonal des Beaux-Arts, Lausanne.

Notes

[1] Lot no. 294 of the 3rd Degas sale, Georges Petit, 1918; sale at the Hôtel Drouot, Paris, 22 October 1943, lot no. 3; shown at the Galerie Charpentier, 8 June 1956.

[2] Though completely different in character, Gauguin praised his equally excessive friend: "He has the instinct of feeling and intelligence [...] In terms of talent and conduct, Degas is a rare example of what the artist should be. Though his fellow artists and admirers include all those in power, Bonnat, Puvis, Antonin Proust and so on [...] he has never sought anything for himself. No one has ever seen or heard of anything base, indelicate or low on his part. Art and dignity." Quoted in Sophie Monneret, op. cit., vol. I , pp. 183–84. Not even his anti-Dreyfusard views led to any lasting disagreement with his closest friends like Ludovic Halévy and Pissarro.

[3] It appears to have been during his service as a volunteer in the war of 1870 and especially the siege of Paris that Degas began to have ophthalmic problems.

[4] Degas took part in all the Impressionist exhibitions except the one in 1882. This was as a protest against Monet's decision to show work also in the Salon. Degas could not accept the idea of being independent and involved in the official academic framework at the same time.

[5] He achieved the feat of becoming known beyond the national frontiers without taking part, like his contemporaries, in the numerous group events organized and concentrating rather on the Impressionist exhibitions and solo shows. While thus avoiding excessive exposure, he also took full advantage of the excellent showcase offered by the eight Impressionist exhibitions to present his work.

[6] Endowed with a vast culture, he endeavoured all through his life to reconcile drawing and colour.

[7] Quoted in Ambroise Vollard, *En écoutant Cézanne, Degas, Renoir*, Les Cahiers rouges, Grasset, Paris, 1938, p. 158.

[8] Edgar Degas to George Moore, quoted in George Moore, 'Memories of Degas', *The Burlington Magazine for Connoisseurs*, vol. 32, January 1918.

[9] Theodore Reff lists over 600 copies of works by masters. As Degas said at the end of his life, "it is only after demonstrating your ability as a copyist that you can reasonably be allowed to do a radish from life." Ambroise Vollard, *op. cit.*, p. 169.

[10] See the section on Zandomeneghi in this catalogue.

[11] While the two painters were very close as from the time of their apprenticeship, the relations between them were a complicated mixture of admiration and contempt. Their families invited each other to musical evenings. It was also through his schoolmate Henri Rouart, introduced by Degas to the Manet family, that Julie Manet, the daughter of Berthe Morisot and Eugène Manet, came to marry Ernest Rouart, the scion of a dynasty of industrialists and art collectors as well as Paul Valéry's closest friend.

[12] Degas was particularly affected by the death of Berthe Morisot and organized a retrospective of her work at Durand-Ruel in 1896 together with Rouart and Monet.

[13] Degas to Henry Lerolle, 21 August 1884, in *Degas Lettres*, ed. Marcel Guérin, Grasset, Paris, 1945, p. 80.

[14] Degas produced a very large number of pastels in the period from 1886 to 1898, the peak years of his art.

[15] The gallery had been run at the time for ten years by Théo van Gogh, who endeavoured to exhibit the Impressionists and limit the presence of academic painters.

[16] Edgar Degas to George Moore, quoted in George Moore, 'Memories of Degas', op. cit., pp. 64–65. The same ideas are presented differently in Georges Jeanniot's *Souvenirs sur Degas*: "The nude had always been represented previously in poses that presuppose a viewer. But my women are simple people [...]. I show them with no affectation in the state of animals cleaning themselves."

[17] Gustave Geffroy, 'Salon de 1886. VIII. Hors du Salon : Les Impressionnistes', *La Justice*, 26 May 1886.

[18] Walter Sickert, 'Degas', *The Burlington Magazine*, vol. 31, November 1917, p. 185.

[19] Ibid.

[20] Brice Ameille, 'La Scène de toilette impressionniste : l'intimité (re)trouvée', Paris-Sorbonne.

[21] Paul Jamot 1924, p. 107; quoted in Gary Tinterow, *Degas*, exh. cat., Galeries nationales du Grand Palais, RMN, Paris, 1988, p. 454.

[22] J.-K Huysmans, review of the exhibition of 1886.

[23] See Gary Tinterow, *Degas*, op. cit., pp. 453–55.

[24] Ibid., p. 453-454.

[25] See George T.M. Shackelford and Xavier Rey, eds., *Degas et le nu*, exh. cat., Musée d'Orsay, Hazan, Paris, 2012.

[26] Letter of 9 May 1882, quoted in *Degas Lettres*, ed. Marcel Guérin, Grasset, Paris, 1945, p. 52, note 2.

[27] Odilon Redon, 10 March 1889, À soi-même, 4th edition, José Corti, Paris, 1961, p. 96.

[28] Including numerous treasures by artists like El Greco, Tiepolo, Gauguin, Cézanne, Pissarro, Monet and Renoir as well as drawings and thousands of prints, this huge collection was sold off in four separate auctions over the course of several days in 1918.

Raoul Dufy

(Le Havre, 1877 – Forcalquier, 1953)

Cat. 15
Les Pêcheurs à la ligne (*The Anglers*), 1907
Oil on canvas
60.6 × 73 cm

Cat. 16
L'Hindoue (*The Indian Woman*), 1928
Oil on canvas
65 × 81 cm
Signed

The painting of Raoul Dufy, described by Apollinaire as an "unrecognized great artist",[1] was initially influenced by Boudin[2] and the Impressionists in the early landscapes of Le Havre but then oriented towards pure colour by Matisse, whose *Luxe, calme et volupté* (Musée d'Orsay, Paris) he saw at Salon des Indépendants in 1905: "On beholding this painting [...], I understood all the new reasons for painting and Impressionist realism lost its charm for me in contemplation of the miracle of imagination introduced into drawing and colour. All at once I understood the new mechanics of painting." [3]

These two works from the Nahmad Collection belong to two distinct phases of the artist's career. While the first is very characteristic of the end of his Fauve period, the second was painted during the very prolific decades of the 1920s and '30s. The painter's attention is focused here to a greater extent on the figure, especially the nude, which can be seen as a vision of the odalisque, a subject extensively addressed by Matisse, another northerner.

The second of four children, Dufy grew up in a family environment favourable to art and especially to music. He attended courses at the École municipale des Beaux arts in Le Havre as well as evening classes in drawing.

In 1900 he obtained a grant from the city to attend the Ecole nationale supérieure des Beaux-arts in Paris, where he studied under Léon Bonnat together with Othon Friesz and later Georges Braque,[4] both of whom were from his hometown. His Fauve period, which lasted until 1907, saw a predominance of subjects conducive to his exploration of accentuated colour and the simplification of form, as developed together with Friesz and Marquet, including streets decked with flags, rural festivities, boating scenes, café terraces, dance halls and the seaside. Painting from life in twos formed part of the Impressionist tradition of work *en plein air*. The scarce appreciation of the painter's work during these years of experimentation made his financial situation very precarious. Berthe Weill recalled the "splendid solo show of Raoul Dufy" held at her small gallery on rue Victor-Massé in October 1906: "His very distinctive personality makes success problematic ... He expects it, however, always with a smile ... and great self-confidence."[5]

Dufy gradually abandoned Fauvism, as did Braque, Matisse, Friesz, Derain and many others, in 1907. While continuing to address the same subjects, his painting evolved towards greater formal simplification by comparison with the effects of the colourful brushwork in his compositions of 1906, when he and Marquet painted similar works side by side. Anglers are a recurrent subject of Dufy's Fauve and Cézannian period (cat. 15, ill. 01, 02). In this case, he set up his easel on the new dam in Le Havre with his back to the town of Sainte-Adresse, which is instead visible in other versions (ill. 01, 03). The composition is diagonally divided into two contrasting tonalities with a vanishing point perspective that lends dynamism to the whole. On one side, the light colour of the dam; on the other, the deep greenish-blue of the sea and the line of the horizon with a few boats. The coloured figures of the two anglers and the idlers animate this rapidly painted view of the seafront. The pared-down vocabulary and scarcity of details suffice to express Dufy's change of course. The effect is still more radical in another version of the same year (ill. 02). Then came a short period of association with early Cubism, when Dufy joined Braque at L'Estaque, a village of fishermen and workers north of Marseille, where Cézanne had gone to develop his synthetic vision of landscape between rocks and the sea in the dazzling light of the South of France.[6] The two artists set up their easels side by side and produced a series of narrowly focused works on architectonic elements of the landscape or groups of trees with an identical palette dominated by shades of ochre and a whole range of greens and greys.

In 1909, Dufy took a studio on rue Séguier near place Saint-Michel in Paris and began a series of interiors still dominated by a fragmented vision of space, into which he started to reintroduce decorative elements such as a bouquet of flowers and a palette. He also developed an interest in the nude, a subject repeatedly addressed in the following years. It was during this period that he met the couturier Paul Poiret, whose reputation was still to be established. Their association was in any case to shape the artist's destiny.[7]

Forced by financial difficulties to combine painting with work as an illustrator, Dufy took this opportunity to experiment with woodcuts as from 1907. His illustrations for Apollinaire's *Le Bestiaire ou Cortège d'Orphée* (1911), his masterpiece in this field, attest to the excellence of his technical skill. This powerful work in black and white looks forward to his decorative projects and especially the fabric patterns designed for Bianchini-Férier. His private life gained stability with his marriage in 1911 to the young Eugénie-Emilienne Brisson from Nice, whom he had known since 1909. They moved into a studio at number 5 impasse de Guelma in Montmartre, which the painter kept until his death.

Dufy gradually lightened and diversified his palette while endowing black with great power and luminosity through experiments that continued up to the last series of *Cargos noirs* as from 1945. Drawing became a marked presence in his paintings through the increasingly frequent adoption of a black line to organize the chromatic rhythms (*Le Jardin abandonné*, 1913). Long periods spent in the Mediterranean light of Hyères and then Vence in 1919[8] prompted a change to a still brighter palette and the definitive abandonment of his Cézannian style. He also adopted an increasingly personal graphic vocabulary in which curves, countercurves and arabesques are combined with expanses of bold colour. The Galerie Bernheim-Jeune offered him a contract in 1920 and held several shows of his work until 1932. These various contracts are indicative of greater financial ease, not least as a result of the meeting in 1922 with Alexandre Roudinesco, who was to become his major collector.

All these meetings were of capital importance and Dufy now moved in a sophisticated sphere. The discovery of the world of horse racing[9] came as an authentic revelation. His fine calligraphy was increasingly combined with colour in a certain relationship between painting and decorative art. He learned the basics of watercolour through practical experience in the world of decorative arts and it became one of his favourite mediums, not least because of the speed required. Constant artistic diversification led him to work with the Catalan Artigas as from 1923 in ceramics, which gave him the opportunity to develop the subjects of his paintings in three dimensions. While this period saw numerous invitations to take part in exhibitions and works of decorative art, travels in France (Cannes in 1926, Nice in 1927, Deauville and Trouville in 1929 and Langres in 1934) and other countries (Morocco and Spain in 1925–26, Belgium in 1928, Britain in 1934 and 1936, Venice in 1938) bear witness to his new way of life. He found subjects and inspiration everywhere and, like Matisse, dressed his models up in exotic costumes. The period 1928–30 also saw several nude paintings of a young Indian woman, usually Anmaviti Pontry (cat. 16, ill. 04, 05), reclining against a background of predominantly red fabrics with swirling Eastern patterns in contrast to her bare flesh. Focusing sometimes on the transparency of her undergarments and sometimes on the dark skin of her body, contrasting harmoniously with the profusion of different fabrics, Dufy also included details that clash somewhat with the subject, such as shoes. Works like the one in the Nahmad Collection (cat. 16) show Dufy drawing to the maximum on the flair for decoration developed over the years and placed at the service of his painting. With no perspective and very little depth, all of the decorative elements are entwined with one another and the body is part of the whole. As was his habit, the artist developed his subject in a large number of drawings,[10] mostly in India ink, so as to decide on the most harmonious pose (ill. 06). In contrast to this very rich style, he also painted some reclining nudes in far less ornate compositions on a plain blue ground[11] with a few touches of black (ill. 07).

His fame grew apace, monographic studies appeared[12] and one of his works was bought for the Musée du Luxembourg in 1932. He produced a major decorative work for Paul Viard (1927–33), cartoons for tapestries, illustrations and stage scenery. His talent for decorative art reached its peak with a commission for a painting of 60 × 10 metres, the largest in the world, on the history of the discovery of electricity for the Exposition Internationale des Arts et Techniques dans la Vie Moderne in 1937. His brother Jean took part in this colossal undertaking, which required a vast amount of research and numerous preparatory sketches. During World War II, Dufy took refuge in Nice and then in Céret and Perpignan, where he frequently met Maillol. A commission to design scenery and costumes for the Comédie Française reawakened his taste for music and gave rise to the *Orchestres* series. His painting tended more and more towards a single colour, as exemplified above all by the series of *Cargos noirs*. Having suffered from rheumatoid arthritis since 1937, he took advantage of a number of commissions and shows organized by his dealer Louis Carré in New York to undergo experimental treatment based on cortisone in the United States between 1950 and 1952. He was awarded the prize for painting at the Venice Biennial in 1952[13] and a major exhibition of his work was held the same year at the Musée d'Art et d'Histoire in Geneva. Another was inaugurated at the Ny Carlsberg Glyptotek in Copenhagen the following year shortly before his death.

Ill. 01 – Raoul Dufy, *Pêcheurs à la ligne devant Sainte-Adresse* (*Anglers Opposite Sainte-Adresse*), 1907, 54 × 65 cm, Private collection.
Ill. 02 – Raoul Dufy, *Les Pêcheurs* (*Anglers*), 1907, oil on canvas, 65.5 × 81 cm, Private collection.
Ill. 03 – Raoul Dufy, *La Baie de Sainte-Adresse* (*The Bay of Sainte-Adresse*), 1906, oil on canvas, 65 × 81 cm, Private collection.
Ill. 04– Raoul Dufy, *L'Hindoue à l'éventail* (*Indian Woman with a Fan*), 1928, oil on canvas, 38 × 46 cm, Private collection.
Ill. 05 – Raoul Dufy, *L'Hindoue* (*Indian Woman*), 1930, oil on canvas, 42.2 × 56.8 cm, Private collection.
Ill. 06 – Raoul Dufy, *Hindoue* (*Indian Woman*), 1930, India ink on paper, 50 × 65 cm, Private collection.
Ill. 07 – Raoul Dufy, *Nu couché* (*Reclining Nude*), 1929, oil on canvas, 38 × 46 cm, Private collection.

Notes

1 This expression, "*grand artiste méconnu*", was used in the title of Brigitte Léal's fascinating study of Dufy in relation to Cubism in *Raoul Dufy, le Plaisir*, exh. cat., Musée d'Art moderne de la Ville de Paris, 2008, p. 59.

2 See note on p. 36-39 in this catalogue.

3 Raoul Dufy, conversation with Marcelle Berr

de Turique, 1930; quoted in Christian Briend, 'Biographie documentaire', *Raoul Dufy, le Plaisir*, op. cit., p. 290.
[4] See note on p. 22-35 this catalogue.
[5] Berthe Weill, *Pan !.. dans l'œil ou trente ans dans les coulisses de la peinture contemporaine 1900-1930*, L'Echelle de Jacob, Paris, 2009, p. 72 (1st edition, February 1933).
[6] See Nicolas Cendo and Véronique Serrano, eds., *L'Estaque Naissance du paysage moderne 1870-1910*, exh. cat., Musée Cantini, Marseille, RMN, 1994.
[7] Between 1911 and 1914, Dufy and Poiret set up La Petite usine, a small form of textile design, at number 141 boulevard de Clichy. The artist's patterns drew attention to the couturier and made him aware of his talent in this field. The same period saw a three-year exclusive contract with Bianchini-Férier for textile design. Though interrupted by the war, this very successful collaboration then resumed and continued until 1928.
[8] He was to return there in 1920 and 1921.
[9] It was Bianchini-Férié that took him for the first time to Longchamp in 1922 to see the effect of his patterns in the dresses worn by elegant ladies of Parisian society.
[10] Some of these drawings are listed as nos. 765-74 in Fanny Guillon-Laffaille, *Catalogue raisonné des dessins*, vol. I, Marval, 1991.
[11] This shade of blue, which Dufy used to paint the walls of his studio in the mid-1920s, is found in many of his canvases.
[12] The first of these were published by Christian Zervos in 1928, Pierre Courthion in 1929, Marcelle Berr de Turique in 1930 and Fernand Fleuret in 1931.
[13] He relinquished the prize money so that it could be used to enable the Italian artist Emilio Vedova to work in Paris and the French artist Charles Lapicque to work in Venice.

Juan Gris[1]

(Madrid, 1887 – Boulogne-Billancourt, 1927)

Cat. 17
Broc et poires (*Jug and Pears*), 1924
Oil on canvas
33 × 40.6 cm
Nahmad Collection
Signed and dated below right: *Juan Gris 24*

A "pure classic" and key member of the Cubist movement, Juan Gris[1] developed a poetic vision of painting by synthetic and deductive means in just seventeen years. He strove constantly to construct a mature oeuvre of artistic, philosophical and scientific culture in which his pursuit of purity, order and emotion would be subordinated to the idea of painting. Cubism was to be his lifelong intellectual project.

Even though his work developed in the wake of his elders Braque and Picasso, his new and penetrating approach to early Cubism enabled the movement to reinvent itself. Without going through the preliminary Cézannian and analytical stages, he soon realized what he could do with Cubism in its reconsideration of the painting as object. His thinking is encapsulated in the lines written for him by Pierre Reverdy in 1919: "Reality does not motivate a work of art. We start from life to attain another reality."

His role in the development of Cubism was only recognized after his death. The essay written in 1946 by Daniel-Henry Kahnweiler[2] in difficult conditions on the basis of an earlier text published in Germany in 1929 was the first to pay tribute to the artist and the man, acknowledging his pugnacity, purity and passion for painting as a driving force of life. Ten years later, in collaboration with Kahnweiler, Douglas Cooper published his correspondence, which remains an important document despite the less than perfect translation. The catalogue raisonné he also brought out some years later offered a complete overview of the astonishing body of work produced by the artist before his premature death of kidney failure at the age of 40.

Juan Gris was just 20 when he arrived in Paris late in the September of 1906, drawn by the city's immense power of attraction. He practically never returned to Spain and had indeed applied for French nationality before his death.

He met Picasso, who was already known in Spanish intellectual circles, as part of the expatriate community, and took a small studio in the basement of the Bateau-Lavoir, the future bastion of Cubism. It was there that he came into contact with important figures like Georges Braque, Guillaume Apollinaire, André Salmon, Kahnweiler and later Pierre Reverdy.

Determined to devote himself to his true passion after years of observation and reflection, Juan Gris stopped working as an illustrator, a job he did only to make ends meet, in 1911 to paint full time. Enamoured of philosophy and mathematics, he sensed that he would be able to impart fresh impetus to Cubism. A turning point in his life as a man and an artist was reached in 1912, when he met Josette Herpin,[3] his new partner in life, and Pierre Reverdy, who moved into a nearby studio. He fully entered the world of Cubism the same year through participation in the Salon des Indépendants and the exhibition of the Section d'Or group, unlike Braque and Picasso, who concentrated on developing their common approach. His powerful personality is asserted in *Hommage à Picasso*, whose analytical structure and tonality did not go unnoticed. His rapid assimilation of the discoveries of Braque and Picasso (including *papiers collés*, collage, stencilled letters and simulated effects of wood and marble.) and personal interpretation of these signs of reality attracted the interest of their dealer and soon led to the signing of a contract on 20 February 1913. His hopes of a solo show in Kahnweiler's gallery came to an end with the declaration of war on 2 August 1914. As a Spaniard, he could not be called up and saw his friends Braque, Apollinaire, Léger, Raynal and Salmon leave for the front. During this painful period, he continued to produce important work nevertheless thanks to the moral and financial support of a few friends, including Matisse, whom he had recently met in Collioure. As a German, Kahnweiler spent the war in exile in Switzerland. His gallery was confiscated and he was forced to halt his business activities.

Seeking homogeneity in his compositions, Gris introduced colour (*Still Life and Landscape, Place Ravignan*, 1915) and incorporated *papiers collés* as early as 1914. His increasingly two-dimensional works tended towards what he later described as "a sort of flat, coloured architecture" with the particular handling of surfaces that Kahnweiler saw as the polyphonic element of the painting.

While Gris worked for Léonce Rosenberg from 1915 to 1919/20, he never forgot Kahnweiler, to whom he continued to confide both his discoveries and his doubts. His extraordinary dynamism endowed Cubism with a poetic dimension of which there had previously been little evidence, leading it only a new path, less mechanical and less minimalistic, based on sincerity and sensitivity. This "poetic" vision of painting became an increasingly important part of his thinking and led him towards a certain kind of classical perfection as regards aspects like modelling, light and shadow, and the handling of volume. This was also developed through his drawings, like the one in Otterlo (ill. 01), where the tile motif used a few years later in *Broc et poires* (cat. 17) can be seen.

Shortly after the war, Gris asserted his intellectual independence with the publication of his ideas on the Cubist aesthetic for the first time in the Italian journal *Valori Plastici* (February-March 1919): "Artists thought to attain poetry through beautiful models or beautiful subjects. We think instead to attain it through beautiful elements, as those of the mind are certainly the most beautiful." It was above all in 1923, however, with the formulation of his "deductive" method in *Notes sur ma peinture*, and in 1924 with the lecture *Des possibilités de la peinture*, delivered at

the Sorbonne in the department of philosophical and scientific studies, that he established his reputation as a great theorist and practitioner of Cubism.
During the very last years of his life, Gris revitalized the genre of still life, sometimes together with a window, to address the spatial and poetic problems that never ceased to concern him. His paintings developed greater fluidity and serenity. The objects he painted, drawn from the Cubist vocabulary, acquired what he called a "pictorial personality". Musical instruments, sheet music, newspapers, jugs, bowls, fruit and so on thus appear in most of his works of the period against neutral backgrounds mostly of a brown colour (ill. 01, cat. 17). In *Broc et poires*, opening towards the exterior is replaced by a composition of earthenware tiles. The formal rendering and colouring of the jug and the fruit on the table tilted towards the foreground constitute a real reinterpretation of Cézannian Cubism.
After the war, Gris returned to Kahnweiler in his new gallery, the Galerie Simon. His work aroused increasing interest among art lovers and he also worked assiduously for Diaghilev's Ballets Russes in 1922 and 1923. As his health continued to deteriorate with repeated bouts of asthma and pleurisy, he gave in to the pressure of his friends and Josette in 1922 and left his miserable studio in the Bateau-Lavoir for a more comfortable apartment in Boulogne close to the Kahnweiler family. His routine was now made up of long sessions of work and a rich social life, not least on Sundays, when painters and writers like Masson, Raynal, Salacrou, Suzanne Roger and André Beaudin, Georges Limbour, Michel Leiris and Robert Desnos gathered regularly at the Kahnweilers' home.
Juan Gris provided Cubism with an intellectual and constructional dimension that endowed his paintings with an identity all of their own. His works have the peculiarity and the immense advantage of being aesthetic objects, given their very special "finished" character, and highly poetic at the same time. Without disembodying the painting as object, Gris transcended the apparent coldness of Cubism through the addition of a substratum, a base on which he composed his "pictorial poems". In a fit of nationalism, Dalí once claimed in an interview with Pierre Restany in 1964 that Cubism owes everything to Picasso and Juan Gris. Without being as categorical as Dalí, who forgot the equally important part played by Braque, it is certain that Gris enabled Cubism to *exist* above and beyond its initial objectives, enriching its discourse and making it finally part of a classical history of painting.

This is a reworked version of an entry initially published in the Dictionnaire du Cubisme, *Laffont, Coll. Bouquins, Paris, 2018.*

Ill. 01 – Juan Gris, *Nature Morte* (*Still Life*), 1918, pencil on paper, 46 × 29.5 cm, Kröller Müller Museum, Otterlo.
Ill. 02 – Juan Gris, *Mandoline et compotier* (*Mandolin and Fruit Bowl*), June-August 1925, oil on canvas, 73 × 94.6 cm, Museum of Fine Arts, Boston, gift of Joseph Pulitzer.

Notes
[1] In keeping with his powerful personality, the artist decided that his name was too ordinary in Spain and changed it to Juan Gris in 1905 as an expression of his individuality.
[2] Gris met Daniel-Henry Kahnweiler in 1908 when the dealer called on Picasso. The young banker had opened his gallery just a few months earlier after visiting the Salon des Indépendants, an edition dominated by the works of Matisse (*Nu bleu souvenir de Biskra*) and Derain (*Les Baigneuses*), who had already moved away from Fauvism. Kahnweiler was greatly impressed by the artist's striking Mediterranean looks and dedication to his work, and they became firm friends.
[3] Gris married Lucie Belin when still very young and their son Georges was born in the Bateau-Lavoir in the same year (1908). They separated in 1910 and the child was sent to live with the artist's family in Madrid.

Kisling

(Kraków, 1891 – Sanary-sur-Mer, 1953)

Cat. 18

Portrait de femme au corsage blanc
(*Portrait of a Woman in a White Blouse*),
1924
Oil on canvas
92.5 × 65 cm
Signed below left: *Kisling*

Having arrived in Paris from his native Poland before the age of 20, Moïse Kisling soon established himself as one of the leading members of the School of Paris and met key figures such as Modigliani, who was to become his closest friend together with the critic André Salmon,[1] Braque, Picasso, Max Jacob and Pascin. He displayed a certain degree of originality in a period of conflicting influences. As the critic Florent Fels wrote, "When Kisling arrived in Paris, a battle of ideas was in full swing. Fauves and Cubists were breaking free with immense effort from the burdensome influence of Impressionism and Paul Cézanne. A glittering, prismatic world full of illusions, eagerly following every new development of Matisse or Picasso, agitated by theories, this is where Kisling found himself. He saw everything under the sun, rubbed his eyes, and realized that it was essential above all to remain himself."[2] Kisling's concern with freedom was frequently expressed: "I care only about expressing myself. I know that there is nothing new to be done in painting because the material is always the same and the means are fixed, and that painters have only one resource, namely to imbue the same objects with their own artistic feeling."[3]
He owed his reputation primarily to his nudes and to his numerous portraits of figures like Modigliani, Kiki de Montparnasse and Madeleine Sologne as well as unknown sitters.
Kisling studied science at high school in Krakow in accordance with his father's wishes before obtaining admission to the city's school of fine arts. He initially intended to study sculpture, in which he had developed an interest at a very early age, but there were no places left in the department and he became a painter instead under the guidance of Joseph Pankiewicz.
A friend of Bonnard, Renoir and Maillol, Pankiewicz[4] encouraged Kisling to go and study in Paris rather than Vienna, Dresden or Munich, where most of his fellow students went: "Everything done elsewhere is the negation of art. The land of Cézanne and Renoir is the place to go." His studio and Pascin's soon became meeting places for the bohemians of Montparnasse and other parts of Paris, not least because Kisling was also the life and soul of the frequent parties he generously held there for his friends, including Soutine, Derain and Max Jacob. A very close friend Modigliani, he helped him repeatedly in the darkest moments and paid for his funeral on the painter's tragic death in 1920. When World War I broke out, he volunteered for service in the French Foreign Legion, where he met Blaise Cendrars, but was wounded in 1915 and discharged.
He met Renée Gros, the daughter of a commander of the Republican Guard, during this period and they married two years later.[5] After the war, he spent much of his time in the South of France in the vicinity of Saint Tropez and Sanary, where he was to end up living on a permanent basis interspersed with trips abroad. He took refuge during World War II in Portugal and then the United States, where his work was greatly admired.
His first solo show was held at the Druet in 1919 and the second at the Paul Guillaume in 1924, the date of this painting from the Nahmad Collection (cat. 18) and of his naturalization as a French citizen.

Known for his palette of often bright and shimmering colours (ill. 01), Kisling also showed admirable sensitivity in adapting to the identity of his model and adopting neutral, transparent hues, as in this case. As the critic Waldemar George wrote, "Colour as rich and beautiful as enamel, the draughtsmanship of a Persian painter of miniatures acquainted with Ingres and an uncanny understanding of human beings, these are Kisling's hallmarks."[6]
In his portraiture, Kisling entered into the very life of his sitters: "I do not paint psychological portraits but seek to situate my figures in their current existence through setting, clothing, the outer appearance of the body, the intense life of the expression or the hands."[7] This portrait of a young woman is distinguished by its simplicity. The powerful impact of the white sets off the great melancholy of the face, accentuated by her large eyes and opalescent skin,[8] against a background of subtle shades of grey. The seated young woman inevitably recalls the powerful figures of Derain, who had already embarked on a return to classicism a few years earlier (ill. 02). The influence of his friend Modigliani can also be felt in the wistful expression. A critic wrote in 1951 of "figures in which chaste reverie adds to the charm of a flower seller's face".[9] Perhaps the best summary of the work of this little-known painter, who died in Sanary of kidney failure in 1953, is offered by André Warnod, historian of the School of Paris, "Kisling's art is pared-down and simplified. The painter eliminates everything superfluous or useless. Everything in his canvases is clear-cut, acute and precise, animated by a taste for imagery that he may have owed to his native Poland combined with a wonderful feeling for contours."[10]

Ill. 01 – Kisling, *Femme au châle polonais* (*Woman in a Polish Shawl*), [1928), oil on canvas, 100 × 72.5 cm, Musée National d'art Moderne, Centre Pompidou, Paris, dep. at Musée d'Art et d'Histoire du judaïsme, Paris.
Ill. 02 – André Derain, *Portrait de jeune fille en habit noir* (*Portrait of a Young Woman in a Black Dress*), [1913-14), oil on canvas, 114 × 80 cm, Musée de l'Hermitage, Saint Petersburg.

Notes
[1] André Salmon, a friend of Picasso and the painters working in the Bateau-Lavoir, wrote a monograph on Kisling, as did Florent Fels, and stood godfather to his son in 1922.
[2] Florent Fels, *Kisling*, Coll. Artistes juifs, Le Triangle, Paris, 1928, p. 8.
[3] Moïse Kisling, interview with Jacques Guenne, *L'Art Vivant*, 15 June 1925, quoted in Joseph Kessel, *op. cit.*, p. 37.
[4] Joseph Pankiewicz met the Nabis in Paris through Maillol and remained a close friend of Bonnard. They continued to write to one another after his return to Poland.
[5] André Salmon and Max Jacob stood as witnesses. The couple had two children, Jean and Guy, born respectively in 1922 and 1923.
[6] Waldemar George, *Fraternité*, Paris, 1945; quoted in Kessel, op. cit., p. 40.
[7] Jean Kisling, 'Kisling défini par Kisling', in Joseph Kessel, *Kisling 1891-1953*, ed. by Jean Kisling, Paris, 1971, p. 36.
[8] "*jolies femmes aux carnations opalines*", Jean-Marie Tasset, 'Kisling : la vie passionnément', *Centenaire Kisling 1891-1953*, Galerie Daniel Malingue, Paris, 1991.
[9] Guy Dornand *Libération*, 6 November, 1951.
[10] André Warnod, *Le Figaro*, 6 November 1951, quoted in Kessel, op. cit., p. 43.

Marie Laurencin
(Paris, 1883–1956)

Cat. 19
Portrait de femme aux perles (autoportrait) (*Woman in Pearls, Self-Portrait*), 1930
Oil on canvas
35 × 27 cm
Signed and dated above right: *Marie Laurencin 1930*

Cat. 20
Jeune femme aux perles(*Young Woman in Pearls*), n.d.
Oil on canvas
46 × 38 cm
Signed above right: *Marie Laurencin*

The natural daughter of Pauline Laurencin, Marie is known for her passionate and stormy relationship with Guillaume Apollinaire, who dedicated some of his finest poems to her. This period, from 1907 to 1912, played a crucial part in the development of "Our Lady of Cubism",[1] as she was once hailed for her close association with the group revolving around Picasso and Braque as well as the artists of the Section d'Or group, with whom she exhibited as from 1912 both inside and outside France.[2] Marie Laurencin's work is characterized by a predominance of portraits and self-portraits, which she made her speciality. Her talents as a storyteller, writer and poet gained her entry to literary groups other than that of Apollinaire, where she was first established. Known during her lifetime for her imagination, spontaneity and wit, she built her career on key associations with figures such as Henri-Pierre Roché, who acted as an intermediary for her in numerous situations.

Having spent her youth with her unmarried mother, which was something of a handicap at the time, Laurencin developed some deeply rooted ideas about men that probably led her to diversify her love affairs. Having studied painting on porcelain at Sèvres, she enrolled at the Académie Humbert in 1904 and it was her fellow student Georges Braque that first took her to the Bateau-Lavoir, where Picasso and Fernande Olivier were living at the time. It was also in this period that she met Henri-Pierre Roché.[3]
Picasso in turn introduced her to Guillaume Apollinaire outside the shop of Père Sagot in 1907. It was love at first sight. She had already painted her first self-portraits (1905) and visits to the Louvre led to a passion for ancient Greek pottery, Italian art and Persian miniatures, the dreamlike quality of which was to have a lasting influence on her work. This can be seen, together with the influence of Henri Rousseau and Picasso, in her initial, slightly Cubist style (*Portrait of Picasso*, Marie Laurencin Museum, Japan).
Her poetic dimension can be perceived in the production of paintings marked by chaste restraint and chromatic harmonies, frequently in shades of grey, that avoid any exaggeration. She then introduced a broader range of colour on breaking away from the neutrality of the Cubist aesthetic around 1912–14. Despite her naive adolescent look and apparent lack of self-confidence, she delighted in beguiling both men and women, including Henri-Pierre Roché, Nicole Groult,[4] Gertrude Stein, Apollinaire and Baron Otto von Wätjen, who married her a few weeks before the outbreak of war in 1914.
The couple took refuge in Spain, where they stayed until 1919. Although her reputation had preceded her in Barcelona and Madrid, Laurencin mixed little with the local artistic circles and found solace in visiting museums like the Prado. She also met fellow French artists in exile, including Francis Picabia[5] and his wife Gabrielle Buffet, Albert Gleizes and his wife Juliette Roche, Robert and Sonia Delaunay,[6] Arthur Cravan and Valentine de Saint Point.
Laurencin returned to Paris definitively in 1921 after a few months with her in-laws in Germany.[7] The dealer Paul Rosenberg, to whom Roché had introduced her before the war, organized her first post-war exhibition and ensured her fame in Paris, London and New York until the end of her life.[8] She became "the woman painter *par excellence*, the equivalent of Colette in literature and Chanel in fashion".[9] Her affairs kept pace with her financial successes. Diaghilev

commissioned her to create the scenery for *Les Biches* (1923), which received a triumphant reception the following year at the Théâtre des Champs-Elysées. This period also saw a series of portraits of famous personalities, including Chanel (ill. 01). The young Suzanne Moreau entered her service but was soon to become her lover and then her adopted daughter (1954).

Kisling's *Portrait of Marie Laurencin* (ill. 02) attests to her contacts with the painters of the School of Paris, who appreciated her unique personality and history in the midst of the early 20th-century artistic and literary avant-garde. When the Wall Street Crash came in 1929, the art market managed to weather the storm due to the power of galleries like the Paul Rosenberg, which exhibited her works together with those of his stable, including Braque, Matisse and Picasso.

These two works from the Nahmad Collection (cat. 19, 20) belong to this period of the late 1920s, when the painter honed her very personal style in the art of portraiture: "I prefer portraits, which is only natural, as I am myself a Clouet."[10] Her fine, opalescent face does indeed recall a lady of another era. According to Daniel Marchesseau, "Her strange beauty, her personality and her penetrating gaze reflect her anxious narcissism in the succession of self-portraits painted for over thirty years."[11]

Laurencin looks like a girl in the *Self -Portrait* (cat. 19) even though she was nearly 50 at the time. The blue, grey and pink pastel hues of her palette accentuate this youthful appearance in contrast to the red of her lips. Touches of black and white enhance the waves of her almost curly hair.[12] Her preference for backgrounds in old-fashioned colours gives her works the inimitable tang of 16th-century ballads.

The oneiric dimension is still more evident obvious in the second painting, *Jeune femme aux perles* (cat. 20), where the model, shown in three-quarter profile, is decked out like a princess in pearls, a frequent accessory in the artist's enchanted universe, and a Harlequin-style costume like a character from a fairy tale. Her joined hands add a symbolic dimension of almost religious nature. Unlike other compositions of the same period, the figure is placed on the left to set off the bare surface of faded greys by contrast. Two similar paintings were included in the show of her works from 1929 to 1936 at the Galerie Rosenberg (ill. 04).

Her reputation continued to grow in France as in Britain and the United States, where her dealer operated. Her old friend Henri-Pierre Roché recommended her work to the collector John Quinn, who thought as highly of her as he did of Picasso: "What I like about Marie Laurencin is that she paints like a woman, whereas most women artists seem to want to paint like men and only succeed in painting like hell."[13]

In accordance with her wishes, she was buried in the Père Lachaise cemetery in Paris in a white dress with a rose in her hand and her favourite love letters resting on her bosom.[14]

Ill. 01 – Marie Laurencin, *Portrait of Mademoiselle Chanel*, 1923, oil on canvas, 92 × 73 cm, Musée de l'Orangerie, Paris.
Ill. 02 – Kisling, *Portrait of Marie Laurencin*, 1925, oil on canvas, 55 × 38 cm, Musée du Petit Palais, Geneva.
Ill. 03 – Marie Laurencin, *Autoportrait au chapeau* (*Self-Portrait in a Hat*), 1927, oil on canvas, Private collection.
Ill. 04 – *Marie Laurencin-Œuvres 1929-1936*, exhibition at the Galerie Paul Rosenberg, Paris, 1936.

Notes

[1] Quoted in the entry on the artist by Camille Morando in the *Dictionnaire du cubisme*, ed. Brigitte Léal, Laffont, Paris, 2018, p. 410.

[2] In 1912, Galeries Dalmau, Barcelona; the Maison cubiste du Salon d'Automne, Salon de la Section d'or, le Valet de carreau, Moscow; the gallery Der Sturm, Berlin. Then in 1913, the Armory show, New York.

[3] Henri-Pierre Roché, who was to write *Jules et Jim* (1953), was her lover for a brief period but then maintained a very close relationship for a long time until his move to the United States, where he became assistant to the lawyer and collector John Quinn.

[4] Her affair and friendship with Nicole Groult, sister of the couturier Paul Poiret, saved her from falling into depression during this difficult wartime period, when her marriage began to deteriorate. Her husband was suspected of espionage because he was German and so was she because she had a German husband.

[5] Picabia published a few of her poems in his magazine *391* in Barcelona but criticized her incessantly as from the beginning of the 1920s.

[6] In 1912, for her first solo show, she shared the space of the Galerie Barbazanges (financed by Paul Poiret) with Robert Delaunay.

[7] She and her husband separated the same year.

[8] It was in 1913 that she signed a contract with Paul Rosenberg and his German associate Alfred Fleichtheim, who had galleries in Berlin and Düsseldorf.

[9] Daniel Marchesseau, *Marie Laurencin. Cent œuvres des collections du musée Marie Laurencin au Japon*, exh. cat., Fondation P. Gianadda, Martigny, 1993, p. 23.

[10] Marie Laurencin, quoted in Marchesseau, *op. cit.*, p. 18.

[11] Ibid., p. 16.

[12] Ibid., p. 15, where Marchesseau speaks, with reference to André Salmon's *Souvenirs sans fin*, of Laurencin's "African hair" as the result of "distant and mysterious Creole ancestry", *op. cit.*, p. 15.

[13] John Quinn, quoted by Marchesseau, *op. cit.*, p. 22.

[14] The versions different on this point but are all highly poetic. Marchesseau (*op. cit.*, p. 17) quotes the following words to André Salmon: "As regards love letters, I've kept some that are much more beautiful than Apollinaire's [...]. When I die, I want my head to rest in the coffin on a cushion full of my love letters."

Albert Marquet

(Bordeaux, 1875 – Paris, 1947)

Cat. 21
Notre-Dame, Paris, 1902
Oil on canvas
45.7 × 64.8 cm
Signed

Cat. 22
Pont-Neuf sous la neige
(*Pont Neuf in the Snow*), c. 1910
Oil on canvas
63 × 75 cm
Signed below right: *marquet*

Cat. 23
Vue du Pont-Neuf, Paris
(*View of Pont Neuf, Paris*), 1933
Oil on canvas mounted on cardboard
38 × 46 cm
Signed below left: *marquet*

Displaying little exuberance or eagerness for honours, Albert Marquet remains known for his incomparable views of the riverbanks in Paris and the harbours of numerous towns in France, Europe and the Mediterranean area. It is the wharves of Bordeaux that gave him his passion for ports and the bustling world of ships, barges, boats, dockers and idlers. Though associated with Fauvism as from the movement's birth in 1904 and a follower of its precepts, Marquet was clearly distinguished not by any extravagance of pure colour but by the use of black in his drawings, usually executed in India ink with a pen or brush.[1] He succeeded in producing light and movement with just one colour and his mastery of ink was noted by many, including Matisse himself: "When I see Hokusai, I think of Marquet, and vice versa. I do not mean imitation of Hokusai but similarity."[2] The painter's originality lies in this almost monochrome approach not only in drawing but also transposed into the realm of painting. His subtle use of exceptionally rich greys endows his paintings with a wholly personal style. A keen observer, he always captures the very essence of an atmosphere while retaining the bare minimum of a landscape, reducing the few figures to abbreviated silhouettes so as to preserve the feeling intact.

A mediocre student, Marquet had a gift for drawing and it was his mother's confidence in his talent that gave him the courage to pursue that course. They left Bordeaux for Paris together in 1890 so that young Albert could attend the highly regarded courses at the École nationale des arts décoratifs.[3] It was there that he met Matisse, six years his elder. They became friends immediately and were to take decisions together of crucial importance for their future. They thus enrolled at the École nationale des Beaux-arts in 1895 to study under Gustave Moreau, whose well-known free approach to teaching was conducive to their creativity. This training was backed up by frequent visits to the Louvre to study the works of the masters. Their circle of close friends expanded to include Henri Manguin, Charles Camoin, Jean Puy and André Derain. An exceptional spirit of emulation gave rise to genuine collaboration amongst all of the group, who shared the same models and often went to paint from life in pairs. The result in 1905 was the birth of Fauvism at the Salon d'Automne. This marked the start of Marquet's series of views of the Quai des Grands Augustins in all kinds of light and weather. It was also the period in which the painters, following the example of Cézanne and Signac, went to paint in the South of France, where the Mediterranean light further accentuated their colours, which were like paint "straight out of the tube". Marquet also went with his friend Dufy to paint in Normandy, where he discovered the coast around Le Havre and continued alone to Dieppe, Fécamp and Trouville. His career took off, like those of his friends, and the shows held by the dealer Eugène Druet helped to alleviate his financial concerns a little. Classed unfit for military service during the war, he began travelling again[4] and visited Collioure, Marseille and Nice. In 1920, in search of new horizons, he set sail for Tangiers, where he met his future wife Marcelle Martinet. He was to return there every year from now on, alternating with stays in France and Paris. His never-ending depictions of the capital have indeed led to him being described as "the painter of Paris".[5]

Even though Marquet also proved himself an excellent painter of figures, especially in the period 1904–13, he is best known for the coastal views painted during numerous trips around the Mediterranean (Marseille, Sète, Collioure and Tangiers) but also on the Atlantic and the Channel (Le Havre, Arcachon and Saint-Jean-de-Luz) and for his views of Paris, which remained a kind of landmark for this traveller between the two shores.

These three views of Paris in different periods bear witness to Marquet's love for the city and to the evolution of his handling of light and colour.[6] The painting of 1902 (cat. 21) unfolds to present a broadening of planes soundly structured by means of colour, which is used sparingly. Over the years, however, it is not rare to see his views illuminated with some dashes of colour (ill. 01). All of the artist's addresses in Paris were by the riverside and he seldom strayed from the Ile de la Cité, residing successively at 38 rue Monge (a stone's throw from the Seine), 25 quai des Grands Augustins, 29 place Dauphine, 19 quai Saint-Michel,[7] where he lived until 1931, when he set up house with Marcelle on the corner of rue Dauphine and quai des Grands-Augustins. This dream location offered him a very wide and unobstructed view with incomparable lines of vanishing-point perspective. From the fifth floor, he had a magnificent view of Pont Neuf, the Ile Saint Louis and Notre-Dame, and the Ile de la Cité. It is from this new apartment that he painted this view looking down on Pont Neuf (cat. 23), where the silvery light contributes to the impression of dampness and a snow-muffled atmosphere. The same mistiness is also to be found in earlier snow-clad scenes (cat. 22) from a period when his greater pursuit of simplification lent his landscapes all their poetic power. Only a few figures walk the almost deserted streets, the brushwork is carefully measured, and the overall impression is of balance and serenity. The view of 1933 (cat. 22) is more expressive. He never tired of this view, which painted repeatedly until the end of his life (ill. 02).

Like the Impressionists before him, Marquet would work tirelessly on the same subject. As François Daulte writes, "The artist's ability to capture the particular atmosphere of each landscape is such that the least of his views of Paris declares not only the season in which it was painted but also but the time of day."[8]

Ill. 01 – Albert Marquet, *Le Pont Saint-Michel et le Quai des Grands-Augustins* (*Pont Saint-Michel and the Quai des Grands-Augustins*), 1912, oil on canvas, 65 × 81 cm, Musée National d'Art Moderne, Centre Pompidou, Paris.
Ill. 02 – Albert Marquet, *Le Pont-Neuf sous la neige* (*Pont Neuf in the Snow*), 1947, oil on canvas, 65.2 × 81.5 cm, Musée National d'Art Moderne, Centre Pompidou, Paris.

Notes

[1] See Véronique Serrano and Claudine Grammont (eds.), *Quelque chose de plus que la couleur. Le dessin fauve 1900-1908*, exh. cat., Musée Cantini-RMN, Marseille, 2002.

[2] Matisse, letter to Besson, in *Le Point*, no. XXVII, December 1943; quoted in Chantal Duverget (ed.), *George Besson et Henri Matisse. De face, de profil, de dos*, L'Atelier contemporain, Strasbourg, 2018, p. 201.

[3] His mother sold a number of properties in the area of Arcachon in order to finance a small business in rue Monge and enable them to live in Paris together in modest comfort.

[4] Marquet visited Italy, Germany, London, Tangiers and other places before the war.

[5] François Daulte, in *Albert Marquet*, exh. cat., Fondation de L'Hermitage, Lausanne, 1988, p. 24.

[6] See Jacqueline Lafargue (ed.), *Marquet, vues de Paris et de l'Ile de France*, exh. cat., Musée Carnavalet, Paris, 2004.

[7] It is in 1908 that he moved into the studio at 19 quai Saint-Michel left vacant by Matisse, who returned in 1914 to one on the floor above, the fourth. The magnificent views of Notre Dame from the window provided him with the subject of the painting shown here.

[8] François Daulte, in *Albert Marquet*, op. cit., p. 25.

Henri Matisse

(Le Cateau-Cambrésis, 1869 – Nice, 1954)

Cat. 24

Jeune femme assise en robe grise (*Seated Young Woman in a Grey Dress*), Nice, 1942
Oil on canvas
46.3 × 38.2 cm
Signed, dated above left: *H. Matisse 42*

On the occasion of the tribute to Lydia Delectorskaya in 2010,[1] Monette Vincent, the model for this work, evoked the vivid memory of the meeting, on a bus in Nice, with the woman that was to change the peaceful course of her life. Lydia's invitation to pose made her part of the work of the artist everyone called *le Patron*. Monette had already seen Matisse in the surgery of the doctor she was working for at the time as well as some of his paintings in museums. Her arrival at the Hotel Regina in November 1942 left her dazzled: "In the middle of the war, I walked into a paradise. It is beauty that gives joy, order that creates peace, work that brings serenity. *Le Patron* was like a kindly gentleman and a stern grandfather at the same time. Worries there undoubtedly were, but buffered and contained by Lydia. She seemed to run everything with complete tranquillity. Matisse had been very ill.[2] He was still suffering, as we knew, but calm was maintained and there could even be moments of fun."[3]

Matisse was still living in his vast and luxurious apartment at the Regina on the hill of Cimiez.[4] He was 73 and still determined, despite his poor health, to paint from life. It was the faithful Lydia that sought out models for him while continuing to be his muse to the very end. Monette continues with her memories: "This was the period of the group of young models, who posed for Matisse and followed the rules laid down by Lydia. There was Nézy,[5] Carla, Michaela and the future Sister Jacques.[6] Dressed in Eastern robes, we would sometimes be gathered together by Lydia around Matisse for a moment of relaxation. [...] These posing sessions, during which Lydia often kept watch behind Matisse in the tension of the work, quickly handing him the material he required, have left me memories of the rigour and strict order maintained so that the work could be achieved."[7]

These memories show how Matisse, probably haunted since his operation by the idea that he might die at any moment, organized his life and work very strictly. His miraculous recovery gave him a new lease of life and a new departure can be seen in his work, which is pared down to the bare essentials. The bad memories of his separation from Amélie in 1940 and the hardships of the war were now behind him. His sense of detachment is expressed in his letters to friends: "I thank heaven for my operation, which has completely rejuvenated me and made me philosophical, in the sense that I've stopped caring a little and have no wish to poison the bit extra that I've been granted. I had prepared my exit from life to such an extent that it's like being born again."[8] As he observed wryly to George Besson: "I often think of Renoir, whose place I have taken as the invalid of the Riviera."[9]

He worked intensely and produced a whole succession of works, starting with a major series of drawings from life of familiar objects and his models, especially the young Nézy. These were to be gathered together in the album *Thèmes et variations*, published in 1943. The photographer André Ostier was present at these sessions with the models in May 1942 and on several other occasions.

This painting, produced shortly after Monette's arrival at the Regina in November 1942, is one of a series of seated female figures in more or less sumptuous settings, which Matisse was to continue in Vence in 1943. The painter reduced his palette considerably and worked in flat expanses of bright colour, on which he drew highly decorative friezes, thus giving the background a certain degree of visual autonomy. A motif of alternating straight and wavy lines is reproduced all over the surface of the painting, thus animating the background with a decorative pattern that differs from one work to another. In the same way, he loved to reuse the costumes in which he clothed his models, like this mauve dress, which appears in his work over a period of several years. Comparison of this painting from the Nahmad Collection (cat. 23) with another of 1937 (ill. 01) clearly demonstrates the artist's drive for simplification. The Baltimore painting is divided into two distinct areas in terms of motif and colour, with a rich still life in the foreground and the figure, physically very similar to Monette, acting as a link between them. The work shown here is instead more closely framed so as to concentrate on a close-up view of the pensive figure and eliminate everything not in the artist's field of vision and therefore considered superfluous. As the painter stressed to his pupils as early as 1908, "Composition is the art of arranging in a decorative way the various elements available to the painter to express his feelings. In a painting, every part will be visible and will come to play its role, leading or secondary. Everything that serves no purpose in the painting is therefore harmful. A work requires overall harmony. Any superfluous detail would take the place of another essential detail in the viewer's mind. [...] I want to attain the state of concentration of feeling that makes the painting."[10] Both the continuity and the evolution of his thinking are clearly evident in this work, which is spellbinding in its simplicity and visual power. The chromatically delicate dress is made up of simple bands of mauve. The heavy armchair of black leather is the indispensable element linking the powerful red background and the model. While colour remains the painter's paramount concern, great importance also attaches to drawing. Magritte's evolution towards the gouache cut-outs is his response to the need to give both elements a "useful" presence in the work.

Monette posed for about ten paintings in the winter of 1942 and 1943, including *Jeune fille assise, robe persane* (ill. 02), *La Robe persane, Le Collier d'ambre* and *La femme au luth* (1943), a tapestry of which (ill. 03) was woven in 1946 by the Mobilier national in two copies, one of which is now in the Musée Matisse, Le Cateau-Cambrésis. In the difficult years of the war, Matisse stubbornly continued in his own way, with his own peculiar tools, to strive for greater purity and present the eye with works imbued with freedom. His coloured cut-outs, a discovery made during the creation of *The Dance* for the Barnes Foundation between 1931 and 1933, returned in 1943–44 for the prints of *Jazz*. The walls of his bedroom were covered in gouache cut-outs, a form connected simultaneously with painting, drawing and sculpture, striving towards an increasingly universal language: "Drawing with scissors. Cutting directly into colour reminds me of how sculptors cut into stone."[11]

Ill. 01 – Henri Matisse, *Robe violette et anémones* (*Purple Robe and Anemones*), 1937, oil on canvas, 73 × 60 cm, The Baltimore Museum of Art, Cone Collection.
Ill. 02 – Henri Matisse, *Jeune fille assise, robe persane* (*Seated Young Woman in a Persian Robe*), 1942, oil on canvas, 43 × 56 cm, Musée National Picasso, Paris.
Ill. 03 – *La femme au luth* (*Woman with a Lute*), tapestry, wool, Manufacture des Gobelins, 1947-49, 170 × 213 cm, Mobilier national, Paris.

Notes

[1] Dominique Szymuziak (ed.), *Lydia D. Lydia Delectorskaya, muse et modèle de Matisse*, exh. cat., Musée Matisse Le Cateau Cambrésis-RMN, 2010, pp. 200–01.

[2] Matisse was struggling to recover from a colostomy performed in Lyon in January 1941, which saved his life but left him severely weakened for a long time, so that he could generally not work upright but only lying down. He did not return to Nice until May. See Claudine Grammont, *Tout Matisse*, Laffont, 2018, p. 646.

[3] Monette Martin-Vincent, « Je continuerai à me souvenir avec tendresse », in *Lydia D., op. cit.*, p. 201.

[4] Matisse had been living at the Hotel Regina since January 1938 and remained there until July 1943, when he was forced to leave Nice by the Germans. He then stayed for a few years in the villa Le Rêve in Vence before returning to Nice in January 1949.

[5] Nézy was the great-granddaughter of the Turkish sultan Abdulhamid II. Matisse was fascinated by her Eastern beauty, which reminded him of "the small figure on the right in Ingres's *Le Bain turc*". She posed for him from September 1940 to July 1942. See Claudine Grammont, *op. cit.*, p. 604.

[6] Monique Bourgeois, who started work as Matisse's nurse on 26 September 1942, later became a nun. As Sister Jacques-Marie, she played a key part five years later in the creation of the chapel in Vence.

[7] *Lydia D., op. cit.*

[8] Letter from Matisse to Marquet, Nice, 16 January 1942, in Claudine Grammont (ed.), *Matisse-Marquet, correspondance 1898-1947*, La Bibliothèque des arts, Lausanne, 2008, p. 143.

[9] Letter from Matisse to Besson, 7 October 1942, quoted in Chantal Duverget (ed.), *George Besson et Henri Matisse. De face, de profil, de dos*, L'Atelier contemporain, Strasbourg, 2018, pp.198–99.

[10] Henri Matisse, 'Notes d'un peintre', 1908: now in Dominique Fourcade (ed.), *Henri Matisse, Écrits et propos sur l'art*, Hermann, Paris, 1972, pp. 42–43.

[11] Fourcade, *op. cit.*, p. 237.

Amedeo Modigliani

(Livorno, 1884 – Paris, 1920)

Cat. 25
Jeune fille à la chemise rayée
(*Girl in a Striped Blouse*), 1917
Oil on canvas
92 × 60 cm
Signed above right: *Modigliani*

Cat. 26
La Belle épicière (*The Beautiful Grocer*), 1918
Oil on canvas
100 × 65.1 cm
Signed above right: *Modigliani*

Amedeo Modigliani heads the list of ill-fated artists together with Vincent Van Gogh. After his tragic death at the age of 36, it is thanks to the group of faithful friends who built up his legend that his dazzling work soon enjoyed immense success rather than falling into comparative oblivion.[1] His extraordinary painting, like no other in style, is restricted to a period of less than ten years. The early period was devoted to his passion for sculpture and it was not until around 1914 that he took up painting definitively, even though he had been painting and drawing since 1908. Portraits and female nudes dominate his work, illustrating the melancholy environment of his life and those of his models, above all the two women of his life, Beatrice Hastings and Jeanne Hébuterne, who was to bear him a daughter in 1918. His oeuvre includes no still lifes at all and very few landscapes.

At the turn of the century, Paris was the city of dreams for all young artists wishing to complete their training and pursue a career. Having arrived from Italy in 1906 with a solid grounding acquired in Livorno, Florence and Venice, Modigliani visited the museums and the galleries showing the work of young painters, namely those of Paul Durand-Ruel, Vollard, Bernheim-Jeune and Berthe Weill, which accounted for the best of what was happening in the capital.[2]

As an Italian, he naturally enrolled at the Académie Colarossi,[3] where Gauguin had also studied. His initial haunts were Montmartre and the Bateau-Lavoir, where he met Picasso almost immediately and fell under his spell, albeit without joining the master's "band". The Spanish artist was then at the turning point that was to produce *Les Demoiselles d'Avignon*. They met again much later when Picasso moved to Montparnasse at the end of 1912. In the meantime, Modigliani worked to develop his style. The Gauguin retrospective at the 1906 Salon d'Automne made a great impression on him and the influence of Toulouse-Lautrec can be discerned in his early Parisian works. Like the rest of the younger generation, he was also very impressed by the Cézanne retrospective of 1907. A key event of lasting importance occurred in 1908, when Modigliani's mentor Paul Alexandre introduced him to the Romanian sculptor Constantin Brancusi. Modigliani was still sculpting from life at the time. In 1909, with Brancusi's help, he left his studio in Montmartre and the community on rue du Delta[4] for a studio in the Cité Falguière very close to La Ruche. Close contact with Brancusi fostered his intense work on volume and primitive techniques. He also produced countless drawings influenced by African and Egyptian statuary, in which he had long been interested. Now a member of the cosmopolitan community of Montparnasse, including Diego Rivera, Chaïm Soutine and Kisling, he frequented cafés like the Dôme and the Rotonde with them and loved working in the company of friends. Excesses of every kind were frequent.[5] Though close to the sculptors Lipchitz and Zadkine, and acquainted with Epstein, Modigliani gave up sculpture completely in 1914 to concentrate exclusively on painting. His style distinguishes him from his contemporaries. As in his sculptures, the figures are elongated and the attention focused on their expression and the eyes, with or without pupils, endows them with ineffable presence.

It was through the Welsh artist Nina Hamnett, a resident of La Ruche, that he met the English poet Beatrice Hastings, who arrived in Paris in April 1914. They embarked on a stormy and passionate relationship that lasted until the summer of 1916. His fourteen portraits of her attest to the elegance described by his daughter Jeanne Modigliani: "Beautiful, sophisticated and rich, she would stroll around in incredible English-style hats. She was also cultured enough to be a companion for Modigliani and not only a mistress and a model."[6] He went back to live in Montmartre with her while continuing to frequent the cafés and studios of Montparnasse. According to Hastings, Modigliani despised everyone except Picasso and Max Jacob.[7] Despite the war, his work began to find admirers inside and outside France,[8] including the collector Paul Guillaume. The young Léopold Zborowski became his dealer after their meeting in the summer of 1916 and it was in his apartment that Modigliani painted a series of nudes in accordance with his preference for working in the presence of friends in places other than his own studio. Kisling also speaks of Modigliani frequently coming to work in his studio. A kind of existential malaise led to a succession of affairs[9] but in 1917 he fell in love with the pretty, young student Jeanne Hébuterne, who became his favourite model. They moved into the building next-door to the Académie Colarossi on rue de la Grande Chaumière in the summer of 1917. Her pregnancy at the age of 19 and his increasingly poor health led them to leave Paris on Zborowski's advice when the bombardment of the capital began in 1918[10] together with Foujita and Soutine. Many of their friends and acquaintances, including the dealer Paul Guillaume, were already in Nice.

The *Portrait de jeune fille à la chemise rayée* (cat. 25), painted before they left for the south, is reminiscent of some portraits by Cézanne (ill. 01) in the model's frontal pose, joined hands, deeply melancholy expression and austere attitude. The neutral background also recalls works like Cezanne's *Le Petit paysan* (London, Tate Gallery). At the same time, the model reflects the fashion of the times with her short *garçonne* hairstyle and male necktie, as in the angular portrait *Madame Kisling* (ill. 02). The simplified lines of her features are brought to life by highly expressive brushwork.

La Belle Epicière (cat. 26) was instead painted during Modigliani's stay in the south at Cagnes-sur-Mer and Nice.[11] Uprooted from his circle of friends and the world of Montmartre and Montparnasse, the painter had great difficulty in obtaining professional models and it was in the poorer section of the Cagnes-sur-Mer, where Renoir still lived, that he finally found what he was looking for. While Jeanne remained his primary source of inspiration, he also painted children, workers, peasant farmers and passers-by as well as this woman, shown sitting with her wares outside her grocery shop, the first letters of whose sign are painted with childlike clumsiness.[12] Here too, the reference to Cézanne is obvious (ill. 01).

The light of the South of France led Modigliani to lighten his palette and this painting is an excellent example of this new approach with a subject exceptionally depicted in the open. This is indeed what led him to paint the surrounding landscape, even though the trees are simplified to the utmost and reduced to cylinders, reminiscent of Cézannian Cubism, from which he also borrowed the palette of shades of ochre, light grey and sometimes bluish tones. The painting of the young shopkeeper, for which a study appears to exist in the form of a watercolour sketch (ill. 03), suggests that Modigliani initially intended to follow his customary practice of eliminating depth and setting. He strives above all to preserve his model's dignity regardless of her social class. Her small, asymmetrical eyes with no pupils seem to gaze intensely into the viewer's. Her cheap, dark dress contrasts chromatically with her blue apron and white collar. The ridge of the nose, like a primitive mask, and the thick neck endow this anonymous

face with great power, while the hue of the auburn hair creates a delicate harmony with the background.
Well-known for working quickly, Modigliani produced numerous paintings during this stay, not least because he continued to send works to Zborowski in Paris. He also took advantage of Paul Guillaume's visit to Nice to sell him a few canvases.
When peace was restored, Modigliani returned to Paris at the end of May 1919 without waiting for the Treaty of Versailles to be signed. Again pregnant, Jeanne was to join him a few weeks later. The painter declared his intention to marry her and put their relationship and their children's position on an official basis in writing on 7 July. His steadily deteriorating health and his improved but still precarious financial situation led, however, to excessive drinking. Confined to bed in January 1920, he died in hospital a few days later of tubercular meningitis. Nine months pregnant and stricken with grief on hearing this news, Jeanne threw herself from a window on the fifth floor of her parent's building. She was to be buried beside him in the Père Lachaise cemetery years later. Their daughter Jeanne was taken in and recognized by Modigliani's family in Livorno.

Ill. 01 – Paul Cézanne, *Portrait of Hortense Fiquet*, 1891, oil on canvas, 92.1 × 73 cm, The Metropolitan Museum of Art, New York.
Ill. 02 – Amedeo Modigliani, *Madame Kisling*, c. 1917, oil on canvas, 46.2 × 33.2 cm, National Gallery of Art, Washington DC.
Ill. 03 – Amedeo Modigliani, *Jeune femme assise* (*Seated Young Woman*), c. 1918, watercolour on paper, 43.5 × 28 cm, Private collection.

Notes
[1] See Kenneth Wayne, 'Modigliani's Inner Circle', in Simonetta Fraquelli and Nancy Ireson (eds.), *Modigliani*, exh. cat., Tate Publishing, London, 2017, pp. 173–78.
[2] Eleven years later, as requested by Zborowski, the Galerie Berthe Weill was to organize the only solo show held in France during the artist's lifetime.
[3] Founded by an Italian sculptor named Colarossi, the school was also known as the Académie de la Grande Chaumière (1870–1930) after its location at number 10 rue de la Grande Chaumière. Students went there to draw male models from life. Women were admitted and Jeanne Hébuterne took courses there for a period while also attending the École nationale des arts décoratifs.
[4] Paul Alexandre was the only one to buy his works until 1914. In order to support new talent, he provided accommodation for a number of artists, including Brancusi, Le Fauconnier and Gleizes, in a building on rue du Delta, where Modigliani would drop in frequently as a neighbour.
[5] Modigliani had suffered from tuberculosis since his adolescence and his health gradually deteriorated due to the abuse of alcohol and drugs.
[6] Jeanne Modigliani, *Modigliani sans légende*, Paris, 1961; quoted in Pierre Daix, *Le Nouveau dictionnaire Picasso*, coll. Bouquins, Laffont, Paris, 2012, p. 436.
[7] See Pierre Daix, op. cit., p. 436, and *Modigliani*, op. cit., p. 202.
[8] Shows were organized in New York in the gallery of Marius de Zayas.
[9] Including a brief fling with the young Canadian Simone Thiroux, who bore him a son that he never recognized in May 1917.
[10] Jeanne was nearly about to give birth when they left Paris and their daughter Giovanna/Jeanne was born on 29 November 1918.
[11] See Simonetta Fraquelli, op. cit., pp. 149–55.
[12] Scrawled inscriptions are to be found in a number of Modigliani's early works, including the portraits of Paul Guillaume.

Claude Monet
(Paris, 1840 – Giverny, 1926)

Cat. 27
Canotiers à Argenteuil
(*Boaters at Argenteuil*), 1874
Oil on canvas
60 × 80.5 cm
Signed above left: *Claude Monet*

Cat. 28
La Pointe du Petit Ailly
(*The Headland of Petit Ailly*), 1897
Oil on canvas
73.5 × 92.7 cm
Signed and dated below left: *Claude Monet 97*

Claude Monet is the major if not indeed crucial figure of the Impressionist movement, not only because his painting *Impression, soleil levant* gave it its name but also because, partially due to his longevity, the constancy and resonance of his work enabled his vision to evolve all the way to the apotheosis of the *Water Lilies* series, on which whole generations of painters drew. The great revolution of Impressionism lies primarily the invention of painting outdoors, *en plein air*, and with it the birth of the modern landscape, the way for which had been paved by Courbet and the Barbizon school. The Impressionist brushstroke thus born was combined with instantaneous perception of the landscape, new subjects and viewpoints, and a free, fragmented approach generating luminous vibration.
While Monet readily acknowledged his debt to Eugène Boudin[1] and, in differing degrees, to Turner and Courbet, the authority with which he imposed his theories and technique within the movement as from the first public exhibitions made him a key point of reference for the approaching artistic revolutions of the 20th century.[2]
Though born in Paris, Claude Monet spent all his youth at Sainte-Adresse near Le Havre, where his father had a chandlery and grocery business. He developed a passion for drawing and a talent for caricature. He met and went out painting with Eugène Boudin, whose advice had a crucial impact on his future. It is due to these encouragements and awareness of his gift that the young Monet left for Paris in 1859 to attend courses at the Swiss Academy, where he met Pissarro. In 1863, to complete his training, he began to study academic drawing under the history painter Charles Gleyre together with Pierre-Auguste Renoir and Frédéric Bazille, who soon became his friends. Monet was astounded by the daring of Manet, whose scandalous Déjeuner sur l'herbe was shown at the Salon the same year and then *Olympia* two years later, marking a radical departure from academic painting.
The fact that Monet continued to study under Gleyre during this revolutionary period is probably due to the importance the latter attached to quick sketches and painting *en plein air* as exercises, which led Monet and his friends to revise their way of looking, adopt a fragmented brushstroke and use pure colours.
The paintings he submitted for the Salon were constantly rejected and his financial situation was very precarious.[3] The outbreak of the Franco-Prussian War in 1870 led him to take refuge with his future wife Camille and their three-year old son[4] in London, where two events of great importance for his future and that of what was to be Impressionism took place. One was a meeting with art dealer Paul Durand-Ruel[5] and the other the discovery of Turner, which led him to study the effects of light.
These exceptional paintings from the Nahmad Collection (cat. 7, 27) belong to two crucial periods in Monet's work. The first, after his wartime exile in London, saw his increasing importance within a group young painters[6] fired by the common desire to break away from official academic art all the way to the founding of the Société anonyme des peintres, sculpteurs et graveurs in 1874 and hence the birth of Impressionism.[7] The second regards developments at the turn of the century and his gradual disintegration of form into hazy colour.
This new group of painters received the immediate support of Paul Durand-Ruel. It is his dynamism that was to make the movement known both in France and in other countries through the numerous commercial relations established through his galleries.[8] While the first exhibition, held in the studio of the photographer Nadar on

boulevard des Capucines in 1874, was a financial and critical failure, Monet, Renoir and Degas were mentioned above all in the reviews. Each, with his own personality, had a major role within the group.

In December 1871, having just returned penniless from London, Monet and his family were obliged to settle outside Paris in the far less expensive village of Argenteuil on the banks of the Seine, a location that enchanted the painter. They were not the only ones forced to leave Paris for such reasons.[9] Sisley, Renoir and Manet visited them on a regular basis and they often worked together in memory of the splendid summer of 1869, before the disaster of the Franco-Prussian War, when Renoir and Monet went to paint the Grenouillère at Chatou side by side. With the arrival of railway lines, the outskirts of Paris were opened up as a whole new world. At the same time, the growth of leisure activities and the fashion for nautical pursuits made the banks of the Seine with their *guinguettes* and Argenteuil in particular very popular: "Nowhere in the immediate vicinity of Paris does the Seine present to the amateur boater a basin as favorable in length and breadth as well as current as that at Argenteuil."[10] These subjects occupy a central place in the emergence of Impressionism (ill. 02). Scenes of boating and regattas offered the perfect combination sought by the painter between the representation of modern life and instantaneous observation of the surface of the water and fleeting atmospheric effects. Monet loved sailing and had a number of boats, including a floating studio that he built himself with the help of Caillebotte in 1873 as well as another just for enjoyment.[11] It was on this boat that Manet painted him working from life with Camille in the background (ill. 04).

Les Canotiers à Argenteuil (cat. 27) bears witness to this restorative atmosphere and the rebirth of hope after the horrors of the Paris Commune. Renoir was at his side and set up his easel in practically the same place (ill. 01) on the bank of the Petit-Gennevilliers not far from the bridge of Argenteuil, the last arch of which can be made out as well as the toll gate on the other side, which enabled them to include the wooded bank of the Argenteuil promenade. Monet shifted his viewpoint slightly so as to include the structure of this bridge in a similar composition (ill. 03). While contact with Monet led Renoir to go somewhat against his nature, accentuating the fragmentation of light more than usual while preserving his blurred and airy brushstroke, Monet was fully absorbed in capturing the shimmering reflections on the water and insisting in particular on the boldest contrasts. He chose to lower the horizon so as to include a larger amount of sky than Renoir, whose work instead presents more details.

The great luminosity of the scene, characterized primarily by the importance of the slightly off-centre sails, imparts a certain dynamism to the composition, which is balanced in turn by the red line of the oars in the middle ground plan and the reflections of the mainsail on the water in the foreground. The whole is animated by the presence of the sailors on their skiff and the oarsmen. Some ducks add a bucolic note to this painting, two-thirds of which is occupied by the river, thus enabling the painter to explore the iridescent effects of light. The brushwork and the shimmering atmosphere attest to a fully-fledged Impressionism that was to win ever-greater favour with art lovers.

The Monet family lived in Argenteuil until 1878[12] and in Vétheuil, where the cost of life was still lower, until 1883, when Monet discovered Giverny. It was there that he was to spend over forty years working on his home and surroundings under the guidance of a dream born in 1869 that was to result in its titanic series of *Water Lilies*.[13] At the same time, constantly in search of new subjects and effects of light, the painter undertook trips on his own, with the family or with a friend to places like Holland, Norway, London, Bordighera and Venice in Italy, Antibes in the South of France and Belle Ile-en-mer. He also explored the landscape of Normandy in greater depth by returning to Pourville in the region of Dieppe in 1896. *La Pointe du Petit Ailly* (cat. 28) belongs to this period.

Monet's first stay at Pourville, on a part of the Norman coast then unknown to him,[14] was from February to April in 1882. He wrote enthusiastically to Alice Hoschedé on his arrival: "The place is very beautiful and I'm sorry not to have come earlier. It is impossible to be closer to the sea than I am, right on the pebble beach with the waves beating against the walls of the house."[15] He also wrote in the same vein to his dealer: "I've been off for a few days in delightful village near Dieppe, where I have found some very charming things and am hard at work."[16]

He was indeed to paint no fewer than forty views of this jagged coast, fourteen of which feature the old customs post[17] (ill.07), capturing the endless variations of light at different times of the day and in different kinds of weather. The small hut on the cliff of Petit-Ailly, halfway between the beach at Pourville and the church of Varengeville, became a favourite subject and gradually came to give Monet the idea of the series which he was later to develop with haystacks, poplars, cathedrals and so on. As Daniel Wildenstein wrote, "Painting series meant that he was moving around less, and there was a spectacular reduction in the number of his subjects."[18] This is indeed what can be discerned in his work from now on.

Everything was still unchanged when he returned from mid- February to early April 1896 and then for the summer of 1897: "Nothing has changed. The little house is intact. I have the key to it."[19] Having painted a series of views from the beach of the cliffs of Varengeville ending at the Pointe d'Ailly the year before, he now changed his vantage point and rediscovered the promontory. Positioned on the east side of the gorge of Petit-Ailly below the cliff, the painter – who had already begun work on the *Water Lilies* at Giverny – developed an increasingly pared-down technique, eliminating superfluous details and simplifying forms, which dissolve into shimmering colour. His original composition conceals nearly all of the horizon and leaves little space for the sky, which blends into to the quivering blue of the water. The hut is barely perceptible at the lower edge of the composition, which endows the cliff with extraordinary power. Monet's subject is now light, which cadences space and alters colours according to the weather in increasingly vibrant harmonies. Like the others in the series, (cat. 28, ill. 05, 06) this painting was presented at a show of the painter's recent work in 1898 at the gallery of Georges Petit, a direct competitor of Durand-Ruel. It was, however, the latter that bought the work from Monet at the end of the year.

Monet was at work from 1897 to 1926 at Giverny on his artistic testament through the garden, which he designed as a whole to that end. A quarter of this was devoted to the *Water Lilies*. Other series, like the one on Venice, provided distraction from the sheer scale of this undertaking. The sorrow of bereavement[20] marked the painter's old age and failing eyesight nearly discouraged him from taking up his brushes again. It is probably his daughter in law Blanche Hoschedé that rekindled his joy in painting. After an operation for cataract in 1923, he rediscovered his "true sight" and returned to his brushes, which alone offered some consolations, taking his subject to the verge of abstraction with incredible determination and energy. "While you philosophically seek the world in itself, I simply exert my efforts on a maximum of appearances in close correlation with unknown realities. When you are on the plane of concordant appearances, you cannot be very far from reality, or at least from what we can know of it. I have done nothing but look at what the universe has shown me so as to bear witness to it with my brush."[21]

Ill. 01 – Auguste Renoir, *The Seine at Argenteuil*, 1874, oil on canvas, Portland Art Museum, Oregon.
Ill. 02 – Claude Monet, *Régates à Argenteuil* (*Regatta at Argenteuil*), c. 1872, oil on canvas, 48 × 75.3 cm, Musée d'Orsay, Paris, bequest Caillebotte 1894.
Ill. 03 – Claude Monet, *Le Pont d'Argenteuil* (*The Bridge at Argenteuil*), 1874, oil on canvas, 60.3 × 80 cm, Musée d'Orsay, Paris.
Ill. 04 – Édouard Manet, *Claude Monet, peignant dans son bateau-atelier* (*Claude Monet, Painting in his Studio-Boat*), 1874, oil on canvas, 82.7 × 105 cm, Neue Pinakotek, Munich.
Ill. 05 – Claude Monet, *La Pointe du Petit Ailly, Varengeville*, 1897, oil on canvas, 73 × 92 cm, Private collection (CR 1446).
Ill. 06 – Claude Monet, *La Pointe du Petit Ailly, temps gris* (*La Pointe du Petit Ailly under a Grey Sky*), 1897, oil on canvas, 73 × 92 cm, Private collection.
Ill. 07 – Claude Monet, *La Cabane des douaniers* (*The Customs House*), 1882, oil on canvas, 60 × 81 cm, Museum of Modern Art, Philadelphia.

Notes

1 "Boudin undertook my education with inexhaustible kindness. My eyes were opened in the end and I really understood nature. I learned at the same time to love it." In 'Claude Monet par lui-même', interview with the critic François Thiébault-Sisson, *Le Temps*, 26 November 1900. As he also said on another occasion, "If I have become painter, [...]I owe it to Eugène Boudin." Quoted in Sylvie Patin, *Eugène Boudin, les Ciels*, éd. des Falaises, Rouen, 2013, p. 10.

2 See in particular *Nymphéas - L'Abstraction américaine et le dernier Monet*, Musée de L'Orangerie, RMN, Paris, 2018. Preparations are now under way at the Musée Marmottan-Monet for an exhibition on Bonnard and Monet.

3 The Manet brothers were among those who helped the young painter get through very discouraging periods, as did Gustave Courbet, who was also his best man in 1870. "Courbet was always so encouraging and so good to me, even to the point to lending me money in the difficult moments." Monet to Gustave Geffroy, in Gustave Geffroy, *Monet, sa vie, son œuvre*, vol. 1, 1840–1889, edition of 1921.

4 Camille Doncieux entered Monet's life around 1865 as a model and inspired some of his finest works, exemplifying the delicate image of the figure *en plein air*. They married in 1870, long after the birth of their first child, Jean, in 1867. Severely weakened by the birth of their second, Michel, in 1878, she died the following year in terrible pain, cared for by Alice Hoschedé, who had come to live with them a few months earlier with her three daughters. Monet and Alice then married in 1892.

5 It is the painter Charles-François Daubigny that introduced Monet to Durand-Ruel in December 1870 or January 1871. The dealer immediately bought some of the canvases painted in London. As Monet later declared, "Durand-Ruel was our saviour." In *Le Temps*, *op. cit.*

6 Including Monet, Bazille, Renoir, Pissarro, Sisley, Degas and Cézanne.

7 This name, ironically coined by a critic in *Charivari*, was by no means accepted immediately by the group, who did not all follow the same theories.

8 For the dealer's role, see *Paul Durand-Ruel, Le Pari de l'Impressionnisme*, ed. Sylvie Patry, Musée du Luxembourg, RMN, Paris, 2014.

9 Financial problems were frequent for Monet. While the year 1873 was particularly prosperous, others were less so and support became harder to find. The middle-class lifestyle to which he aspired often led him into dire straits.

10 Originally in the magazine *Le Sport*, 1855; quoted in Paul Tucker, *Monet at Argenteuil*, New Haven and London, 1982, p. 90

11 Monet probably borrowed this idea from Daubigny, who used a similar vessel, called a *bottin*, to paint the banks of the Oise as from 1857. On leaving Argenteuil, Monet made arrangements to keep his boats and later had them put into storage at Giverny. He was also to own a Norway yawl, a very fashionable type of boat at the time.

12 The family and their servants lived in two houses before moving to rue d'Isly.

13 See Cécile Debray, '*« J'ai bien un rêve... ». Les Nymphéas, paysage d'eau*', in *Nymphéas*, op. cit, pp. 14–20.

14 Having grown up in Normandy, Monet followed his elders Delacroix, Courbet and Millet in exploring this coast, at Étretat, Fécamp and other places, in the late 1860s.

15 Wildenstein, 1974-79, vol. II, letter 242, to Alice Hoschedé, 15 February 1882.

16 Letter 245, to Paul Durand-Ruel 21 February 1882.

17 As stated by Daniel Wildenstein, these customs posts and the paths leading to them were created by Napoleon during the continental blockade to watch over the coasts on the Channel. In Monet's day, that one on the Pointe du Petit Ailly was used by fishermen, which accounts for the title sometimes given to the work. See the catalogue raisonné D. Wildenstein, *Monet ou le triomphe de l'impressionnisme*, Wildenstein Institute/Taschen, cat. no 730 ff, pp. 272 ff.

18 Ibid., p. 312.

19 Letter 1358, to Alice Hoschedé-Monet, 18 July 1897.

20 Alice died in 1911, his son Jean in 1914, Degas in 1917 Renoir in 1919, Durant-Ruel in 1922 and Geffroy in 1926. Manet, Mallarmé, Berthe Morisot and Pissarro had already gone long before.

21 Letter to Georges Clemenceau, 1926, quoted in Sylvie Patin, *Monet*. « Un œil... mais, bon Dieu, quel œil ! », Découvertes Gallimard, Paris, 1991, p. 127.

Jules Pascin

(Vidin, 1885 - Paris, 1930)

Cat. 29

La Blonde Marcelle (Marcelle, the Blonde), 1921
Oil and pencil on canvas
73.8 × 59.2 cm
CR 408
Signed above right: *Pascin*

Julius Mordecaï Pincas grew up in Bulgaria in a cosmopolitan, mercantile family[1] that disapproved of his artistic leanings and refused to support him financially. After learning his craft in Vienna, Budapest and Munich, he fled his home environment and arrived in Paris on Christmas Eve 1905. He adopted the name Jules Pascin, an anagram of Pincas, and shared the title "Prince of Montparnasse" with Kisling and Modigliani, even though he was actually more in contact with the German community than the artists of Montparnasse, especially figures like Purrmann, Bing and Brummer. Unlike Modigliani and many of the artists living in La Ruche, he was fairly affluent due to his contract as a caricaturist and illustrator for the German magazine *Simplicissimus*.[2]

It was in Munich, through this periodical, that he met the French artist Henri Bing, an habitué of the Dôme in Montparnasse, a renowned haunt of the district's artists, and it was in Bing's studio on rue Lauriston that he met Hermine David in 1906. This young painter of miniatures on ivory, whose elegance contrasted sharply with the bohemian Paris of the period, began to lead a very different life with Pascin, going to wild parties every night and frequenting fashionable cafés, especially the Dôme, which became her second home. Pascin's portraits of her attest to his brief period of late Fauvism and display her beauty in stark interiors. They lived for a few years in Montmartre, where Pascin had a studio close to Kees van Dongen's.[3] He met Lucy Vidil[4] in the spring of 1910 at the Académie Matisse and they embarked on a stormy and short-lived but very passionate affair. He knew no rest until he had found her again on his return from the United States ten years later.

Fearing difficulties during the war due to his Bulgarian nationality, Pascin left France at the beginning of October 1914 for the United States, where Hermine joined him at the end of the month and became his wife on 25 September 1918.[5] He depicted her repeatedly in America and came to specialize in portraiture. His very distinctive style, to which he remained faithful all his life, involved the use of very light halftones of grey, brown, beige and ochre, as in this portrait of *La Bonde Marcelle* (cat. 29), sometimes with the odd dash of colour. The painter developed a technique whereby his colours take on a hazy, pearly appearance in compositions based on the very solid draughtsmanship learned during his early training and honed through constant practice.[6] Pascin's melancholy figures enhance the atmosphere of sadness that pervades the interiors in which they are most often portrayed. In this case, the barely sketched background employs the same shades or brown tinged with blue to set off the model, posed with her hands on her hips.

While Hermine David and Lucy Krogh were his primary sources of inspiration, he also produced paintings of occasional models and prostitutes. The two women who mattered most to him live on in a large number of works all dominated by the melancholy that always haunted him, which they both embody in their own way.[7] His numerous other models included the statuesque and solidly-built Marcelle. Depicted alone (ill. 01, ill. 02) or with another figure, she appears in a short series of works painted during the 1920s on rue Caulaincourt[8] or more often in his studio on rue de Clichy.[9] Her long, loose hair and flimsy blouse introduce a touch of sensuality into this poignant universe.

The euphoria that followed the end of the war led in the Roaring Twenties to a craze for going out, dancing, drinking and parties with countless friends. This also characterized the microcosm of Montparnasse with cafés like the Dôme and the Rotonde, night clubs like the newly opened Jockey, and the artists' studios in La Ruche. Taken up by dealers like Paul Guillaume and Bernheim-Jeune as well as collectors like John Quinn and Dr Barnes, Pascin enjoyed greater commercial success as from 1923 and a certain degree of opulence, spending money like water and temporarily alleviating his depressed state with a wild night life and alcohol-fuelled parties attended by all of Parisian society. "His parties are characterized by abundance, the pleasures of the flesh, and above all the diversity of his guests: critics, dealers, poets, writers, prostitutes, acrobats, painters and scantily clad models."[10] His dark side reappeared as soon as he was on his own.

Angst-ridden and desperate for recognition, Pascin took to drinking more and more, as attested by numerous witnesses including Hemingway, who met him at the Dôme in 1924.[11] In June 1930, racked by self-doubt and plunged deeper into depression by the adverse criticism of his show at the Knoedler in New York, he killed himself in his studio at number 36 boulevard de Clichy in the worst of conditions on the day of the vernissage of a show at the Galerie Georges Petit.[12] Fortune was beginning to smile on him but, debilitated by alcoholism,[13] he felt it impossible to get his life back on an even keel.

Previously published in 2018, the above text has been partially reworked for this catalogue.

Ill. 01 – Jules Pascin, *La Blonde Marcelle (Marcelle, the Blonde)*, 1924, oil on cardboard glued onto wood, 55 × 46 cm, Guy Krohg Collection, Oslo.
Ill. 02 – Jules *Pascin, Marcelle assise en chemise rose (Marcelle Seated in a Pink Blouse)*, Paris 1923, boulevard de Clichy, oil on canvas, 93 × 64 cm, Musée d'Art Moderne de la Ville de Paris.

Notes

[1] His father was a Spanish Jew and his mother a Serb of Bulgarian origin.

[2] Founded in Munich in 1895 by Albert Langen, this satirical, left-wing magazine already published illustrations by figures like Alfred Kubin, George Grosz and Thomas Heine.

[3] His addresses in Paris from 1905 to 1914 alternated between Montparnasse and Montmartre on opposite sides of the capital. On his arrival, he stayed until 1908 at the Hôtel des écoles in rue Delambre and then at the Hôtel Beauséjour, 1 rue Lepic. He lived for different periods in Impasse Girardon on the Butte, at 11 rue Gabrielle, not far from the Bateau-Lavoir, and finally at the Hôtel d'Anvers just off the boulevard de Clichy. At the same time, he had a studio on rue de la Grande Chaumière as from 1910 and then, on the eve of the war, at number 3 rue Joseph Bara, as did Soutine and Kisling.

[4] Cécile Vidil, known as Lucy, posed as a model at the Académie Matisse. She married the Norwegian painter Per Krogh (godson of Edvard Munch) but divorced him in 1931 and later opened a gallery. It is due to her and her son Guy Krogh that Pascin's work did not fall into oblivion.

[5] They acquired American nationality on 30 September 1920 in the presence of Maurice Sterne and Alfred Stieglitz.

[6] He attended lessons in drawing at the Académie Colarossi in Paris and spent a great deal of time in the Louvre, where he was particularly impressed by the French art of the 17th and 18th centuries. He was also enchanted by the Impressionist paintings of the Caillebotte bequest in the Luxembourg.

[7] Pascin found in Lucy the strong woman he needed to fight against his demons. She also took care of Hermine, who was highly sensitive and fragile.

[8] While the catalogue raisonné of Pascin's work indicates that *La Blonde Marcelle* was produced on rue Caulaincourt, Pascin never had a studio on that street. The critic André Warnod, one of his friends, did live at number 60, however, and Pascin went there to paint a portrait of his three-year-old daughter Jeanine. It is hardly likely that Pascin painted this portrait of Marcelle in Warnod's home, not least because of its great similarity in atmosphere to those painted in his studio.

[9] Located in a garret on the top floor and devoid of facilities, this studio, where Daumier once worked, had the advantage of being very large.

[10] Stéphan Lévy-Kuentz, *Pascin*, La Différence, Paris, 2009, p. 154.

[11] Ernest Hemingway, *Paris est une fête*, Gallimard, 1965; new edition of 2011, p. 135.

[12] He slit the veins on both arms, wrote the words *Adieu Lucy* on the studio wall and still found the strength to complete the operation by hanging himself. Like the premature death of Modigliani ten years earlier and the suicide of his grief-stricken wife Jeanne Hébuterne, this tragic end helped to create the legend of the *artistes maudits* or ill-starred artists of the School of Paris.

[13] Numerous galleries vied for his signature but it was the Bernheim-Jeune that offered him a long-term contract in 1929.

Pablo Picasso

(Malaga, 1881 – Vauvenargues, 1973)

Cat. 30

Femme dans un fauteuil (Dora Maar)
(Woman in an Armchair / Dora Maar),
1941
Oil on canvas
100 × 81 cm
Dated on the back: "19 juin 41"

Dora Maar (1907–97), the model for this work in the Nahmad Collection (cat. 30), occupies a particular place in the pantheon of Picasso's women, not least because she entered his life when he was going through a delicate personal crisis that prevented him from painting for nearly eight months. Still beset by the complications of his impossible divorce from Olga,[1] he was now also a father, as Marie Thérèse Walter had given birth to their daughter Maya in September 1935. The difficulty for Dora was to surmount this other presence in his life and share it. As Pierre Daix, one of Picasso's best-known interpreters, wrote, "Dora was added onto Marie-Thérèse. Dora would be the public companion, Marie-Thérèse and Maya continued to incarnate private life. Painting would be shared between them [...] Each woman would epitomize a particular facet of a period rich in increasingly dramatic repercussions."[2] Nothing is simple in Picasso's life, everything overlaps. When war was declared in September 1939, for example, he took refuge in Royan and stayed there for nearly a year with his clan consisting of Dora, Marie-Thérèse, Maya, Sabartès and his Afghan hound Kasbek. As he himself told Dora, her principal rival was not Marie-Thérèse but his secretary Jaime Sabartés, who considered Dora a very bad influence on him. Their relationship was strewn with outbursts of rage and reciprocal attempts at manipulation[3] as well as shared passions.

A talented photographer,[4] highly regarded by the Surrealists, beautiful and intelligent, she bewitched the painter with her spirit of independence, a far cry from Olga and Marie Thérèse. Their first meeting in January 1936 through Paul Éluard immediately gave rise to a thrilling game of seduction and submission with the eroticism she embodied as one of its cornerstones. Picasso was 54 and she was 29. The painter was at the peak of his art and revered by the intelligentsia, from André Breton to Louis Aragon by way of Georges Bataille, whose magazines (*Cahiers d'art*, *Minotaure* and *Documents*) repeatedly featured his work. Dora's attraction for him lay not only in her beauty but also in her status as the former mistress of Georges Bataille, who was well-known for his libertarian ideas about sex. This probably intrigued Picasso to the highest degree. According to John Richardson, saying that Picasso was in love does little justice to his feelings for Dora, which amounted to an obsession or sexual passion. Moreover, Dora was not simply beautiful, she was much more interesting. She added a new dimension – a certain class and lustre – to the ranks of his mistresses.[5] They frequented the Surrealists who gathered at the Café de Flore and Deux Magots, including André Breton and Jacqueline Lamba, Paul and Nusch Éluard, Michel and Louise Leiris, Christian and Yvonne Zervos, and Man Ray, who were also among those who met on the Riviera for idyllic holidays by the Mediterranean.

The fact remains, however, that the image of Dora is associated with the grim period of the war and the painter's inner turmoil. The minotaur-painter's brush transformed her singular beauty and temperament into the woman weeping over the bombing of Guernica. She suffers but also has the sharp, red nails of those capable of defending themselves (ill. 01, 02). "An artist isn't as free as he sometimes appears. It's the same way with the portraits I've done of Dora Maar. I couldn't make a portrait of her laughing. For me she's the weeping woman. For years I have painted her in tortured forms, not through sadism, and not with pleasure either, just obeying a vision that forced itself on me. It was a deep reality, not a superficial one."[6]

Picasso painted numerous portraits, not only of Dora but also of Marie-Thérèse still and of Maya all the time. He worked an enormous amount, painting major series of Dora in a hat and seated in an armchair. As Richardson observes, she is the model whose every expression Picasso dissected: serene, sleeping, irritated, loving, self-controlled, happy, morose, laughing, pensive, melancholy, languorous, ecstatic, desperate, radiant, withdrawn, hysterical.[7]

Picasso had known Dora Maar for several years when he produced this portrait of her (cat. 30). It belongs to the *Seated Woman* series, painted in the huge studio on rue des Grands Augustins into which he had moved in 1937 to carry out the commission of the Spanish government for the Spanish Pavilion at the *Exposition Internationale des Arts et Techniques dans la Vie Moderne* in Paris the same year. The painting he envisaged in response to the bombing of the town of Guernica on 28 April 1936 required a vast amount of space.[8] He worked on it all through the spring of 1937 and Dora played an essential part at his side. She was also his working companion and the only one allowed by the master to photograph him at work and document every stage in the creation of what was to be the "response of modern art to the tragedy".[9] The resulting series bears extraordinary witness to all this. She also got into the habit of photographing the rooms and groups of works (ill. 03, 03 bis). The Nahmad Collection painting can be seen in the foreground of one of these photos (ill. 03), normally dated 1939 and now held in the archives of the Musée Picasso. While all the paintings shown in it appear to be finished, the actual work itself is precisely dated 19 June 1941 on the back. Imposing and endowed with unprecedented presence, Dora is seated in an armchair occupying all the surface of the canvas. Her made-up face is cut in two by a kind of snout. Her hands with their knife-like fingers rest on her crossed legs. Her white blouse and her face are the only patches of light colour. The grey-black background habitually used in this period could make the overall effect dramatic if the detail of the feathered hat and the elegance of the check jacket did not clash with interpretation solely in these terms. Is this a sly allusion on the part of the master to his model's fashion photographs?[10] In a slightly earlier painting now in the Musée Picasso (ill. 04), where Dora almost appears to be smiling with her eternally red nails, the depiction of the armchair is of equal importance. A shaft of light transforms her into an idol and colour makes a temporary reappearance (ill. 05). These powerful portraits of Dora are authentic banners of a new form of art, a new language, whose deeper meaning is probably grasped most fully by Brigitte Léal: "Today, more than ever, the fascination that the image of this admirable, but suffering and alienated, face exerts on us incontestably ensues from its coinciding with our modern consciousness of the body in its threefold dimension of precariousness, ambiguity, and monstrosity. There is no doubt that by signing these portraits, Picasso tolled the final bell for the reign of ideal beauty and opened the way for the aesthetic tyranny of a sort of terrible and tragic beauty, the fruit of our contemporary history."[11]

Dora was thus part of Picasso's life until early in 1946, when his affair with Françoise Gilot began.[12] Gilot recalls her first impressions of Dora Maar "I noticed her intense bronze-green eyes, and her slender hands with their long, tapering fingers. The most remarkable thing about her was her extraordinary immobility."[13] For Pierre Daix, Dora is inseparably bound up with the grim period of the war and his political commitment, marked by the creation of *Guernica* and the assertion that "painting is not made to decorate apartments. It is an instrument of offensive and defensive war against the enemy."[14] He adds, "above and beyond the many portraits and sculptures that inspired, in such a crucial period of political and moral choices, her presence, her ideas and her convictions offered Picasso a complicity that she and Éluard alone could give him."[15]

Ill. 01 – Pablo Picasso, *Dora Maar aux ongles verts* (*Dora Maar with Green Nails*), 1936, oil on canvas, 65 × 54 cm, Musée Berggruen, Berlin.
Ill. 02 – Pablo Picasso, *La Femme qui pleure* (*The Weeping Woman*), 27 June 1937, oil on canvas, 55 × 46 cm, Fondation Beyeler, Riehen/Basel.
Ill. 03, 03 bis – Dora Maar, Arrangement of canvases from the *Seated Woman* and *Woman in a Hat* series hung in the studio on the quai des Grands-Augustins, Paris, 1939, gelatin silver contact proof print, 6 × 6 cm, Musée national Picasso, Paris.
Ill. 04 – Pablo Picasso, *Buste de femme au chapeau* (*Woman in a Hat*), Paris, 9 June 1941, oil on canvas, 92 × 60 cm, Musée national Picasso, Paris.
Ill. 05 – Pablo Picasso, *Femme assise dans un fauteuil* (*Seated Woman in an Armchair*), 23 October 1941, oil on canvas, 92 × 73 cm, Private collection - Zervos XI, 343.

Notes

1 As their property was joint estate under the terms of their marriage, divorce meant splitting everything, including all his works.
2 Pierre Daix, *Picasso: Life and Art*, New York, 1993, p. 239.
3 Louise Baring, *Dora Maar*, Rizzoli International Ltd., 2017, p. 178.
4 See Victoria Combalía (ed.), *Dora Maar Bataille, Picasso et les Surréalistes*, exh. cat., Centre de la Vieille Charité, Marseille, 2002; Anne Baladassari, *Picasso/Dora Maar – il faisait tellement noir...*, Musée Picasso, Flammarion/RMN, Paris, 2006.
5 See Louise Baring, op. cit., p. 164.
6 Quoted in Françoise Gilot and Carlton Lake, *Life with Picasso*, New York, 1964, p. 122.
7 Pierre Daix, *Le Nouveau dictionnaire Picasso*, Laffont, Paris, 2012, p. 533.
8 The measurements of *Guernica*, now in Madrid at the Museo Reina Sofía, are in fact 3.51 × 7.82 m.
9 Pierre Daix, op. cit., p. 379.

[10] She took some fashion photographs during the 1930s, above all for Elsa Schiaparelli.
[11] Brigitte Léal, "'For Charming Dora': Portraits of Dora Maar", in *Picasso and Portraiture: Representation and Transformation*, exh. cat., Museum of Modern Art, New York & Galeries Nationales du Grand Palais, Paris, 1996–97, p. 385.
[12] In May 1943, after a dramatic scene of jealousy, Picasso was having dinner at the restaurant *Le Catalan* opposite his studio, where he was in the habit of eating during the war, when he met Françoise Gilot, a 21-year-old student, with the actor Alain Cuny, an acquaintance of his. They began an affair the following year but her presence overlapped with Dora Maar's in his work until 1946. Françoise moved into the studio on the Grands Augustins in May 1945, while Dora was always a guest there.
[13] Françoise Gilot and Carlton Lake, *Vivre avec Picasso*, Calmann-Lévy, Paris, 1965, p. 13.
[14] Picasso, quoted in Simone Terry, 'Picasso n'est pas un officier de l'armée française', *Les Lettres françaises*, Paris, 24 March 1945, p. 5.
[15] Pierre Daix, *Nouveau dictionnaire Picasso*, *op. cit.*, p. 535.

Odilon Redon

(Bordeaux, 1840 – Paris, 1916)

Cat. 31

Personnage rouge devant un coquillage (Red Figure and Shell), c. 1908–10
Oil on canvas
92.5 × 65.5 cm
Signed below right and above left

Despite his singular and indeed marginal position within the Impressionist generation, Odilon Redon took part in the movement's last exhibition in 1886, which is marked by the appearance of new tendencies like post-Impressionism and Symbolism.[1] The work of the artist hailed by Thadée Natanson as the "prince of dreams"[2] is indeed poles apart from the basic realism imprinted in the DNA of Impressionism, not least because he was far too independent to be submit to the yoke of any school. The opening lines of À soi-même, the diary he kept as from 1867, speak volumes in this connection: "I have created an art of my own. I have done so with my eyes wide open to the wonders of the visible world and, no matter what some may say, striving constantly to obey the laws of naturalness and life." He returned to this subject later on: "All of my originality thus lies in bringing improbable beings to life in a human way according to the laws of probability by placing, as far as possible, the logic of the visible at the service of the invisible. [...] After an effort to copy minutely [...] something very different from living or inorganic life, I feel a mental boiling point arrive and then I need to create, to abandon myself to the representation of the imaginary. In this way, calibrated and infused, nature becomes my source, my yeast, my leavening."[3] The fantastic power of reality thus constitutes the starting point of his dreams and his nightmares alike.
Redon was the second of five children. His mother was from Louisiana, where his father, a native of Bordeaux, lived for a number of years. Due to poor health, the artist spent long periods on the family estate of Peyrelebade on the border between Médoc and Landes, whose wild, deserted countryside and deep forests were to leave a lasting imprint on his imagination. He discovered the painting of Corot, Millet, Delacroix and even Gustave Moreau during his adolescence through visits to the exhibitions held by the Société des amis des arts de Bordeaux, in which he also showed landscapes as from 1860. Having attempted unsuccessfully to gain admission to the architectural section of the École des Beaux arts in Paris together with his brother Gaston, he returned to Bordeaux and took lessons in sculpture. Friendship with the botanist Armand Clavaud also introduced him to the worlds of romantic and fantastic literature (Poe, Baudelaire, Flaubert and Shakespeare above all), Buddhist philosophy and Hindu scriptures (the Vedas), which became the cornerstones of his thinking. Another encounter of crucial importance for his artistic career in Bordeaux during the same period was with the printmaker Rodolphe Bresdin.[4] An etcher of great talent, Bresdin revealed the endless possibilities of this technique to him "and taught him to distinguish a different reality in the teeming flow of appearances".[5]
Odilon Redon began lessons with Gérôme in Paris at the end of 1864 but found no satisfaction there. The master's rigid, academic teaching was wholly alien to his nature and became a sort of mental torment, not least because his well-known shyness and timidity prevented him from reacting: "He understood nothing about me. I realized that his stubborn eyes were closed to what mine saw. [...] Few artists have had to suffer what I truly suffered, meekly, patiently and unresistingly, in trying to toe the ordinary line with all the others."[6]
Finally admitted to the graphic art section of the Salon in 1867, after a succession of rejections, Redon wrote a far-sighted review of the event the following year for the local newspaper *La Gironde*,[7] focusing in particular on those who were to become the Impressionists and on the realists, with particular attention to the leading role of Courbet. He went through a period of discouragement in 1869 that caused him to doubt his art and himself. He served in the Franco-Prussian War in 1870 but fell ill and was evacuated to Brittany.

Redon gradually came to concentrate on drawing in charcoal, which became his favourite medium,[8] and filled his prints with a strange world that found little favour. The very essence of his personality is, however, encapsulated in the angst-ridden universe of the works in black known as the *Noirs*. Contact with philosophers like Delacroix's friend Chenavard, whom met at the philosophical and musical soirées of Madame de Rayssac, led him to develop a secret art steeped in mystery and sustained by long stays in the land of solitude and torment of his childhood at Peyrelebade, where he now spent half the year. The estate remained a source of great importance for him and it cost him a great deal to break away from it in 1898.[9] He stayed in 1875 and 1877 at Barbizon, where his work was influenced by Corot, an artist he admired, and by Antoine Chintreuil, one of the founders of the Salon des Refusés in 1863 together with Édouard Manet.
When the Impressionists held their second exhibition in 1876, he was unable to espouse their principles: "I am not an Intransigent. I will never embrace a school that, though recommended by its good faith, confines itself to pure reality without taking the past into account. Seeing and seeing correctly will be always the paramount precept of the art of painting. This is a truth for all times."[10]
Among these new figures, he nevertheless particularly appreciated the work of Degas. They met through the musician Ernest Chausson but never became very close friends. While the two artists respected one another, Degas had little interest in the esoteric aspect of Redon's works.
The artist was haunted by certain themes, including germination (under Clavaud's influence), anatomical mutations, the origins of the universe, the mysteries of the undersea universe, dreams and nightmares, and the great myths of antiquity. As a result, he gave birth as from 1878 to a dark and fabulous oneiric world in drawings on tracing paper printed by means of transfer lithography, a technique suggested by Fantin-Latour. As he said some twenty years later, "Tracing paper is excellent for improvisation. I love it because it is more obedient than [lithographic] stone ... which

scarcely permits the adventurous undertakings of my imagination. Paper yields, stone resists. I only understand it [my imagination] after the first shot has been fired, after the hot smoke of the initial improvisation, and on paper."[11]
Redon made several trips to Brittany and Holland, where his work found favour. He also continued to produce albums, including À Edgar Poe, Les Origines, Hommage à Goya, La Nuit, La Tentation de Saint Antoine and *Les Fleurs du mal*, sometimes overshadowed by tragic personal events like the death of his brother and sister in 1884 and his own first child in 1886.
At the age of 40, he married Camille Falte, a young Creole lady described by Huysmans as "precisely the companion he needed".[12] This observation can be read in the light of what Redon himself had said at the age of 29: "A man reveals himself by his choice of partner or wife. Every woman explains the man who loves her, just as he can reveal her character in turn."[13]
This belated romance, the birth of his second son Arï in 1889 and his first solo show, held by Durand-Ruel in 1894,[14] which brought stability to his situation, all appear to coincide with the appearance of colour in his work in the 1890s, when the *Noirs* began to acquire a certain renown thanks to the support of Ambroise Vollard[15]. Mallarmé's death in 1898 upset him deeply but was probably "the last psychological shock of a career that was now to proceed harmoniously and serenely almost until the end".[16] While the anguish faded from his creations, mysticism remained a very strong presence. In this connection, a work like *Les Yeux clos* (*Eyes Closed*, Musée d'Orsay) marks a turning point in terms of technical approach, as Redon produced versions in oil, charcoal and lithographic form. Redon's personality and work soon won over the new generation of artists and especially the Nabis, as attested by their readiness to exhibit together with him at the Durand-Ruel in 1899.[17] They were frequent guests of the Redons in Avenue de Wagram and he produced portraits of Denis, Bonnard and Vuillard among others. His solo shows were now held alternately by Paul Durand-Ruel and Vollard and the tributes multiplied. The Musée du Luxembourg bought *Les Yeux clos* in 1904 and the Salon d'Automne of that year included over sixty of his works. Up to the outbreak of war, Redon devoted his energies to the exploration of techniques and undertook a whole variety of decorative commissions (a screen, hangings and panels for the Château de Domecy, a music room for Madame Ernest Chausson, the library of the Abbey of Fontfroide and so on). He was now an acknowledged master in the art of pastel and glowing colours, simple and yet deeply original floral compositions, paintings in which man and nature embarked on adventures born out of his culture and imagination, seeking the path to enlightenment and serenity.
This splendid harmony came to an end with the outbreak of war and mobilization of his son Arï.
Formerly owned by Henri Petiet, this work from the Nahmad Collection (cat. 31) belongs to the last decade of the artist's career, when he developed a wholly personal approach to the use of chromatic harmonies. He had indeed definitively embraced colour at the turn of the century. As he told Maurice Fabre in 1902, "I wanted to do a charcoal as before but it was impossible. A rift had occurred. In the end, we only survive through new materials. I have since taken up colour and cannot do without it."[18]
In this period, Redon made frequent use of a large shell brought by Camille from La Réunion, varying its size as required in his compositions.[19] Sometimes shown in the normal horizontal position, the monumental shell is instead shown upright here like a kind of sacred stone or mandorla around the figure curled up inside. The symbolic envelope appears to contain a figure, half-man and half-woman, whose red and ochre clothing blends harmoniously with the walls of the conch. The particular ear-like shape of this shell suggests the auditory or intellective faculties of the figure, who looks like one of those endowed with power in the painter's mysterious universe (ill. 01): a shaman, yogi or saint endowed with such insight as to master and balance this world of silence. The marine backgrounds of this mysterious being constitute two separate, neutral spaces animated by the hazy, almost abstract handling of colour and enriched at the bottom of the composition by a number of flowers in delicate hues. This atmosphere is also to be found in another work of the same period (ill. 02). The pose of this upright figure with firmly clasped hands imparts real power to the work, which is not unrelated to certain drawings for Flaubert's *La Tentation de Saint Antoine* (ill. 03), where there is no lack of poetic descriptions of the primordial waters as the cradle of life.
From the dark and mysterious period of the *Noirs* to the colourful profusion of the later works, Odilon Redon left a deep imprint on the generation of Symbolists, Gauguin first of all, and then those of the Nabis and Fauves. While Bonnard acknowledged in 1895 that "all our generation is under his spell and receives his counsel",[20] Maurice Denis described him much later as "the Mallarmé of painting".[21] He was an explorer of the winding paths of thought, the human soul and the mechanism of dreams. His esoteric leanings also won over the Surrealists, who saw him as a precursor and were to do a great deal for his posthumous recognition.

Ill. 01 – Odilon Redon, *Allégorie, arbre rouge* (*Allegory, Red Tree*), c. 1905, oil on canvas, 46 × 35.5 cm, Mie Prefectoral Art Museum, Tsu.
Ill. 02 – Odilon Redon, *Allégorie en rouge* (*Allegory in Red*), n.d., oil on paper mounted on panel, 30.8 × 24.1 cm, Private collection.
Ill. 03 – Odilon Redon, *Jeune fille dans un jardin de fleurs* (*Girl in a Garden of Flowers*), preparatory drawing for *La Tentation de Saint Antoine*, India ink on paper, 15 × 14.7 cm, Private collection.

Notes

[1] He took part by invitation of Armand Guillaumin with some fifteen works (cat. 124–138). It was probably on this occasion that he met Paul Gauguin, who became an admirer of his art.
[2] Thadée Natanson, 'Exposition Odilon Redon', *La Revue blanche*, no. 31, May 1894, vol. VI, p. 470.
[3] Odilon Redon, 'Confidences d'artiste', À soi-même, journal 1867-1915, José Corti, 1961; new edition Paris, 2011, pp. 9 and 28.
[4] The fantastic and, for many, impenetrable work of Bresdin (1822–85), whose admirers included Baudelaire and Théophile Gautier, is characterized by the minutely detailed composition of his microcosmic representation of the universe. It was Redon that made him known to the general public by organizing a retrospective of his work at the Salon d'Automne in 1908.
[5] Sophie Monneret, 'Redon', *L'Impressionnisme et son époque*, vol. 1, p. 711.
[6] Redon, *op. cit.*, p. 22.
[7] This review appeared in three instalments on 19 May, 9 June and 1 July.
[8] It was in 1873 that Auguste Allongé published a book on charcoal that was to be translated into various languages.
[9] "We are attached to certain places by invisible bonds that are like organs for creative people." Redon, 1910, op. cit., p. 116.
[10] Odilon Redon, May 1876, *op. cit.*, p. 54.
[11] Second letter of Odilon Redon to Mellerio, 16 August 1898.
[12] Quoted in Monneret, *op. cit.*, p. 713.
[13] Redon, *op. cit.*, p. 38.
[14] He had taken part in the first exhibition of work by painters and printmakers, held by the same gallery in 1889, on which occasion he met André Mellerio (1862–1943), editor of *L'Estampe et l'Affiche* and author of *Le Mouvement idéaliste en peinture* (1896), whose presentation of the show in 1894 stressed Redon's singular character and independence. Mellerio was to become the leading expert on the artist by virtue of their close relations and compiled the general inventory of his work during his lifetime.
[15] Vollard, who took a great interest in prints and drawings, bought a large number of *Noirs* towards the end of 1897 and showed them together with

pastels in May with great success. He was also to publish Redon's series of lithographs *L'Apocalypse de Saint Jean* in 1899.
[16] Monneret, *op. cit.*, p. 717.
[17] Redon's important position is physically visible in the *Hommage à Cézanne* (Musée d'Orsay) painted in 1900 by Maurice Denis, where he appears in the midst of the Nabis.
[18] Maurice Fabre and Gustave Fayet, wine growers in the South of France, were among Redon's earliest private sources of support.
[19] According to other sources, a huge conch shell was brought back from a trip to the Seychelles by the critic Ary Leblond and given to him. See *Odilon Redon, Prince du rêve, 1840-1916*, exh. cat., Galeries nationales du Grand Palais, Paris, 2011, p. 406.
[20] Quoted in Monneret, op. cit., p. 716.
[21] Maurice Denis, 'L'Époque du Symbolisme', 1934, in Denis, *Le Ciel et l'Arcadie*, ed. Jean-Paul Bouillon, Paris, Hermann, 1993, p. 213.

Pierre-Auguste Renoir
(Limoges, 1841 – Cagnes-sur-Mer, 1919)

Cat. 32
Enfant assis en robe bleue (Portrait d'Edmond Renoir fils) (*Seated Child in a Blue Gown* or *Portrait of Edmond Renoir Jr*), 1889
Oil on canvas
65 × 54 cm
Signed below right: *Renoir*

Cat. 33
Enfant tenant une orange (Portrait d'Edmond Renoir Jr) (*Child with an Orange* or *Portrait of Edmond Renoir Jr*), c. 1889
Pastel on paper
57.1 × 44.5 cm
Signed below right: *Renoir*

Cat. 34
Jeune femme en buste, de profil (*Bust-length Portrait of a Young Woman in Profile*), 1895
Oil on canvas
41 × 33 cm
Signed

Cat. 35
La Leçon (Bielle, l'institutrice et Claude Renoir lisant) (*The Lesson* or *Bielle the Governess and Claude Renoir Reading*), c. 1906
Oil on canvas
65.5 × 85.5 cm
Stamped *Renoir* (Lugt, 2137b, below right)

Having arrived in Paris with his family in 1844 as a painter on porcelain, Renoir studied for a short time under Charles Gleyre on Rue de Vaugirard, where he met Monet, Sisley and Bazille, and at the Ecole des Beaux-Arts. The group of friends soon decided to abandon these lessons, which they found overly academic, and paint from life outside Paris at Fontainebleau and at Croissy, where Renoir painted some works that have become icons of Impressionism side by side with Monet. It is through his discovery of painting outdoors, *en plein air*, and work with Monet in places now forever famous that Renoir forged his very personal style, lightening his palette and adopting short brushstrokes. From the time of *La Grenouillère*, *Le Moulin de la Galette* and *La Balançoire* (ill. 01) to the last years at Cagnes-sur-Mer, he constantly endeavoured to paint beauty in whatever form he found it.
Renoir played an active part with his friends in organizing the first Impressionist exhibition, held in 1874 in the studio of the photographer Nadar in Paris.

While Renoir was unquestionably the quickest of the Impressionists to win fame with the support of the dealer Paul Durand-Ruel, whom he met in 1872 through Monet and Pissarro,[1] this only arrived with his *Déjeuner des Canotiers*, 1880–81 (Phillips Collection, Washington). This period of success provided the financial security he had previously lacked and enabled him to slake his thirst for travel with trips to places like Marseille, Algiers and Italy.
Paradoxically enough, it also saw a major aesthetic crisis during which he called into question everything he had done so far as well as what he perceived as the limitations of the Impressionist technique. Choosing to return to the fountainhead, he left for Italy on what he conceived as a journey of initiation to see the works of Raphael, which aroused all his enthusiasm. In Naples he was fascinated by the paintings from Pompeii. He looked and thought more than ever before. He also stopped in Marseille on the way back to see his friend Cézanne in L'Estaque. From then on, his work was to be marked by a new approach: "By dint of looking in the open so much, I came to see only the overall harmonies and no longer pay any attention to the trivial details that dim the sunlight instead of letting it glow."[2]
It was also around 1880, while working on the *Déjeuner des canotiers*, that Renoir first used a new model, Aline Charigot, who became his wife in 1890.[3] While she does appear in numerous paintings, motherhood left her little time to pose for her husband. Initially called in to help with the household tasks, her young cousin Gabrielle Renard also came by virtue of her figure and presence to serve Renoir as a model, first in family scenes as from 1894 and then by herself, for nearly 20 years.[4]
Renoir produced numerous paintings and drawings of his children, especially the two youngest,[5] but also several of his nephew Edmond[6] in 1888 and 1889 (cat. 32, 33, ill. 02). In accordance with normal practice in certain social classes, Edmond and his cousins wore gowns and their hair long, thus making it difficult to distinguish the sex of the children in photographs and portraits alike. The splendid locks, which Renoir refused to have cut in the case of his children until they started school (ill. 04), offered him the opportunity to capture the endless nuances presented by nature. Jean's words bear moving witness to this: "mon père insistait pour que je garde mes cheveux longs, comme protection contre les coups et les chutes, et qu'à cette raison s'ajoutait de plus en plus le plaisir de les peindre. C'est pourquoi à près de sept ans je me promenais encore avec mes boucles d'un roux doré".[7]
The same holds for the portrait of Edmond. Renoir delighted in capturing the play of light on the golden fleece of his nephew's hair. It was above all these effects that he addressed both in the splendid pastel (cat. 33) of the child in profile and in the painting formerly owned by Greta Garbo (cat. 32), two works of extraordinary chromatic richness. No detail distracts attention from this focus on colour. The pastel shows the little boy in profile, looking straight ahead and holding a golden piece of fruit that seems to have been borrowed from the decorative border of the oil painting, which constitutes a variant of this work. In the canvas, however, Renoir preferred a three-quarter view of the child's face so to highlight the softness of his skin and his gentle, distant and almost melancholy gaze. The child's glowing cheeks seem to suggest that he has just been called from a game outside to sit solemnly before the master, and the depiction of his flushed mouth displays all the artist's tenderness. Edmond was just 4 or 5, one year older than the painter's eldest child. It was after Jean's birth, when the painter began to suffer from acute rheumatism,[8] that he detached himself from Paris and started to focus more on his family circle. He evidently delighted in painting his children, who provided him with a never-ending source of subjects. Renoir's portraits of children are indeed among his most successful works.

Apart from the decorative border present on the right in the painting and the position of the child, the two works (cat. 32, 33) are very similar to one another, being dominated by the same shades of orange-red in the hair against the same background. Appearing in various portraits, this apparently solid background is in actual fact the result of a decorative arrangement "made up of pieces of cotton of various solid colours pinned to the wall"[9] in the studio according to the nature of the subject or the model's *presence*. The background chosen here sets off the gown with its endless shades of dark blue tinged with red and violet. While following in the tradition of portraiture, the two works display a very new approach in their delicate and "careless" brushwork, which is actually far more disciplined than it may appear, as attested by the precision of the preparatory drawing in red chalk now in an American museum.

The other known portraits of Edmond are more closely framed around the shoulders to create an effect of greater rigour reminiscent of ancient medallions (ill. 02). Renoir was an established painter at the time of these two works and regarded as one of the greatest Impressionist painters, enjoying success both in the official Salon and in the more liberal Salon des Indépendants. He portrayed his own children in the same way with long hair, sometimes engaged in a pastime, as in the charming picture of Jean sewing (*Portrait de Jean cousant*, ill. 03), or playing with toy soldiers (Musée de l'Orangerie).

In any case, Renoir's favourite subject remains the female figure. "He told me," said his friend Berthe Morisot, "that for him the nude was one of the indispensable forms of art."[10] It is through his work with numerous models, in the studio and in the open, that his peculiar and instantly recognizable female canon took shape.

This charming bust-length portrait of a young woman in profile (*Jeune femme en buste, de profil*, cat. 34) belongs to the artist's "pearly period" (1890–1900). It is dated 1895, one year after Gabrielle joined the family, but she was not the model, which shows that she had yet to attain precedence among the laundresses and other practitioners of humble trades chosen by the master in Paris and Essoyes.[11] The unknown model's flushed cheeks bear witness to her shyness before the famous painter he already was at the time. Painting the young woman in profile enabled him to highlight her milk-white complexion and the delicate curves of her neck, which are set off by the chignon on top of her head.

Renoir preferred backgrounds of saturated colour and his use of green here could suggest an outdoor scene, as in the depiction of Gabrielle with a red collar (*Gabrielle à la collerette rouge*, ill. 05), which is clearly of the same period and the same size. Renoir develops a fluid harmony between figure and ground. The delicate modelling of the oval face, the full, rosy cheeks and the nuances of the thick, auburn tresses are all enhanced by the narrow framing. As the artist confided to his son Jean, "What I like is skin, the skin of a young girl, rosy and indicative of good circulation. What I lile above all is serenity."[12] The brushwork is light and the shades blend into one another almost like a watercolour.

As is known, this period saw a multitude of the half-length portraits of elegant young women to which Renoir owed his financial success.[13] It is quite possible that this delightful small work, with its subtle harmony of rose-tinted white, red and green, was intended for a clientele enamoured of the "little note of charm" that the artist always strove for in his works and appreciated in those of others.[14]

At the same time, the painter's family was growing and Aline could not do without Gabrielle, who took wonderfully good care of the three children, letting them play, reading stories to them, the fairy tales of Hans Christian Andersen in particular, and preparing their meals. *La Leçon* (cat. 35), which shows Claude in the centre, belongs to a series of characteristic works where his children appear alone or accompanied, usually by Gabrielle (ill. 06, 07). Once owned by Jeanne Lanvin, the work presents a scene of a great simplicity in which the painter's sensitivity is clearly evident. Renoir's characteristic use of accentuated close-up enabled him to focus on the sensitive rendering of materials and flesh tones in brushwork of great transparency and vibrancy. All of his attention is concentrated on Claude, then aged 5. Dressed in a red pullover set off by a white Peter Pan collar, typical of children of good family, he listens attentively to the story read by a governess who closely resembles Gabrielle.[15] The slightly older child on the right is equally captivated by what he hears. Renoir develops the rhythm of the figures, the variations in the colours of their clothing and the interplay of glances to the point where we see only the hands indicating the book open on the table. The bluish-white object of this attention melts into the ochre hues of the table. The background built up in shades of blue and green creates a peaceful atmosphere devoid of any tension.

The French government's acceptance of the Caillebotte bequest[16] in 1897 radically altered the perception of the Impressionists. This work from the period around 1906, which saw the death of Cézanne and the emergence of new avant-garde movements, attests to the survival of Renoir's very personal style. The Salon d'Automne had paid tribute to him and to Cézanne two years earlier, but it was not until much later that his successors understood the path opened up by his work.[17]

Unlike Cézanne and Monet, Renoir was long thought to have blazed no new trains, such as those of Cubism and abstract art. Great artists like Matisse, Bonnard, Maillol and Picasso did, however, take a certain interest in the large figures of his late period, which they drew upon in their works after World War I with the return to figuration and its reinvention by the new avant-garde.[18]

The great Impressionist thus belatedly won a place in the pantheon of the painters heralding the new developments. This long misunderstanding is probably due to the apparent lightness of his painting, which accentuates charm to present an ideal world of sun-kissed girls and model children.

Ill. 01 – Pierre-Auguste Renoir, Illustration for the magazine *L'Impressioniste*, 21 April 1877 (detail), Bibliothèque nationale de France, Paris.

Ill. 02 – Pierre-Auguste Renoir, *Portrait of Edmond Renoir Jr*, 1888, oil on canvas, 57.1 × 48.5 cm, Denver Art Museum, bequest Helen Dill, 1937A.

Ill. 03 – Pierre-Auguste Renoir, *Jean Renoir cousant* (*Jean Renoir Sewing*), 1899–1900, oil on canvas, 54.4 × 46.3 cm, The Art Institute of Chicago.

Ill. 04 – Pierre-Auguste Renoir, Étude d'enfant (*Study of a Child*), c. 1905 [1888–89], red chalk on paper, Chrysler Museum of Art, Norfolk.

Ill. 05 – Pierre-Auguste Renoir, *Gabrielle* à la collerette rouge (*Gabrielle in a Red Ruff*), c. 1896, oil on canvas, 41 × 33 cm, Philadelphia Museum of Art, bequest Charlotte Dorrance Wright, 1978.

Ill. 06 – Pierre-Auguste Renoir, *Gabrielle and Jean*, 1895, oil on canvas, 65 × 54.5 cm, Musée national de l'Orangerie, Paris.

Ill. 07 – Pierre-Auguste Renoir, *La Leçon d'écriture de Coco* (*Coco's Reading Lesson*), c. 1906, oil on canvas, 54 × 65 cm, Barnes Collection, Merion.

Notes

[1] Monet and Pissarro had just returned from England, where they had taken refuge during the war and discovered the dealer's gallery in London. Renoir

had served with the 10th Chasseurs de Tarbes for a few months before being discharged on medical grounds. It was in the Durand-Ruel gallery in Paris that the second Impressionist exhibition was held in 1876. Renoir took part with at least 18 paintings.

2 Renoir, letter to M. and Mme Charpentier, quoted in Sophie Monneret, *L'Impressionnisme et son époque*, Laffont, Paris, 1979, vol. I, p. 738.

3 Aline Charigot (1859–1915) had three children by Renoir: Pierre (1885–1952, an actor), Jean (1894–1979, a film director) and Claude (1901–69, known as Coco, a ceramic artist). Renoir already had two children from a previous relationship with Lise Tréhot between 1866 and1872.

4 Gabrielle (1879–1959) was by far Renoir's favourite model, appearing in some two hundred paintings. She was 16 when she came to work for the family on the birth of Jean and married the American painter Conrad Slade in 1910. Increasingly irritated over the years by her obtrusive presence in Renoir's works, Aline finally dismissed her in December 1913. Having returned to the family after Aline's death in 1915, Gabrielle became Jean's confidante and accompanied him to the United States with her husband.

5 Jean was portrayed over 60 times and his younger brother Claude almost 90, both alone and in groups.

6 Edmond Renoir Jr (1884–?), the only child of Edmond Renoir and Mélanie Porteret, did not become a journalist like his father but a literary figure and a highly respected linguist. His middle name Pierre-Auguste attests to the brothers' deep attachment to one another. According to the catalogue raisonné compiled by François Daulte, he posed for Renoir six times as a child (Daulte 531–34, 573, 574).

7 Jean Renoir, *Pierre-Auguste Renoir, mon père*, coll. Folio, Gallimard, Paris, 1981, p. 436.

8 The rheumatic pains that Renoir began to feel in the arm and head in 1889, and that once paralysed him, were harbingers of the illness that was to cause him great suffering and make the end of his life an ordeal. As his state of health necessitated a warmer climate, the family gradually moved to the South of France. See Virginie Journiac, 'Renoir à Cagnes', in Sylvie Patry, ed., *Renoir au XXe siècle*, exh. cat., Galeries Nationales du Grand Palais, RMN, Paris, 2009, pp. 88-95.

9 Jean Renoir, *Pierre-Auguste Renoir, mon père*, Gallimard, Paris 1999 (1st edition, 1962), p. 334.

10 Quoted in Denis Rouart, *Correspondance de Berthe Morisot*, Quatre-Chemins Editart, Paris, 1950, p. 128; now in Augustin de Butler, ed., *Renoir, Écrits et propos sur l'art*, Paris, 2009, p. 183.

11 Abandoning the capital under the pressure of his wife, he discovered the small village of Essoyes in her home region of Champagne in 1888. They ended up buying a house there in 1898. The expensive models of Paris gave way to the laundresses and non-professionals that he preferred. According to Jean, "He hated models rigidly intent on holding the pose."

12 Jean Renoir, *op. cit.*, p. 125.

13 See *Renoir au XXe siècle, op. cit.*, p. 189.

14 Renoir wrote as follows to Bonnard after seeing his drawings for Peter Nansen's novel *Marie*, published in 1898 by *La Revue Blanche*: "You have a little note of charm. Do not neglect it. You will encounter painters stronger than you are but this gift is invaluable." Quoted in Antoine Terrasse, *Bonnard*, Skira, Geneva, 1964, p. 40.

15 The figure may indeed be Gabrielle, as "Bielle" could well be a diminutive.

16 Renoir was the executor of this bequest, whereby his own great painting *Le Moulin de la Galette* entered the French national collections.

17 This does not apply to Bonnard, who regarded Renoir as an elder master and was most probably influenced by him in his large painting of the Three Graces (*Les Trois Grâces*, 1908). See also *Renoir au XXe siècle, op. cit.*

18 See *Renoir au XXe siècle, op. cit.*

Alfred Sisley
(Paris, 1839 – Moret-sur-Loing, 1899)

Cat. 36
La Berge à Saint-Mammès (*The Riverside at Saint-Mammès*), c. 1884
Oil on canvas
54 × 73 cm
Signed below left: *Sisley*

Cat. 37
Les Coteaux de Veneux, vus de Saint-Mammès (*The Hills of Veneux from Saint-Mammès*), 1884
Oil on canvas
55 × 73 cm
Signed and dated below right: *Sisley 84*

Cat. 38
La Crue du Loing à Moret (*The Flood of the Loing at Moret*), 1889
Oil on canvas
60 × 73 cm
Signed and dated below left: *Sisley 89*

The Impressionist Alfred Sisley remained faithful all his life to landscape and to the atmospheric theories that guided the movement, neither deviating nor radically altering his approach to painting despite his undeniable poetic touch. Sisley was indeed never to be recognized as a leader of Impressionism. Less eager to make himself known than Renoir, Monet and Degas, he built up a small group of collectors. It is only after his death that his work attained a certain degree of glory.

His father William,[1] a textile merchant in London and then head of a company exporting artificial flowers in Paris, envisaged a career in business for him and sent him to London in 1857 for training. The world of commerce and the City were of little interest to the young Alfred, and it was instead in the museums and galleries he visited assiduously that his vocation took shape before the works of Constable, Turner and Bonington. He also developed a passion for English literature and the theatre, Shakespeare above all. On returning to Paris, determined to become an artist, he studied under the academic painter Charles Gleyre for a time before enrolling at the Ecole des Beaux-arts. This period saw the birth of his friendship with Renoir, Bazille and Monet. They addressed the same subjects together in the forest of Fontainebleau, the cradle of the Barbizon school, and then set up their easels, alone or in company, on the banks of the Seine at Argenteuil, Bougival, Louveciennes and Marly. At same time, Sisley's English roots facilitated trips to Hampton Court (1874) and Wales (1897).

Despite all his efforts, the work he submitted for presentation in the Salon before 1866 met with rejection. As this event was still an artist's only path to public recognition at the time, every rejection was a wounding experience. A founding member of the Société anonyme coopérative des peintres, sculpteurs et graveurs, which organized what is known as the first Impressionist exhibition in 1874, Sisley took part in four of the eight shows held between 1874 and 1886 (1874, 1876, 1877 and 1882).

Despite the support of Paul Durand-Ruel and a few collectors, including Victor Chocquet[2] and Georges Charpentier,[3] constant financial difficulties forced him to leave Paris in 1880 for Moret-sur-Loing, where he spent the rest of his life.[4]

He never ceased to explore the countryside between the medieval town of Moret, whose church of Notre-Dame he depicted several times, and the small town of Saint-Mammès with its bustling harbour and shipyards. An ideal location at the confluence of the Seine and the Loing made this an important point of transit for merchandise. The balance between nature (the town being bordered to the west by the forest of Fontainebleau) and this modern activity, combined with the succession of seasons, provided Sisley with a host of subjects addressed in over 550 paintings between 1880 and 1899. Though living a modest life outside Paris, he did receive some visitors, including Berthe Morisot and her daughter Julie accompanied by Stéphane Mallarmé in 1893.

The many views painted on either bank of the Loing (ill. 01) attest to his interest in light. The Nahmad *Berge à Saint-Mammès* (cat. 36) is very similar in approach and framing to the Saint Louis version (ill. 02). Laid out in horizontal bands of sky, land and water, the composition is harmonized by the same vigorous brushwork, albeit with greater relaxation and transparency in the handling of the blues. The river's restful rhythms are enlivened by a light and more expressive touch and a few dashes of bright colour impart a subtle vibration to the vegetation and the sparkling waters.

Though slightly more distant, Sisley view of the hills of Veneux from Saint-Mammès (cat. 37) still includes the bridge over the Seine and the Loing. "The sky, which occupies more than half of the painting, practically becomes its principal subject. The figures beside a boat are barely visible despite their position in the centre of the canvas. Here, as is often the case in Sisley's work, the transparency and fluidity of the water are captured with a sophisticated palette in which a subtle range of greys predominates. The artist discreetly suggests the fleeting light while endowing the composition with great unity by means of blended rather than juxtaposed brushstrokes."[5]

As in the works of Boudin and Constable, which he admired, the sky is a key component of the landscape and one often constructed by means of clouds: "It is the sky that must be the means. It cannot be only a background. It contributes by imparting not only depth through its planes (as the sky has planes just like the land) but also movement through its form [...] Is there anything more beautiful and mobile than what is constantly reproduced in summer, namely a blue sky with splendid white clouds roaming across it? What movement, what style! I always begin a painting with the sky."[6]

Sisley painted the region that had become his home all the year round, discovering in each season a poetic equation that enabled him to capture "the feeling of a place": in the snow, in summer or during floods, as in *La Crue du Loing* (cat. 38), included in the major Sisley exhibition organized by the Galerie Durand-Ruel in 1937. As George Besson wrote on that occasion in *L'Humanité*, "He became the poet and the supreme painter of the seasons in the Ile de France. Month after month, year after year, he depicted the banks of the Seine and the Loing, the tragedy of floods and lowering skies, the skeletons of apple trees over the ploughed land, the birth of spring in the poplars and the riverside vegetation, the sparkle of waters beneath the most beautiful skies ever painted."[7]

It is probably the unspectacular nature of his landscapes that impeded recognition of Sisley's work, as there is no question of his sincerity and his skill in capturing light and the changes of season. For critics like Gustave Geffroy, Sisley "writes his chapter in the story of our land, our waters, our sky. He takes his place in the museum of landscapes that our century will leave. [...] there is room on the walls of this museum for those who wish to continue this story of France and the earth with the brush, room for the harbours of Boudin, the suburbs of Raffaëlli, the lands and oceans of Monet, and also for the humble Loing and the peaceful Saint-Mammès, of which Sisley is the enchanting poet."[8] Camille Pissarro, who had previously misjudged him, called him "a comet of Impressionism" a few months later,[9] while others, like Thadée Natanson, saw him as a slightly limited but charming landscape painter.[10]

Ill. 01 – Alfred Sisley, *Les Bords du Loing* (*The Banks of the Loing*), 1878–79, oil on canvas, 38.5 × 46.5 cm, Musée d'Orsay, Paris, on loan to the Musée d'art Moderne, Strasbourg.
Ill. 02 – Alfred Sisley, *La Berge à Saint-Mammès* (*The Beach at Saint-Mammès*), 1884, oil on canvas, 51.8 × 62.2 cm, Saint Louis Art Museum.

Notes

1 William Sisley was born in Dunkerque but his family were originally from Kent (UK). His wife Felicia Sell was one of his English cousins.

2 Victor Chocquet, a senior editor at the directorate of customs, was a passionate art lover. He spent most of his money on building up a collection of works by the avant-garde, especially Cézanne and the Impressionists, of whose importance he constantly tried to convince people.

3 An art collector and publisher of *La Vie moderne*, which played a very important part in championing the Impressionists.

4 Sisley moved around a lot in the area of Moret before finding his idea place to live. See MaryAnne Stevens, ed., *Sisley, l'impressionniste*, exh. cat., Hôtel de Caumont, Centre d'art, Aix-en-Provence, 2017, pp. 140–41.

5 Itzhak Goldberg, 'Alfred Sisley', in *Collection Nahmad*, exh. cat., Musée Paul-Valéry, Sète, 2013, p. 122.

6 Alfred Sisley to Adolphe Tavernier, 24 January 1893: now in *L'Atelier de Sisley*, exh. cat. (Galerie Bernheim-Jeune, Paris, 2–14 December 1907).

7 George Besson, 'Les Expositions – Alfred Sisley', *L'Humanité*, 4 February 1937, p. 8, with a reproduction of the work (cat. 38).

8 Gustave Geffroy, *La Vie artistique*, 1894, pp. 282–83, quoted in Mary Anne Stevens, 'Un impressionniste très personnel – Alfred Sisley et son milieu', in *Sisley l'impressionniste*, op. cit., p. 33.

9 Camille Pissarro to his son Lucien, 11 April 1895.

10 "Sisley apparaît un paysagiste un peu limité mais charmant." Thadée Natanson, *La Revue blanche*, no. XII, 1897, p. 194.

Henri de Toulouse-Lautrec

(Albi, 1864 - Saint-André-du-Bois, 1902)

Cat. 39

La Toilette : Mme Fabre (Femme se faisant les ongles) (Madame Fabre / Woman Doing Her Nails), 1891
Paint thinned with turpentine on cardboard
72 × 66 cm
Signed below right: *T. Lautrec*

Toulouse-Lautrec is probably one of the most atypical artists of the late 19th century, combining aristocratic status with a mischievous character, physical deformity and real daring that endowed his work with incomparable personality. Two serious falls, one after the other, stopped his legs from growing at the age of 13 and shattered his dreams of horse riding. His strength of character enabled him, however, to invent a new life for himself devoted entirely to art, in which he had developed a passionate interest as a child. This world enabled him to give free rein to his love of freedom and defying convention, turning his weaknesses into strengths and providing his work with great stimulus. A delight in observing people and life in general was his driving force. He strove neither for effect nor for sensation but rather for the transcription of human reality in the same way as Degas. As Pierre Mac Orlan, one of his greatest admirers, wrote, "A pact is made between Lautrec and his models but it is all very secret, because there is nothing but mystery in the people that Lautrec brought out of the shadows as nobody ever did before."[1] It is in the shady world of Montmartre, which made his mother so anxious,[2] that Lautrec immersed himself and won the trust of circus performers, music hall artistes, madams, prostitutes, *grisettes*, laundresses and other figures far removed from the aristocratic circles into which he was born.[3] He observed this world with peerless detachment and complete refusal to find fault, being well aware that "ugliness has its good points."[4]

It was in 1882 that the young man decided to devote himself to painting and obtained his family's permission to return to Paris. He studied under his father's friend René Princeteau,[5] a respected painter of horses and hunting scenes, who introduced him to Léon Bonnat, whose courses he also attended for a time. It was in the classes held by the academic painter Fernand Cormon that he forged his crucial friendships with Louis Anquetin, Émile Bernard and François Gauzi. The latter was to write biographies of both Toulouse-Lautrec and Van Gogh,[6] who also studied briefly under Cormon. All through this period of academic training, the artist spent his mornings in Cormon's classes and the afternoons outside with his friend Henri Rachou, whom he had met in Bonnat's school. In addition to frequent visits to the Louvre, he took a particular interest in the Impressionists, especially Monet and Degas. A highly gifted draughtsman, he forged his own style and took part in exhibitions such as the Salon des XX in Brussels, organized by the well-known Belgian art critic Octave Maus, while avoiding involvement in the events that agitated the artistic microcosm. For five years, he followed the teachings of Fernand Cormon, won over by the master's tolerance and the spirit of comradeship that reigned in his school. At the same time, he plunged enthusiastically into the discovery of Montmartre's night life and became a denizen of the world of circuses, cabarets and brothels, where he now found most of his subjects. His intelligence, sense of humour and generosity soon made his the centre of a group of close friends that gathered every evening in the local cafés and cabarets, including the Rochefoucauld, the Rat-Mort, the Élysée-Montmartre, the Chat-Noir and the Mirliton, owned by the singer Aristide Bruant, a great admirer of the painter.

According to Douglas Cooper, it was in 1888 that he started to develop a very personal style based to flat expanses of colour and expressive outlines. He also adopted a much freer approach, using long, vigorous brushstrokes to draw outlines inside which a series of much shorter strokes served to create texture and mould surfaces. At the same time, his colours became brighter and bolder, and his painting crisper. This evident change is partly due to the fact that Lautrec felt hampered by the demands of a rigorous Impressionist technique when what he needed was to capture what he saw quickly and easily, and partly because he was in step with the new ideas of some of his friends, like Van Gogh and Emile Bernard. Lautrec was not interested in recreating optical sensations but in capturing life on the wing.[7]

To this end, Lautrec's subjects were mostly women, with whom he had a complex relationship, guided by only one imperative: his models had to be expressive. While the most memorable in his pantheon are tough-looking redheads like Carmen Gaudin,[8] there were also exceptions like Hélène Vary,[9] whose beautiful Greek profile enchanted him. The most famous of the very few names to have survived is Suzanne Valadon, born Marie-Clémentine, a former circus acrobat who had posed for Renoir, Puvis de Chavannes and Degas. They embarked on a passionate and stormy relationship that lasted for some years.[10]

The subject of this painting (cat. 39) is not a woman picked up on a street corner or in a cabaret. Madame Fabre, who modelled occasionally for Lautrec, was the wife of his friend Louis Fabre, a judge. Lautrec spent a number of summers at the Villa Bagatelle, their home in Taussat on the bay of Arcachon, as from 1891, the year of this work.

It is perhaps due to the intimacy of these moments at the seaside that Lautrec was able to get his distinguished friend to pose in a negligée at the dressing table, taking care of her hands as befits a lady of high society. The painter affords her no special treatment, however, but portrays her as he would any other model in his Parisian studio.[11] It is obvious that her toilette is over, as her calm face with its delicate features is already made up and she is just doing her nails to add the finishing touches. The slightly untidy setting reappears in almost identical form in a painting of the same year now in the Musée d'Orsay (ill. 01), where stretchers can be seen lying on the floor in the background. In the work from the Nahmad Collection (cat. 39), it is instead the presence of a stand or easel that suggests the studio location. Toulouse-Lautrec liked to use a certain kind of setting in a number of works, and the cane chair on which Madame Fabre is sitting can also be recognized in his *Rousse (La Toilette)* (ill. 02), painted two years earlier. Further similarities can be found in *La Poudreuse (Femme à sa toilette)* (ill. 03), including the mirror and bottles in the foreground.

The figure, shown in close-up in three-quarter profile, is not looking at the painter, as a classic portrait would require. The artist delighted in flouting convention and what could have been a society portrait is instead the painting of an ordinary woman, an opportunity for the gestural rendering of her negligée with long streaks of bold colour in hatching that leaves the brown of the cardboard exposed and suggests the transparency of the material. His technique of *peinture à l'essence* proves very successful here, as its flexibility allows him to use paint but obtain a matte effect (due to the absorption of the turpentine thinner by the cardboard) similar to pastel but without its fragility.

Toulouse-Lautrec was never attracted by ladies of high society and probably made an exception for Fabre, whose wife also appears in another painting of the same year, this time during a stay at the seaside. More conventionally portrayed this time, in keeping with her socal rank, she is shown sitting somewhat stiffly with a lapdog on her knee (ill. 04). The garden is not that of Père Forest, the painter's neighbour in Montmartre, but the grounds of the Fabre's villa near Arcachon. Lautrec's friend Joyant describes the painter's rough treatment of such models, to whom he far preferred classic lower-class Parisiennes or social outcasts: "After a few sittings, the great ladies, initially drawn by curiosity to this legendary figure, fled from the tyranny of the painter, who dissected them cruelly and pitilessly."[12]

Madame Fabre does not, however, appear disconcerted in the Nahmad Collection painting (cat. 39) and indeed displays a certain degree of detachment.

For all his capriciousness, Lautrec was a highly demanding artist and it took him several years to develop an apparently simple but very personal technique combining contradictory elements such as freedom of brushwork, delicacy and solid draughtsmanship. Claude Roger-Marx offers a telling analysis: "Nearly all of his paintings preserve the transparency and flexibility of watercolour. The use of turpentine to thin his paints offered a sort of compromise between oil painting in the strict sense and watercolour. Absorbent cardboard, whose neutral colour makes it possible to employ hatching and curved strokes with no need to cover the surface entirely, simplifies the hand's task and makes it possible, thanks to the rapidity of drying, to go straight for the essential without being unduly bothered by the complications and delays involved in the superimposition of layers and the miracles of foresight demanded by collaboration between the upper and lower levels."[13]

The year 1891, when this painting of illustrious origin was produced,[14] marked a crucial point in Lautrec's career. In addition to his work as a painter, he attained almost immediate renown with his first colour lithographs[15] and took an ever-greater interest in the world of entertainment and the stars that were its crowning glory. Douglas Cooper speaks in this connection of Lautrec's ability to slip behind the façade of gaiety, extravagance and tinsel, and reveal the sordid intimacy of dismal, disenchanted lives in accordance with his obsessive desire to discover reality as it is and not as it could be or appears to be.[16]

Having suffered poor health ever since his adolescence, Toulouse-Lautrec was further weakened by the excesses of a wild lifestyle and alcoholism but continued to produce a disproportionately large number of works for stars of the stage as well as the more discreet world of brothels. He died in terrible agony in September 1901 watched over by his mother, who believed in him all his life and was to support Maurice Joyant's plan for a museum in Albi with the donation of many of his works.

Ill. 01 – Henri de Toulouse-Lautrec, *Femme se coiffant, Celle qui se peigne (Woman Doing Her Hair)*, 1891, oil on cardboard, 44 × 30 cm, Musée d'Orsay, Antonin Personnaz bequest to the Louvre, 1937.
Ill. 02 – Henri de Toulouse-Lautrec, *Rousse (La toilette) (Redhead)*, 1889, oil on cardboard, 67 × 54 cm, Musée d'Orsay, Paris.
Ill. 03 – Henri de Toulouse-Lautrec, *La Poudreuse (Femme à sa toilette) (Woman Powdering Her Face)*, 1889, oil on canvas, 44 × 54 cm, Private collection.
Ill. 04 – Henri de Toulouse-Lautrec, *Femme au chien (Portrait de Mme Fabre à Arcachon) (Woman with a Dog / Madame Fabre in Arcachon)*, 1891, oil on canvas, 74 × 57 cm, Private collection.

Notes
[1] Pierre Mac Orlan, *Toulouse-Lautrec peintre de la lumière froide*, Complexe, Paris, 1992, p. 24 [1st edition, Gallimard, 1955, *Café de nuit : Toulouse-Lautrec*].
[2] A fashionable but louche district where Fernand Cormon, Rachou and Lautrec all had studios. The Comtesse de Toulouse-Lautrec worried about her son getting into bad company. See letter 93 in *Henri de Toulouse Lautrec. Correspondance*, ed. Herbert Schimmel, Gallimard, Paris, 1992, p. 109.
[3] His father, Comte Alphonse de Toulouse Lautrec, and his mother, Adèle Tapié de Celeyran, belonged to two of the oldest families in the Languedoc.
[4] See Douglas Cooper, *Henri de Toulouse-Lautrec*, N.E.F., Paris, 1957, p. 9.
[5] Deaf and dumb since birth, Princeteau may have set the young Toulouse-Lautrec an example in overcoming his own infirmities.
[6] Lautrec features regularly in the correspondence between Vincent van Gogh and his brother Theo, who exhibited his works in the Galerie Boussod-Valadon. Lautrec's faithful friend Maurice Joyant took over from Theo in 1890.
[7] Douglas Cooper, *op. cit.*, p. 25.
[8] There are numerous depictions of this young laundress, whose fiery red hair enchanted the painter. She was his favourite model from 1885 to 1889. The Nahmad Collection includes a very fine portrait of Carmen in Père Forest's garden (ill. 05).
[9] Struck in 1889 by the beauty of the young Hélène Vary, his neighbour, the painter asked Gauzi take a photograph of her for him to work on. This was a method to which he frequently resorted.
[10] It appears to have been Zandomeneghi, his neighbour in rue Tourlaque like Suzanne Valadon and Gauzi, that introduced them. Gauzi recounts their affair in his *Lautrec et son temps*, La Bibliothèque des arts, Paris, 1954, pp. 130–36 (a new edition appeared in 2001 under the title *Lautrec mon ami*).
[11] From 1886 to 1898, Lautrec rented a third-floor studio at 27 rue Caulaincourt (which was also 5 rue Tourlaque) with a large window, a vestibule and a toilet. He was sharing an apartment at the time with Henri Bourges, a student of medicine, at 19 bis rue Fontaine, where he lived until 1891. Degas lived nearby and they met occasionally.
[12] Maurice Joyant, quoted in *Lautrec*, Galeries nationales du Grand Palais, RMN, Paris, 1992, p. 138.
[13] Claude Roger Marx, 'Toulouse Lautrec visionnaire de la réalité', in *Toulouse Lautrec*, Hachette, Paris, 1962, p. 126.
[14] The first owner was Félix Depeaux, a wealthy art lover from Normandy with a large collection of Impressionist works who spearheaded the development of the port of Rouen. It was apparently Depeaux that prompted Monet to paint the city's cathedral and indeed rented a room for him directly opposite. He held several auctions of works from his collection and made a major donation to the museum of Rouen in 1909.
[15] His first lithographic poster was commissioned by Zidler, director of the Moulin Rouge, to advertise his highly fashionable cabaret. It was the poster *France Champagne*, produced by the young Bonnard the same year, that fired Lautrec's interest in this technique, which involves the problems of drawing and colour at the same time. History also tells us that Bonnard introduced him to his printer Ancourt. This marked the start of a fruitful career for Lautrec in this field.
[16] Douglas Cooper, op. cit., p. 9.

Federico Zandomeneghi
(Venice, 1841 – Paris, 1917)

Cat. 40
La Corbeille de géraniums (*The Bed of Geraniums*) [1895–1901]
Oil on canvas
91 × 60 cm
Nahmad Collection
Signed below left: *Zandomeneghi*

Cat. 41
Mon modèle : femme nue à mi-jambe (*My Model, Knee-length Female Nude*), January 1913
Oil on canvas
63 × 52.5 cm
Nahmad Collection
Signed and dated below left: *13*

Born into a family of sculptors and brought up in the culture of Italian and especially Venetian painting, Federico Zandomeneghi enrolled at the Accademia di Belle Arti in Venice in 1856. He spent most of his life in Paris, where he arrived at the age of 33 a few weeks after the end of the first Impressionist exhibition in 1874. Known as *L'Italien* or *Zandò* in the art world of Montmartre and part of the city's Italian community gathered around Giovanni Boldini and Giuseppe de Nittis, he played an active part in the Impressionists' meetings at the Nouvelle Athènes café in place Blanche.[1] He was particularly close to Degas, Toulouse-Lautrec and Renoir.[2] Despite his political commitment and nationalism, he never returned to Italy, seeing no hope of recognition for his work anywhere other than France.[3] No real success, however, was to arrive during his lifetime. Though noted as early as 1879 by Huysmans in the Impressionist exhibitions and then by Fénéon, he never attained the same reputation as his companions.[4]
Involved like many artists in Italy at the time in the revolutionary movements fighting against foreign and especially Austro-Hungarian domination, he took part in the Expedition of the Thousand led by Garibaldi in 1860 to wrest Sicily from the Bourbon Kingdom of Two Sicilies. Wanted as a deserter from the Austrian army and therefore unable to return to Venice, he settled in Florence, which was then the focal point of Italian political and cultural life. There he came into contact with the group of young painters called the Macchiaioli,[5] characterized by a simplified representation of the play of light and shadows by means irregular brushstrokes and dashes (*macchie*) of colour.[6] Zandomeneghi immediately adopted the aesthetic theories of this anti-academic group with the addition of his own personal style characterized by the influence of his Venetian background and the use of warm and delicate hues. He described the years spent in Florence as the happiest of his youth but left the city in 1866 to follow Garibaldi once again in his quest for Italy's liberation and unification. Thereafter he divided his time between Florence, Rome and Venice until his sudden departure in 1874.
"Let me tell you, with no beating about the bush, that I am leaving for Paris tomorrow, 2 June 1874, at ten in the evening. I have taken this brilliant decision and am putting it into effect as soon as possible so as to avoid any second thoughts capable of causing me to put down roots in Florence. [...] I do not known how long I will spend in that great city because I am leaving with no preconceived ideas and placing my fate in hands of my guardian divinity, chance."[7] The die was cast and Zandò arrived in Paris when the outcry over the Impressionists had just begun.[8]
In the struggle to make ends meet, he was forced to produce illustrations for magazines, like many other artists. The long stay of his friend Diego Martelli in Paris,[9] from the spring of 1878 to April 1979, imparted a certain impetus to his career. It was probably Zandomeneghi that introduced Martelli to the Impressionists and especially Degas, with whom he was very

close and who painted his portrait in a number of versions.[10]

It is probably no coincidence that Zandomeneghi took part for the first time in 1879, by invitation of Degas, in the Impressionist's yearly exhibition.[11] This period also saw an improvement in his situation, as the critic Huysmans noted his work at the event and the dealer Paul Durand-Ruel, an unfailing champion of the Impressionists, took him up. He did not, however, obtain the financial successes or fame of a painter like Boldini. Zandomeneghi developed a very sure pictorial technique while also producing pastels with great skill as from the 1880s, probably under the influence of Degas, whose subjects he sometimes borrowed (ill. 01). His interest in Renoir's work is also evident in the compositions with several figures and portraits (ill. 02, 03), and he used some of the same models. He was also close to Toulouse Lautrec and introduced him to Suzanne Valadon, his model at the time for *Au café de la Nouvelle-Athènes* (1885).[12]

The two paintings in the Nahmad Collection (cat. 40, 41) are from the Galerie Durand-Ruel, whose handling of the painter's work on a regular basis was arranged by Degas. Paul Durand-Ruel organized his first solo show in 1893[13] and the catalogue included a preface by the critic and collector Arsène Alexandre, the author of numerous enthusiastic articles on the Impressionists, above all in *Le Figaro* and *Le Mercure de France*. According to Alexandre, "Like all truly original artists, he is either loved or hated. He may give rise to heated arguments but not to indifference." Degas wrote as follows: "He was the most noble and independent artist of our times; he was a great artist and while I live I shall never forget the great friendship which bound us together for so many years. His work will last forever."[14]

A number of sales made it possible in 1895 for him to spend a period of convalescence at Gif-sur-Yvette in the Chevreuse valley, where the beauty of the surroundings led him to produce a number of works *en plein air* on typical Impressionist subjects, including the lady with a parasol popularized by Monet and Renoir. It may also be there that he painted *La Corbeille de géraniums* (cat. 40)[15] and other works in the same vein (ill. 04). The elegant female figure to be seen in other paintings is perhaps his sister Tonina, who spent the period with him. The canvas is a perfect example of his exploration of light through a broad chromatic range. In addressing this typically Impressionist subject, Zandò focuses in particular on contrasts of bright colours to set off the figure, located slightly off-centre against a colourful background built up through effects of light, and the details of the vegetation. The glowing red of the flower bed is juxtaposed with the scarlet of the young woman's parasol in a relationship emphasized by the direction of her gaze. The somewhat laboured mannerism of the work contrasts with the lightness of the Impressionist masterpieces in this genre.

Parallel to these outdoor scenes, Zandomeneghi shared Degas's interest in depicting the intimacy of the female world and toilette. In this large nude (cat. 41), an unquestionably late work dated precisely 1 January 1913 by the artist, as though to underscore its importance, Zandomeneghi uses pastel-like hatching for an oil painting and probably recalls the Macchiaioli technique of his Italian years. This is particularly evident in the very subtle handling of the flesh tones. The young woman standing by a stove appears to be warming her hands over a curious spherical object on which Zandomeneghi deftly develops the play of light in colours that harmoniously take up the auburn hues of her hair. Her serene expression helps to give this work a sedate atmosphere in sharp contrast to the painter's inner life. The composition is dynamized by a slight inclination of the body, which stands out against a background of countless shades of green and grey. The various paintings shown hanging on the wall indicated that the setting is the artist's studio. His work *Fanciulla con i capelli rossi* (*Girl with Red Hair*) can indeed be seen behind the stove.

Zandomeneghi displays a very sound sense of space, using colour to highlight his model while keeping objects such as the paintings and a chair to the side. His Venetian roots are clearly evident here.

In spite of his contract with Durand-Ruel and the sincere friendship of Degas, Pissarro and Toulouse-Lautrec in particular, the artist gradually isolated himself, harbouring a streak of bitterness that was impossible to attenuate. Knowing himself to be overlooked by the art-critical establishment, Zandomeneghi gave this lucid and disillusioned summary of this work three years before his death: "Observing, listening and arguing, I changed like all the others, Pissarro, Degas, Monet and Renoir. My artistic life was a succession of evolutions that can neither be analysed nor explained, that depend on the particular circumstances and milieu, and that no one can account for directly as regards technique, the vaguest of words. The one I adopted is all my own and borrowed from no one else."[16]

Ill. 01 – Federico Zandomeneghi, *Femme dans un champ* (*Woman in a Meadow*), 1893, oil on canvas, 46 × 38 cm, Private collection.
Ill. 02 – Federico Zandomeneghi, *La Lecture* (*Reading*), n.d., oil on canvas, 66 × 82 cm, Private collection.
Ill. 03 – Federico Zandomeneghi, *Lucie*, n.d., oil on canvas, 46 × 38 cm, Private collection.
Ill. 04 – Federico Zandomeneghi, *Au salon* (*In the Salon*), n.d., pastel on paper, 31.5 × 39.5 cm, Private collection.

Notes

1 These gatherings, led by Manet, took place at the Café Guerbois on the avenue de Clichy before the war of 1870.

2 Known for his forceful character but also for his generosity, he found a studio for Renoir on 7 rue Tourlaque in 1894, very close to his own.

3 Georges Rivière wrote as follows in *Renoir et ses amis* (1921): "He yearned for his homeland but would not hear of returning to Venice, where his compatriots would not have given him the enthusiastic welcome he had promised himself on leaving." His correspondence bears this out, constantly reflecting how he was torn between the desire to return and disappointment at the reception of his work by his old Italian friends.

4 See Gabriel Mourey, 'Les Œuvres et les hommes - Federico Zandomeneghi (1849-1917)', in *Les Arts*, no. 181, 1920, pp. 22–24, for a summary of the artist's work three years after his death and an explanation of the reasons for its lack of success. Félix Fénéon wrote a long description of his works in 1886 in a now famous article on the last Impressionist exhibition. The painter received an honourable mention at the Exposition Universelle in 1889 but this had no effect on the financial difficulties that plagued him to the very end of his life.

5 The group was born in November 1862 at the Caffè Michelangelo in Florence with Signorini, Cecioni and the critic Diego Martelli as its leading figures. Zandomeneghi was particularly close to the latter while also counting Cabianca and Gioli among his friends.

6 A recent exhibition at the Musée de L'Orangerie addresses the question of the relationship between the Macchaioli and the Impressionists. See note 7.

7 Federico Zandomeneghi, letter to Francesco Gioli [Florence, 1 June 1874], quoted in *Les Macchaioli. Des impressionnistes italiens ?*, exh. cat., Musée de L'Orangerie, Paris, 2013, p. 213.

8 Eight exhibitions were held between 1874 and 1886 to present the new approach of the group of young painters rejected by the Salon, who varied in personality. While Renoir only took part in the last two, most of the painters connected with the group were involved. The first took place in Nadar's photographic studio at 35 boulevard des Capucines, 15 April – 15 May 1874, and included Monet's *Impression, soleil levant*, the work after which critics sarcastically named the movement.

9 Diego Martelli (1839–96), the greatest theoretician

of the Macchiaioli, nevertheless perceived the movement's limitations and was very quick to realize the revolutionary importance of Impressionism. A number of stays in Paris as from 1862 made him aware of the different trends, with an initial preference for the realism of Courbet rather than the art of Manet. Very close to Degas, he helped to make the Impressionists' theories known in Italy. Like Zandomeneghi, he also fought for Italian independence.

[10] It was during this stay of 13 months that Degas produced drawings and paintings of the critic (the museums of Edinburgh and Buenos Aires) and of Zandomeneghi (Galleria d'Arte Moderna, Florence).

[11] He also took part in the 5th and 6th exhibitions, in 1880 and 1881, as well as the last in 1886.

[12] On the birth of his son, Maurice Utrillo, in 1883, Zandomeneghi found an apartment for Renoir on the same floor as him at 7 rue Tourlaque, where Toulouse-Lautrec's great friend François Gauzi also lived.

[13] Further solo shows were held by the gallery in 1898 and 1903, and by the Galerie Rosenberg in 1908.

[14] Quoted in an auction catalogue of 1997 as a translation from the Italian translation in Enrico Piceni, *Zandomeneghi*, 1991, p. 63)-

[15] According to the catalogue raisonné compiled by Enrico Piceni in 1967 (reprinted in 1991), there is a photograph dated 1901 in the Durand-Ruel Archives of this painting, which had been delivered on 11 October 1901 but was still unsigned. Does this mean that it was painted that year? Could it not have been produced before? In any case, the artist finally signed the canvas when it was bought by the gallery on 1 September 1904.

[16] Quoted in Sophie Monneret, *L'Impressionnisme et son époque*, vol. II, Laffont, Paris, 1980, p. 158.

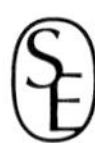

Silvana Editoriale

Direction éditoriale
Dario Cimorelli

Directeur artistique
Giacomo Merli

Coordination d'édition
Sergio Di Stefano

Rédaction
Cristina Pradella

Mise en page
Donatella Ascorti

Organisation
Antonio Micelli

Secrétaire de rédaction
Ondina Granato

Iconographie
Alessandra Olivari, Silvia Sala

Bureau de presse
Lidia Masolini, press@silvanaeditoriale.it

Dépôt légal
juillet 2019

Silvana Editoriale S.p.A.
via dei Lavoratori, 78
20092 Cinisello Balsamo, Milano
tel. 02 453 951 01
fax 02 453 951 51
www.silvanaeditoriale.it

Les reproductions, l'impression et la reliure ont été réalisées en Italie

Achevé d'imprimer en juillet 2019

Crédits photographiques

© akg-images / André Held

© Alamy limited

© Bibliothèque nationale de France, Paris

© Collection Nahmad

État-Unis, Boston, Massachussetts, Museum of Fine Arts, Don de Joseph Pulitzer, Jr. / Bridgeman Images

États-Unis, Chicago, The Art Institute of Chicago - Photo © Art Institute of Chicago, Dist. RMN-Grand Palais / image The Art Institute of Chicago

États-Unis, Houston, Texas ,Museum of Fine Arts, The Robert Lee Memorial Collection, gift of Sarah C. Blaffer / Bridgeman Images

États-Unis, Illinois,The Art Institute of Chicago, Mr. and Mrs. Martin A. Ryerson Collection / Bridgeman Images

États-Unis, Missouri, Saint Louis Art Museum, Museum Purchase / Bridgeman Images

États-Unis, Philadelphie,The Barnes Foundation, Pennsylvania, USA / Bridgeman Images

© Fondation Photo © RMN-Grand Palais (musée de l'Orangerie) / Hervé Lewandowski

Genève, Musée du Petit Palais. – Photo akg-images / Erich Lessing

Munich, Neue Pinakothek – Photo akg-images

Paris, musée d'Art et d'Histoire du Judaïsme - Photo © Centre Pompidou, MNAM-CCI, Dist. RMN-Grand Palais / image Centre Pompidou, MNAM-CCI

Paris, musée d'Art moderne de la Ville de Paris - Photo © RMN-Grand Palais / Agence Bulloz

Paris, musée de l'Orangerie - Photo © RMN-Grand Palais (musée d'Orsay) / Gérard Blot

Paris, musée de l'Orangerie - Photo © RMN-Grand Palais (musée de l'Orangerie) / Hervé Lewandowski

Paris, musée d'Orsay - Photo © RMN-Grand Palais (musée d'Orsay) / Hervé Lewandowski

Paris, musée d'Orsay - Photo © RMN-Grand Palais (musée d'Orsay) / Franck Raux

Strasbourg, musée d'Art moderne et contemporain - Photo © RMN-Grand Palais (musée d'Orsay) / Martine Beck-Coppola

Paris, musée d'Orsay, Photo © Musée d'Orsay, Dist. RMN-Grand Palais / Patrice Schmidt

Pays-Bas, Amstardam, Van Gogh Museum, Photo © Fine Art Images / Bridgeman Images

Paris, musée d'Orsay - Photo © Musée d'Orsay, Dist. RMN-Grand Palais / Patrice Schmidt

Paris, musée d'Orsay - Photo © RMN-Grand Palais (musée d'Orsay) / Hervé Lewandowski

Private Collection / Photo © Christie's Images / Bridgeman Images

© Succession H. Matisse - Photo © RMN-Grand Palais (Musée national Picasso-Paris) / Mathieu Rabeau

© Succession H. Matisse
Museum of Fine Arts, Houston, Texas, USA - photo © DACS, London / Bridgeman Images

© Succession Picasso
Paris, musée national Picasso - Photo © RMN-Grand Palais (Musée national Picasso-Paris) / Franck Raux

© Succession Picasso
Paris, musée national Picasso – Photo © RMN-Grand Palais (Musée national Picasso-Paris) / Mathieu Rabeau

© Succession Picasso
Allemagne, Berlin, Nationalgalerie, Museum Berggruen (SMB) - Photo © BPK, Berlin, Dist. RMN-Grand Palais / Jens Ziehe

© Succession Picasso
Photo © RMN-Grand Palais (Musée national Picasso-Paris) / Adrien Didierjean